Beltz Taschenbuch 76

Über dieses Buch:
Von Geburt an entwickelt ein Kind motorische Fähigkeiten – von reflexhaften Bewegungen des Neugeborenen über gewollte, motivierte Bewegungen bis hin zu automatisierten Bewegungen. Die motorische Entwicklung verläuft parallel zur Entwicklung des Zentralnervensystems, und eine ‚normale' motorische Entwicklung schon in der frühesten Kindheit ist eine wesentliche Voraussetzung auch für das spätere Lernen.
Wie die ‚normale' motorische, und auch die damit eng zusammenhängende perzeptuelle Entwicklung des Kindes von der Geburt bis zum Schulalter verläuft, schildert Britta Holle in leicht verständlicher Sprache, nach Funktionen wie Greifen, Laufen etc. gegliedert. Dieser Entwicklung stellt sie die Entwicklung des „retardierten", entwicklungsverzögerten Kindes gegenüber, um daraus – entsprechend dem Prinzip der Stimulation – Maßnahmen zur Förderung der motorischen und perzeptuellen Entwicklung besonders des retardierten Kindes zu entwickeln. Viele der Anregungen eignen sich aber auch für „normale" Kinder zur spielerischen Förderung und Unterstützung der Entwicklung. So ist dieses Buch ein Lehr- und Praxisbuch für alle, die mit „normalen" und „retardierten" Kindern leben und arbeiten – für Ärzte, Physio- und Ergotherapeuten, (Sport-)Lehrer, Kinderkrankenschwestern, Kindergarten- und Hortbetreuerinnen, Sonderpädagogen und Eltern.

Die Autorin:
Britta Holle, Physiotherapeutin in Kopenhagen, ist Mitarbeiterin am Dänischen Sozialministerium. Lehrtätigkeit in den USA, Dänemark, Schweden, Norwegen und Finnland.

Britta Holle

Die motorische und perzeptuelle Entwicklung des Kindes

Ein praktisches Lehrbuch für die Arbeit mit
normalen und retardierten Kindern

Aus dem Dänischen
von Ralf Heine und Astrid Schulze

Die dänische Originalausgabe erschien erstmals 1976 unter dem Titel
Normale og retarderede børns motoriske udvikling
bei Munksgaard, Kopenhagen

www.beltz.de

Beltz Taschenbuch 76
2000 Weinheim und Basel
unveränderter Nachdruck der 4. Auflage 1996

5. Auflage 2011

©1976, 1984 Munksgaard, Copenhagen
© der deutschsprachigen Ausgabe:
1988 Psychologie Verlags Union, Weinheim
Fotografien: Anna Albeck und Torben Rud-Petersen
Zeichnungen: Steen Jensen
Umschlaggestaltung: Federico Luci, Odenthal
Umschlagillustration: © Corbis/The Stock Market, Düsseldorf
Satz: Gruber, Regensburg
Druck und Bindung: Beltz Druckpartner GmbH & Co. KG, Hemsbach
Printed in Germany

ISBN 978-3-407-22076-9

*Sprich in Anwesenheit des Kindes nie über
seine Schwächen.*

Zeige dem Kind, daß du es gern hast.

Inhalt

Ziel und Aufbau des Buches

Prinzipien der Stimulation

Dieses Buch entwickelte sich aus Unterricht und Vorlesungen zur motorischen und perzeptuellen Entwicklung des Kindes. Meine Erfahrungen auf dem Gebiet stammen eigentlich aus der Arbeit mit normal begabten Kindern, während der letzten 15 Jahre auch mit retardierten Kindern. Zuerst arbeitete ich mit Debilen (IQ von 50-75), aber nach Studien in den USA und Europa schließlich auch mit Kindern auf einer niedrigeren Entwicklungsstufe, den Imbezilen (IQ von 25-50).

Die Phasen der Entwicklung des retardierten Kindes verlaufen in der gleichen Reihenfolge wie beim normalen Kind, aber der Retardierte kommt bei einer Reihe wesentlicher Bereiche nicht so weit und entwickelt sich langsamer.

Das Buch wendet sich an alle, die mit Kindern in der täglichen Arbeit zu tun haben, z. B. an Kinderkrankenschwestern, Hebammen, Kinderkrippen- und Kindergartenpädagogen, Physio- und Ergotherapeuten, Lehrer, Sportlehrer, Sprachheillehrer, Sozialarbeiter und andere. Außerdem werden Ärzte und Psychologen zur Supervision der Stimulation des Kindes viele nützliche Ratschläge bekommen.

Alle diese Personengruppen werden viele ihrer Problemstellungen angesprochen finden, u.a. im letzten Teil des Buches, wo pädagogische Gymnastik und motorische Fähigkeiten wie z. B. Schreiben, Ballspiel u.s.w. analysiert werden.

Im besonderen wendet sich das Buch an jene, die mit retardierten Kindern zu tun haben. Die normalen Bewegungsmuster und die perzeptuelle Entwicklung des Säuglings können beim älteren retardierten Kind und in vielen Fällen auch beim retardierten Erwachsenen wiedergefunden werden.

Perzeptuelle und motorische Entwicklung

Das erste kindliche Entwicklungsstadium ist das sensomotorische Stadium. Wenn dieses nicht durchlaufen wurde, ist es dem Kind unmöglich, sich weiterzuentwickeln. So kann dann z. B. nicht erwartet werden, daß es lesen oder schreiben lernt. Gegen diese Regel wird oft verstoßen, auch in der Grundschule.

Perzeption und Motorik liegen im Grenzgebiet zwischen Pädagogik, Psychologie und Medizin. Darum kommt auch der Physiotherapeut natürlich mit ins Bild, wenn es darum geht, dem retardierten Kind die Hilfe zukommen zu lassen, die seine natürliche Entwicklung fördert. Die Aufgabe des Physiotherapeuten ist es, – in Zusammenarbeit mit anderen, die mit dem Kind zu tun haben – das Kind von einem durch sensomotorische Behinderung geprägten Stadium auf ein besseres Funktionsniveau zu bringen.

Ich habe zunächst die sensomotorische Entwicklung des normalen Kindes beschrieben und in Beziehung hierzu dann die Entwicklung des retardierten Kindes allgemein, ungeachtet des Intelligenzquotienten und der Ursache der Retardierung. Soweit möglich habe ich das Gebiet aus der Sicht meines Fachgebietes betrachtet, der motorischen Entwicklung.

Allerdings hängen Motorik und Perzeption so eng miteinander zusammen, daß ich mich dazu veranlaßt fühlte, auch die Entwicklung der Perzeption und ihr Verhältnis zueinander zu beschreiben, u.a. um darauf aufmerksam zu machen, wie notwendig es ist, jede einzelne Fertigkeit zu analysieren, um beurteilen zu können, ob das Kind überhaupt in der Lage ist, sie auszuführen.

Hier wird das Buch sehr detailliert, aber aus meiner praktischen Erfahrung habe ich gelernt, daß Retardierte gerade um die Feinheiten betrogen werden. Das Kind hat nichts von einem Unterricht, in dem Feinheiten übersprungen werden. Die Hilfe, die man einem retardierten Kind in seiner Entwicklung geben kann, – egal ob man sie Behandlung, Stimulation oder Unterricht nennt, – muß für jeden Lernprozeß zum passenden Zeitpunkt einsetzen. Das heißt: *Man muß dem Kind immer dort begegnen, wo es steht.*

Die Spezialisten – und die, die täglich mit dem Kind umgehen

Jedes Spezialgebiet ist heute so umfassend, daß nur wenige imstande sind, das Kind als „Ganzes" zu verstehen. Darum ist es notwendig, daß der Eine weiß, was der Andere tut und was zum jeweiligen Zeitpunkt erreicht werden soll. Nur so können die, die täglich mit dem Kind umgehen, Behandlung und Verordnungen besser in den Alltag einbeziehen.

Bei ganzheitlicher Betrachtungsweise folgt, daß kein Gebiet als etwas Selbständiges abgegrenzt werden kann. Es besteht eine ständige Wechselbeziehung zwischen Motorik, Perzeption, Psyche, Sprache und Denken. Die sexuelle Entwicklung darf ebenfalls nicht vergessen werden; auch nicht beim Säugling. Dieses Thema liegt außerhalb des Rahmens für dieses Buch. Es wird jedoch auf die spezielle Literatur zu diesem Thema verwiesen.

Je größer das Wissen des Einzelnen, der mit dem Kind täglich arbeitet, über den Entwicklungsablauf ist und je besser er selbst zu beobachten gelernt hat, umso leichter wird es, das Kind zu stimulieren und umso schneller kommt das Kind voran. „Vergißt" man auch nur ein Gebiet, kommt die gesamte Entwicklung des Kindes zu früh zum Stillstand.

Es reicht nicht aus, das Kind zweimal pro Woche für eine halbe Stunde von einem Logopäden, Physiotherapeuten oder Psychologen behandeln zu lassen, wenn dem Kind nicht den ganzen Tag über nach den gleichen Prinzipien geholfen wird. Nur der Alltag mit seinen ständigen Wiederholungen zählt. Eltern, Sozialarbeiter und Lehrer sind im langen Lauf der Entwicklung des Kindes auf den Rat der Spezialisten angewiesen.

Entwicklungsverzögert – retardiert – spät entwickelt

Die Bezeichnungen „psychisch entwicklungsgehemmt" und „mental retardiert" werden in diesem Buch nicht verwendet, da ein Kind nie *allein* mental retardiert, sondern mehr oder weniger auf allen Gebieten retardiert ist: somatisch (körperlich), psychisch, perzeptuell und motorisch (sinnes- und bewegungsmäßig). Darum nenne ich das Kind „retardiert", wobei ich die verzögerte Entwicklung betone. Das Kind kann also temporär in der Entwicklung zurück, im übrigen aber normal begabt sein. Oder es kann leichter oder schwerer mental retardiert sein. Die Vorgehensweise bleibt die gleiche: dem Kind bei der Fortsetzung von Entwicklung und Erfahrung im eigenen Tempo zu helfen, beginnend auf dem Entwicklungsniveau, auf dem es sich in jeden der einzelnen Bereiche befindet. Das zerebralparetische und das psychotische Kind werden in diesem Buch nicht berücksichtigt, weil sie außerhalb meines Fachgebietes liegen. Dasselbe gilt für speziellere neurologische und andere Erkrankungen. Allerdings werden sich viele der Anregungen in diesem Buch auch auf diese Kinder anwenden lassen.

Gründe für die Retardierung

Das Wissen, inwieweit das Kind hirn- oder umweltgeschädigt ist, ob Erbfaktoren, Stoffwechselstörungen, Infektionen oder mehrere dieser Ursachen für die Retardierungen veranwortlich zu machen sind, kann etwas über die Prognose aussagen, medikamentöse oder andere ärztliche Behandlung erfordern und ist von größtem wissenschaftlichem Interesse, speziell in der präventiven Arbeit.

Untersuchung und Behandlungsdiagnose

Das eben erwähnte Wissen hilft dem Pädagogen oder anderen, die mit dem Kinde zu tun haben, allerdings nur zu einem gewissen Grad:

Einem retardierten Kinde in seiner Entwicklung zu helfen, muß u.a. auch auf der Kenntnis der individuellen Psyche des Kindes und seines aktuellen motorischen und perzeptuellen Niveaus basieren. Hier wird die Behandlungsdiagnose zum wichtigsten Punkt. Sind Untersuchung und Verordnungen nicht detailliert genug, kann die Behandlung es ebenfalls nicht sein. Das spezielle Wissen des Arztes (Kinderarzt, Neurologe, Psychiater, Augenarzt, Hals-Nasen-Ohrenarzt) muß in allgemeinverständlicher Sprache zugänglich gemacht werden. Außerdem muß, wenn erforderlich, ein Team, bestehend aus Arzt, Pädagoge, Sozialarbeiter, Psychologe, Sprachtherapeut, Ergotherapeut, Zahnarzt u.s.w. das Kind in bezug auf das jeweiligen Fachgebiet untersuchen. Auch hier gilt es, sich in einer Sprache mitzuteilen, die für alle Beteiligten verständlich ist.

Prinzip der Stimulation

Erwachsene wie Kinder haben im allgemeinen Spaß daran, etwas Neues zu lernen, wenn dies nicht zu mühsam ist. Auch das retardierte Kind äußert jedes Mal die gleiche Freude, wenn es merkt, etwas Neues verstanden zu haben. Es bekommt mehr Selbstvertrauen. Es reicht nicht aus, es sich mit dem Kind „gemütlich" zu machen und es so zu akzeptieren, wie es ist. Der Erwachsene muß auch versuchen, einen „Arbeitskontakt" mit dem Kind herzustellen, es anregen, im weitestmöglichen Umfang selbst aktiv zu werden und von seinem derzeitigen Niveau aus konstruktiv zu arbeiten.

Das Prinzip der Stimulation kann folgendermaßen skizziert werden:

1. Alle, die mit normalen oder retardierten Kindern zu tun haben, müssen die Reihenfolge der kindlichen Entwicklung lernen und diese auf allen Gebieten detailliert beherrschen. Dies ist eine Voraussetzung für jede Form von Stimulation (Behandlung, Unterricht).

2. Der Entwicklungsstand eines Kindes muß auf allen Gebieten genau bestimmt werden können (siehe Faltblatt). Es reicht z. B. nicht aus, nur zu konstatieren, *daß* ein Kind geht, sondern *wie* es geht und welcher Entwicklungsstufe das Gehen dieses Kindes entspricht. Darum muß der Erwachsene „sehen" lernen; und lernen, *wonach* er „sehen" soll. Hat man diesen Gedankengang erst einmal nachvollzogen, wird alles sehr einfach, denn die Entwicklungsphasen verlaufen immer in gleicher Reihenfolge.

3. Das Kind wird nun auf „seinem" Entwicklungsniveau stimuliert, das aber auf verschiedenen Gebieten nicht dasselbe zu sein braucht (siehe MPE-Test, S. 201). *Es soll stets versucht werden, das Gebiet, auf dem das Kind in der Entwicklung am meisten zurück ist, zuerst zu stimulieren. Man stimuliert also alle nicht-entwickelten Gebiete gleichzeitig,* z. B. erst auf der Stufe von zwei Jahren – ungeachtet des chronologischen Alters – bis das Kind diese Stufe beherrscht. Danach geht man weiter zur zweieinhalb-Jahres-Stufe, bis das Kind auch diese meistert, u.s.w. Man beobachtet auf dem Schema das Kind in waagerechter Richtung, stimuliert aber in senkrechter Richtung entsprechend der stufenweisen Entwicklung eines norma-

len Kindes. Die Entwicklung des normalen Kindes wird nachgeahmt.
Auf diese Weise begegnet man dem Kind
immer da, wo es sich bezogen auf das jeweilige Gebiet befindet und vermeidet so
Frustration. Die Motivation des Kindes
wird damit erhalten, oftmals sogar gesteigert.
Jede Entwicklungsstufe wird solange zu
bessern versucht, bis das Kind die nächste
Stufe erreicht hat. Hierbei bestimmen die
Fortschritte des Kindes das Tempo der
Förderung. Damit wird vermieden, das
Kind zu einer Funktion zu stimulieren,
die es von seiner Entwicklung her gar
nicht schaffen kann. Auf der anderen Seite darf das Kind nicht unterfordert werden, sonst würde es das Interesse verlieren. Dies ist eine Gratwanderung, die
man aber dann gut bewältigen kann,
wenn man zu „sehen" gelernt hat.

4. Für das retardierte Kind kann es schwer
sein, am Spiel der anderen Kinder teilzunehmen. Ihm geht damit aber die Entwicklung und Freude verloren, die das
Spiel mit anderen Kindern bietet. Darum
muß das Kind zuerst „spielen" lernen. Es
muß – stufenweise – alle Teilfunktionen
lernen, aus denen ein Spiel besteht (z.B.
mit einem Ball umzugehen, mit einem
Erwachsenen Ball zu spielen und schnell
und sicher allein zu spielen), bevor es mit
anderen Kindern Ball spielen kann.

Ein normal begabtes Kind kann während des
Entwicklungsprozesses viele Schwierigkeiten zu überwinden haben. Aber sogar wenn
ihm manches große Schwierigkeiten bereitet,
ist es meist in der Lage, sie selbst zu lösen.
Einem retardierten Kind fällt es schwerer,
seine Probleme selbst zu lösen. Seine Entwicklung kann dadurch völlig zum Erliegen
kommen. Die Probleme sind vorhanden,
selbst wenn wir sie nicht wahrnehmen. Es ist
darum entscheidend, daß wir versuchen, uns

ein möglichst großes Wissen über die normale Entwicklung anzueignen, damit wir uns in
die Situation und den Gedankengang des
Kindes versetzen können und nichts unserer
Aufmerksamkeit entgeht. Je früher die erforderliche Stimulation einsetzt, umso bessere
Ergebnisse lassen sich erreichen. Das retardierte Kind kann sich erfahrungsgemäß nicht
erlauben, eine Entwicklungsstufe zu über-
springen, ohne daß die nächste Stufe nur unvollständig erreicht wird.

Entwicklungsübersicht
(vgl. Anhang am Ende des Buches)

Eine der Schwierigkeiten bei der Behandlung
retardierter Kinder besteht darin, daß *sich die
Entwicklung auf den verschiedenen Gebieten
nicht immer entspricht:* Z.B. können Arm-
und Beinmuster, Sehen und Sprachentwicklung eines Kindes im Verhältnis zu einem anderen Kind auf sehr verschiedenem Niveau
liegen, zum anderen können auch die einzelnen Gebiete im Verhältnis zueinander unterschiedlich weit entwickelt sein.
   Auf dem Faltblatt werden die Entwick-
lungsprobleme einmal waagerecht – also
chronologisch – in jedem Gebiet verfolgt;
und zum zweiten wird – auf der Senkrechten
– angegeben, wie weit ein Kind auf sämtlichen Gebieten zu einem bestimmten Zeitpunkt gelangt ist. Daraus ergibt sich das „*Profil*" des Kindes. Soweit möglich muß versucht
werden, daß alle Gebiete auf eine Entwicklungsstufe gebracht werden.
   Jedes Kapitel des Buches entspricht im
großen und ganzen einer waagerechten Linie
auf der Entwicklungsübersicht. Motorik und
Perzeption werden entsprechend der Entwicklung des Zentralnervensystems gemeinsam betrachtet. Bei genauem Studium der
Übersicht zusammen mit dem Buch wird
man viele spannende Einzelheiten in der
Entwicklung des Kindes finden und Zusammenhänge verstehen.

Die Zeitangaben auf dem Faltblatt entsprechen dem eines durchschnittlichen, normal begabten Kindes. Sie dürfen daher nicht zu strikt eingehalten werden, weil große Abweichungen innerhalb des Normalbereiches möglich sind.

Das Faltblatt bietet nur eine grobe Übersicht über die Entwicklung, die als Grundlage zur Stimulation nicht detailliert genug ist. Die Entwicklung des retardierten Kindes beurteilen zu können, erfordert eine eingehende Untersuchung des Kindes. Erforderlich ist daher standardisiertes Untersuchungsmaterial. Auf S. 201 wird als Beispiel der MPE-Test angeführt, mit dem man in Dänemark und Schweden gute Erfahrungen gemacht hat und der zur Zeit ins Deutsche übersetzt wird.

Der MPE-Test bietet eine Behandlungs-/Stimulationsgrundlage, die erfahrungsgemäß eine *schnelle* und *effektive* Stimulation ermöglicht, wenn konsequent in der Reihenfolge der Entwicklung gearbeitet wird.

Übungsbeispiele

Da es in der Praxis schwierig sein kann, genügend unterschiedliche Beispiele in der täglichen Arbeit mit Kindern zu finden, sind an vielen Stellen im Buch Beispiele angeführt. Die Übungsbeispiele sind nach steigendem Schwierigkeitsgrad gegliedert. Auch wenn es oft nur schwer möglich ist, Übungen aufzustellen, die der häufig sehr unterschiedlichen Entwicklung des retardierten Kindes entsprechen.

„Trainingsprogramme"

Es geht in diesem Buch nicht darum, „Trainingsprogramme" zu erstellen – im Gegenteil. Sondern es geht darum, sich ein Bild über die Entwicklung des normalen Kindes zu machen und in jedem Fall von den zur Verfügung stehenden Experten Ratschläge zu bekommen, wie dem retardierten Kind in seiner Entwicklung weiterzuhelfen ist, damit es am täglichen Leben seinem individuellen Entwicklungsstand entsprechend teilnehmen kann.

Materialien

Im Handel gibt es ein reichhaltiges Angebot von geeigneten Materialien und pädagogischem Spielzeug. Entscheidend sind jedoch nicht diese Materialien, sondern vielmehr das Verständnis des Erwachsenen für das einzelne Kind und seine Entwicklung sowie die passende Unterrichtsmethodik. Man darf das Kind nicht dazu zwingen, mit bestimmten Materialien z. B. Form und Farbe zu lernen, sondern man soll es dazu stimulieren, sich mit der Umwelt zu beschäftigen; man soll es dazu motivieren, selbst *sehen zu wollen,* um so zu erfahren und zu erleben, was es aus eigenem Antrieb in der Umgebung sieht. In diesem Sinne kann fast alles, was es in der Natur und Umgebung gibt, verwendet werden. Viele selbstgemachte Dinge können zur Stimulation gut geeignet sein.

Literaturhinweise

Da das Buch als Nachschlagewerk für alle mit dem Kind Beschäftigten gedacht ist, habe ich mir erlaubt, auf die Behandlung ähnlicher Themen ausschließlich in der Literaturliste hinzuweisen. Für die deutsche Ausgabe hat der Verlag darüber hinaus einige Literaturhinweise zum Thema ergänzt. Pädagogisch-psychologische Literatur wurde nur berücksichtigt, wenn sie direkten Bezug zur motorisch-perzeptuellen Entwicklung hatte.

Erfahrung aus der Forschung

Das Buch beschreibt zum einen Tatsachen, die alle Eltern bei ihren eigenen Kindern beobachtet haben, und bezieht sich zum anderen auf Forschungsergebnisse verschiedener Autoren. Weiter habe ich versucht, meine eigenen Erfahrungen mit der im Buch beschriebenen Stimulation weiterzugeben, selbst wenn nicht alles durch kontrollierte wissenschaftliche Versuche mit Kurz- und Langzeitbeobachtung belegt ist. Für die Zukunft wäre es wünschenswert, Langzeitstudien zum Vergleich von normaler und retardierter Kindesentwicklung auf vielen der genannten Gebiete durchzuführen.

Möge dieses Buch als Anregung dienen, einige dieser Forschungsaufgaben aufzugreifen und dazu beitragen, daß wir zum Ent-

wicklungsstand jedes einzelnen Kindes (normal oder retardiert) finden, um von dort aus zur weiteren Entwicklung zu stimulieren. So kann ein Kind im eigenen Tempo sein *individuelles* Potential erreichen – das für *das Kind* *Mögliche.*

Britta Holle
Kopenhagen, im Juni 1987

Einiges über die neurologische Entwicklung

Nervenzelle – Nervenfaser

Der Mensch wird mit Milliarden von Hirnzellen (Neuronen) geboren. Im Laufe des Lebens werden keine neuen Nervenzellen gebildet, im Gegenteil, es gehen mit den Jahren sogar viele Zellen zugrunde. Es sind jedoch so viele Hirnzellen vorhanden, daß die meisten Menschen ihre Hirnkapazität nicht ausschöpfen. Die Entwicklung der Hirnzellen ist bedingt durch Erbfaktoren, Umwelteinflüsse (z. B. stärkere oder geringere Stimulation) und Ernährung einschließlich Luft (Sauerstoff).

Betrachtet man eine mikroskopische Aufnahme des Gehirns eines Neugeborenen, sieht man viele Hirnzellen, aber wenige Nervenfasern (Abb. 1). Auf einem entsprechenden Bild bei einem 12-monatigen Säugling sieht man dieselbe Anzahl Nervenzellen, aber ein dichteres Gewebe von Nervenfasern (Abb. 2).

Die Nervenzellen stehen über lange Nervenfasern (Axone) mit allen Teilen des Körpers in Verbindung. Kurze Nervenfasern (Dendriten) sind Ausläufer jeder Nervenzelle und bilden Verbindungen (Synapsen) mit anderen Nervenfasern, so daß eine Nervenzelle praktisch mit allen Teilen des Gehirns Verbindung hat, zum Teil über gewisse Assoziations- und Koordinationszentren. Über die Sinnesorgane und deren Nervengewebe nehmen die Nervenzellen Impulse aus der Umgebung auf. Umgekehrt senden Nervenzellen über das Nervengewebe Impulse zum ganzen Körper, z. B. zur Muskulatur, damit eine gewünschte Bewegung ausgeführt werden kann.

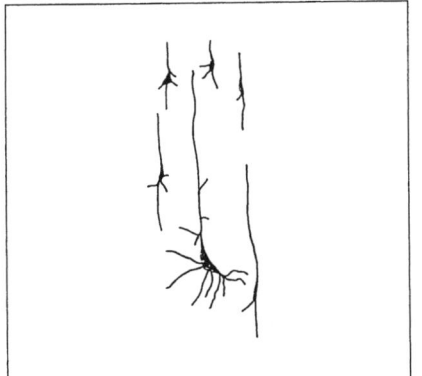

Abb. 1: Schematische Darstellung des Hirngewebes beim Neugeborenen (stark vergrößert).

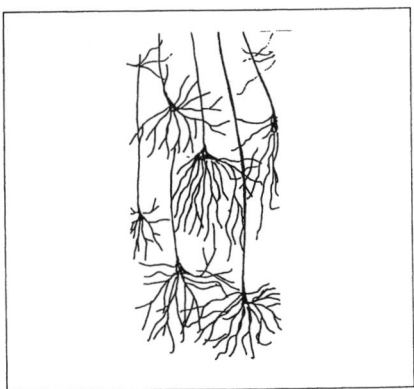

Abb. 2: Schematische Darstellung des Hirngewebes beim 12-monatigen Säugling (stark vergrößert).

Das Nervengewebe wird ständig umso dichter, je mehr das Gehirn sich entwickelt und beansprucht wird. Neue Nervenbahnen werden noch nach vielen Jahren gebildet. Viele Nervenfasern werden von einer Scheide aus Myelin umgeben. Diese Myelinscheide bewirkt, daß sich Impulse schneller über die Nervenfaser fortpflanzen können.

Ein Beispiel aus dem Alltag:
Trinkt man aus einer Tasse, so sind an dieser scheinbar „einfachen" Funktion große Anteile des Gehirns beteiligt: Motorik in Arm, Hand und Mund, außerdem visuelle, taktile, kinästhetische und auditive Perzeption sowie Geschmack und Geruch.
Hier geht es also um die gleichzeitige Koordination (Integration) aller Sinne mit der Motorik, aber auch um das rein Emotionale, um das psychische Wohlbefinden des Kindes beim Trinken.

Großhirnrinde – Hirnhälften

Die beiden Hirnhälften (Hemisphären; siehe Abb. 3) sehen nahezu gleich aus. Sie bestehen aus einer weichen, gefalteten grauen Masse, der sogenannten grauen Substanz. Diese besteht aus den grauen Hirnzellen (Neuronen). Etwas tiefer findet sich die weiße Substanz, die aus Nervenfasern gebildet wird. Die beiden Schichten bilden zusammen die Hirnrinde (Cortex), die beim Menschen größer und weiter entwickelt ist als bei anderen lebenden Arten.

Die beiden Hirnhälften entwickeln sich etwas unterschiedlich und spezialisieren sich auf die Ausführung gewisser Funktionen und auf ein feines Zusammenspiel miteinander. Die Anlage für diese Funktionen steht für einige Gebiete von Geburt an fest.
Der *nicht*-aktiven Hirnhälfte fehlt jedoch nicht völlig die Möglichkeit zu einer gegebenen Funktion. Sie kann im Falle eines Hirnschadens in der anderen Hirnhälfte die ausgefallene Funktion zum Teil übernehmen.

Bezogen auf die Motorik sendet die linke Hirnhälfte ihre Impulse (Innervation) zur rechten Körperhälfte und umgekehrt. Die Nervenbahnen kreuzen also auf die entgegengesetzte Körperseite, so daß z. B. die rechte Hand von der linken Hirnhemisphäre innerviert wird.

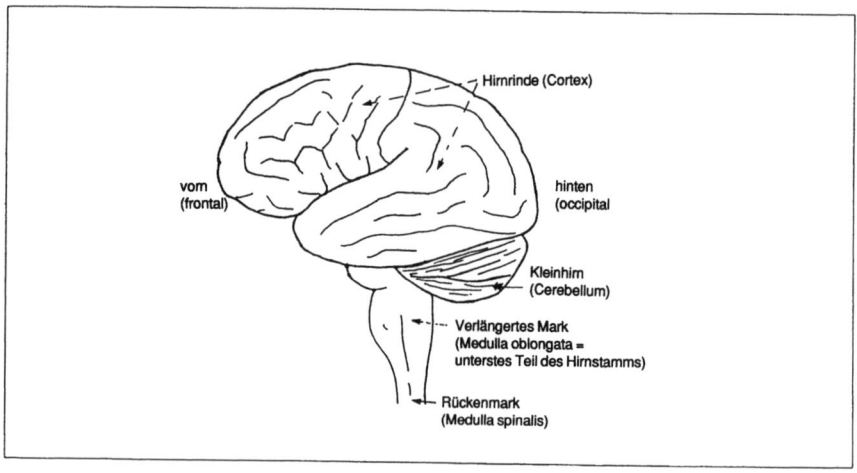

Abb. 3: Seitliche Aufsicht auf eine Hirnhälfte (Hemisphäre).

Verbindungen zwischen beiden Hirnhälften

Der Balken (Corpus callosum) ist eine „Brükke" zwischen beiden Hirnhälften, die aus Millionen von Nervenfasern besetht. Die Nervenfasern entwickeln sich allmählich. Damit die beiden Hirnhälften ständig bei sämtlichen Hirnfunktionen zusammenarbeiten können, muß der Balken intakt sein.

Ein Beispiel aus dem Alltag
Beim Schreiben soll die eine Hand kleine, feinkoordinierte Bewegungen ausführen, während die andere entspannt auf dem Papier ruht. Die nicht schreibende Hand darf somit keine Mitbewegungen ausführen, sondern soll von der Hirnrinde (Cortex) gehemmt werden (siehe S. 86).
Bei anderen Funktionen, wie z. B. Strikken, Klavierspielen u.s.w., führt die eine Hand eine Funktion aus, während die andere Hand mit einer anderen Funktion beschäftigt ist. Die beiden Hirnhälften müssen immer zusammenarbeiten.

Gesamtentwicklung des Kindes und Kognition

Im Gehirn laufen mit fortschreitender Entwicklung des Gehirns selbst und der perzeptuellen, emotionalen und motorischen Entwicklung allmählich immer differenziertere Denkvorgänge ab. Hierdurch wird auch die beginnende Kognition, der Intellekt des Kindes, entwickelt. Dies geschieht gleichzeitig damit, daß das Kind mehr und mehr Erfahrung auf allen Perzeptionsbereichen bekommt.
Kognition umfaßt den gesamten Intellekt und schließt Erinnerungsvermögen, abstraktes Denken, Vorstellungsvermögen, Phantasie, Beurteilung und Nachdenken ein.

Das retardierte Kind

Frühstimulation
Rein hypothetisch besteht die Möglichkeit, daß vorher nicht benutzte Hirnzellen in Gebrauch genommen werden können, wenn andere aus verschiedenen Gründen zerstört sind. Das ist bisher weder bewiesen noch widerlegt. Auch bis zu welchem Alter dieser Vorgang möglich ist, ist noch ungeklärt.
Erfahrungsgemäß hat die *Frühstimulation* den schnellsten und besten Erfolg. Je früher die Behandlung/Stimulation einsetzt, desto weniger Entwicklungsschritte müssen aufgeholt werden. Das bedeutet:
Effektive Stimulation muß sofort nach Diagnosestellung begonnen werden, d.h. sobald man beim Kind eine Störung entdeckt. Die verzögerte Entwicklung auf nur einem Gebiet wirkt sich unweigerlich auf die gesamte Entwicklung aus. Alle Bereiche müssen sich auf etwa demselben Niveau befinden, bevor eine Hirnfunktion auf diesem Niveau ablaufen kann.

1. Die motorische Entwicklung

1.1 Reflexbewegungen des Neugeborenen und ihre Weiterentwicklung

Bei der Geburt ist die Entwicklung des Zentralnervensystems noch längst nicht abgeschlossen. Die Hirnrinde (Cortex) übt noch keinen Einfluß auf tieferliegende Hirnanteile aus. Die primitiveren Teile des Zentralnervensystems, Hirnstamm und Rückenmark (Abb. 3) sind hingegen schon bei Geburt voll entwickelt. Durch sie entstehen die Bewegungen des Neugeborenen, die *Reflexbewegungen* darstellen. Diese *unwillkürlichen Reaktionen* können rein spontan ablaufen oder als Antwort auf einen Reiz aus der Umgebung entstehen (Berührung, Geräusche, u.s.w., so daß *eine Reflexbewegung bei gleicher äußerer Einwirkung (Stimulus) immer auf gleiche Weise ausgeführt wird.*

Die muskuläre Aktivität ist im allgemeinen lebhaft, und das Kind kann wegen fehlender Kontrolle durch den Cortex diese Bewegungen nicht unterdrücken. Die Bewegungen des Neugeborenen sind somit geprägt von der fehlenden Hemmung durch den Cortex und die fehlende willkürliche motorische Aktivität. (An Versuchstieren, bei denen man das Großhirn von tieferliegenden Hirnanteilen trennte, sind solche Reflexbewegungen studiert worden.)

Massenbewegungen – Mitbewegungen

Das Neugeborene bewegt Arme, Beine und den ganzen Körper gleichzeitig (Massenbewegungen), weil es einzelne Bewegungen noch nicht differenzieren kann.

Mitbewegungen sind typisch für das Neugeborene, können jedoch das ganze Leben über vorkommen, wenn komplizierte, ungewohnte Bewegungen ausgeführt werden sollen. Macht ein Erwachsener z. B. den Versuch, seine ungelenken Zehen zu spreizen, werden die Finger vielleicht zugleich mitgespreizt.

Motorische und neurologische Entwicklung

Allmählich entwickelt sich der Cortex mehr und mehr, viele Nervenbahnen werden myelinisiert und die Verbindung mit dem verlängerten Mark und dem Rückenmark wird hergestellt. Die Massenbewegungen verschwinden, und die vom Cortex gesteuerten Bewegungen werden immer sicherer. Das Nervengewebe muß zur Ausführung einer bestimmten Bewegung ausreichend entwickelt sein.

Außerdem ist ständige Übung erforderlich – Es besteht eine Wechselbeziehung zwischen der Entwicklung des Nervensystems und seinem praktischen Gebrauch. Hier geht es u.a. darum, den Impulsen den Weg vom Cortex über die Synapsen (Übergangsstelle zwischen den Ausläufern zweier Nervenzellen) zu den Muskeln zu bahnen.

Die Motorik des Kindes durchläuft somit eine Entwicklung, die der Entwicklung des Zentralnervensystems entspricht. Schematisch lassen sich vier Phasen unterscheiden:

1. Reflexbewegungen ohne Einfluß des Cortex (subcorticale Bewegungen).
2. Symmetrische Bewegungen mit beginnendem Einfluß des Cortex; z. B. werden beide Arme gleichzeitig nach dem „Greifmuster" nach vorn geführt.
3. Gewollte, motivierte Bewegungen mithilfe des Cortex.
4. Automatisierte Bewegungen. Ständig wiederholte Bewegungen, z. B. Radfahren.

Diese Bewegungen werden allmählich automatisiert, sodaß das Kind den Cortex nicht gebrauchen muß, um über die Bewegung nachzudenken, sondern die Gedanken für anderes freibehält.

Die koordinierte Bewegung

Eine koordinierte Bewegung setzt ein feines Zusammenspiel von Sinnes- und Muskelaktivität voraus, damit die Bewegung leicht, unbeschwert und angemessen gelingt, d. h., die Muskelkontraktion soll mit zweckdienlicher Kraft zum entsprechenden Zeitpunkt mit passender Dauer ausgeführt werden.

Koordination ist nicht angeboren, sie bildet sich mit zunehmender Reifung des Zentralnervensystems und wird u. a. unterstützt durch Stellungs- und Muskelsinn, Tastsinn, sowie Sehen durch Erfahrung. Koordination ist gleichbedeutend mit der Automatisierung ganz bestimmter Bewegungsmuster. Nur ihre korrekte Wiederholung ergibt eine richtig koordinierte Bewegung.

Jede neue Bewegung muß also gelernt und ständig wiederholt werden, bis sie schließlich automatisch abläuft. Je mehr Bewegungen schon beherrscht werden, desto leichter können neue Bewegungen ähnlicher Art eingeübt werden

1.1.1 Reflexe und primitive Bewegungsmuster

Es gibt eine Anzahl Reflexe und primitiver Bewegungsmuster, die – so meine ich – nur für Ärzte und Physiotherapeuten von Interesse sein können. Einige Reflexe sollten jedoch alle kennen, die täglich mit Kindern zu tun haben. Ohne Kenntnis dieser Reflexe ist es schwer, ja oft unmöglich, retardierten Kindern zu helfen.

Im folgenden werden darum nur die Reflexe und primitiven Bewegungsmuster besprochen, die auch für Nicht-Fachleute von Bedeutung sind.

Der Übersichtlichkeit wegen will ich die Reflexe zunächst einzeln beschreiben. In den folgenden Abschnitten wird der Leser die Bedeutung der Reflexe für die Entwicklung des Kindes dargestellt finden. Die Bewegungsmuster werden beschrieben und die Vorgehensweise, wie einem Kind in bezug auf seine motorische Entwicklung von einer Stufe zu nächsten geholfen werden kann.

Einige Reflexe sind bei der Geburt vorhanden, andere erscheinen erst später in der kindlichen Entwicklung.

Einige der Reflexe verschwinden im Alter von dreieinhalb bis vier Monaten, andere werden später in die natürlichen Bewegungen integriert, manche bleiben das ganze Leben lang bestehen.

Die Reflexe sollen an beiden Körperhälften seitengleich ausgeprägt sein. *Bei der Überprüfung der Reflexe muß das Kind ruhig und entspannt sein.*
Such-, Saug-, Schluck-, Beiß- und Kaureflex (s. S. 61/62)
Augenreflexe (s. S. 78)
Handgreifreflex (s. S. 47)

Fußgreifreflex

Dieser Reflex besteht von Geburt an. Er wird durch leichten Druck mit dem Daumen auf die Fußsohle am Grundgelenk der Zehen ausgelöst. Hierbei erfolgt eine Greifbewegung des Fußes. Beim Säugling kann dieser Reflex auch durch Berührung des Fußballens mit der Unterlage ausgelöst werden. Deshalb muß der Reflex integriert sein, bevor das

Kind allein stehen kann; denn dann soll es sich auf der Fußsohle abstützen können, ohne daß sich die Zehen krümmen (Abb. 6).

Babinski-Reflex

Normalerweise tritt der Babinski-Reflex wenige Tage nach der Geburt auf und bleibt bestehen, bis das Kind zu laufen beginnt. Bei Bestreichen des äußeren Fußrandes mit dem Fingernagel oder etwas ähnlichem wird die Großzehe nach oben gestreckt, eventuell unter gleichzeitigem Spreizen der übrigen Zehen.

Beim Neugeborenen sollte man das Füßchen von den Zehen zur Ferse hin streichen, weil sonst durch die Berührung unterhalb der Zehen der Greifreflex ausgelöst wird. Besteht der Babinski-Reflex zu lange, wird erfahrungsgemäß die Mithilfe der Großzehe beim Abstoßen in der Gehbewegung fehlen, denn diese Bewegung setzt eine Beugung der Zehen nach unten voraus.

Die regelrechte Integration des Babinski-Reflexes in die natürliche Entwicklung des Kindes bedeutet, daß sich die Großzehe schließlich nicht mehr nach oben beugt, sondern daß sich die Zehen nur noch leicht spreizen, wenn der Fuß die Unterlage berührt.

Letzteres kann man gut bei Eingeborenen in Ländern beobachten, in denen fast nie Schuhe getragen werden. Der Fuß wird dabei beinahe fächerförmig.

Stehbereitschaft

Von der Geburt bis zur vierten bis sechsten Lebenswoche streckt das Kind die Beine, wenn man es aufrecht hält und mit den Fußsohlen an der Unterlage abstützt. Die Füße werden dicht zusammengehalten, das Kind trägt sein Körpergewicht jedoch noch nicht selbst (Abb. 6).

Schreitreaktion

Neigt man das Kind in der eben beschriebenen Haltung etwas nach vorn, wird es reflektorisch eine Schreitreaktion ausführen – vorausgesetzt, der Kopf wird nach oben gehalten. Die Beine haben eine Tendenz, sich zu überkreuzen. Es kommt zu keiner Mitbewegung von Körper oder Armen wie bei der Monate später beginnenden eigentlichen Gehbewegung. Die Beine sind noch nicht so weit entwickelt, daß das Kind sein Gewicht selbst tragen kann.

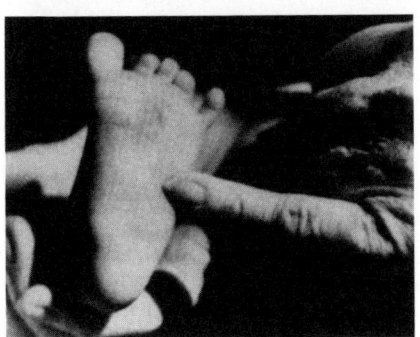

Abb. 4: (Positiver) Babinski-Reflex beim Säugling.

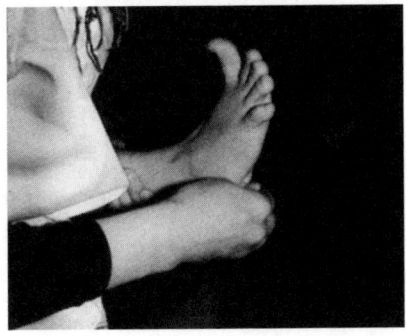

Abb. 5: (Positiver) Babinski-Reflex beim Schulkind.

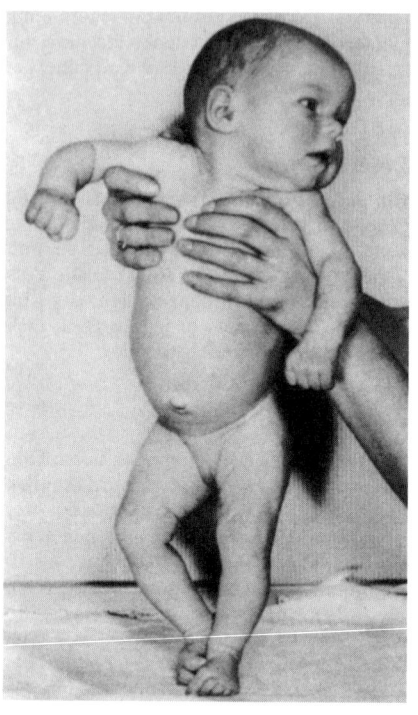 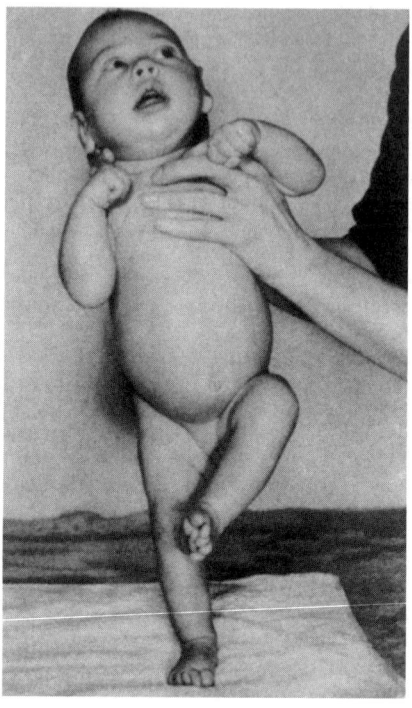

Abb. 6: Stehbereitschaft. Beachte die gekrümmten Zehen. (aus: H. Andersen 1974)

Abb. 7: Schreitreaktion: (aus: H. Andersen, 1974)

Diesen Reflex sieht man gewöhnlich vom Zeitpunkt der Geburt bis zum Alter von vier bis sechs Wochen (Abb. 7). Später löst die Berührung mit der Unterlage nicht mehr die Schreitreaktion aus.

Die Schreitreaktion ist Voraussetzung für die etwas später einsetzende Gehbewegung. Sie kann auch direkt in die Gehbewegung übergehen, wenn sie jeden Tag wieder ausgelöst wird.

Analreflex

Der Säugling liegt auf dem Rücken. Beide Beine werden entspannt fast senkrecht angehoben. Die Haut um den Anus (Darmausgang) wird ganz leicht berührt. Daraufhin zieht sich die Ringmuskulatur um den Darmausgang zusammen und die Sitzmuskulatur wird angespannt.

Dieser Analreflex kann von den ersten Lebenswochen an ausgelöst werden.

Tonische Labyrinthreflexe

Das Labyrinth ist das Gleichgewichtsorgan und befindet sich im Innenohr. Von hier aus werden verschiedene Reflexe ausgelöst, deren Wirkung zum Teil noch nicht erklärt werden kann. Die folgenden Reflexe meint man, dem Labyrinth zuordnen zu können:

a) *Lageveränderungen des Körpers* führen zur Mitbewegung des Kopfes, sodaß dieser immer senkrecht gehalten wird. Wenn das Kind z. B. in Bauchlage unter dem Thorax (Brustkorb) abgestützt in der Luft schwebend gehalten wird, hebt es vom dritten bis vierten Lebensmonat an den Kopf. Vor diesem Zeitpunkt werden viele Säuglinge schon den Kopf für einen Augenblick horizontal halten können, und einige werden reflektorisch kleine, und kurze Hebebewegungen ausführen.
Hält man das Kind genauso in Rückenlage, wird es vom fünften Monat an den Kopf heben.
Wird das Kind schräg in der Luft gehalten, stellt es mit einer Seitenbewegung der Halswirbelsäule den Kopf senkrecht ein.

Etwas später spielt die Blickorientierung eine Rolle bei den Kopfbewegungen. In der weiteren Entwicklung wird die Reflexbewegung integriert, jedoch sind Reste des Reflexes noch beim Erwachsenen zu erkennen, z. B. wenn er stehend eine Seitbeugung ausführen soll. Dann wird der Kopf häufig nicht mit zur Seite genommen. Hierbei kann man allerdings nicht von einem eigentlichen Reflex sprechen, denn auf Aufforderung kann der Erwachsene den Kopf fallen lassen: Ein geübter Turner führt den Kopf automatisch bei der Seitbeuge mit.

b) *Lageänderungen des Kopfes* führen zu Lageänderungen des Körpers. Dies wird bewußt beim Sprung vom Sprungbrett oder beim Salto ausgenutzt.

c) Schließlich wirkt das Labyrinth auch bei der Wahrnehmung von Geschwindigkeits- und Richtungsänderungen mit (siehe S. 142).

Amphibienreaktion (Kriechreflex)

Wenn das Kind in Bauchlage auf dem Boden liegt, kann die Amphibienreaktion ausgelöst

Abb. 8: Der asymmetrisch-tonische Nackenreflex (ATNR) beim retardierten Kind.

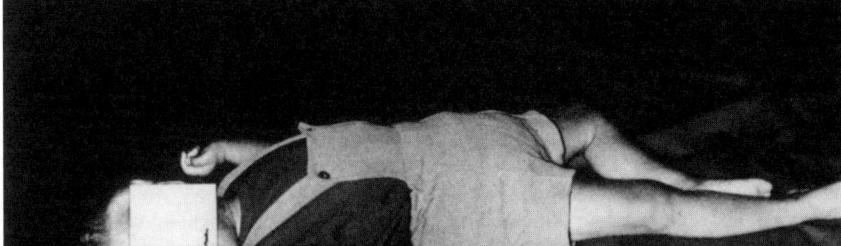

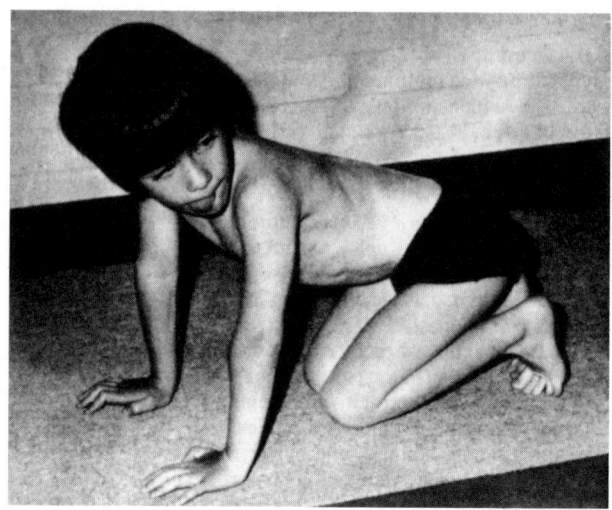

Abb. 9: Der symme-
trisch-tonische Nak-
kenreflex (STNR) beim
größeren retardierten
Kind. Kopf und Arme
sind gestreckt, Beine
gebeugt. Kopf müßte
eigentlich in Mittelstel-
lung sein.

werden. Hebt man passiv die eine Seite des Beckens an, kommt es zu einer Rotation (Drehbewegung) des Beckens. Daraufhin wird das Bein derselben Seite in allen Gelenken gebeugt und seitlich angezogen, während das andere Bein gestreckt wird (Abb. 18). Die Amphibienreaktion beginnt im Alter von sechs bis sieben Monaten.

Die Bewegung setzt ein gewisses Rotationsvermögen in Wirbelsäule und Hüftgelenk voraus und ist der Beginn des aktiven Kriechens, wobei sich das Kind bäuchlings mit Armen und Beinen fortbewegt, einem Vorstadium des Krabbelns.

Tonische Nackenreflexe

Diese Reflexe heißen Nackenreflexe, weil Kopf- und Halsstellung über Sinneszellen (Propriozeptoren) in Hals- und Nackenmuskulatur den Muskeltonus der Körperglieder beeinflußt. Sie werden „tonisch" genannt, weil sie den Muskeltonus in den Körpergliedern ändern. Dieser Tonus hält sich so lange wie die Kopfstellung beibehalten wird. Die

Änderung des Muskeltonus in den Gliedmaßen führt zu ganz bestimmten Bewegungsmustern. Hier sollen der asymmetrisch- und der symmetrisch-tonische Nackenreflex besprochen werden.

Asymmetrisch-tonischer Nackenreflex (ATNR)

Es gibt unterschiedliche Auffassungen darüber, wieweit der Reflex bei einem normal entwickelten Kind vorhanden ist (s. Abb. 8).

Einige Autoren meinen, daß der Reflex bei einem normal entwickelten Säugling vom ersten bis dreieinhalben Lebensmonat besteht, andere meinen, daß er nur bei Kindern gefunden wird, die eine Erkrankung des Zentralnervensystems haben. Auf jeden Fall ist besonders darauf zu achten, wenn ein Kind den asymmetrisch-tonischen Nackenreflex noch über den dritten bis vierten Lebensmonat hinaus beibehalten hat.

Es ist häufig nicht einfach, den Reflex bei einem Kind auszulösen. Das Kind muß hierzu ruhig und entspannt sein. Der Reflex wird in Rückenlage ausgelöst, indem der Kopf des Kindes vorsichtig zur Seite gedreht wird. Hierbei wird sich der Arm der Gesichtsseite strecken und der andere, – der Arm der Nakkenseite, – beugen. Wird der Kopf zur Gegenseite gedreht, kommt es zum umgekehrten Bewegungsmuster der Arme.

Die Beine folgen den Bewegungen etwas weniger ausgeprägt, so daß Arm und Bein der gleichen Körperseite gleichzeitig gebeugt (oder gestreckt) werden (Abb. 8).

Symmetrisch-tonischer Nackenreflex (STNR)

Bei diesem Reflex streckt das Kind die Arme und beugt die Beine, wenn der Kopf nach hinten gestreckt wird. Umgekehrt werden beim Nachvornbeugen des Kopfes die Arme gebeugt und die Beine gestreckt.

Dies läßt sich bei einem Kind beobachten, das sich im Fersensitz (Abb. 9) auf die gestreckten Arme stützt. Es wird aus dieser Haltung nicht in den Vierfüßlerstand (auf Knien und Händen) kommen, ohne daß die Arme gebeugt werden und der Kopf vornüber fällt, gleichzeitig mit einer leichten Streckung der Beine, wenn das Kind das Gesäß von den Hacken hebt (Abb. 10). Zum Schluß werden die Beine ganz gestreckt, und das Kind landet auf dem Bauch.

Wenn der symmetrisch-tonische Nackenreflex ganz integriert ist, kann das Kind im Vierfüßlerstand stehen bleiben und den Kopf in alle Richtungen bewegen, also auch nach vorn und hinten beugen, ohne daß die Stellung der Körperglieder beeinflußt wird. Nun ist das Kind in der Lage, mit dem Krabbeln zu beginnen und krabbelnd auf dem Boden zu spielen (Abb. 16).

Ein Rest des symmetrisch-tonischen Nakkenreflexes bleibt wohl bis ins Erwachsenenalter bestehen. Im Vierfüßlerstand werden die Ellenbogen völlig unbewußt ganz besonders durchgestreckt, wenn der Kopf gehoben wird. Wird der Kopf gebeugt, werden die Ellenbogen leicht gebeugt und das Körperge-

Abb. 10: Der symmetrisch-tonische Nackenreflex (STNR) beim größeren retardierten Kind. Wird der Kopf gebeugt, beugen sich die Arme und strecken sich die Beine.

wicht gleichzeitig auf die Arme nach vorn verlagert. Bei Erwachsenen kann der Reflex bewußt kontrolliert werden. Bei einem geübten Turner läßt sich der Reflex nicht beobachten.

Landau-Reaktion

Wenn ein Erwachsener das Kind mit beiden Händen am Brustkorb festhält und es waagerecht über seinen Kopf hebt, streckt das Kind seinen Kopf nach hinten, streckt die angehobenen Beine und führt die Arme zu den Seiten.

Diese Bewegung heißt Landau-Reaktion. Sie kann vom dritten oder vierten bis zum fünfzehnten Lebensmonat beobachtet werden. Nach dem fünfzehnten Lebensmonat zeigt sich diese Reaktion nicht mehr, die Beine sind zu schwer geworden.

Kurze Zeit, bevor das Kind auf dem Bauch kriechen kann, nimmt es in Bauchlage auf dem Boden häufig eine ähnliche Stellung ein. Es hebt Kopf und Brust, streckt die Lendenpartie, hebt die Beine gestreckt an und führt die Arme zu den Seiten, als wolle es fliegen. Dabei liegt es nur mit dem Bauch auf.

Die Landau-Reaktion muß vorhanden gewesen sein, damit das Kind später Brustschwimmen lernen kann. Ist dies nicht der

Fall, werden seine Beine immer herabsinken. In der Regel kann diese Bewegung jedoch schnell erlernt werden.

Abstützreaktion – Beine

Hebt man das Kind unter den Armen hoch und senkt es danach schnell wieder auf die Unterlage, streckt es reflektorisch beide Beine, um mit den Fußsohlen zuerst aufzukommen.
Der Reflex tritt ab dem fünften Lebensmonat auf. Er wird später vollständig integriert, so daß das Kind beim Hüpfen abfedern kann.

Abstützreaktionen – Arme

Abstützen nach vorn: Wenn das Kind sitzt und vornüber fällt, wird es sich ab dem sechsten bis siebten Monat mit gestreckten Armen nach vorn abstützen.

Abstützen zu den Seiten: Sitzt das Kind ohne Stütze auf dem Fußboden, wird es sich im Alter von sechs bis acht Monaten mit der Hand zu derselben Seite abstützen, in deren Richtung es das Gleichgewicht verliert.
Dabei werden Arm und Hand gestreckt und die ganze Handfläche auf den Boden gelegt.

Abstützen nach hinten: Wenn das Kind aus dem Sitzen auf dem Boden nach hinten fällt, führt es ab dem elften Lebensmonat beide Arme nach hinten oder dreht den Körper und stützt sich mit einem gestreckten Arm ab.
Alle Abstützreaktionen bleiben das ganze Leben lang bestehen. Jeder, der das Gleichgewicht verliert und fällt, wird unwillkürlich Arme und Hände strecken und so versuchen, sich abzustützen, um unter anderem den Kopf zu schützen.
Erst wenn diese Reflexe sich eingestellt haben, fühlt sich das Kind sicher beim Sitzen. Dann erst wird es, ohne umzukippen, einen Arm nach einem Gegenstand ausstrecken können oder sich umdrehen, um nach etwas zu schauen.

Das retardierte Kind

Alle willentlichen Bewegungen sind Funktionen des Großhirns.

Nicht nur die Perzeption, auch die Motorik ist eine Funktion des Gehirns, weil alle willentlichen Bewegungen nur unter Mitwirken des Gehirns ausgeführt werden können.
Das normal begabte Kind durchläuft ein sensomotorisches Entwicklungsstadium, bevor es in seiner intellektuellen Entwicklung vorankommt. Das retardierte Kind muß, je nach seinen Fähigkeiten, demselben Weg folgen.
Um ein retardiertes Kind in der motorischen Entwicklung zu stimulieren, müssen alle, die mit dem Kind umgehen, die Reflexe und primitiven Bewegungsmuster des normalen Kindes im Detail kennen. Nur so läßt sich vermeiden, daß das Kind zu Bewegungen stimuliert wird, die zu weit fortgeschritten oder unnatürlich für seine Entwicklungsstufe sind. Unnormale Bewegungen dürfen nicht gefördert werden. Denn später ist es schwer, eingeschlichene schlechte Angewohnheiten wieder abzustellen.
Regt eine Mutter aus Unwissenheit ihr retardiertes Kind zu früh zu Gehübungen an, wird das Kind steif und ängstlich gehen. Solange weder Kopfkontrolle noch Gleichgewicht stabilisiert sind, hat das Kind sogar im Sitzen Angst umzufallen, weil es sich nicht mit den Händen abstützen kann. Würde das Kind entsprechend der Geschwindigkeit seiner eigenen Entwicklung zu Gleichgewicht, Rollbewegungen, Abstützreaktion, Kriechen und Krabbeln stimuliert, hätte es bessere Möglichkeiten sich frei und sicher bewegen zu lernen. Voraussetzung ist immer ein intaktes Nervengewebe.
Diese natürliche Entwicklung kann nicht in allen Fällen stattfinden, und bedauerlicherweise muß ein schwerbehindertes Kind z. B. mit einem Gehwagen versorgt werden oder mithilfe von Schienen gehen lernen.

Nicht immer läßt sich das oben beschriebene Ideal erreichen. Wird das Kind nach ärztlicher Beurteilung nie selbständig seinen Körper aufrecht halten oder seine Beine benutzen können, sind künstliche Hilfsmittel erforderlich, damit das Kind bessere Voraussetzungen für seine intellektuelle Entwicklung bekommt. *Wichtig ist: Es darf nicht die ganze Zeit im Bett liegen!* Für Knochen und Gelenke ist wichtig, daß sie zum rechten Zeitpunkt Gewicht tragen. Krabbeln z. B. ist eine frühe Form, das eigene Körpergewicht zu tragen.

Die ersten Lebensjahre des retardierten Kindes

Das retardierte Kind muß die erforderliche Zeit für seine Entwicklung erhalten. Das bedeutet, es muß zu allererst die Möglichkeit bekommen, sich bewegen zu dürfen – nicht nur ein paar Mal am Tag fünf Minuten lang, sondern am besten die meiste Zeit, in der es wach ist.

Das Kind kann plötzlich in der einen oder anderen Entwicklungsstufe stehen bleiben. Es kann ein bißchen Zeit vergehen, bis die Entwicklung weitergeht. Vielleicht ist die Entwicklung des Zentralnervensystems noch nicht weiter fortgeschritten, oder das Kind entwickelt gerade andere Fähigkeiten, wie Sprache oder ähnliches. Auf keinen Fall darf das Kind unter Druck gesetzt werden. Statt dessen ist die aktuelle Entwicklung so weit wie möglich zu vertiefen, damit das Kind leicht und ganz natürlich die nächste Entwicklungsstufe erreicht, wenn es wirklich möglich ist.

An dieser Stelle sei besonders betont, wie wichtig die Hände des Erwachsenen in der Arbeit mit dem Kind sind. Das Kind anzufassen, seine Verspannungen zu fühlen und seine Bewegungen in eine natürliche Richtung zu leiten, ist eine Vorgehensweise und eine Fähigkeit, die oft nicht hinreichend gewürdigt wird. Nicht allen Menschen ist diese Eigenschaft angeboren. Sie muß durch Erfahrung gelernt werden und fordert eine gewisse Kenntnis der Motorik des normal entwickelten wie des retardierten Kindes.

Das größere retardierte Kind

Natürliche Bewegungen müssen von Grund auf eingeübt werden. Bei der Arbeit mit größeren retardierten Kindern hat sich gezeigt, daß eine neue, zuvor nie durchgeführte Bewegung durch Training ganz natürlich in die täglichen Bewegungen des Kindes übergehen kann (Automatisierung der Bewegung). Das erfordert allerdings viel Zeit.

Obwohl das Zentralnervensystem reif genug ist, werden alte Bewegungsangewohnheiten nicht verändert, wenn sich das Kind weiterhin wie gewohnt bewegt. Etwaige Fehler müssen beseitigt werden.

Natürliche Bewegungen sind von Grund auf einzuüben, wobei zuerst immer entsprechend der Entwicklungsstufe vorgegangen werden muß, der diese Bewegungen entsprechen. Danach wird die Entwicklung Stufe für Stufe gefolgt.

Hier führt der Weg über Körperwahrnehmung und über bewußtes, motiviertes Mitwirken des Kindes. Die Bewegungen müssen häufig wiederholt werden. Außerdem muß das Kind in ständig größeren Zeitabständen „Auffrischungskurse" bekommen, damit es nicht in seine alten Bewegungsabläufe zurückfällt.

Wie weit ein Kind kommen kann und wie lange es hierfür brauchen wird, läßt sich nur selten voraussagen. Das Kind kann nicht „normal gemacht" werden, auch nicht, was seine Motorik betrifft. Aber ihm kann geholfen werden, die Entwicklungsstufen in der richtigen Reihenfolge zu durchlaufen und soweit zu gelangen, wie es für das individuelle Kind möglich ist.

Wichtig ist also: *Beim retardierten Kind darf in der Entwicklung nichts übersprungen werden.*

1.1.2 Stimulation und Reflexkontrolle

Bleiben gewisse Reflexe über einen (erfahrungsgemäß) länger als normal zu bezeichnenden Zeitraum hinaus bestehen, kann dies auf eine Anomalie des Zentralnervensystems hinweisen. Dann muß ein Arzt hinzugezogen werden.

Bei einem retardierten Kind können einige Reflexe später als normal eintreten oder noch zu einem Zeitpunkt auslösbar sein, zu dem sie eigentlich schon durch die Entwicklung des Cortex unter Kontrolle sein sollten. Besteht ein Reflex zu lange, kann er die weitere motorische Entwicklung des Kindes verhindern.

Reflexanomalien sieht man besonders beim cerebralparetischen (spastischen) Kind. Ob ein Kind als leicht cerebralparetisch oder nur als in seiner motorischen Entwicklung verzögert bezeichnet wird, ist häufig eine Frage des Ermessens.

Die Diagnose Cerebralparese wird unter anderem anhand von Kriterien gestellt, die die Entwicklung der Reflexe und primitiven Bewegungsmuster betreffen. Das cerebralparetische Kind zeigt aber auch andere motorische Symptome und Reaktionen, die man beim normalen Kind nicht findet. Die Diagnose wird aufgrund eines Symptomkomplexes gestellt.

Läßt sich z. B. der Krankengeschichte eines Kindes entnehmen, daß es eine leichte Spastizität in Form einer Cerebralparese gezeigt hat, ohne daß bei einer späteren neurologischen Untersuchung irgendein Hinweis hierauf gefunden werden kann, dann hat sich das Zentralnervensystem zwischenzeitlich so entwickelt, daß die Reflexe integriert wurden, die zuvor Symptom einer eventuell vorhandenen Cerebralparese waren.

Spät entwickelte und spät kontrollierte Reflexe können beeinflußt werden, vorausgesetzt, daß das entsprechende Nervengewebe vorhanden ist.

Ganz wichtig ist, daß die Diagnose so früh wie möglich gestellt wird, damit die neurologische Entwicklung des Kindes durch frühe Stimulation und eventuelle Behandlung unterstützt werden kann. Am besten wäre es, gleich nach der Geburt mit der Stimulation zu beginnen. Aber leider kann die Diagnose nicht immer so früh gestellt werden.

Einige Beispiele für frühe Stimulation sind die *Such-, Saug-, Schluck-, Beiß- und Kaureflexe*, deren Stimulation auf den Seiten 61 und 62 besprochen wird, und die folgenden:

Analreflex

Eventuell kann es schwer sein, ein retardiertes Kind zur Sauberkeit zu erziehen. In einigen Fällen hilft es, kurz vor dem Aufsuchen der Toilette den Analreflex auszulösen.

Die Aufmerksamkeit des Kindes wird auf die Spannung und Entspannung des Schließmuskels (Anus) gelenkt. Durch taktile und kinästhetische Perzeption nimmt das Kind den Schließmechanismus wahr und versteht, was von ihm verlangt wird.

Asymmetrisch-tonischer Nackenreflex (ATNR)

Einige Kinder behalten den asymmetrisch-tonischen Nackenreflex über Monate (oder eventuell sogar Jahre) bei. In manchen Fällen kann der Reflex so ausgeprägt sein, daß der Kopf immer zum gestreckten Arm hingewendet wird. Für diese Kindern ist es unmöglich, einen Gegenstand, den sie mit gebeugtem Arm in der Hand halten, zu betrachten.

Bleibt der asymmetrisch-tonische Nackenreflex bestehen, kann das Kind sich nicht von der Rückenlage in die Seitlage rollen. Immer wenn das Kind den Kopf in die Rollrichtung dreht, wird es gleichzeitig den Arm strecken und das Rollen hierdurch verhindern.

Auch das selbständige Essen wird in extremen Fällen durch diesen Reflex verhindert, weil der Kopf von dem Arm weggedreht wird, der gebeugt wird, um z. B. den Löffel zum Mund zu führen.

Die Handmotorik und die Auge – Hand – Koordination des Kindes werden selbst durch einen kleinen Rest dieses Reflexes beeinträchtigt. Manchmal ist er nur als schwaches Beugen der Finger der einen Hand zu erkennen, während fast unsichtbar der Tonus der Fingerstrecker der anderen Hand erhöht wird.

Der asymmetrisch-tonische Nackenreflex läßt sich am leichtesten durch Änderung der Kopf-, Arm- oder Beinstellung unterdrükken.

Das Prinzip der im folgenden beschriebenen Übungen ist, das Kind dazu zu bringen, dem Reflex entgegengesetzte Bewegungen auszuführen. Es soll den Kopf zum gebeugten Arm drehen, um schließlich Kopf und Arm völlig unabhängig voneinander bewegen zu können.

Übungen

– Größeres Spielzeug wird mitten vor das Kind so hingelegt, daß es beide Arme strecken muß, um das Spielzeug in die Hände nehmen zu können. Später, wenn es dies beherrscht, wird das Spielzeug so plaziert, daß das Kind den Kopf zum gebeugten Arm drehen muß. Der Erwachsene hält hierbei den anderen Arm eventuell fest.

– Man läßt das Kind einen Gegenstand in der Hand des gebeugten Armes betrachten.

– Das Kind wird zum Nuckeln am Daumen motiviert, Blick und Kopf sind dabei zum gebeugten Arm gerichtet.

– Das Kind greift mit einer Hand einen kleinen Gegenstand und führt ihn zum Mund.

– Das Kind klatscht symmetrisch und gekreuzt mit seinen Händen.

– Das Kind sitzt wie die Kleine Meerjungfrau und auf dem gestreckten Arm gestützt (der Erwachsene stützt hierbei den Ellenbogen); es versucht mit der anderen Hand, nach einem verlockendem Gegenstand zu greifen.

Erst wenn das Kind so weit entwickelt ist, daß die Amphibienreaktion eingetreten ist, kann es auf dem Bauch Kriechübungen machen, während Augen und Kopf die ganze Zeit dem gebeugten Arm folgen.

Am Anfang sind die Übungen nicht ganz einfach und sollten deshalb zusammen mit einem Erwachsenen durchgeführt werden, der von einem Physiotherapeuten angeleitet wurde. Wenn das Kind die Übungen aktiv ausführen kann, sind sie recht anstrengend und trainieren Muskulatur und Atmung.

Amphibienreaktion

Die Amphibienreaktion läßt sich gut in Bauchlage auslösen, indem eine Hüfte des Kindes leicht von der Unterlage angehoben wird. Hierbei wird das Kind zu einer kriechenden Bewegung (z. B. in Richtung auf ein interessantes Spielzeug) stimuliert (Abb. 17).

Diese Bewegung erfordert eine gelenkige Wirbelsäule, die sich um ihre eigene Achse drehen (rotieren) kann. Vorher muß das Kind die Rollbewegung beherrschen.

Tonischer Labyrinthreflex (TLR)

Der tonische Labyrinthreflex kann ausgenutzt werden, um die Kopfkontrolle zu fördern. Dafür wird das Kind in unterschiedlichen Stellungen gehalten. Jedesmal wird das Kind dabei stimuliert, den Kopf gerade zu halten (siehe S. 15).

Abstützreaktionen

Viele retardierte Kinder haben Angst, umzufallen. Dies kann zum einen daran liegen, daß die natürlichen Abstützreaktionen noch nicht entwickelt sind. Das Kind tut sich also weh, wenn es hinfällt, weil es sich nicht schnell genug mit seinen Händen abstützen kann. Es behält seine Angst, umzufallen. Sein Gang ist dann oft breitbasig und steif mit schlurfenden Füßen, weil es nicht wagt, die Füße vom Boden zu heben. Diese Angst des

Kindes kann man zum Teil dadurch verringern, daß man mit ihm „Umfallen" spielt:

Übungen

Das Kind sitzt zusammen mit einem Erwachsenen auf einer großen Matratze auf dem Fußboden. Beide wechseln sich ab, jeweils den anderen nach vorn, zur Seite und schließlich nach hinten umzukippen, genau in der Reihenfolge also, in der sich die Abstützreaktionen entwickeln.

Dann wird das „Umfallen" aus knieender Stellung und schließlich aus dem Stand geübt.

Häufig muß zu Beginn dieser Übung der nach vorn gestreckte Arm am Ellenbogen gestützt werden, damit er nicht gebeugt wird. Tut sich das Kind beim Fallen weh, ist es für lange Zeit unmöglich, dieses Spiel fortzusetzen. In den meisten Fällen gelingt es relativ schnell, den Reflex einzuüben. Das Kind findet das Spiel lustig und gewinnt schon nach kurzer Zeit mehr Sicherheit und Selbstvertrauen, auch wenn es aus dem Stand „umfällt".

Die Angst vor dem Umfallen und ein schlechtes Gleichgewicht können viele andere Ursachen haben: Muskelschwäche, Ataxie (eine Form von cerebraler Parese), allgemein geringes Selbstvertrauen u.s.w., in jedem Fall aber wird die Stimulation der Abstützreaktion von Vorteil sein.

Symmetrisch-tonischer Nackenreflex (STNR)

Wenn ein zehn Monate altes Kind krabbelt, erscheint es dem Betrachter, als beobachte er die Bewegungen eines schönen, geschmeidigen Tieres. Der ganze Körper des Kindes ist rhythmisch in Rotation, Seitbewegung u.s.w. einbezogen. Der Kopf wird während des Krabbelns zu allen Seiten bewegt. Dies alles kann erst passieren, wenn der symmetrisch-

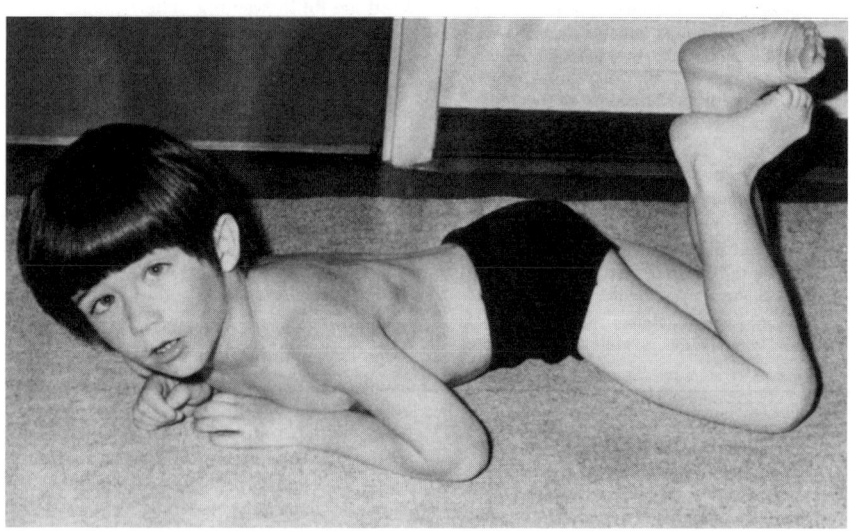

Abb. 11: Alle Gelenke können in Bauchlage gebeugt, aber in Rückenlage gestreckt sein.

Abb. 12: Fersensitz. Das Kind wippt vor und zurück, bis es in Krabbelstellung kommt. Das Kinn eventuell stützen, wenn der Kopf vornüber fällt. (Das hier abgebildete Kind ist normal und kann krabbeln u.s.w.).

tonische Nackenreflex unter Kontrolle ist. Jeder, der mit kleinen Kindern zu tun hat, sollte dies wissen, damit er das Kind so stimulieren kann, daß es allmählich den Kopf mit gestreckten Armen oben hält, selbst wenn das Körpergewicht auf den Armen ruht.

Übung

Im Fersensitz mit gestreckten Armen vor und zurückwippen (Abb. 12), bis das Kind schließlich eines Tages zu krabbeln beginnt. Der Erwachsene achtet unterdessen darauf, daß das Gesicht des Kindes nicht auf die Unterlage fällt. Er stützt das Kind mit einigen Fingern unter dem Kinn, wodurch die Arme gestreckt werden.

Man kann ebenfalls die gestreckten Arme am Ellenbogen stützen. Der Kopf wird sich dann oben halten.

Andere Reflexe

Patienten mit einer Cerebralparese können einen Reflex beibehalten haben, der so wirkt, daß in Bauchlage alle Gelenke an Rumpf und Gliedmaßen gebeugt und in Rückenlage gestreckt werden. Im äußersten Falle kann das spastische Kind in Rückenlage so steif sein, daß es nur mit Nacken und Füßen aufliegt.

Retardierte Kinder können, ohne Zeichen einer Cerebralparese, folgendes aufweisen: In Rückenlage setzt das Kind passivem Beugen (Bewegungen, die von einer anderen Person ausgeführt werden) leichten Widerstand entgegen, d.h., das Streckmuster dominiert.

In Bauchlage reagiert das Kind mit leichtem Widerstand gegen die passive vollständige Streckung der Arme und Beine auf der Unterlage, d.h. das Beugemuster dominiert (Abb. 11). Diese Reflexmuster können verhindern, daß der Kopf in Bauch- oder Rückenlage angehoben werden kann, weil sie diesen Bewegungen genau entgegengesetzt sind.

Übungen

Rückenlage: Abwechselndes Beugen und Strecken der Ellenbogen, erst passiv, dann aktiv.

Abwechselndes Beugen und Strecken der Beine, erst passiv, dann aktiv. (Die Übungen werden anfangs eventuell zu einer nicht zu schnellen Melodie ausgeführt, die das Kind besonders gern hat. Die Bewegungen werden auf diese Weise zu einem bedingten Reflex, d.h., die Melodie löst die Bewegung aus. Erst wenn das geschehen ist, kann die Melodie gegen eine andere ausgetauscht werden, und schließlich kann das Kind die Bewegung auch ohne eine Melodie ausführen.)

Im Vierfüßlerstand, d.h., auf Händen und Knien stehend; abwechselnd ein Bein nach hinten führen. Die Hüfte wird dabei ganz gestreckt. (Das Kind muß erst seine „Rückseite" kennenlernen, bevor diese Übung gelingen kann, s.S. 119)

Bauchlage: Abwechselnd, jedes Bein mit gestrecktem Knie anheben (Abb. 57).

> Das Kind wird dazu stimuliert, den Kopf in Bauch- und Rückenlage zu heben.
> Das Kind soll in Bauchlage auf einem Kissen oder einem kleinen Hocker „fliegen". Kopf und Brust werden angehoben, die Arme zu den Seiten geführt und die angehobenen Beine gestreckt.

Lebhafte Reflexe

Hat ein Kind besonders lebhafte Reflexe, meint man damit, daß alle Reflexe, auch die Sehnen- und Hautreflexe durch einen leichten Stimulus kräftig ausgelöst werden können. Dieses Kind wirkt oft ungewöhnlich kitzelig: Die leichteste Berührung ruft unfreiwillige Bewegungen hervor. Es sollte immer mit ruhigem, festem Griff angefaßt werden, und es muß immer wissen, wo und wann es berührt wird.

Die Sehnenreflexe werden mit einem Schlag auf die entsprechende Sehne ausgelöst, z. B. unterhalb der Kniescheibe (Patellarsehnenreflex). Die Hautreflexe werden ausgelöst, indem mit einem spitzen Gegenstand leicht über die Haut gestrichen wird. Hierbei kommt es zu einem unfreiwilligen Zusammenziehen der darunter liegenden Muskulatur, z. B. an der Bauchdecke als Bauchdeckenreflex (Abdominalreflex).

1.2 Bewegungsmuster

> ### Das normale Kind

1.2.1 Kopfkontrolle

Seitlage

Das Neugeborene hat keine Kontrolle über seine Kopfbewegungen. Deshalb wird es in den ersten Wochen gewöhnlich auf die Seite gelegt. Der Kopf kommt in eine für das Kind angenehme Stellung.

Bauchlage

In Bauchlage wird das Neugeborene versuchen, den Kopf auf die Seite zu drehen, um genügend Luft zu bekommen.

Die Kopfkontrolle beginnt in Bauchlage. Darum ist es wichtig, das Kind schon so früh wie möglich in diese Stellung zu bringen und schon beim Wickeln an das Liegen auf dem Bauch zu gewöhnen. Auch im Hinblick auf die Hüftstreckung, die für die spätere aufrechte Haltung notwendig ist, ist die Bauchlage günstig.

Ein normal entwickeltes Kind kann die Kopfkontrolle auch dann erlangen, wenn es nicht auf dem Bauch liegen mag. Die Kopfkontrolle entwickelt sich jedoch am leichtesten aus dieser Stellung.

Warum soll man es dem Kind also unnötig schwer machen? Liegt ein Kind nie auf dem Bauch, wird es vielleicht auch nicht zu krabbeln beginnen, bevor es gehen kann (s. S. 33)

In den ersten Lebenswochen hebt das Kind den Kopf in Bauchlage nur kurz, um ihn dann aber wieder fallen zu lassen. Dies ist eine Reflexbewegung.

Im Alter von ungefähr drei Monaten kann der Kopf sicher aufrecht gehalten werden, so daß das Gesicht geradeaus schaut. Das Kind liegt auf die Unterarme gestützt und kann sich nach allen Seiten umsehen.

Dies ist eine bewußte und motivierte Bewegung (vgl. Abb. 13). Beim Heben des Kopfes spannt sich die gesamte rückwärtige Muskulatur an, d.h. sowohl die Rückenmuskeln als auch die Strecker der Hüftgelenke (Gesäß-und Oberschenkelmuskeln).

Rückenlage

Der Kopf eines Neugeborenen wird in Rükkenlage zur Seite fallen. Erst mit etwa zwei Monaten kann das Kind den Kopf in Mittelstellung halten und bewußt hin- und herbewegen, wenn es auf einer festen Unterlage liegt. Schwieriger ist es, den Kopf in Rückenlage zu heben. Dies kommt in der Entwicklung später als das Heben des Kopfes in Bauchlage.

Im Alter von 0-3 Monaten fällt der Kopf nach hinten, wenn das Kind an den Armen zum Sitzen hochgezogen wird. Danach wird der Kopf mitgenommen. Jetzt nicht als Reflexbewegung, sondern weil das Kind selbst nach oben möchte.

Mit fünf Monaten wird das Kind aus eigener Kraft mithelfen, den Kopf zur Einleitung der Bewegung von der Unterlage zu heben.

Sitzen

Sitzen ist vermutlich die einfachste Haltung für die Kopfkontrolle, da hier das Gewicht keine Rolle spielt, solange der Kopf in Mittelstellung gehalten wird. Schon in der ersten Lebenswoche wird das Kind den Kopf für einen Augenblick halten können, wenn es sich aufrecht sitzend auf dem Arm befindet.

Aber schon bei der geringsten Bewegung wird der Kopf zur Seite kippen, wenn er nicht gestützt wird. Die Kopfkontrolle ist mit etwa sieben Monaten sicher. Das Kind kann den Kopf zu diesem Zeitpunkt in alle Richtungen bewegen. Die Kopfkontrolle wird u.a. durch das Heben des Kopfes in Bauchlage erworben. (s. dazu auch unter „Blickfixation" auf S. 78.)

nen Gelenken kann noch nicht unterschieden werden. Die beginnende reflektorische Bewegung „sehen-greifen" entwickelt sich aus diesem Armmuster.

Dieses symmetrische Armmuster (beide Arme gleichzeitig zur Seite und zurück) scheint sich auch noch nach Jahren durchsetzen zu können, wenn das Kind in Affekt gerät, z. B., wenn es plötzlich Freude oder Überraschung ausdrücken will. Die Armbewegungen sind hierbei begleitet von hüpfenden Beinbewegungen.

Die eigenen Hände zu beobachten und mit ihnen zu spielen, ist ein wichtiges Stadium der Entwicklung, das normalerweise im dritten Lebensmonat erreicht wird. Die symmetrische Stellung der Gliedmaßen kehrt mit der Schlafstellung in Rückenlage des drei bis vier Monate alten Kindes wieder, beide Arme sind in „Hurra-Stellung".

Bauchlage

Das Neugeborene hat alle Gelenke des Armes in Beugung. Mit ungefähr drei Monaten stützt sich das Kind auf die Unterarme, wenn der Kopf gehoben wird. Die Ellenbogen sind gebeugt und die Hände leicht gefäustet (Abb. 13).

1.2.2 Armmuster

In den ersten zwei Lebensmonaten herrscht das Beugemuster vor. Die Arme führen symmetrische, unrhythmische Bewegungen aus. In der ersten Zeit werden hauptsächlich die Schultern bewegt, dann die Ellenbogen. Alle Gelenke des Armes, also Schulter-, Ellenbogen- und Handgelenk, sind entweder gebeugt oder gestreckt. Zwischen den einzel-

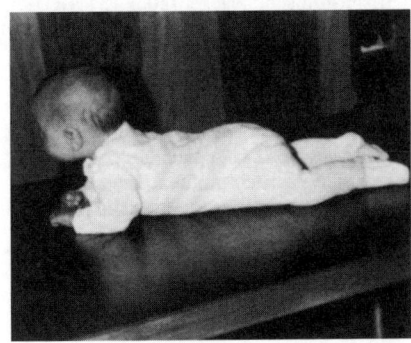

Abb. 13: Das Kind stützt sich auf die gebeugten Arme, Hände leicht gefäustet.

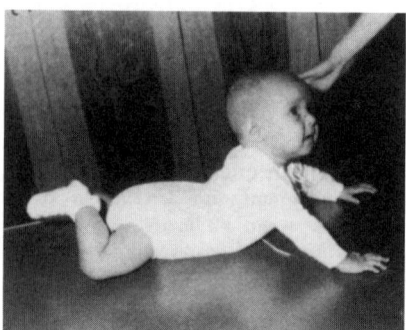

Abb. 14: Arme und Finger werden gestreckt, der Oberkörper wird dadurch höher gehoben.

Mit fünf Monaten kann der Kopf leicht gehoben und aufrecht gehalten werden. Gleichzeitig werden Arme und Beine gestreckt. Der Oberkörper wird hierdurch höher als zuvor gehalten (Abb. 14) und die Wirbelsäule wird durch die Bewegung nach hinten gelenkig.

Mit neun Monaten wird sich das Kind im Fersensitz auf die gestreckten Arme und Hände stützen (Abb. 12). Versucht es aber in den Vierfüßlerstand zu kommen, wird der Kopf vornüber fallen und die Arme werden gebeugt (Abb. 10). Dies ist der erwähnte symmetrisch-tonische Nackenreflex (STNR).

Nach und nach kann das Kind im Fersensitz vor- und zurückschaukeln. Mit etwa zehn Monaten kann es im gekreuzten Muster krabbeln, d.h., ein Arm und das gegenseitige Bein werden gleichzeitig vorgezogen, oder genauer gesagt: fast gleichzeitig. Der Arm bewegt sich nämlich um den Bruchteil einer Sekunde früher als das Bein, so daß der Arm vielleicht den Impuls für das Nachfolgen des Beines gibt (Abb. 16).

1.2.3 Beinmuster

An den Beinen des Neugeborenen herrscht – wie an den Armen – das Beugemuster vor.

Rückenlage

Die Beine führen reflektorische, unrhythmische Strampelbewegungen aus. Zuerst erreichen die Füße nicht die Unterlage. Erst allmählich nähern sie sich der Unterlage. Mit vier Monaten ist das Beugemuster weniger ausgeprägt und die ganze Fußsohle kann auf die Unterlage gestützt werden.

Bauchlage

In den ersten Lebenswochen sind die Beine ganz an den Rumpf angewinkelt, Hüft-, Knie-und Sprunggelenk sind stark gebeugt. Auch in Bauchlage beobachtet man strampelnde Reflexbewegungen, die allmählich kräftiger werden. Die Beine werden zunehmend gestreckt, so daß die Hüftgelenke im Alter von zwei Monaten teilweise, aber erst mit vier Monaten vollständig gestreckt sind.

Kann das Kind im Fersensitz sitzen, sind die Sprunggelenke anfangs meist kräftig abgewinkelt (Abb. 9), die Kniegelenke sind gebeugt, die Hüftgelenke gebeugt und außenrotiert. Erst mit dem Krabbeln ändert sich die Stellung der Sprunggelenke (Abb. 16), so daß der Fußrücken ungeachtet der Hüft- und Kniebeugung am Boden aufliegt.

1.2.4 Roll- und Drehbewegung

Wird der Kopf des Kindes in Rückenlage auf die Seite gedreht, so folgt der ganze Körper passiv in einer Gesamtbewegung ohne Rotation der Wirbelsäule nach.

Diese Bewegung kann das Kind auch selbst ausführen, wenn es liegt und strampelt und dabei soviel Schwung bekommt, daß es auf die Seite rollt. Der Brustkorb ist zu diesem Zeitpunkt faßförmig, was das Rollen erleichtert.

Mit ungefähr dreieinhalb Monaten wird die Rollbewegung differenzierter. Wird der Kopf in Rückenlage passiv zur Seite gedreht, folgt zuerst die Schulterpartie, dann folgen Becken und Beine durch eine Rotation der Wirbelsäule.

Die Rotation verläuft in umgekehrter Reihenfolge, wenn dem Kind in Rückenlage ein Bein über das andere hinweggeführt wird. Es ist eine passive Rollbewegung, aber auch zugleich Beginn der aktiven Drehbewegung, die das Kind bewußt im Alter von fünf bis sechs Monaten ausführen kann. Das Kind sieht einen Gegenstand an seiner Seite liegen, möchte ihn erreichen, dreht Augen und Kopf, hebt den Kopf, streckt den Arm, der weiter vom Gegenstand entfernt ist, über den Körper hinweg aus, hebt dabei die Schulter, bis schließlich Becken und Beine nachfolgen. Dies läßt sich bei größeren Kindern ebenfalls beobachten (Abb. 17).

Die Rotation in der Wirbelsäule entwickelt sich also allmählich. Das Schulkind, das genug Schwung beim Drehen bekommen will, macht sich hingegen bewußt steif in der Wirbelsäule.

Eine bewußte Drehbewegung, egal, ob aus Bauch- oder Rückenlage, wird durch Heben des Kopfes eingeleitet. Daher gelingt eine Drehung aus der Bauchlage leichter als aus der Rückenlage.

Die Kopfkontrolle beginnt normalerweise in Bauchlage. Außerdem können die Arme in dieser Haltung mithelfen. Die Drehbewegung aus der Rückenlage wird gebraucht, um
– nach Anschließen einer Beugung der Beine
– ins Sitzen, oder später in die Krabbelhaltung bzw. über den Fersensitz zum Stehen zu kommen. Die Hände helfen als Unterstützung mit.

Bis zum Alter von vier Jahren wird sich das Kind auf diese Weise aus der Rückenlage aufrichten. Es kann sich also erst wie ein Erwachsener erheben, wenn es Kopf und Körper heben und sich zum Langsitz aufrichten kann. Hiernach werden die Beine gebeugt, und das Kind kommt zum Stehen, indem es sich mit der Hand abstößt.

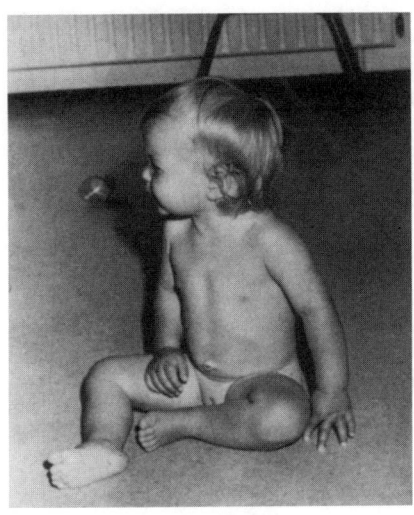

Abb. 15: Sitzen mit Abstützen der Beine.

1.2.5 Sitzen

Ist die Kopfkontrolle entwickelt, beginnt die Entwicklung des Körpergleichgewichts. Das Kind kann mit sechs bis sieben Monaten ohne Stütze auf dem Boden sitzen, wenn man es in diese Haltung bringt.

Am Anfang ist der Rücken stark gekrümmt, daher sollte diese Haltung nicht zu lange eingenommen werden. In der Regel sitzt das Kind mit stark gebeugten Knien und in der Hüfte außenrotierten Beinen. Die Oberschenkel liegen abstützend auf dem Boden. Das erhöht die Auflagefläche, gibt dem Kind ein besseres Gleichgewicht und erleichtert ihm, mit geradem Rücken zu sitzen. (Abb. 15). Durch häufiges Liegen auf dem Bauch sind die Rückenmuskeln geübt. Jetzt können die Haltereflexe im Sitzen als Vorbereitung auf das Stehen geübt werden.

Sitzt das Kind auf dem Boden, wird es sich zunächst mit den Händen auf dem Boden oder den eigenen Oberschenkeln abstützen.

Die Abstützreaktionen entwickeln sich:
Droht das Kind umzukippen, stützt es sich
nach vorn, zur Seite und später auch nach
hinten ab.

Im Alter von neun Monaten kann es sich
selbst aus der Rückenlage aufsetzen, indem
es fast in die Bauchlage rollt, die Beine beugt
und sich mit den Händen hochstützt. Kopfkontrolle und Gleichgewicht sind jetzt gut
ausgebildet.

Das Sitzen scheint gut entwickelt zu sein,
wenn das Kind von selbst diese Haltung einnimmt. Einige Kinder können im Sitzen vorwärtsrutschen, indem sie sich mit den Beinen, eventuell auch mit den Armen abstoßen.
Manche Kinder entwickeln andere Formen
der Fortbewegung bevor sie richtig krabbeln.

1.2.6 Kriechen auf dem Bauch

Beim Spiel am Boden wird das Kind zur Bewegung stimuliert – zum Rollen, Drehen, Sitzen,
Kriechen und Krabbeln. So durchläuft es seine
natürliche motorische Entwicklung.

Die primitivste Art der Fortbewegung ist das
Kriechen auf dem Bauch, das auf verschiedene Art vor sich gehen kann:

Ausschließlich mit Hilfe der Arme bei passiven Beinen, wodurch jedoch keine natürliche Vorbereitung auf das Krabbeln oder Gehen erfolgt. Kriechen auf dem Bauch im Paßgang – ein sehr unterentwickeltes, anormales
Bewegungsmuster, bei dem Arm und Bein einer Körperseite gleichzeitig nach vorn geführt werden. Oder das fortgeschrittene Kriechen im gekreuzten Muster, wobei Arm und
Bein der entgegengesetzten Seite jeweils
gleichzeitig bewegt werden (Abb. 18).

Kriechen ist eine hervorragende Vorbereitung auf Krabbeln. Es fördert rhythmische
Bewegung und Koordination der vier Gliedmaßen. Gleichzeitig wird die Gelenkigkeit
der Wirbelsäule geübt. Speziell gefördert wird
die Rotation (Fortsetzung der Roll- und Am-
phibienbewegung) durch Hüftdrehung, wenn
am Boden das liegende Bein gebeugt wird.

1.2.7 Krabbeln

Wenn der symmetrisch-tonische Nackenreflex (STNR) integriert ist, sind die Bewegungen von Armen und Beinen nicht mehr von
den Kopf- und Halsbewegungen abhängig.
Gewöhnlich ist das Kind mit ca. zehn bis elf
Monaten zum Krabbeln bereit (Abb. 16).

Überall, wo sich kleine Kinder aufhalten,
sollte viel freie Fußbodenfläche vorhanden
sein, und zwar nicht zu kalte oder zu glatte
Fußböden – um das Kind zum Spiel im Krabbeln anzuregen

Das Kind benutzt verschiedene Bewegungsmuster, je nachdem, wie weit es in seiner Entwicklung gekommen ist:

– Es schiebt sich auf dem „Po" vorwärts wie
  oben beschrieben.

– Fersensitz: Beide Arme und Beine werden abwechselnd nach vorn geführt, wie
  beim 'Häschenhüpf'.

– Gut entwickeltes Krabbeln im gekreuzten
  Muster. Schließlich können viele Varian-
  ten der obengenannten Bewegungsmuster beobachtet werden.

Einige Kinder wollen nicht krabbeln und
auch nicht auf den Bauch gelegt werden. Sie
wehren sich und weinen. Worauf dies zurückzuführen ist, bleibt meistens ungeklärt.
Rein hypothetisch sind verschiedene Ursachen denkbar:

– Psychische Ursachen unbekannter Art.

– Das Kind bekommt Angst, weil die Situation in Bauchlage zunächst bei mangeln-
  der Kopfkontrolle noch nicht überschau-
  bar ist.

– Die Kopfkontrolle ist schlecht entwickelt,
  so daß der Kopf plötzlich wegkippt und
  das Kind sich stößt oder erschrickt. (Der
  Erwachsene sollte dies verhindern, indem
  er den Kopf stützend hält.)

– Bei der Drehung des Kindes entsteht vielleicht Schwindel. Das Kind empfindet
  Übelkeit und Unbehagen im Bauch.

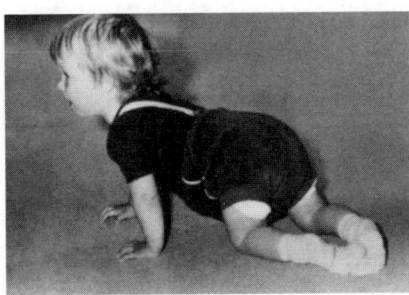

Abb. 16: Krabbelstellung. Rechter Arm und linkes Bein werden gleichzeitig im gekreuzten Muster bewegt.

- Das Kind hat spät integrierte Reflexe. Beugemuster herrscht in Bauchlage noch vor, so daß Heben des Kopfes und Strekken der Arme nur unvollkommen möglich sind.
- Die Armmuskeln sind schwach, so daß die Arme nicht gestreckt werden und das Körpergewicht nicht halten können.
- Der aufrechte Gang wird zu früh stimuliert, so daß das Kind sich nicht krabbelnd fortbewegen mußte.

Ein Teil normal begabter Kinder kommt auch ohne eigentliche Krabbelphase gut zurecht. Genauer gesagt ging bei ihnen die Entwicklung so schnell, daß sie die Fähigkeit zum Krabbeln schon beim Spielen auf dem Boden und gelegentlichen Krabbeln zwischendurch erlangt haben. Möglicherweise hatten sie bereits schon zu gehen begonnen.

Vorteile des Krabbelns

Das Krabbeln bietet für die Entwicklung viele Vorteile:

- Das Kind übt, den Kopf aufrecht zu halten und frei in alle Richtungen zu bewegen, wenn es auditiven und visuellen Stimuli folgt, die seine Aufmerksamkeit geweckt haben
- Die Blickfixation wird entwickelt. Eine Kopfdrehung reicht oft nicht aus, um etwas weit oben oder seitlich zu sehen. Die Augen werden für Bewegungen in das äußere Blickfeld geübt.
- Die Armmuskeln, besonders die Armstrecker, werden trainiert.
- Das Handgelenk wird stark nach hinten gebeugt, die Finger werden leicht gespreizt, gebeugt und geradeaus gerichtet als Vorbereitung der natürlichen Handhaltung beim Greifen eines Gegenstandes, Werkzeuges u.s.w.
- Die Beinmuster entwickeln sich weiter, Hüfte und Knie werden während des Krabbelns mehr oder weniger gebeugt, das Sprunggelenk ist hingegen gestreckt, der Fußrücken ruht auf der Unterlage.

Die Entwicklung des Zentralnervensystems erlaubt somit eine feinere Differenzierung der Bewegungen der drei Gelenke. Das gekreuzte Bewegungsmuster – Arm und entgegengesetztes Bein – verursacht leichte Seitbewegungen und Rotationen in der Wirbelsäule: eine Voraussetzung für einen natürlichen, gelenkigen aufrechten Gang.

- Rhythmische Bewegungen des Körpers werden beim Krabbeln geübt.

Das Krabbeln ist eine gute Gleichgewichtsübung. Hierbei liegt der Körperschwerpunkt noch nicht so hoch wie beim Stehen. Wenn das Kind beim Krabbeln anhält, stützt es sich mit vier Punkten ab; mit drei Punkten, wenn es nach einem Gegenstand greift; und mit zwei Punkten beim eigentlichen Krabbeln.

Zwischendurch steht das Kind auf Knien und übt das Gleichgewicht mit etwas höher verlagertem Schwerpunkt. Die Gewichtsverlagerung von den Armen auf die Beine und von einer Seite zur anderen geübt. Das Krabbeln ist somit eine natürliche Vorbereitung auf den aufrechten Gang, weil das Gleichgewicht ohne Stütze ausgebildet wird. Dies wird nicht in gleicher Weise erreicht, wenn sich das Kind lediglich im Laufstall zum Stehen hochzieht!

1.2.8. Laufstall und andere Hilfsmittel

Der *Laufstall* kann praktisch sein, wenn der Erwachsene das Kind mal für einen Moment aus den Augen lassen muß. Er sollte jedoch in Maßen gebraucht werden: Das Kind muß die Möglichkeit haben, die ganze Wohnung, das ganze Haus zu entdecken, um über diese Erfahrungen Motorik und Perzeption zu entwickeln. Das Kind muß fühlen, heben, greifen, schieben und in sich ständig ändernder Körperstellung Gefühl für Abstand und Richtung bekommen. Der Abstand zwischen den Laufgitterstäben muß dem Kind ausreichend Platz für seine Füße bieten, andernfalls werden die Beine auswärtsrotiert. Außerdem darf nicht vergessen werden, den Laufstall so aufzustellen, daß das Kind ständig verfolgen kann, was im ganzen Zimmer passiert.

Babywippen und *Babyhopser* sind sehr modern geworden, und es ist gegen sie nichts einzuwenden, vorausgesetzt, das Kind sitzt nicht zu lange darin. Wird es in einer bestimmten Haltung im Wippstuhl angebunden, kann es Rücken und Becken nur schwer bewegen. Außerdem wird die Lordose nicht geübt, wenn das Kind in einem Wippstuhl ohne Hohlkrümmung der Lendenwirbelsäule sitzt.

Das Kind sollte nicht länger als jeweils zehn bis fünfzehn Minuten im Stuhl sitzen und es darf durch den Stuhl auch nicht darum gebracht werden, auf dem Bauch zu liegen oder sich entsprechend seiner Entwicklungsstufe im Zimmer umherzubewegen. Die gleichen Bedenken gelten auch für sog. Babyhopser und Gehlernhilfen. Hier muß das Kind den Rücken ebenfalls gerade halten können. Der Nutzen dieser Hilfsmittel ist recht umstritten.

Das retardierte Kind

Um ein retardiertes Kind in seiner Entwicklung stimulieren zu können, bedarf es der genauen Kenntnis der normalen Entwicklungsphasen. Hilfe und Stimulation darf nur gegeben werden, wenn das Kind sich selbst auf die aktuelle Entwicklungsstufe zubewegt, d.h. wenn es die vorhergehende Stufe zufriedenstellend meistert. Das Kind darf nicht erschreckt oder überfordert werden, z.B. indem man den Kopf auf die Unterlage fallen läßt. Der Erwachsene muß den Kopf, wenn notwendig, stützen, damit sich das Kind sicher fühlt.

Da die motorische Entwicklung eng mit der perzeptuellen Entwicklung zusammen hängt, schafft eine retardierte Motorik für die meisten Perzeptionsbereiche so schlechte Bedingungen, daß das Kind auf allen Gebieten retardiert sein wird. Körperwahrnehmung, Muskel- und Stellungssinn, Tastsinn, Sehen und das Zusammenspiel zwischen diesen muß also immer gleichzeitig mit der Motorik stimuliert werden, so wie es der aktuellen Entwicklungsstufe des Kindes entspricht.

Der Erwachsene soll das Kind genau beobachten. Nimmt das Kind eine aus motorischer Sicht unvorteilhafte Körperhaltung ein oder wirken seine Bewegungen unharmonisch, muß versucht werden, die Haltung und eventuell die Bewegung zu ändern, indem das Kind zu einem natürlichen, vielleicht primitiveren Bewegungsmuster stimuliert wird.

Die folgenden Seiten sind nicht als Trainingsprogramm aufzufassen, es sollen lediglich alltägliche Erfahrungen zur Entwicklung des normalen Kindes in die Praxis umgesetzt werden. Ist das Kind stark retardiert, sollte man in jedem Fall mit einem Physiotherapeuten besprechen, wann das Kind für die nächste Entwicklungsstufe reif ist. Jeder Erwachsene mit Erfahrung und Verständnis für Kinder wird bei der folgenden entwicklungsgemäßen Vorgehensweise mithelfen können.

Wie früh im Leben des Kindes zweckmäßigerweise mit der Stimulation begonnen werden sollte, hängt vom individuellen Kind ab. Es kann jedoch nie zu früh sein, wenn es sich um retardierte Kinder handelt, d.h. möglichst sofort, nachdem die Retardierung diagnostiziert worden ist. Primitive Bewegungsmuster, die der normale Säugling aufweist, können ohne weiteres auch bei größeren retardierten Kindern vorkommen.

Prinzip der Stimulation ist es, nicht die Fertigkeit zu üben, die ein Kind schlecht ausführt, sondern diejenige, die in der Entwicklung dieser vorausgeht. Das bedeutet, daß bei einem Kind mit schlechtem Gang zunächst das Gleichgewicht beim Krabbeln und die Abstützreaktionen geübt werden müssen. Krabbelt das Kind in einem unentwickelten Muster, muß es das Kriechen auf dem Bauch usw. üben.

Bauchlage

Wird ein Säugling mit an den Körper anliegenden Armen in Bauchlage gebracht, versucht er sofort, die Arme nach oben zu ziehen. Die hierzu erforderliche Bewegung kann stimuliert werden, indem leichter Druck auf die Gesäßhälfte der Gegenseite ausgeübt wird.

Beginnt das Kind den Kopf selbst zu heben, kann diese Bewegung dadurch unterstützt werden, daß man dem Kind interessante Gegenstände zeigt. Es hebt Augen und Kopf, um den Gegenstand anzusehen. Weiterhin kann man das Kinn leicht mit zwei Fingern stützen oder das Kind ein wenig im Nacken kitzeln. Wenn es am Fußende des Bettchens auf den Bauch gelegt wird, bekommt es Gelegenheit, alles zu verfolgen, was in seiner Umgebung passiert.

Tendieren die Arme dazu, zur Seite zu rutschen, wenn das Kind den Kopf hebt, sollten sie mehrmals täglich vom Erwachsenen gestützt werden. Auch ein Sandsäckchen, für kurze Zeit an die Seite jedes Armes gelegt, stimuliert das Kind zum Heben des Kopfes. Dies sollte jedoch nur erfolgen, wenn das Kind den Kopf zwar heben kann, doch durch die zur Seite gleitenden Arme daran gehindert wird. Der Erwachsene sollte in der Nähe

bleiben. Das ist z. B. oft bei Kindern mit Down-Syndrom erforderlich.

Rückenlage

Die Rückenlage stimuliert das Kind, den Kopf in Mittelstellung zu halten und von einer Seite zur anderen zu drehen. Wenn der Kopf beginnt, beim Zug an den Armen von der Rückenlage zum Sitzen mitzufolgen, ist es gut, diese Übung jedesmal beim Wickeln zu wiederholen. Man stützt den Kopf mit einem Finger und stößt ihn leicht an, um ihn zum Mitfolgen zu stimulieren.

Neigt das Kind dazu, den Kopf ständig zu einer bestimmten Seite (z. B. nach rechts) gedreht zu halten, sollte das Bettchen so aufgestellt werden, daß das Kind zur entgegengesetzten Seite (also nach links) sehen muß, wenn es verfolgen will, was im Zimmer passiert. Der Blick des Kindes wird vom einfallenden Tageslicht angezogen. Auch dies sollte beim Hinlegen des Kindes berücksichtigt werden.

Rollbewegung

Man legt das Kind in Seitlage und bringt es dazu, sich auf den Rücken zu rollen; danach von der Bauchlage in die Rückenlage und später umgekehrt. Wenn es sich fast auf die andere Seite rollen kann, hilft man dem Kind bei der Kopfbewegung. Andernfalls ist mit der Übung noch zu warten. Der Erwachsene kann das Kind eventuell dadurch zum Rollen stimulieren, daß Spielzeug in passendem Abstand seitlich vom Kind hingelegt wird (Abb. 17).

Danach übt man die Rollbewegung, indem ein Bein passiv über das andere geführt wird bis der ganze Körper nachfolgt, oder indem der Kopf angehoben, gedreht und gleichzeitig ein Arm über den Rumpf nach vorn geführt wird, bis Schulter und später Becken und Beine nachfolgen. Nach einigem Üben wird das Kind bei diesen Bewegungen mithelfen. Schließlich – hoffentlich – kann es sie allein ausführen. Erst dann hat das Kind die

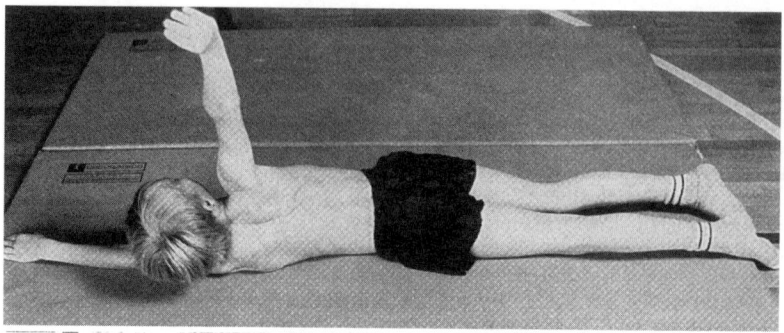

Abb. 17: Gute Rollbewegung mit Rotation in der Wirbelsäule.

Möglichkeit, auf natürliche Weise aus der Rückenlage zum Sitzen und Krabbeln zu kommen. Der Rücken übt Bewegungen in alle Richtungen und wird gelenkig.

Bauchlage

Hat das Kind selbst gelernt, den Kopf zu halten, während es sich auf die Unterarme stützt, dann kann es stimuliert werden, mit einer Hand nach einem Gegenstand zu greifen und den Kopf noch höher zu heben, um sich schließlich auf die gestreckten Arme zu stützen.

Die Finger müssen in dieser Haltung ebenfalls gestreckt sein. Der Erwachsene sollte das Kinn leicht stützen, damit der Kopf nicht plötzlich vornüberfällt und die Arme gebeugt werden. Man sollte auch die Amphibienreaktion in Bauchlage versuchen, um das Kind zum Vorwärtskriechen auf dem Bauch zu stimulieren (Abb. 18).

Sitzen – Abstützreaktionen

Wenn der Kopf in Bauch- und Rückenlage sicher gehalten werden kann, übt man das Sitzen mit Rückenstütze und schließlich ohne. Dem Kind wird zu einer für die Entwicklung natürlichen Haltung geholfen, z. B. indem man die Beine wie in Abb. 15 beugt. So ist das Gleichgewicht besser. Die Abstützreak-

tionen werden im Sitzen geübt, indem das Kind leicht angeschubst wird, sobald es eine Tendenz zeigt, nach vorn zu greifen. Aber das Kind darf sich nicht erschrecken. Die Abstützreaktion wird unterstützt indem ein Arm zur Seite geführt und der Ellenbogen stabilisiert wird.

Um das Kind für das Aufrichten zu stärken und zu stimulieren, wird es mit dem Rücken zum Erwachsenen getragen. Zunächst wird es um den Brustkorb gehalten, damit sich der Kopf aufrichtet. Dann stützt man das Becken, um die gesamte Rückenmuskulatur zur Funktion anzuregen. Schließlich hält man das Kind in Höhe der Oberschenkel fest, so daß die Hüftstrecker ebenfalls aktiviert werden.

Die Abstützreaktionen können auch aus jeder dieser Haltungen heraus geübt werden. Schubst man z. B. das Kind leicht nach vorn in Richtung auf eine Tischplatte, streckt es die Arme nach vorn, um sich auf dem Tisch abzustützen.

Es ist wichtig, daß sich Blickfixation, Kopfkontrolle und Armmuster natürlich mitentwickeln. Bleibt z. B. das Armmuster zu lange im symmetrischen Stadium, muß das Kind zum Gebrauch nur einer Hand stimuliert werden. Um abwechselnde Armbewegungen zu erzielen, soll das Kind stimuliert werden,

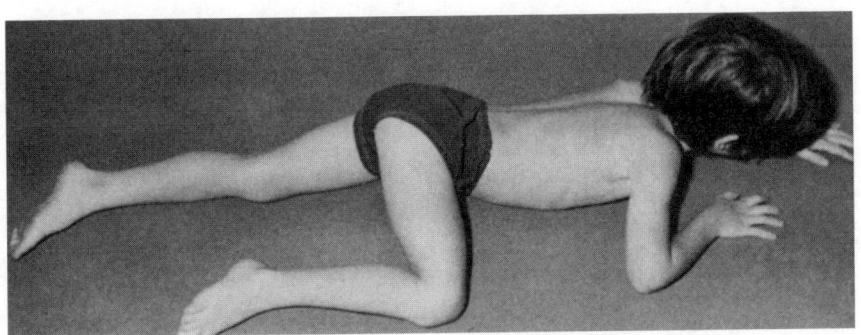

Abb. 18: Kriechen. Die Wirbelsäule ist leicht durch das Anheben der rechten Hüfte vom Boden rotiert. Ohne diese Rotation kann das Kind nicht kriechen.

nur mit einer Hand nach dem Spielzeug zu greifen und im gekreuzten Muster zu kriechen oder zu krabbeln usw.

Aus der Bauchlage über den Fersensitz zum Krabbeln

Von der Bauchlage auf die gestreckten Arme gestützt, wird dem Kind in den Fersensitz geholfen, während es sich noch immer auf die gestreckten Arme und Hände stützt (Abb. 12).

Der Erwachsene läßt das Kind sich in dieser Haltung vor- und zurückbewegen bis es sich schließlich mit leichter Unterstützung des Kinns im Vierfüßlerstand halten kann. Der symmetrisch-tonische Nackenreflex wird allmählich integriert, und das Kind bewegt den Kopf frei in alle Richtungen, kann ihn sogar beugen und nach unten sehen, ohne die Arme einzuknicken.

Das Kind ist jetzt reif zum Krabbeln. Vielleicht bewegt es zuerst noch abwechselnd beide Arme und Beine wie ein Hase und krabbelt erst später richtig im gekreuzten Muster.

Kann sich das Kind selbst im Hause umherbewegen, beschleunigt sich seine Entwicklung durch alle neuen Eindrücke, die es bekommt.

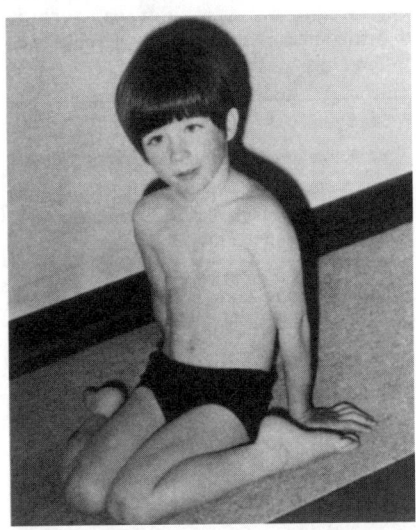

Abb. 19: Diese Haltung sollte nicht über viele Jahre zur Gewohnheit werden, weil sie die Beinstellung beim Gehen nachteilig beeinflussen kann.

Unentwickelte Muster beim Krabbeln

Läßt man ein größeres retardiertes Kind auf dem Boden kriechen oder krabbeln – mag

das zum Spiel oder als bewußte Übung geschehen –, bedeutet es für das Kind kein
Rückversetzen ins Säuglingsalter. Manchmal
weist das Krabbeln beim größeren retardierten Kind – selbst wenn es schon gehen kann –
Zeichen verzögerter Entwicklung auf.
Das Krabbeln sollte täglich über fünf Minuten durchgeführt werden. Danach läßt
man das Kind in langsamem Tempo einige
Minuten lang laufen. Durch das Laufen nach
dem rhythmischen Kriechen und Krabbeln
bekommt das Kind ein harmonisches Gangbild.

Im folgenden sollen einige typische unentwickelte Krabbelmuster besprochen werden:

a) Der Kopf ist beim Krabbeln gebeugt
   (Abb. 20), was dazu führt, daß auch die
   Arme mehr oder weniger gebeugt wer-
   den.

Übungen

Kopfheben und Armstrecken in Bauchlage.

Kriechen auf dem Bauch.

Fersensitz mit aufgestützten, gestreckten Armen und Händen (Abb. 12).

---

b) Der Rücken kann beim Krabbeln rund
   sein. Schlechte Kopfkontrolle in Bauch-

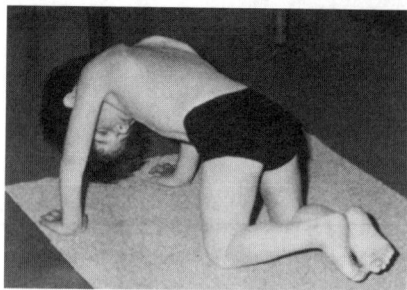

Abb. 20: Dieses Krabbelmuster mit gebeugtem Kopf, leicht gebeugten Armen und angehobenen Füßen findet man manchmal bei
retardierten Kindern.

lage kann eine mangelhafte Hohlkrümmung des Rückens nach hinten verursachen. Vielleicht wollte das Kind früher
nicht gerne auf dem Bauch liegen. Möglicherweise herrscht auch noch das primitive totale Beugungsmuster in Bauchlage
vor, das sowohl zum gebeugten Rücken
als auch zum gebeugten Kopf beigetragen
haben könnte.

Übungen

Laß das Kind auf dem Bauch mit gehobenem
Kopf liegen zunächst auf die Unterarme,
dann auf die gestreckten Arme gestützt.

Laß es auf dem Bauch kriechen.

Stimuliere die Abstützreaktionen.

Stimuliere das Kind zum Aufblicken, wenn es
auf dem Bauch liegt.

---

c) Sind die Hände beim Krabbeln leicht gefäustet, weist das auf ein unentwickeltes
   Greifen hin, oder, genauer gesagt, auf die
   Schwierigkeit des Kindes, Gegenstände
   wieder loszulassen.

Übungen

Das Greifen wird durch „geben – nehmen"
mit verschiedenen Gegenständen geübt.

Das Kind wird angehalten, in Bauchlage die
Finger zu strecken. Das Gewicht ruht hierbei
auf den gestreckten Armen (entsprechend
im Fersensitz; vgl. Abb. 12).

---

d) Das Krabbeln kann breitbasig – in Armen
   und Beinen – sein, im allgemeinen begründet in einem schlechten Gleichgewichtsgefühl. Die Schrittlänge kann für
   Arme und Beine unterschiedlich sein,
   möglicherweise dadurch verursacht, daß
   die eine Körperhälfte besser entwickelt ist
   als die andere. Die schlechter entwickelte
   Körperseite muß mit der Physiotherapeutin trainiert werden.

Übungen

Muskulatur der schwächeren Seite üben.

Auf dem Bauch mit gleichgroßen Bewegungen auf beiden Seiten kriechen

und später

Krabbeln, gehen und laufen mit gleich langen Schritten.

e) Die Beinbewegungen können noch vom primitiven Beugemuster geprägt sein, so daß die Knie stark gebeugt sind und die Füße nicht den Boden erreichen. In der Regel sind dann auch die Sprunggelenke stark abgewinkelt (Abb. 20).

Übungen

Kriechen auf dem Bauch.

Vor- und Zurückbewegungen im Fersensitz, bis das Gesäß die gestreckten Füße erreichen kann.

Krabbeln mit Ausgang vom Fersensitz.

f) Einzelne Kinder krabbeln im „Paßgang", d.h., Arm und Bein derselben Seite werden gleichzeitig vorgezogen. Der Paßgang entspricht einer sehr primitiven Entwicklungsstufe. Tritt er bei größeren Kindern auf, ist das in der Regel mit einem steifen Rücken verbunden, weil der Paßgang im Gegensatz zum Krabbeln im gekreuzten Muster keine Rotation in der Wirbelsäule erfordert.

Übungen

Der Rücken wird durch Übungen, die einer niedrigeren Entwicklungsstufe entsprechen, gelenkig gemacht:

Rollbewegungen im Liegen mit Rotation in der Wirbelsäule.

Auf dem Rücken liegen mit ausgebreiteten Armen und Bewegen der angezogenen Beine von einer Seite auf die andere (s. Abb. 66).

Kriechen im gekreuzten Muster, sobald als möglich auf dem Bauch (Beginne mit der Amphibienreaktion!).

g) Die Handgelenke können steif und die Hände zur Kleinfingerseite abgewinkelt (ulnarflektiert) sein (s. Abb. 43). Es ist wichtig, diese Fehlstellung rechtzeitig zu entdecken, um effektives Greifen nicht zu behindern.

Mit Training ist die Ulnardeviation in der Regel gut zu beeinflussen. Das Kind krabbelt mit weit voneinander entfernten Händen, die Finger geschlossen und nach außen gerichtet, den gesamten Arm auswärtsgedreht. So wird die maximale Beugung des Handgelenks nach hinten umgangen.

Sind Hand und Finger beim Krabbeln nach vorn gerichtet, wird das Handgelenk hingegen maximal nach hinten gebeugt.

Übungen

Das Greifen wird durch „greifen – loslassen" geübt. Daumen und Zeigefinger sollten gut am Greifen beteiligt sein.

Kräftigen der Handgelenksstrecker (beugen nach hinten) und der Fingerspreizmuskulatur.

Bewußte Beugung des Handgelenks zur Daumenseite.

Krabbelübungen mit nach vorn weisenden leicht gebeugten und gespreizten Fingern.

1.3 Stehen – Gehen – Laufen – Hüpfen

> ### Das normale Kind

Selbst wenn das Kind schon gehen gelernt hat, kann es sich in verschiedenen Phasen der Entwicklung befinden. Interessant ist daher vor allem, *wie* das Kind geht. Der ganze Prozeß vom ersten Schritt bis zum Gehen mit ausgewogenem Gleichgewicht, Rotation in der Wirbelsäule, Abrollen der Füße ohne Rückfall in den Zehengang, dauert bei einem normal entwickelten Kind ungefähr drei bis vier Jahre.

Den Fuß gut abzurollen bedeutet, daß die Ferse zuerst auf den Boden aufgesetzt wird und dann bei zunehmender Übernahme des Körpergewichts auf das entsprechende Bein ein „Abrollen" des Fußes nach vorn ausgelöst wird, so daß die Zehen den Boden zuletzt berühren und sich zuletzt von der Unterlage lösen (Abb. 22).

Von Geburt an sind Stehbereitschaft und Schreitreaktion ohne Übernahme des Körpergewichts und mit Krümmung der Zehen (Greifreflex der Füße) vorhanden. Diese Reflexe werden allmählich integriert. Hält man das Kind im Alter von vier bis fünf Monaten aufrecht, dann streckt und beugt es abwechselnd beide Beine gleichzeitig, wenn die Füße die Unterlage berühren, als wolle es hüpfen.

Eine gewisse Gewichtsübernahme ist vorhanden, aber Knie und Hüfte werden nicht völlig gestreckt, und oft läßt sich eine leichte Spitzfußhaltung beobachten.

Schon vor dem 7. und 8. Lebensmonat wird das Kind – an beiden Händen gehalten – auf den Fußsohlen stehen und hüpfen können oder eine Gehbewegung mit fast vollständiger Gewichtsübernahme ausführen. Damit liegt kein Reflex mehr vor – dies ist der Beginn des Gehens.

Zunächst kann sich das Kind, wenn es sich an den Laufgitterstäben zum Stand hoch-

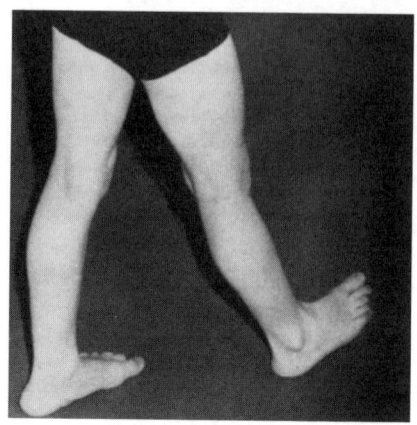

Abb. 21: Rechtes Bein: Hüfte gebeugt, Knie gestreckt, Sprunggelenk und Zehen gestreckt.

zieht, nicht wieder hinsetzen – es plumpst hin. Als nächstes geht das Kind seitwärts, sich mit den Händen an den Gitterstäben festhaltend. Wenige Monate später kann das Kind schon einen Augenblick ohne Stütze stehen. Es steht breitbasig und oft leicht O-beinig, um Gleichgewicht zu halten. Hüften und Knie sind leicht gebeugt, der Bauch hängt nach vorn und der Rücken krümmt sich zum Hohlkreuz.

Nun dauert es auch nicht mehr lange, bis das Kind sich selbst aus der Rückenlage in die Bauchlage drehen kann, aus dem Vierfüßlerstand (auf Händen und Knien) selbst zum Stehen kommt – und zu gehen anfängt. Zu diesem Zeitpunkt ist das Kind ungefähr ein Jahr alt (zwischen elf und achtzehn Monaten). Wie bei allen anderen Fertigkeiten gibt es auch hier große individuelle Unterschiede.

Zuerst geht das Kind etwas nach vorn gelehnt. Um nicht zu fallen, bewegt es reflektorisch das eine Bein nach vorn. Das geht so schnell, daß das Kind „läuft", ohne anhalten zu können, bis es gegen ein Möbelstück oder eine Wand stößt oder umfällt. Das Kind

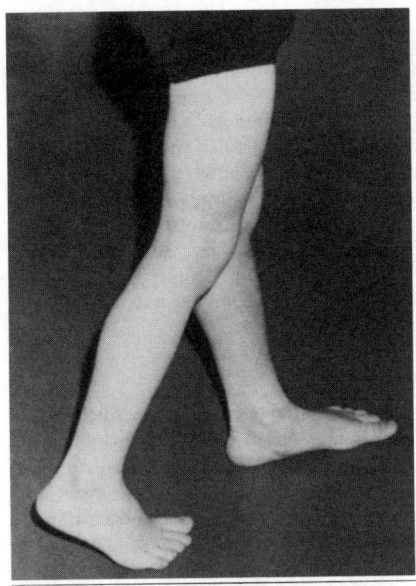

Abb. 22: zeigt die Bewegung des rechten Beines in einer anderen Phase: Hüft- und Kniegelenk gestreckt, Sprunggelenk leicht gebeugt gegenüber Abb. 21 und die Zehen werden weiter gestreckt.

scheint also „laufen" zu können, bevor es gehen kann. Gehen erfordert ein besseres Gleichgewicht, weil es langsamer ist als Laufen.

Erst geht das Kind nur, um das Gehen zu üben, bald aber geht es durch etwas Äußeres motiviert und richtungsbestimmt. Anfänglich ist der Gang auch breitbasig und frontal gerichtet, ohne Rotation in Wirbelsäule oder Hüften. Die Füße werden nicht abgerollt, sondern flach auf den Boden aufgesetzt. (Dieses Gangbild findet man auch bei größeren retardierten Kindern). Die Arme werden angehoben gehalten. Erst mit besserem Gleichgewicht können die Arme während des Gehens gesenkt und nach einer Weile seitlich hängend gehalten werden. Schließlich schwingen sie in der rotierenden Bewegung des Körpers mit.

Die Beinstellung ist zunächst – wie bereits erwähnt – O-förmig, dann richtet sie sich auf und fällt ins andere Extrem, die X-Beinstellung. Schließlich werden die Knie im Gleichgewicht in der Mitte gehalten und gleichzeitig bei der Gehbewegung vollständig gestreckt. Auch die Fußgelenke werden stabiler und gerade. Wenn das Gleichgewicht nach einer gewissen Zeit gut entwickelt ist, schwingen die Füße dicht aneinander vorbei.

Die Hüftmuskulatur wirkt korrigierend auf die Fuß- und Kniestellung, indem sich mit zunehmender Stärke der Hüftmuskulatur die Belastung der Knie- und Sprunggelenke verändert. Die Extensoren der Hüfte (Hüftstrekker) werden kräftiger, die Hüfte kann beim Gehen vollständig gestreckt werden. Damit ist die Voraussetzung für die Rotation der Hüften bei der Bewegung gegeben.

Die Abduktoren der Hüfte (seitwärtsführende Hüftmuskeln) sind jetzt so kräftig, daß sie das Becken ausbalancieren. Nun kann das Kind auf einem Bein stehen und hüpfen. Es ergibt sich ein feines Gleichgewichtsspiel in der Phase des Gehens, wenn der Körper auf einem Bein das Gleichgewicht hält, während das andere Bein nach vorn schwingt.

Mit dem besseren Gleichgewicht wird Zeit für die vollständige Streckung des Beines gewonnen. Bei jedem Schritt wird das Bein nach hinten geführt – eine notwendige Bewegung für natürliches Laufen.

Das Bewegungsmuster ist jetzt so entwickelt, daß einige Gelenke gebeugt sind, während andere gestreckt werden und umgekehrt. Abb. 21 (rechtes Bein vorn) zeigt, daß das Hüftgelenk gebeugt ist, während das Sprunggelenk und Zehen gestreckt sind.*

---

* „Strecken" und „Beugen" ist bei der Bewegung des Hand- und Sprunggelenkes leicht mißverständlich. Man spricht besser von Palmar/Plantarflexion (handflächen-/fußsohlenwärts) durch die Muskelgruppe der Flexoren (= Beugen) und von Dorsalflexion (handrücken-/fußrückenwärts) durch Extensoren (= Strecken) hervorgerufen.

Das Gesicht wird zur Orientierung geradeaus gerichtet. Bei der Rotation der Wirbelsäule schwingen Schulter und Arme der einen Seite, gleichzeitig mit Bein und Hüfte
der Gegenseite, nach vorn. Der Körper wird
dabei also um seine Längsachse rotiert. Voraussetzung hierfür ist eine gelenkige Wirbelsäule, die das Kind vorher durch Roll-,
Kriech- und Krabbelbewegungen trainiert
hat.

Die Reifung des Zentralnervensystems
spiegelt sich deutlich im Bewegungsmuster
der Beine beim Krabbeln und Gehen wider.
Deshalb sollten diese Bewegungsmuster bei
der Beurteilung des kindlichen motorischen
Entwicklungsniveaus besonders gut beobachtet werden. Ein kleines Kind ermüdet
schnell, wenn es eine Zeitlang ununterbrochen geht. Zum Teil fehlt ihm hierzu die Motivation, zum Teil müssen die Bewegungen
automatisch ausgeführt werden können, damit sie leicht, reibungslos, rhythmisch und
unbeschwert ablaufen.

1.3.1 Fußbewegung beim Gehen

Das Sprunggelenk muß sich beim Gehen abwechselnd beugen und strecken können –
der Fuß wird abgerollt (Abb. 21/22). Voraussetzung hierfür ist eine gute Koordination,
wie schon beschrieben, ein gut entwickeltes
Zentralnervensystem sowie ein bewegliches
Sprunggelenk.

Ab dem zweiten Lebensjahr beginnen die
Fußbewegungen sich an den Gehbewegungen zu beteiligen. Es scheint, als müsse die
Beinmuskulatur erst die richtige Koordination in der angemessenen Mittelstellung eingeübt haben, bevor nach einer gewissen Zeit
die Streckung in Hüft-und Kniegelenk erfolgen kann, die dann zur Beugung im Sprunggelenk führt. Oft behält das Kind für einige
Jahre eine Neigung zum Zehengang, zumindest teilweise, bei.

Die Zehen werden beim Abstoßen leicht
gespreizt, da sie der Teil des Fußes sind, der

die Unterlage zuletzt verläßt. Dies ist nur
möglich, wenn die Zehen im Grundgelenk
vollständig gestreckt werden können. Der
Muskel, der die Großzehe nach außen führt
(M. abductor hallucis), wirkt erhaltend auf
das Fußgewölbe. Ist der Muskel zu schwach,
können Fuß und Zehen nicht richtig abrollen, weil die Großzehe gegen die anderen Zehen gedrückt wird. Es entsteht ein Plattfuß.
Das Kleinkind erscheint durch das kleine
Fettpolster an der Fußsohle plattfüßig, das
aber nach dem Gehenlernen schnell verschwindet.

Schuhe

Falsches Schuhwerk kann die natürliche Bewegung des Fußes beim Gehen behindern.
Es ist wichtig, daß sich die Schuhsohle ge-
schmeidig um 90° an der Stelle biegen läßt,
an der sich das Zehengrundgelenk befindet.
Dasselbe gilt auch für Winterstiefel (Abb.
23). Sind die Schuhe nicht so biegsam, neigt
das Kind zu einem Gangbild mit flachem
Fuß und auswärtsrotiertem Bein.

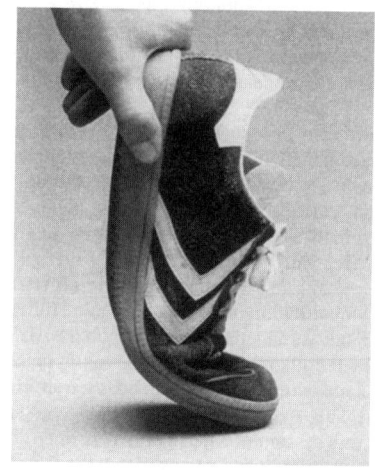

Abb. 23: Die Schuhsohle muß sich im Bereich der Zehengrundgelenke gut biegen lassen.

Spitze Schuhe können die Großzehe gegen die anderen Zehen drücken und die Großzehe an der Abspreizung (Abduktion) beim Abrollen behindern – ein Plattfuß wird begünstigt. Die Zehen sollen im Schuh ganz gestreckt werden können. Der Fuß darf nicht nach vorn oder hinten rutschen, was leicht passiert, wenn das Oberleder den Fuß nicht eng genug umschließt. Die Fersenkappe soll den Fuß gut stützen, besonders wenn eine Valgusstellung (Abknicken des Fußes nach innen) und ein Plattfuß bestehen. Dann ist es notwendig, das Längsgewölbe zu stützen. Schließlich dürfen die Schuhe nicht zu schwer sein, besonders dann nicht, wenn das Kind einen schlechten Gang und schwache Muskeln hat.

Die Hausschuhe sollen weich sein und dem Fuß viel Platz lassen, damit sich die Zehen spreizen können. Es darf nicht vergessen werden, daß das Kind die eventuell verordneten Einlagen auch in den Hausschuhen tragen muß. Eventuell sollten gar keine Hausschuhe benutzt werden, weil der Fuß sonst in die alte Fehlstellung zurückfällt. Die Einlagen wären damit nutzlos geworden.

Alle Kinder mit Plattfüßen und ganz besonders Kinder mit Einlagen sollten täglich barfuß Fußgymnastik machen. Genauso sollten sie jede Gelegenheit nutzen, barfuß in Sand oder weicher Erde zu gehen. Der Fuß muß durch Übungen gestärkt werden, so daß sich einerseits das Fußgewölbe stabilisiert, und andererseits der Fuß an Geschmeidigkeit gewinnt. Einlagen dürfen nur so lange wie absolut erforderlich benutzt werden (s. Fußübungen S. 44).

Das retardierte Kind

1.3.2 Unentwickelte Gangmuster

Das Kleinkind

Das retardierte Kind soll erst zum Gehen stimuliert werden, wenn es motorisch reif dafür ist, d.h. wenn es bereits eine Entwicklung gemacht hat, die schließlich dazu führt, daß es gehen kann (wie dies im Absatz über die Gangentwicklung beim normal entwickelten Kind beschrieben worden ist). Wie bei jeder Förderung des retardierten Kindes ist auch hier wichtig, mit der Stimulation eine Stufe unter dem tatsächlichen Entwicklungsniveau des Kindes zu beginnen. Mit Geduld und viel Wiederholung läßt sich das Kind auf dieser Entwicklungsstufe so gut stabilisieren, daß es von sich aus versuchen wird, weiterzukommen.

Das größere Kind

Es läßt sich nicht mit Sicherheit sagen, ob die vielen steifen Rücken und unkoordinierten Gangbilder bei retardierten Kindern zum Teil durch verfrühte Gehversuche verursacht worden sind. Fühlt sich das Kind unsicher, hat es Angst, dann spannt sich sein ganzer Körper an und eine freie Gehbewegung wird verhindert. Es ist einfacher, das Gleichgewicht auf vier als auf zwei Beinen zu halten. Daher ist es ratsam, mit dem Gehenlernen so lange zu warten, bis das Gleichgewichtsgefühl ausreichend weit entwickelt ist. Außerdem müssen die verschiedenen Reflexe und ihre Integration berücksichtigt werden.

Bei größeren retardierten Kindern mit schlecht entwickeltem Gangmuster und wenig koordinierten Bewegungen hilft – wenn das Kind noch nicht zu alt ist – energisches und gezieltes Training. Das Prinzip der Anleitung und die Übungen für die größeren Kinder sind im großen und ganzen dieselben wie die für das normal entwickelte Kind. Fehlt dem Kind die Augenkontrolle, muß diese eingeübt werden. Ist die Wirbelsäule steif, ist ihre Gelenkigkeit zu trainieren. Fehlen die Abstützreaktionen, muß versucht werden, diese auszulösen.

Wenn das Kind alle diese und weitere „Vorübungen" beherrscht, sollte ein natürlicher Gang unter Einhaltung aller Phasen in ihrer natürlichen Reihenfolge eingeübt werden.

Der Erwachsene darf nie versuchen, den Gang des Kindes zu korrigieren, denn der Gang ist ein Teil der Persönlichkeit des Kindes. Eine Korrektur hat außerdem gewöhnlich überhaupt keinen Effekt auf das Gangbild selbst, sondern macht das Kind nur psychisch unsicher. Stattdessen sollten die primitiven Bewegungsmuster (Blickfixation, Kopfkontrolle, Rollen, Krabbeln u.s.w.) verbessert werden, weil sich damit auch der Gang verbessern wird; teils wird das Kind bald natürlicher gehen, teils wird es sich durch sein eigenes Können mehr zutrauen. Das Kind bekommt mehr Selbstvertrauen, wenn es merkt, etwas gelernt zu haben, was es vorher noch nicht konnte.

Einige Beispiele für die häufigsten Fehler im Gangbild retardierter Kinder sollen zusammen mit einigen Übungsbeispielen genannt werden.

Beispiele für unentwickelte Gangmuster

a) Frontaler Gang

Beim Gehen fehlt die Rotation der Wirbelsäule.

Übungen

Rollen

Amphibienreaktion

Kriechen auf dem Bauch über fünf Minuten

Krabbeln

Es soll nur jeweils eine Übung geübt werden, bis diese automatisch durchgeführt werden kann. Möglicherweise kann dies einige Monate in Anspruch nehmen.

Übung: Man bittet das Kind, so lange umherzulaufen, bis es außer Atem ist. Auf diese Weise wird es nicht mehr darüber nachdenken, wie es gehen soll. Erst wenn es außer Atem ist, fordere man es auf, zur Erholung umherzugehen. Meistens ist das Gangbild dann natürlicher und freier als vor dem Laufen. Die natürlichen, rhythmischen Bewegungen der primitiven Muster beim Kriechen, Krabbeln und Laufen färben sozusagen auf das Gangbild ab.

b) Breitbasiges Gehen

Breitbasiges Gehen kann durch schlechte Kontrolle des Gleichgewichtes, aus Angst zu stürzen oder wegen schwacher Hüftmuskulatur entstehen.

Übungen

Abstützreaktionen.

Krabbeln beim Spielen auf dem Boden.

Training der Hüftmuskulatur.

Gehen auf einem 8 cm breiten Strich.

Stehen auf einem Bein, erst mit Stütze, dann ohne (rechts und links).

---

c) Schlurfender Gang

Ein schlurfender Gang kann auf mangelndes Gleichgewicht hinweisen. Das Kind vermeidet beim Gehen, auf einem Bein allein stehen zu müssen. Dies kann auch Zeichen einer allgemein verzögerten Entwicklung sein oder auf schlechtes Sehvermögen oder schwache Beinmuskulatur hindeuten. Liegt letzteres vor, muß die Beinmuskulatur geübt werden, andernfalls sind dieselben Übungen wie unter „Breitbasiges Gehen" vorzunehmen.

Übungen

Zwischen den Sprossen einer liegenden Leiter gehen.

(Statt einer Leiter können Rundhölzer verwendet werden, die am Ende mit einem Querholz verbunden sind, damit sie nicht wegrollen. Die Abstände werden der Schrittlänge des Kindes angepaßt. Ist das Kind für einige Minuten über diese Hölzer gegangen, wird es auch noch für kurze Zeit danach die Beine anziehen, obwohl kein Stock mehr im Weg liegt.)

d) X-Beine

Ausgeprägte X-Beine können leider nicht durch bestimmte Übungen behoben werden. Indirekt können Fuß-, Bein- und Hüftmuskulatur geübt werden, so daß die Belastung sich vielleicht etwas günstiger auf die Knie verteilt und der Defekt wenigstens durch schwache Muskulatur nicht noch verstärkt wird. Das Training ist hier Aufgabe eines Physiotherapeuten.

e) Leicht gebeugte Beine

Viele größere retardierte Kinder gehen ständig mit leicht gebeugten Hüft- und Kniegelenken. Sie rollen die Füße nicht ab, sondern setzen sie flach auf. Die Hüfte wird beim Gehen nicht gestreckt. Dies sind Reste primitiver Bewegungsmuster des normal entwickelten Kindes, die verhindern, daß das Kind gut genug hüpfen und laufen kann. Es kann am Spiel Gleichaltriger nicht teilnehmen. Das Kind hüpft wie ein normal entwickeltes dreijähriges Kind, d.h. mit flach aufgesetzten Füßen (Abb. 24).

Psychische Ursachen, aber auch schlechtes Sehvermögen, können bedingen, daß das Kind auf flachen Füßen hüpft. Am häufigsten liegt ein primitives Bewegungsmuster vor.

Abb. 24: Das normale Kind unter 5 Jahren hüpft auf flachem Fuß; Hüft- und Kniegelenke sind hierbei gebeugt.

> **Übungen**
>
> Das Kind wird auf seine „Rückseite" aufmerksam gemacht (s. S. 119) und die rückwärtige Muskulatur trainiert. Hierbei kommt es zur Hüftstreckung. Das Kind kann durch Wahrnehmung seines Körpers und durch kinästhetische Perzeption seine Füße und deren Bewegungsmöglichkeiten kennenlernen und ihre Funktion weiterentwickeln.
>
> Alle Fußübungen
>
> Federndes Hüpfen, u.s.w.

Es ist interessant zu sehen, wie das Kind in einigen Fällen sofort nach wenigen Übungen das federnde Hüpfen zu beherrschen beginnt. Allerdings muß es monatelang üben, bevor es die erworbene Fußbewegung in seine alltäglichen Bewegungen aufnehmen kann. Aber auch dies gelingt sehr häufig.

f) Plattfüße und auswärtsgedrehte Beine

Wenn die Beine nach außen gedreht werden, drehen die Füße sich mit und werden auf ihrer Innenseite so belastet, daß ein Plattfuß entsteht. Der Fuß rollt während des Gehens nicht ab, der Gang wird schwerfällig und flachfüßig.

> **Übungen**
>
> Im Langsitz und mit gespreitzten Beine Innenrotation der Beine.

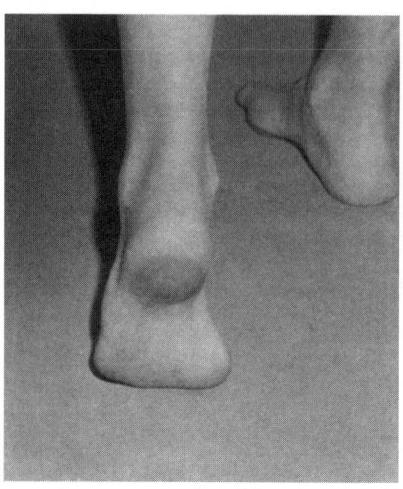

- ist das Gleichgewicht nicht gut entwik-
kelt, so daß das Kind auf den Boden sehen
muß, um zu sehen, wohin es tritt.

> **Übungen**
>
> Üben der Körperwahrnehmung der Rückseite
> (s.S. 119).
> Trainieren der Rückenmuskulatur (s.S. 178).
> Manchmal müssen auch die Bauchmuskeln
> und die Hüftstrecker (Extensoren) geübt wer-
> den.
> Entsprechend angemessene Sitz- und Ruhe-
> stellungen müssen eingeübt werden.

Abb. 25: Beim Abstoßen stützen die Zehen
in ihrer gesamten Länge, während die Fußsohle von hinten sichtbar wird.

> Alle möglichen Fußübungen.
> Gehen auf einem breiten Strich.
> „Gehe zur Wand, während ich hinter dir
> stehe. Dabei will ich die ganze Fußsoh-
> le sehen, wenn du den Fuß bis zu den
> Zehen abrollst." (Abb. 25) (Für größere
> Kinder)

g) Rundrücken

Es gibt bei Kindern, abgesehen von angebo-
renen Defekten, viele Ursachen für einen
Rundrücken, z. B.:
- hat das Kind schon zu früh über längere
  Zeit und mit rundem Rücken gesessen,
  bevor es zum Sitzen reif war;
- ist die Wirbelsäule steif;
- ist das Kind schüchtern und sieht immer
  nach unten;
- ist die Rückenmuskulatur zu schwach;
- kennt es seine „Rückseite" wenig;

h) Armbewegungen während der Gehens

Ganz selten sieht man, daß Arm und Bein
derselben Seite gleichzeitig in einer Art Paßgang nach vorn geführt werden. Dieses primitive Muster sollte mit dem Kriechen auf
dem Bauch beendet sein. Ist es danach immer noch vorhanden, kann möglicherweise
eine völlig steife Wirbelsäule ohne Rotations-
möglichkeit vorliegen.

Bei einigen Kindern können die Arme einwärtsrotiert sein und etwas vom Körper ab-
stehen. Auch dies ist als ein primitives
Muster anzusehen. Die Außenrotation im
Schultergelenk und die Schulterblattmusku-
latur müssen daraufhin geübt werden.

Beide Arme können bei manchen Kindern
bei fehlender Rotation in der Wirbelsäule
während des Gehens nach vorne schwingen.
Die Behandlung sieht hierbei genauso aus
wie die Behandlung des Paßganges, denn die
Rotation der Wirbelsäule bedingt den natürlichen Armschwung.

> **Übungen**
>
> Rollen mit Rotation in der Wirbelsäule.
> Kriechen und Krabbeln im gekreuzten Muster.
> Vorsichtige Rückenbewegungen, die die Wir-
> belsäule gelenkig machen.
> Hopserlauf (s.S. 46)

Wenn Kinder oft fallen

Eine ganze Reihe retardierter Kinder fällt häufig hin. Dies kann verschiedene Ursachen haben:

- Die Beine sind nach innen gedreht, so daß das Kind über seine eigenen Füße fällt. Das kann rein muskulär bedingt sein. Die Beinstellung wird korrigiert, indem die Außenrotatoren der Oberschenkel geübt werden. Eine weitere Ursache kann darin bestehen, daß der Schenkelhals eine andere Stellung hat, dies läßt sich durch Übungen nicht beeinflussen.

- Schwache Hüftmuskeln, besonders oft sind Extensoren und Außenrotatoren (Strecker und Auswärtsdreher) betroffen. Hier hilft Training.

- Schlechtes Gleichgewicht kann durch einen Hirndefekt bedingt sein, z. B. kann eine leichte Ataxie (Form der Cerebralparese, die Gleichgewichtsstörungen verursacht) vorliegen. Zur Unterstützung kann folgendes vorgeschlagen werden:

Übungen

Muskeltraining (s.a.S 142)
Fallübungen aus dem Knien und dem Stand.

Gleichgewichtsübungen mit Unterstützung durch Sehen (das ataktische Kind kann mit geschlossenen Augen sein Gleichgewicht nicht halten). (Siehe auch S. 142)

Reiten.

- Allgemein schlecht entwickelter Gleichgewichtssinn aufgrund verzögerter Entwicklung. Selbst bei größeren retardierten Kindern können die Abstützreaktionen fehlen und müssen trainiert werden. In der Regel geht das sehr schnell. Das Kind erhält dadurch einen sicheren Gang, weil es nicht mehr soviel Angst hat zu stürzen, wenn es sich abzustützen weiß.

1.3.3 Federndes Hüpfen

Das normale und das retardierte Kind

Hüpfen ist die Voraussetzung dafür, daß das Kind laufen, hinken, seilspringen, durch Wald und Felder streifen und überhaupt am Spiel mit anderen Kindern teilnehmen kann. Das normal entwickelte Kleinkind und das größere retardierte Kind hüpfen beide mit der flachen Fußsohle. Sie können sich nicht richtig vom Boden lösen. Ihnen fehlen die Muskelkraft und Koordinationsfähigkeit für diese differenzierte Bewegung (Abb. 24).

Später in der Entwicklung beobachtet man häufig, daß das größere Kind auf den Zehen mit gestrecktem Fußgelenk hüpft. Springt es auf diese Weise z. B. von einem Turngerät, kann es sich den Vorfuß verletzen. Deshalb ist es so wichtig, daß Kinder lernen, federnd zu hüpfen, wobei die Zehen um den Bruchteil einer Sekunde den Boden vor der Ferse erreichen. Gleichzeitig geben Knie- und Hüftgelenk federnd nach.

Für den Gymnastiklehrer ist es manchmal auch schwer, normalentwickelten Kindern mit etwas steifen Gelenken das federnde Hüpfen beizubringen, aber im allgemeinen lernen die Kinder es allmählich. Solange das Hüpfen noch nicht zufriedenstellend entwickelt ist, dürfen Kindern nicht von höheren Gegenständen herunterspringen. Beim Hüpfen muß das retardierte Kind aufmerksam beobachtet werden. Denn meistens kennt es seine Füße und deren Bewegungsmöglichkeiten nicht. Erfahrungsgemäß ist diese Unkenntnis weniger in der mangelnden Entwicklung des Gehirns zu sehen, denn eine Vielzahl retardierter Kinder lernt das federnde Hüpfen sehr schnell.

Die folgenden Übungen werden das Abrollen der Füße beim Hüpfen und Laufen fördern. Alle Übungen beginnen und enden mit parallel gestellten Füßen und werden auch in dieser Fußstellung ausgeführt, d.h. der Abstand zwischen den Fersen und den Zehen ist gleich groß.

Geschlossene Fußstellung wird hier nicht verwandt, weil in dieser Stellung die Beinmuskeln einer Seite nicht beteiligt werden. In seltenen Fällen kann das Hüftgelenk anatomisch so angelegt sein, daß dem Kind erlaubt werden muß, mit leicht außenrotierten Beinen zu gehen.

Übungen

Das Kind umfaßt im Sitzen die Zehen eines Fußes und streckt und beugt sie (Körperwahrnehmung). Gleichzeitig sagt es die Wörter „auf" und „ab".

Die Zehen werden ohne Hilfe der Hände gestreckt und gebeugt (auf – ab).

Schließlich wird der Vorgang mit geschlossenen Augen wiederholt (kinästhetische Perzeption).

Dasselbe wird mit dem Sprunggelenk geübt:

Das Kind sitzt mit ausgestreckten Beinen im Langsitz, die Füße werden im Sprunggelenk auf und ab bewegt.

„Überlegt mal, wann ihr jeden Tag den Fuß auf und ab bewegt (beim Gehen, Laufen, Hüpfen u.s.w.)."

Im Stehen: Langsames Heben und Senken beider Fersen langsam und mit Hilfestellung. (das Kind hält sich mit den Händen an einem Stuhl oder einer Sprossenwand fest).

Wiederholung ohne Hilfestellung.

Einen einzelnen federnden Hüpfer mit geschlossenen Füßen ausführen (nur jeweils einen Hüpfer, damit nicht zu viele kleine steife Hüpfer ausgeführt werden).

„Hüpfe nach vorn mit geschlossenen Beinen, langsam, federnd."

„Geh' auf den Zehen! Die Zehen sollen bei jedem Schritt gestreckt auf dem Boden aufliegen. Geh' trippelnd mit ganz kleinen Schritten, die Zehen zeigen dabei geradeaus!"

Langsames Heben und Senken der Fersen, während der Vorfuß auf einem Buch ruht.

Dies macht ein gelenkiges Sprunggelenk und kräftigt die Wadenmuskulatur) (Abb. 26/27).

„Geh' auf den Fersen mit parallelen Füßen, nach vorn gerichteten Zehen und angehobenem Vorfuß!"

Barfuß in Sand und weicher Erde gehen.

„Springe aus dem Lauf über einen 'Graben'!" (Mit zunehmender Übung wird der 'Graben' verbreitert. Mit einem Bein wird abgesprungen.)

„Hüpfe federnd von einer Stufe herab!"

„Hüpfe von einer höheren Stufe – von einer Kiste – einem kleinen Tisch – einem Stuhl – einem höheren Tisch!"

„Hüpfe über ein Tau!" (Die Höhe wird allmählich gesteigert.)

„Hüpfe hoch und male so hoch wie möglich ein Kreuz an die Wand!"

Ein Kind dreht ein Tau im Kreis, die anderen Kinder hüpfen darüber.

Alle Arten, in die Höhe oder weit zu springen, werden geübt.

Das Kind soll mit kräftigem Abdrücken der Zehen und des hinteren Fußes gehen, so daß der Erwachsene von hinten die gesamte Fußsohle des Kindes sehen kann, wenn sich die Zehen gestreckt am Boden befinden. Dabei soll das Kind an einer Hand festgehalten werden. Es ist schwer, bei dieser Übung das Gleichgewicht zu halten. Die Übung muß langsam geübt werden, bis sie schneller und natürlicher abläuft (Abb. 25).

1.3.4 Laufen

Das normale Kind

Laufen entspricht einem Sprung vorwärts. Je schneller gelaufen wird, desto größer wird die Schrittlänge und die Schrittfrequenz: Die Geschwindigkeit, mit der die Beine wechseln, wird erhöht. Eine Voraussetzung für das Laufen ist die freie Beweglichkeit des

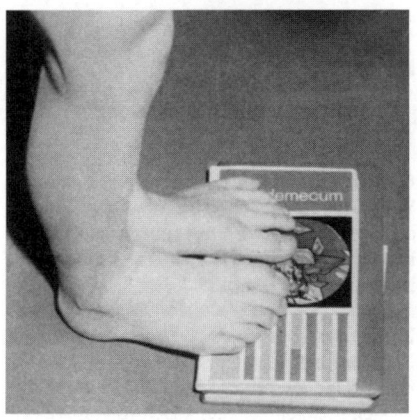

Die Muskulatur muß kräftig sein, damit das Abstoßen des Beines kraftvoll gelingt und der Sprung weit wird. Während des Laufens schwebt der ganze Körper für einen Augenblick in der Luft. Beide Füße haben für kurze Zeit keine Berührung mit dem Boden. Hierfür sind starke Muskeln, besonders der Oberschenkel und der Waden erforderlich.

Der Lauf soll federnd sein. Die Fersen sollen für den Bruchteil einer Sekunde den Boden vor jedem neuen Laufschritt berühren. Nur bei sehr schnellem Lauf, im Sprint, berühren die Fersen nicht den Boden, weil die Geschwindigkeit so groß ist, daß die Fersen den Boden zeitlich nicht mehr erreichen können.

Abb. 26: Stehen mit dem Vorfuß auf einem Buch, das genau so dick sein soll, daß die Ferse gerade den Boden berühren kann.

Das retardierte Kind

Mit einem retardierten Kind das Laufen zu üben geht im großen und ganzen genauso vor sich wie mit einem normal entwickelten Kind, nur daß gründlicher geübt werden muß, weil einige spezielle Umstände zu berücksichtigen sind. Zunächst einmal müssen die grundlegenden Fähigkeiten Rollen, Kriechen, Krabbeln u.s.w. vorausgesetzt werden, bevor von dem Kind erwartet werden kann, daß es in natürlicher Weise läuft.

Gelenkigkeit, Muskelkraft und federndes Hüpfen werden unter Berücksichtigung der Entwicklungsstufe des Kindes geübt. Wie beschrieben hat die Entwicklungsstufe großen Einfluß auf die Bewegungen des Sprunggelenkes. Hinzu kommt, daß viele retardierte Kinder kein Gefühl für die Rückseite ihrer Gliedmaßen haben und daher die dort gelegenen Muskeln nicht gebrauchen (s. S. 119).

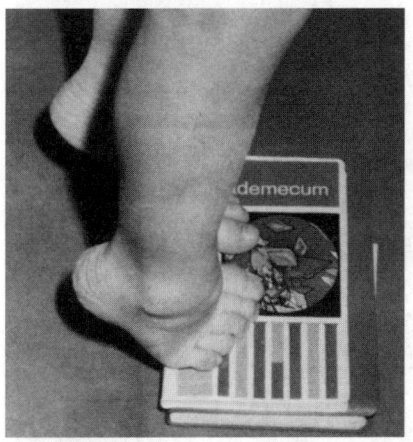

Abb. 27: Fersenheben und -senken.

Sprung-, Knie- und Hüftgelenkes. Die grossen Sprünge bedingen, daß ein Bein nach vorn zieht, während das andere nach hinten geführt wird (Abb. 28).

Übungen

Bauchlage: „Drehe den Kopf nach hinten und beobachte, wie du das eine Bein anhebst!" (Körperwahrnehmung).

Bauchlage: Die Übung wird ohne Anheben der Hüfte wiederholt. Indem ein Sandsack auf das Bein gelegt wird, kann die Muskelkraft geübt werden.

Rückenlage: „Hebe ein Bein mit gestrecktem Knie an, während das andere ausgestreckt auf dem Boden liegen bleibt!" (Gelenkigkeit trainieren).

Seitlage: „Führe ein Bein weit nach vorn und das andere Bein weit nach hinten. Die Knie werden so gestreckt wie möglich gehalten!" (Der Sprung wird anschaulich gemacht Abb. 28).

Das Kind soll schnell von einer Wand zur gegenüberliegenden zehnmal hin und her laufen (Atmung).

Das Kind soll im Laufen über einen 'Graben' springen. (Dieser 'Graben' wird mit der Zeit verbreitert. Man soll das Kind soviele Male über einen 'Graben' springen lassen, bis es nicht mehr mag. Das Training macht dem Kind Spaß.)

Alle Laufspiele.

1.3.5 Hopserlauf

Das normale und das retardierte Kind

Der Hopserlauf besteht aus einem laufenden Vorwärtshüpfen, abwechselnd einem Hüpfer auf dem rechten und mit einem auf dem linken Bein. Die Arme schwingen in gekreuzter Bewegung mit (Abb. 29).

Der Hopserlauf bildet den Abschluß in der Reihe der motorischen Bewegungsmuster. Man darf ein Kind daher nie um das Ausführen des Hopserlaufes bitten, wenn nicht völlig sicher ist, daß es motorisch voll entwickelt ist – sonst mißglückt der Versuch. Viele Erwachsene, die nie Gymnastik oder Sport betrieben haben, können den Hopserlauf nicht ordentlich ausführen.

Abb. 28: Junge mit guter Beweglichkeit im Hüftgelenk. Er kann mit großen Schritten laufen.

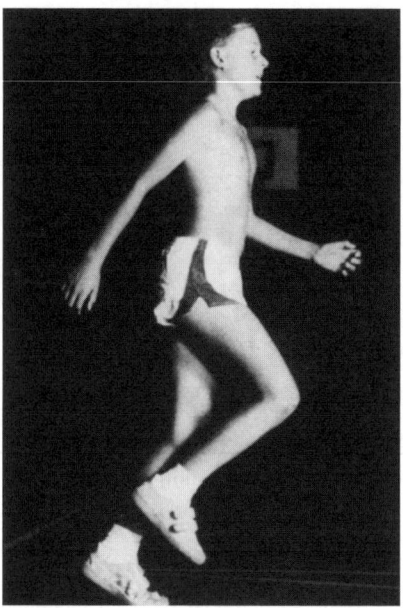

Abb. 29: Hopserlauf.

Gewöhnliche Fehler sind:
Das Kind hüpft nur auf dem einen Bein;
das Kind hüpft schief;
die Arme sind steif;
die Arme schwingen nicht natürlich im gekreuzten Muster mit.

Übungen

Wichtig sind zwei Dinge: Man soll das Kind nie den Hopserlauf ausführen lassen, wenn es ihn nicht perfekt beherrscht, also noch nicht motorisch voll entwickelt ist. Und man soll auch *nie* falsche Bewegungsmuster einüben. Werden solche Bewegungsmuster im Gehirn gebahnt, sind sie nur schwer wieder abzustellen. Zuerst muß das gekreuzte Kriechmuster erreicht werden:

Gekreuztes Kriechen:

fünf Minuten täglich ohne Pausen. Vor und zurück in einer Halle oder auf einem Flur. Nicht im Kreis üben, sondern immer geradeaus, so daß beide Körperhälften gleich stark arbeiten. Danach:

Krabbeln auf allen Vieren.

Federndes Hüpfen.

Vorwärtshüpfen auf einem Bein (rechts und links).

Und schließlich, wenn möglich:

Hopserlauf.

1.4 Greifen

Das normale Kind

Greifreflex

Das Neugeborene hat die Hände meist zur Faust geschlossen. Streckt man einen Finger in jede Hand des Kindes, greift es so fest zu, daß es sich von der Unterlage hochziehen läßt. Diese Reflexbewegung wird durch den

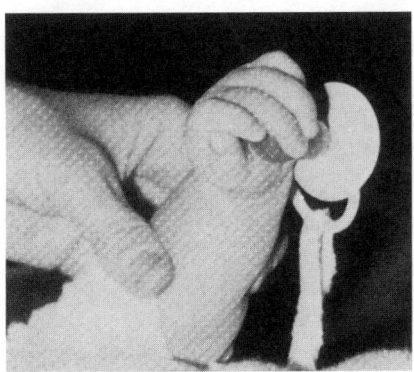

Abb. 30: Daumen und Zeigefinger sind beim ersten Greifen des Kindes nicht beteiligt.

Berührungssinn ausgelöst. Mit ungefähr zwei Monaten löst sich der Griff, und die Finger des Kindes lassen sich leicht strecken.

Das erste Umfassen eines Gegenstandes mit einer Hand erfolgt mit den drei ulnaren Fingern (Klein-, Ring- und Mittelfinger) gegen die Handfläche (Abb. 30). Dabei wird der Gegenstand nur gegriffen, wenn dieser die Hand berührt. Greift das Kind mit der einen Hand, schließt es gleichzeitig die andere zur Faust, d.h., es erfolgt eine Mitbewegung. Die Aufgabe ist noch schwierig und die Koordination unsicher, zu viele Nervenzellen werden aktiviert, zu viele Muskeln sind einbezogen.

Der Greifreflex wird nach und nach integriert, so daß das Kind im Alter von vier Monaten anfängt, bewußt einen Gegenstand loszulassen, wenn auch mit Schwierigkeiten. Daumen und Zeigefinger sind jetzt am radial-palmaren Greifen (radial = daumenwärts, Palma = Handfläche) beteiligt, und beide Hände können gleichzeitig benutzt werden.

In der nächsten Entwicklungsphase greift das Kind nach kleineren Gegenständen mit allen fünf Fingerspitzen einer Hand; es ist also nicht mehr erforderlich, den Gegenstand gegen die Handinnenfläche zu drükken. Inzwischen hat sich die Fingerkoordination verbessert, und das Kind kann bei gewohnten Bewegungen die eine Hand ohne die Mitbewegung der anderen gebrauchen. Das neun bis zehn Monate alte Kind beginnt im Pinzettengriff mit Daumen und Zeigefinger zu greifen, z. B. um einen Krümel aufzusammeln.

Koordination

Parallel zur Motorik entwickeln sich alle Gebiete der Perzeption (Sehen, Hören, Geschmacks-und Geruchssinn, Tastsinn, kinästhetische Perzeption) als Voraussetzung dafür, daß das Kind begreift, was es in seinen Händen hält. Anfänglich ist die Greifbewegung unkoordiniert.
Das Kind greift oft daneben, die Auge-Hand-Koordination ist unsicher. Zunächst hält das Kind einen Gegenstand darum fest in der Hand, lernt aber bald aus Erfahrung, die Stärke seines Greifens dem Gewicht des Gegenstandes anzupassen. Dieser Lernvorgang wiederholt sich das ganze Leben lang.

Eine Funktion zur Zeit

In der anfänglichen Entwicklung des Greifens kann das Kind nur eine Funktion zur Zeit ausführen, später beherrscht es dann mehrere zugleich, z. B.:
- Rückenlage + Greifen;
- Bauchlage + Kopfheben ohne Greifen;
- Bauchlage + Kopfheben + Greifen;
- Sitzen;
- Sitzen + Greifen nur eines Gegenstandes;
- Sitzen + Greifen eines Gegenstandes (der losgelassen wird, wenn das Kind einen zweiten greift);
Schließlich kann das Kind mit der einen Hand einen Gegenstand halten, während es die andere Hand nach weiteren Sachen ausstreckt.

Streckbewegung von Hand und Fingern

Greift das Kind nach einem Gegenstand, folgen die Bewegungen auch hier einer bestimmten Entwicklung: Am Anfang der Bewegung sind Arm, Hand und Finger maximal gestreckt (Abb. 31). Später werden Arm, Hand und Finger während der Bewegung gestreckt, und die Hand öffnet sich genau soweit, daß der Gegenstand umfaßt werden kann (Abb. 32)

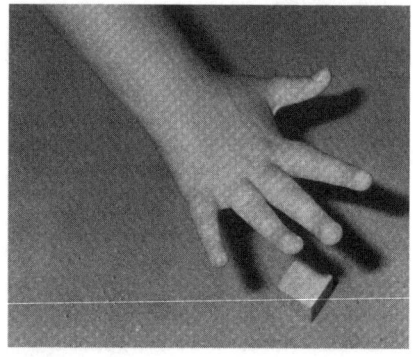

Abb. 31: Maximale Streckung von Ellenbogen und Fingern.

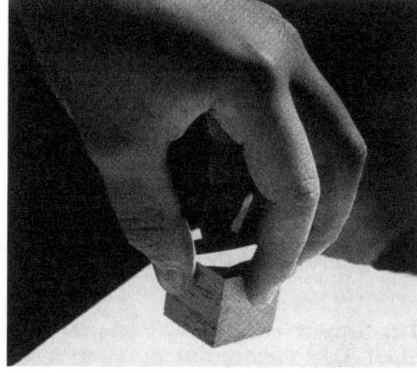

Abb. 32: Natürlich entwickeltes Greifen eines Gegenstandes.

Loslassen eines Gegenstandes

Dem Kind fällt es viel schwerer, einen Gegenstand loszulassen, als nach ihm zu greifen. Von Geburt an besteht eine reflektorische Beuge-Greifbewegung, während das Strecken der Finger erst langsam mit zunehmender Entwicklung des Zentralnervensystems gelernt wird. Die zur Faust geschlossene Hand öffnet sich allmählich, bis sie gewöhnlich bei einem zweieinhalb Monate alten Säugling ganz geöffnet ist. Die Koordination von Beuge- und Streckmustern ist schwierig. Mit acht Monaten kann das Kind einen Gegenstand loslassen, wenn es ihn z.B. gegen die Tischplatte oder die andere Hand hält. Aber erst mit zwölf Monaten kann es den Gegenstand frei aus der Luft fallen lassen. Jetzt hat es Greifen und Loslassen ganz unter Kontrolle.

Wenn ein Kind Spaß daran findet, alles in seiner Reichweite auf den Boden zu werfen, ist dies ein wichtiger und notwendiger Entwicklungsschritt. Das Kind übt und macht Erfahrungen: Es wiederholt Greifen und Loslassen, beobachtet die Geschwindigkeit des Fallens, bekommt ein Gefühl für den Abstand zum Boden und hört das Geräusch, wenn der Gegenstand auf den Boden aufschlägt. „Nehmen-Geben" zu spielen, ist die entsprechende Übung für diese Entwicklungsphase.

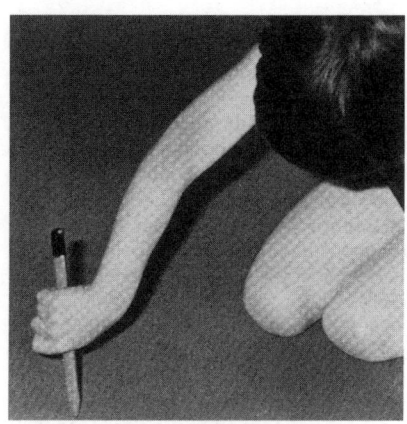

Abb. 33: Einwärtsgedrehter, primitiver Quergriff.

Greifen beim Schreiben und Zeichnen

Das Kind umfaßt einen Bleistift zunächst im *Quergriff* (Abb.33). Die ganze Hand umgreift quer einen Bleistift oder ein Kreidestück, der Arm ist dabei meistens einwärts gedreht (proniert). Der Arm wird nicht auf der Unterlage abgestützt. Das Kind malt mit grobmotorischen Bewegungen aus Schulter- und Ellenbogengelenk. Die Hand ist ausschließlich Greifwerkzeug und nimmt an der Bewegung nicht teil. Etwas später benutzt das Kind zwar denselben Griff, hat aber entdeckt, daß der Bleistift sich mit gestrecktem Zeigefinger führen läßt (Abb.34).

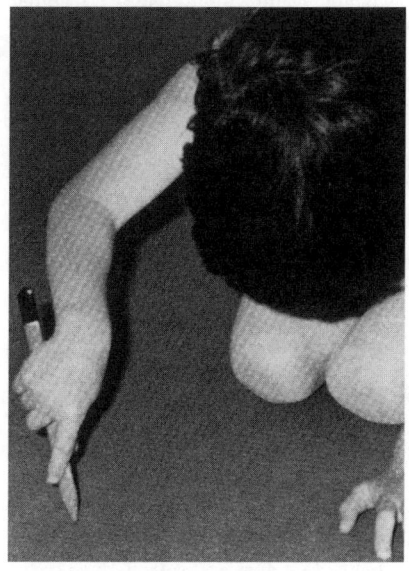

Abb. 34: Greifen mit der ganzen Hand, aber der Zeigefinger ist gestreckt.

Das 3 – 4jährige Kind verwendet häufig den *„Pinselgriff"*. Der Schreiber wird nicht mehr mit der Handinnenfläche umfaßt, sondern hierfür werden nun die Finger benutzt. Die Hand ist immer noch einwärts gedreht, aber es erfolgt eine gewisse Mitbewegung des Handgelenkes, während die Finger noch nicht bewegt werden (Abb. 35). Hiernach folgt bei einigen Kindern der *Daumen-Quergriff*. Stift wird zwischen Daumen und Zeigefinger bei pronierter zur Faust geschlossenen Hand gehalten. (Abb. 33).

Das Kind hält den Schreiber weit oben fest und stützt den Unterarm immer noch nicht auf der Unterlage ab. Hinsichtlich der Grobmotorik erfolgt auch dieser Griff ohne Fingerbewegung. Er ist besonders bei Kindern mit einer schlecht entwickelten Fingermotorik verbreitet.

Inzwischen entdeckt das Kind, daß die Erwachsenen beim Schreiben den Arm auf der Tischplatte abstützen und daß sich dadurch der Bleistift leichter führen läßt. In einigen Fällen verwendet das Kind den tief angesetz-

ten Daumen-Quergriff, bevor es den erwachsenen Griff mit teilweise auswärts gedrehtem (supiniertem) Arm benutzt.

Das erwachsene Greifen eines Schreibgerätes setzt eine gute Fingerkoordination voraus (dies wird eingehend auf S. 189, im Kapitel „Schreiben" beschrieben) und entspricht einem späten Stadium der neuromuskulären Entwicklung. Hat sich die Fingermotorik des Kindes frühzeitig entwickelt, eventuell mithilfe geeigneten pädagogischen Spielzeugs, werden häufig ein oder mehrere Greifstadien übersprungen.

Greifen des Eßbestecks

Das Greifen des Eßbestecks entspricht in der Entwicklung dem oben beschriebenen Vorgang. Zum Beispiel wird ein zweieinhalbjähriges Kind, das allein mit Löffel oder Gabel ißt, ganz natürlich den innenrotierten Quergriff anwenden (Abb. 46, rechte Hand).

Später wird sich der Zeigefinger strecken, um die Gabel besser führen zu können (Abb. 46, linke Hand).

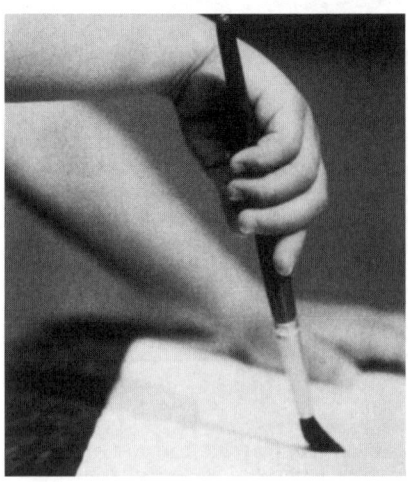

Abb. 35: Der „Pinselgriff" ist ein einwärtsrotierter Fingergriff.

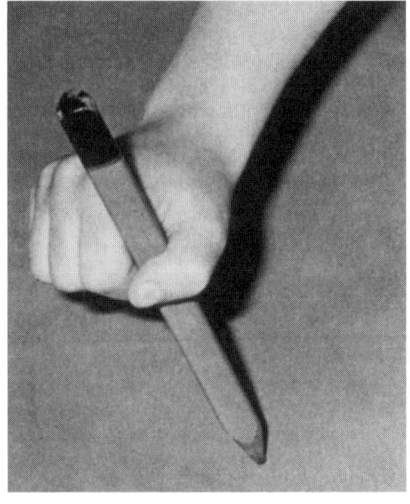

Abb. 36: Daumen-Quergriff.

Müßte das Kind die Gabel wie die Erwachsenen mit einem nach außen gedrehten Griff halten, würden die Eßbewegungen so kompliziert, daß dies die ganze Situation des Essens beeinträchtigte. Deshalb ist es meist vorteilhafter, wenn das Kind einen weniger entwickelten Griff benutzt, damit es nicht zu viele Schwierigkeiten auf einmal meistern muß.

Schneiden mit der Schere

Das Schneiden mit einer Schere erfordert eine gute Motorik, Auge -Hand-Koordination und Kraft. Es ist ungünstig, das Kind zu einem falschen Greifen der Schere beim Schneiden anzuregen.

Die meisten Kinder können erst mit etwa sechs Jahren einen vorgezeichneten Strich entlang schneiden. Der zweckmäßigste Griff wird erreicht, indem man die Schere mit Daumen und Mittelfinger – gestützt vom Zeigefinger – hält. (Alle Linkshänder brauchen eine spezielle Schere für Linkshänder.)

1.4.1 Die motorische Entwicklung der Hand in groben Zügen

Vom	innenrotierten (pronierten) Griff
zum	außenrotierten (supinierten) Griff.
Vom	palmaren (Handflächen-) Griff
zum	Fingergriff.
Von	maximaler Finger- und Ellenbogenstreckung
zur	passenden Streckung im Verhältnis zur Größe des Gegenstandes und seinem Abstand.
Von	der Schwierigkeit, loslassen zu können
zum	freien Loslassen (= Turm aus Klötzchen bauen).
Vom	ulnar-palmaren Griff ohne Mitwirken von Daumen und Zeigefinger
zum	a) radial-palmaren Griff (= Hand in Mittelstellung und Beteiligung aller Finger),
	b) Fingergriff (ohne Beteiligung der Handinnenfläche),
	c) Pinzettengriff mit den Fingerspitzen von Daumen und Zeigefinger.

Das Halten von Schreibzeug/Eßbesteck folgt demselben Schema:

Hochangesetzter Griff:

Das Kind umfaßt das obere Ende des Schreibgeräts. Dabei ruht der Unterarm nicht auf dem Tisch (grobmotorisch).
Im übrigen:

Vom	pronierten Quergriff, wobei das Schreibgerät von der Hand ganz umschlossen wird. Die Hand ist einwärts gedreht, so daß der Daumen nach unten zeigt.
zum	a) pronierten Quergriff mit gestrecktem Zeigefinger (= gibt bessere Führung des Schreibgeräts),
	b) pronierten Daumen-Quergriff. Stift wird zwischen Daumen und Zeigefinger zur Faust geschlossenen Hand gehalten. Schlecht zum Schreiben geeignet. Bei normal entwickelten Kindern selten. (Abb. 36),
	c) pronierten Fingergriff, Pinselgriff,
	d) supinierten Fingergriff (nach außen gedreht). Löffel, Pinsel.

Tief angesetzter Griff:

a) Pronierter Daumen-Quergriff. Bei normal entwickelten Kindern selten. Grobmotorisch. Geschriebenes kann hier schwer gesehen werden.

b) „Erwachsenes" Greifen, supiniert (nach außen gedreht), feinmotorisch. Der Unterarm ruht auf dem Tisch. Später wird auch der Löffel so gehalten.

Ballspiel s.S. 152.

Das retardierte Kind

1.4.2 Unentwickelte Handmotorik

Relation zwischen Motorik und Perzeption

Kann ein Kind seine Hände nicht ordentlich gebrauchen, sind ihm eine Menge Erfahrungen verschlossen. Das wirkt sich in vielen

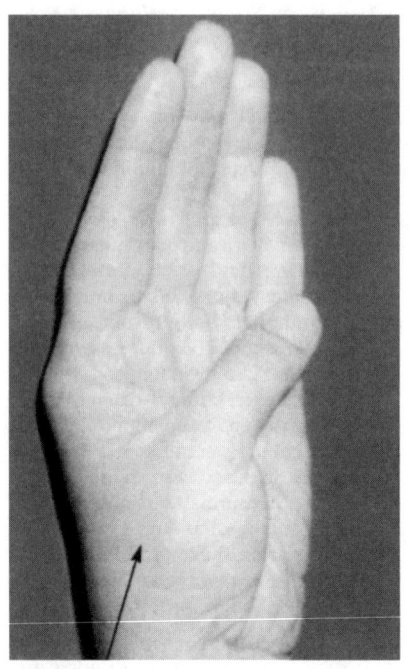

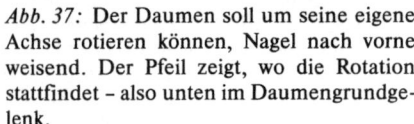

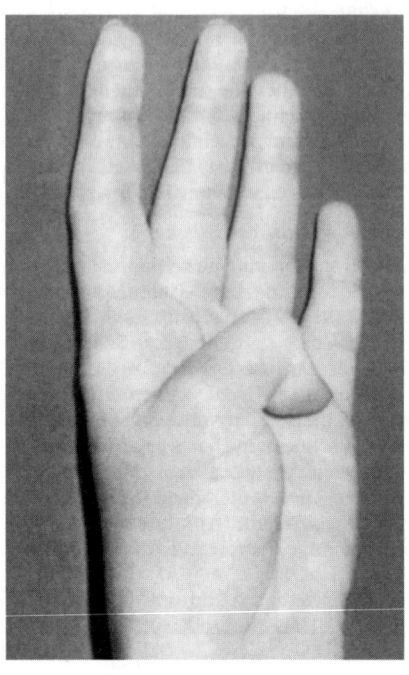

Abb. 37: Der Daumen soll um seine eigene Achse rotieren können, Nagel nach vorne weisend. Der Pfeil zeigt, wo die Rotation stattfindet – also unten im Daumengrundgelenk.

Abb. 38: Unvollständige Rotation des Daumens.

Bereichen nachteilig aus. Vielleicht wird dadurch verhindert, daß das Kind selbständig wird, sich allein an- und ausziehen kann, selbst essen und alle Gegenstände in seiner Umgebung gebrauchen kann. Gleichermassen wird alle manuelle Arbeit im späteren Leben erschwert, vielleicht sogar unmöglich. Die sozialen und psychologischen Konsequenzen hieraus sind offensichtlich.

Motorik und Perzeption (s. S. 75) verlaufen in der kindlichen Entwicklung nebeneinander, und es ist wichtig, die Reihenfolge ihrer Entwicklung auf allen Gebieten zu kennen, um dem retardierten Kinde richtig helfen zu können. Man muß sehen können, ob eine Bewegung natürlich wirkt und beurteilen können, welchem Entwicklungsstand sie entspricht. Wir müssen lernen, die Bewegungsmuster der Hand im Detail zu beobachten. Wirkt die Hand im Umgang mit einem bestimmten Material nicht natürlich, ist dieses Material zum bestehenden Zeitpunkt für das

Kind ungeeignet. Wahrnehmung von Richtung und Raum sowie die Auge-Hand-Koordination müssen parallel zur Handmotorik verbessert werden.

Das Kind läßt sich z. B. dadurch fördern, daß es Gegenstände aus verschiedenen Richtungen und unterschiedlichen Abständen annehmen soll, während es umgeben von seinem Spielzeug auf dem Boden sitzt. Es muß taktil und kinästhetisch stimuliert werden. Das Kind muß lernen, die Bewegung seiner Hand und seiner Finger zu fühlen, und es muß Gelegenheit bekommen, zahlreiche Gegenstände zu betasten und mit ihnen zu spielen – nicht nur dieselben acht bis zehn Gegenstände jeden Tag – um Erfahrungen über Form, Oberfläche, Konsistenz und Gewicht zu sammeln.

Erfaßt ein Kind nicht alle Charakteristika eines Gegenstandes, wird dieser Gegenstand nicht das Interesse des Kindes wecken und als Folge auch nicht motivieren, ihn zu benennen oder zu beschreiben.

Mit einem Gegenstand umzugehen, ihn mit allen Sinnen zu erfassen, unterstützt somit auch die Sprachentwicklung.

1.4.3 Übung der Handmotorik

Beim Üben der Handmotorik, wie auch der Motorik allgemein ist zu bedenken, daß jede neue Fertigkeit erlernt werden muß. Das Lernen neuer Bewegungen fällt aber umso leichter, je mehr verschiedene Bewegungsmuster schon vorher beherrscht wurden.

Der Greifreflex muß vollständig gehemmt sein, oder genauer in die täglichen Bewegungen integriert sein, bevor überhaupt kompliziertere Greifbewegungen erlernt werden können. Das bedeutet, daß zuvor jeder beliebige Gegenstand nach Bedarf schnell und sicher gegriffen und losgelassen werden können muß.

Übungen für kleine Kinder

Korrekte, natürliche Bewegungen sollen am besten spielerisch geübt werden, darum soll es sowenig künstliches Training wie möglich geben.

Greif-Loslaß-Übungen.

„Nehmen-Geben"-Spiele mit Gegenständen, die den Daumen dazu stimulieren, am Greifen teilzunehmen, sodaß sich die Hand allmählich von der ulnaren Stellung (Abweichung zur Kleinfingerseite) löst und in Mittelstellung kommt.

Verschiedene Gegenstände richtig greifen, unabhängig von deren Plazierung zum Kind.

Einen Turm aus 2,5 cm großen Holzklötzchen bauen. (Hier liegt die Schwierigkeit im präzisen Loslassen.)

Üben des Pinzettengriffs, indem Perlen in eine Schachtel gelegt werden sollen, o.ä.

Mit allen möglichen Gegenständen umgehen, leichten und schweren, kleinen und großen.

Krabbelnd auf Händen und Knien spielen.

Greifen von Eß- und Schreibgerät

Vom Gebrauch des kindlichen einwärts gedrehten Quergriffs zum supinierten Greifen des Erwachsenen vergehen für das normal begabte Kind etwa 4 Jahre. Dies ist zu bedenken, wenn ein retardiertes Kind Schreiben oder Essen lernen soll.

Unter Umständen kommt das Kind mit einem primitiven Greifen beim Essen viel besser zurecht. Es besteht also kein Grund, die Entwicklung zu forcieren – dies führt selten zu guten Ergebnissen.

Dem Kind kann dadurch geholfen werden, daß es etwas dickere Eßgeräte benutzt, die es leichter umfassen kann. Es gibt jedoch Grenzen, wie dick diese im Verhältnis zu einer kleinen Kinderhand sein dürfen.

Wenn die Entwicklung des Kindes fortschreitet, wird das primitive Greifen mit der Zeit sicherer, und das Kind wird von sich aus ein fortgeschritteneres Greifmuster versuchen.

Übungsbeispiele für größere Kinder

Bei einem größeren Kind, das nicht rechtzeitig natürliches Greifen entwickelt hat, kann nur durch gezieltes und bewußtes Üben ein gutes Resultat erreicht werden. Hier ist es erforderlich, mit dem Kennenlernen der Körperteile zu beginnen. Besonders das Erleben der Hände, ihre Bewegungen, die Namen der Finger können ihren Gebrauch fördern.

Übungen

Die Finger in Farbe tauchen und mit gespreizten Fingern deutliche Abdrücke auf ein Stück Papier machen.

Die Finger zeigen und ihre Namen nennen.

Eine Hand auf ein Stück Papier legen und die Umrisse nachzeichnen, während das Kind die Finger benennt. Später zeichnet es die Fingernägel ein.

Bewegungen des Daumens

Für eine gute Fingermotorik muß der Daumen sich wie in Abbildung 37 bewegen können. Diese Bewegung heißt Oppositionsbewegung: Der Daumen bewegt sich innen über die anderen Finger hinweg und rotiert um seine eigene Achse mit dem Nagel nach oben. Durch seine Gelenkigkeit kann der

Daumen leicht alle Fingerspitzen der anderen Finger berühren (Abb. 39). Sobald der Daumen nicht um seine eigene Achse rotieren kann, verändert sich der Pinzettengriff: Ein Gegenstand wird zwischen Zeigefingerspitze und der Seite der Daumenspitze festgehalten. So wird das Greifen instabil und die Sensibilität des Daumens nicht ausgenutzt (Abb. 40).

Die Oppositionsbewegung scheint in der Entwicklung des Kindes häufig erst spät aufzutreten und muß beim retardierten Kind eingeübt werden. Die Entwicklung der Oppositionsbewegung wird beschleunigt, wenn der Erwachsene die Hand des Kindes jeden Tag in seine nimmt und mit der anderen Hand den Daumen des Kindes dreht und gleichzeitig über die anderen Finger hinwegführt, mit dem Nagel nach oben (Abb. 37). Es dauert in der Regel zwei Wochen, bis die Rotation gelingt.

Übungen

Alle Fingerübungen, an denen der Daumen beteiligt ist. Daumen und Zeigefinger berühren sich an den Fingerkuppen. Dabei bilden sie unter leichter Beugung einen Ring. Mit allen Fingern und dem Daumen wiederholen.

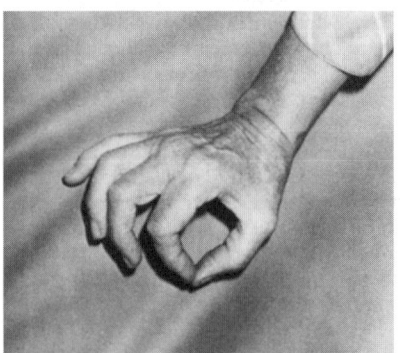

Abb. 39: Die Fingerspitzen berühren sich.

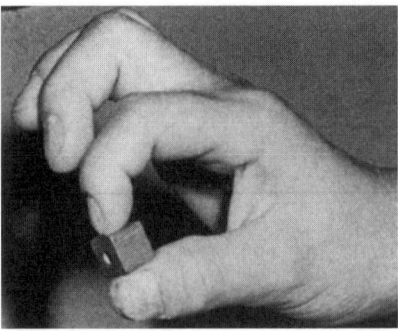

Abb. 40: Die Sensibilität der Daumenspitze wird nicht ausgenutzt.

Rückwärtsbeugung des Handgelenkes (Extension)

Um natürliches und kräftiges Zugreifen zu ermöglichen, muß das Handgelenk weit nach hinten zurückgebeugt (= Dorsalflexion) werden können.

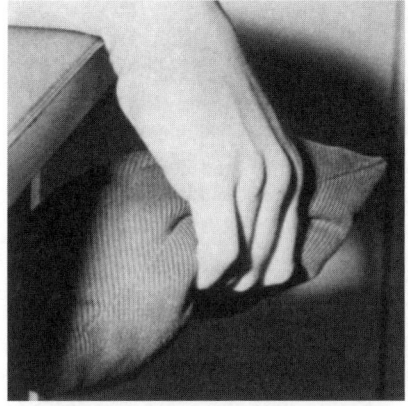

Abb. 41: Mit leicht handflächenwärts gebeugtem Handgelenk beginnen.

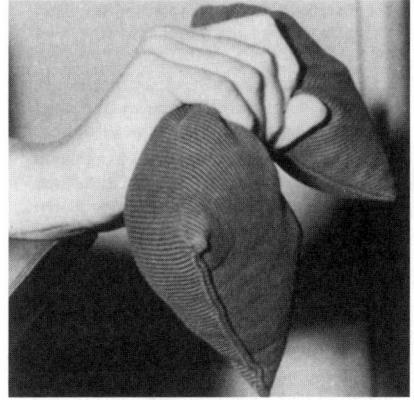

Abb. 42: Sandsäckchen anheben.

Seitliche Bewegung im Handgelenk

Oft ist die Hand Retardierter stark zur Kleinfingerseite hin abgewinkelt – anstatt in Mittelstellung zu stehen (Abb. 43). Daran läßt sich erkennen, daß sich das Kind noch nicht ganz vom ulnaren Greifen mit dem dritten, vierten und fünften Finger fortentwickelt hat und die Motorik von Daumen und Zeigefinger noch nicht voll ausgebildet ist (Abb. 39).

Diese seitliche Stellung der Hand hat zur Folge, daß sich das Handgelenk nicht vollständig nach hinten beugen kann und die Finger sich nicht genügend spreizen lassen. Mit Geduld muß die Neigung des Handgelenkes zur Daumenseite (Radialflexion) geübt werden, bevor die Greiffunktion besser werden kann:

Das Handgelenk in mittlerer Stellung halten
und dabei die Finger abwechselnd spreizen
und zusammennehmen.

Viel Ballspielen mit einem großen Ball, weil
beim Fangen und Werfen die Finger gespreizt
werden müssen.

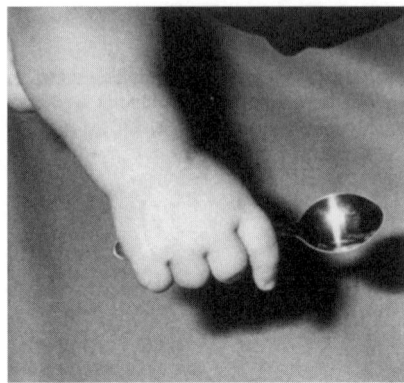

Abb. 44: Daumen und Zeigefinger sind am
Griff nicht ausreichend beteiligt.

mer schneller durchgeführt, ohne daß das
Kind dabei ungenau werden darf. Das Kind
sollte angeregt werden, z. B. durch Mitzäh-
len, eine Übung so oft wie möglich in dreißig
Sekunden zu wiederholen.

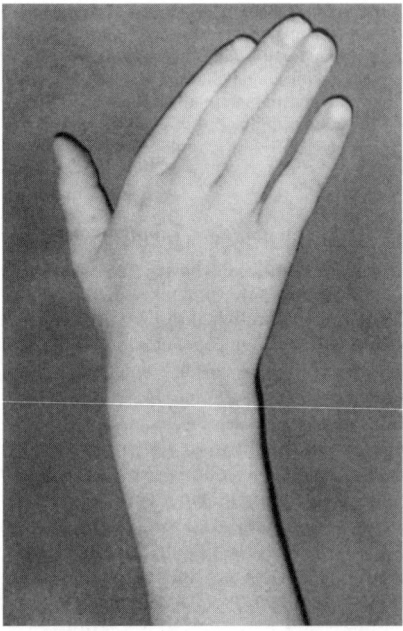

Abb. 43: Handgelenk in Fehlstellung zur
Kleinfingerseite hin abgewinkelt. Das Greifen wird hierdurch erschwert.

Koordination und Geschwindigkeit üben

Schließlich müssen auch Koordination, Geschwindigkeit und Reaktionszeit geübt werden. Jede Bewegung wird täglich zehnmal
ausgeführt, erst mit der dominanten Hand,
dann mit der anderen und zuletzt, bei einigen Übungen, mit beiden Händen gleichzeitig. Nach und nach werden die Übungen im-

Übungen

Fingerspitzen der beiden leicht gebeugten
Zeigefinger leicht aneinanderpressen, dann
dasselbe mit den anderen Fingern wiederholen.

Unterarme und Hände auf einen Tisch legen.
Die Hand fest zur Faust schließen, die Finger
spreizen und strecken, wechselweise oder:

Die Hand zur Faust schließen und nur einen
Finger auf einmal strecken. (Mit Zeigefinger
und Kleinfinger geht diese Übung leicht. Den
Ringfinger mit dem Kleinfinger zusammen
strecken, sonst ist es für Kinder zu schwer.)

Eine Hand auf den Tisch legen und „Klavier
spielen", wobei nur die Fingerspitzen aufflie-
gen dürfen. Immer nur einen Finger ohne Mitbewegung der anderen anheben.

Erst große, dann immer kleinere eckige Holz-
perlen in eine kleine Flasche tun, z.B. drei
Perlen mit Daumen und Zeigefinger, dann je

drei mit Daumen und jeweils einem der übrigen Finger.

Holzstäbchen mit allen Fingern abwechselnd aufsammeln.

Mit einem kleinen Ball spielen.

Stärken der Muskelkraft

Die Muskelkraft allein darf im allgemeinen nicht geübt werden, bevor nicht die Motorik (– die Bewegungsabläufe –) natürlich erscheint. Wenn die Hand in natürlicher Weise benutzt wird, kräftigen sich allmählich auch die entsprechenden Muskeln. Auch bei geistig schwer Behinderten kann die Muskel-

Abb. 45: Kraft und Ausdauer des Greifens werden trainiert (normales Kind).

kraft trainiert werden. Aber das Training wird ineffektiv bleiben, solange die Bewegungsmuster nicht genügend entwickelt sind.

Übungen

Beide Zeigefinger beugen, ineinanderhaken und kräftig auseinanderziehen.

Dieselbe Übung mit den anderen Fingern wiederholen.

Vierfüßlerstand (Stand auf Händen und Knien). Die Finger stehen in „Klavierspieler-Stellung", d.h. sie sind leicht gebeugt, dürfen dabei aber nicht seitlich abknicken. Soviel Körpergewicht wie möglich auf die Finger geben.

Die Ecken eines locker mit Sand gefüllten Leinensäckchens (3-10 kg) fassen und festhalten. Den Sandsack zehn bis zwanzigmal heben und senken, ohne ihn zu verlieren (Abb. 45).

Verschiedene schwere Gegenstände heben, je nach der Leistungsfähigkeit der Hand, um das Greifen zu kräftigen und zur maximalen Rückwärtsbeugung der Hand anzuregen.

Das Kind umfaßt mit beiden Händen einen Besenstiel, den ein anderes Kind ihm zu entreißen versucht.

An der Sprossenwand etwa 1 Minute hängen. Es ist leichter, mit dem Gesicht zur Sprossenwand zu hängen, besonders dann, wenn das Kind in Schultern und im Rücken steif sein sollte. Einem ängstlichen Kind hilft es eventuell, die Füße auf die unterste Sprosse aufsetzen zu können und mit den Händen so hoch wie möglich eine Sprosse zu umfassen. Füße nun von der Sprosse nehmen und baumeln lassen. Das Kind merkt, daß es fast den Boden erreicht. Übergewichtige Kinder können ihr Gewicht nicht mit den Fingerbeugern halten!

Untersuchung zur Daumenopposition

Bei einer Untersuchung von 104 debilen Kindern im Schulalter fehlte zum Zeitpunkt der Einschulung bei 20 Kindern die Rotations-

Abb. 46: Ist dieses Kind Rechts- oder Linkshänder? Welche Hand ist weiter entwickelt?

bewegung des Daumens. Am Ende des
Schuljahres waren es von den ältesten Kindern nur noch 6, die den Daumen immer
noch nicht rotieren konnten (der entsprechende Zeitpunkt war vermutlich verpaßt
worden), die übrigen 14 Kinder haben die Bewegung schnell gelernt. (nach Holle
1972,1973)

1.5 Blasen- und Darmfunktion

> ### Das normale Kind

Das Kind wird mit einem Entleerungsreflex
geboren, der ausgelöst wird, wenn Blase oder
Darm einen gewissen Grad an Füllung erreicht haben. Anfangs ist er oft nur sehr gering.

Darmentleerung

In den ersten Lebenswochen entleert sich
der Stuhl häufig und sporadisch, erst im Alter
von vier Wochen bleiben nur drei bis vier
Entleerungen täglich, meist wenn das Kind
aufwacht oder im Anschluß an eine Mahlzeit. Mit zwei Monaten sinkt die Zahl der
Entleerungen oft bis auf zweimal pro Tag. Im
Alter von zwölf bis fünfzehn Monaten ist sein
Zentralnervensystem soweit entwickelt, daß
es einfache Assoziationen begreift: Das
„Topftraining" kann dann vom Kinde überhaupt erst verstanden werden.

Die bewußte Kontrolle über das Anspannen der Sphinktermuskulatur (Ringmuskulatur, die Blase und Darm öffnet und
schließt) geht einer bewußten Entspannung
des Sphinkters voraus.

So kommt es, daß ein ca. 15monatiges
Kleinkind, wenn es auf den Topf gesetzt
wird, oft erst abführt, wenn es wieder hoch-
genommen wird. Es übt, den Sphinkter anzuspannen und die Darmentleerung zurück-
zuhalten, beherrscht aber das Entspannen
noch nicht völlig. Einige Wochen später kann
es dann passieren, daß die Darmentleerung
plötzlich und „explosiv" eintritt, wenn das
Kind zur gewohnten Zeit auf den Topf gesetzt wird. Das Kind reagiert beim Hinsetzen
mit kräftigem Anspannen der Sphinktermuskulatur und entspannt dann ganz plötzlich,
weil die Muskelkontrolle noch nicht voll entwickelt ist. In der Zwischenzeit kann die
Stuhlentleerung unregelmäßig bleiben.

Bis zum Alter von zweieinhalb Jahren können Kinder noch gelegentlich in die Hose
machen, danach passiert es seltener.

Eine neue Komplikation kann eintreten,
wenn das Kind im Alter von etwa zweieinhalb Jahren merkt, daß es seine Sphinktermuskulatur gut kontrollieren und den Stuhl
bis zur Verstopfung für einige Tage zurück-
halten kann.

Nur die wenigsten Eltern wissen, daß dies
Ausdruck der Tatsache ist, daß das Kind übt,
seine Muskulatur anzuspannen.

Blasenentleerung

Der Zeitverlauf ist hier der gleiche wie für den Darm. Mit etwa zwölf Monaten mag das Kind keine nasse Windeln mehr. Die bewußte Kontrolle erfolgt aber erst mit fünfzehn bis achtzehn Monaten. Das Kind meldet sich dann auf verschiedene Weise selbst, wenn das auch meist zu spät geschieht. Mit ungefähr zwanzig bis einundzwanzig Monaten steigt oft die Häufigkeit des Wasserlassens, entweder weil das Kind denkt, es solle schon bei geringerer Füllung entspannen oder weil es den Füllungsgrad der Blase ungenau beurteilt. Im Alter von vierundzwanzig Monaten ist das Kind in der Regel tagsüber trocken und näßt nur noch vereinzelt ein. Später kann es passieren, daß es so ins Spielen vertieft ist, daß es das Gefühl der vollen Blase nicht wahrnimmt.

Im Alter von zweieinhalb Jahren kann lange Zeit vergehen, ohne daß das Kind Wasser läßt. Die Blase ist dann so gespannt, daß es schwer sein kann, sie wieder zu entspannen. Mit drei Jahren kann das Kind den Urin so lange anhalten, bis es fast einnäßt. Daher geschieht es gelegentlich, daß es zu früh entspannt. Nach diesem Zeitpunkt sollte die Sphinkterkontrolle tagsüber in Ordnung sein.

Nachts ist es für das Kind schwieriger, trocken zu bleiben, weil es das Warnsignal der vollen Blase nicht bemerkt. Aber mit zwei Jahren sind schon 50% der Kinder nachts trocken, mit drei Jahren 75% und mit fünf Jahren 90% der Kinder. Die vollständige Kontrolle der Blase wird somit später als die des Darmes erreicht.

Unfreiwilliges Wasserlassen (Enuresis)

Die Enuresis hat verschiedene Ursachen. Sie kann abgesehen von einer urologischen Erkrankung z. B. durch eine verspätete neuromuskuläre Kontrolle der Sphinktermuskulatur herrühren oder auch psychisch begründet sein. Vielleicht liegt dem Einnässen ein zu strenges Training mit Bestrafung zugrunde. Die Sphinkterkontrolle kann sich verzögert entwickeln, wenn der Forderung des Kindes, zur Toilette gehen zu wollen, nicht umgehend nachgekommen wird. Das kann in Institutionen mit Personalmangel leicht geschehen. Enuresis findet sich besonders bei Jungen, deren Entwicklung in diesem Lebensabschnitt insgesamt etwas hinter der der Mädchen zurück ist.

Wann kann man mit dem Reinlichkeitstraining beginnen?

Wann mit dem Reinlichkeitstraining begonnen werden kann, hängt, wie schon erwähnt, von der neurologischen und psychischen Entwicklung des Kindes ab. Spontane Entleerungen sind eine natürliche Befriedigung.

Das Reinlichkeitstraining folgt zu diesem Zeitpunkt somit nicht den kindlichen Bedürfnissen, sondern stellt im Gegenteil eine Forderung an das Kind dar. Um unserer Kultur zu genügen, müssen die natürlichen Reflexe des Kindes gehemmt und eine bewußte Kontrolle erreicht werden. (Allerdings muß gesagt werden, daß selbst wildlebende Tiere aus praktischen Gründen eine gewisse Spinkterkontrolle erreichen.)

Das Kind muß soweit entwickelt sein, daß es versteht, was von ihm verlangt wird, und es muß imstande sein, die Forderungen von neuromuskulärer Seite her zu erfüllen. Dabei kann eine gewöhnliche Stimulation des kindlichen Körpergefühls, taktil wie kinästhetisch, auch die Wahrnehmung der Sphinktermuskulatur fördern. Ein warmes Verhältnis zwischen Bezugsperson und Kind ist eine der wichtigsten Voraussetzungen für ein problemloses Reinlichkeitstraining. Schließlich darf das Kind niemals bestraft werden, wenn es in die Hose gemacht hat und sollte sich deshalb auch niemals minderwertig fühlen.

Bevor das Kind richtig gehen kann, hat ein bewußtes Reinlichkeitstraining wenig Sinn. Ob ein Zusammenhang zwischen aufrechter Haltung – die u.a. durch die Adduktoren der Oberschenkelinnenseite beeinflußt wird –

und dem Reinlichkeitstraining besteht, ist
nicht vollständig geklärt. Das Anspannen
dieser Muskeln bewirkt gleichzeitig ein Anspannen des Beckenbodens, der wiederum
Verbindung mit der Sphinktermuskulatur
hat. Der charakteristische Toilettensitz fördert besonders die Entspannung dieser Muskulatur (Abb. 47).

Die Angelegenheit wird zusätzlich dadurch kompliziert, daß die Bauchmuskeln
(Bauchpresse) während der Entleerung angespannt werden, während sich gleichzeitig
Beckenboden- und Sphinktermuskulatur
entspannen sollen. Das entspricht einem
recht vorgeschrittenen neuromuskulären
Entwicklungsstadium.

Das Kind meldet sich zunächst, indem es
auf seine nasse Windel zeigt. Später sagt es
Bescheid, während es in die Hose macht und
noch etwas später unmittelbar vor der Entleerung. Erst dann ist der richtige Zeitpunkt für
das Reinlichkeitstraining erreicht. Sobald das
Kind zeigt, daß es nicht naß sein mag, sollte
man die Windel wechseln. Dies hat noch
nichts mit einem bewußten Reinlichkeitstraining zu tun; das Kind wird jedoch an das
Wohlbefinden in einer trockenen Windel gewöhnt.

Sobald das Kind anfängt, sich vor dem
Wasserlassen bemerkbar zu machen, muß
genau darauf geachtet werden, zu welchen
Zeiten es sich meldet und es sollte umgehend
auf die Toilette oder den Topf gesetzt werden.
Meldet sich das Kind nicht von selbst, muß
es jedes Mal nach dem Essen oder zu den üblichen Zeiten gefragt werden, an denen sonst
die Entleerung glückt.

Es ist eine natürliche Hilfe und ein Anreiz
für das Kind, wenn die Eltern es bei ihrem
Gang zur Toilette mitnehmen. Später kann
das Kind selbst zur Toilette gehen, muß aber
noch Hilfe beim Abwischen bekommen. Der
Rhythmus des Kindes muß genau befolgt
werden. Die gleichen Zeiten werden jeden
Tag eingehalten, besonders nach den Mahl-
zeiten, die einen gewissen Reiz für die Entleerung darstellen.

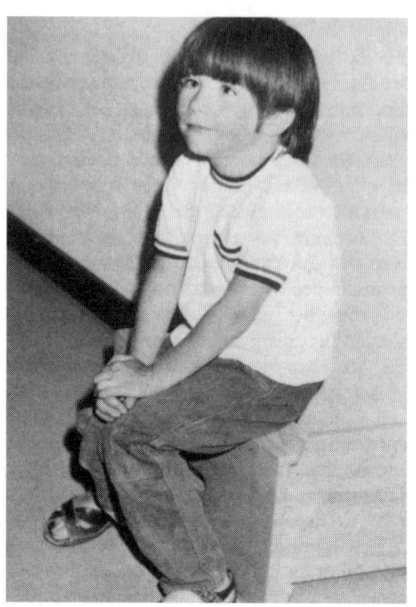

Abb. 47: „Toilettensitz"

Das Reinlichkeitstraining ist somit in hohem Maße ein individuelles Training, das mit
ungefähr sechs Jahren beendet sein sollte.
Das Kind muß daran gewöhnt werden, nicht
zu lange auf dem Topf zu sitzen, weil das einen Darmvorfall (Prolaps) begünstigen
kann; das Toilettenpapier richtig abzureißen,
ohne daß die ganze Rolle nachfolgt und sich
Zeit nehmen mit dem anschließenden Anziehen, Händewaschen, usw.

Schließlich muß bemerkt werden, wie
wichtig es ist, während der Entleerung in einer entspannten Haltung zu sitzen, Hüfte
und Kniegelenk sind dabei stark gebeugt
(Abb. 47).

Die Haltung ist entspannt, wenn sich die
Füße auf dem Boden abstützen können. In
Institutionen sind Toiletten unterschiedli-
cher Höhe erforderlich; wenn nicht möglich,
Fußbänke vor den Toiletten oder ein Topf-

stuhl mit Fußstütze. Das Reinlichkeitstraining ist in Institutionen erschwert, weil die Kinder nicht ständig an eine bestimmte Person gebunden sind. Ist das Kind in Tagespflege, muß das Reinlichkeitstraining in enger Zusammenarbeit mit den Eltern erfolgen. Die richtigen Toilettengewohnheiten wirken sich günstig auf die Verdauung aus und damit auf das Gedeihen des Kindes.

zen. Hier muß ein Konzentrationstraining einsetzen, bevor mit dem Reinlichkeitstraining begonnen wird (s. S. 135)

1.6 Entwicklung von Essen und Sprechen

| Das retardierte Kind | Das normale Kind |

Alles, was bisher in bezug auf das Reinlichkeitstraining des normalen Kindes gesagt wurde, gilt gleichermaßen auch für das retardierte Kind. Hier muß nur mit mehr Geduld vorgegangen werden, damit das Kind weit genug in der Entwicklung gelangt, bevor Forderungen an die Reinlichkeit gestellt werden.

Zeigt sich, daß die gewünschte neuromuskuläre und psychische Entwicklung nicht erreicht wird, können versuchsweise bedingte Reflexe eingeübt werden. So kann z. B. die Berührung mit dem Topf eine Entleerung der Blase auslösen. Oder wenn das Kind regelmäßig nach der Mahlzeit auf den Topf gesetzt wird, kann dies zu einem Reflex werden: essen – auf dem Topf sitzen – abführen.

Das Kind sauber zu *halten* ist also etwas anderes, als wenn das Kind von sich aus sauber ist.

Wird der richtige Zeitpunkt für das Reinlichkeitstraining verpaßt (wenn das Kind also im Verhältnis zu seiner übrigen Entwicklung zu lange Säugling sein durfte), kann es in gewissen Fällen helfen, das Kind einige Tage ohne Hose herumlaufen zu lassen, so daß es sieht und fühlt, wann eine Entleerung stattfindet. Reinlichkeit erfordert Konzentration und Entspannung. Besonders das hyperaktive Kind kann hier Schwierigkeiten haben. Es wickelt vielleicht die ganze Toilettenpapierrolle ab und kann nicht lange genug stillsit-

1.6.1 Die Nahrungsaufnahme

Für die Entwicklung von Sprechen und Sprache ist es wichtig, daß die Nahrungsaufnahme von Geburt an normal entwickelt ist, denn an beiden Funktionen Essen und Sprechen sind dieselben Organe beteiligt. Je besser die Eßgewohnheiten als Grundlage für die Sprachentwicklung sind, desto besser werden die motorischen Möglichkeiten des Sprechens.

Beim Neugeborenen wird die Nahrungsaufnahme nur durch Reflexbewegungen bestimmt. Man spricht von einer Reflexkette: Such-, Saug- und Schluckreflex werden nacheinander ausgelöst.

Der Suchreflex. Das Kind sucht die Brustwarze oder die Flasche, wobei ihm die Mutter hilft, indem es die Wange, Lippe oder Mundwinkel berührt. Hierauf dreht das Kind den Kopf zur berührten Seite hin.

Der Saugreflex. Der Mund des Kindes umschließt die Brustwarze, diese Berührung löst den Saugreflex aus.

Der Schluckreflex. Die Milch löst bei Berührung des hinteren Teiles der Zunge und Mundhöhle den Schluckreflex aus. Die Zunge wirkt schon in diesem Stadium bei den Saug- und Schluckbewegungen mit.

Brustkind – Flaschenkind

Muttermilch ist als Nahrung für den Säugling am besten geeignet. Daher kann nicht oft genug hervorgehoben werden, daß eine Mutter alles versuchen sollte, um ihr Kind zu stillen. Muttermilch stärkt die Abwehr des Kindes gegenüber vielen Infektionskrankheiten. Das Stillen selbst gibt Geborgenheit, Kontakt und Freude.

Füttern mit dem Löffel

Wenn das Kind mit dem Löffel gefüttert wird, ist die Zunge aktiver als zuvor beteiligt: Sie befördert die Nahrung, den Brei oder ähnliches den Rachen hinunter. Das erfordert kräftige Muskelarbeit der Zunge – übrigens mehr, wenn das Kind sitzt als wenn es liegt (s. S. 65/66).

Such- und Saugreflex werden mit der Zeit gehemmt, oder genauer: sie werden in die Essens- und Trinkbewegungen integriert. Das geschieht dann, wenn das Kind keine Flasche mehr bekommt oder ausnahmslos nur noch mit dem Löffel gefüttert wird.

Das Saugen an einem Strohhalm erfordert eine kräftige Bewegung, die kein Reflex ist, sondern eine willentliche Bewegung gegen die Schwerkraft. Die Zunge muß mehr arbeiten als beim Trinken an Brust oder Flasche, wenn der Kopf nach vorn gebeugt gehalten wird.

Beiß- und Kaubewegungen

Später erst entwickelt sich der Beißreflex. Das Kind steckt alles in den Mund und beißt darauf, indem es Ober- und Unterkiefer mit einer Auf- und Abbewegung öffnet und schließt, ausgelöst durch die Berührung des Mundes mit dem Gegenstand. Diese Reflexbewegung tritt im Alter von fünf bis sechs Monaten gleichzeitig mit den ersten Kaubewegungen auf, wenn das Kind festere Kost als zuvor bekommt.

Den Beißreflex kann das Kind nach einiger Zeit selbst kontrollieren. Dann ist der Reflex

ganz natürlich in den Eßvorgang und in andere Funktionen integriert. Noch bevor das Kind drei Jahre alt ist, kann es lernen, nicht zuzubeißen, z. B. wenn der Spiegel des Zahnarztes die Zähne oder andere Teile des Mundes berührt.

Wenn mit ungefähr zweieinhalb Jahren alle Zähne vorhanden sind, besteht die Kaubewegung nicht länger aus einer Auf- und Abbewegung, jetzt werden auch Seitbewegungen mit einbezogen. Es bildet sich eine vollständig entwickelte „mahlende" Bewegung. Dadurch wird die Zunge zusätzlich geübt, wenn sie die Nahrung von einer Seite zur anderen im Mund bewegt.

Im Zusammenhang mit der Nahrungsaufnahme sollen noch eine Reihe anderer Reflexe genannt werden:

Würgreflex

Er besteht aus einer plötzlichen, kräftigen Kontraktion des Zwerchfells und der Bauchmuskeln, verbunden mit einer Ausatmung. Auslösende Ursachen gibt es viele: z. B. kann Essen zu schnell in den Magen gestopft worden sein, der Magen kann überfüllt sein, oder das Kind hat festes Essen bekommen, bevor es kauen konnte, so daß sich Essensstücke im Rachen festgesetzt haben. Andererseits kann Erbrechen auch zentral bedingt sein oder im Zusammenhang mit einem Magenleiden stehen.

Spucken

Das Spucken des kleinen Kindes ist wie Aufstoßen zu betrachten. Dabei entweicht die Luft, die das Kind mit dem Essen verschluckt hat.

Hustreflex

Husten entsteht gewöhnlich durch Reizung der Schleimhäute und Entzündungen in den unteren Luftwegen oder weil Speisen versehentlich in die Luftröhre gelangt sind. Eine plötzliche Ausatmung mit offenem Mund reinigt die Luftwege.

Sensibilität (Tastsinn).

Die Sensibilität der Mundhöhle spielt eine große Rolle bei der Nahrungsaufnahme und der Verdauung. Such-, Saug-, Schluck-, Beiß-und Kaureflex werden durch Berührung ausgelöst. Ebenso kommt es durch Berührung zur Speichelsekretion während der Mahlzeit, die aber auch durch Geruch, Geschmack und Vorstellung inganggesetzt wird.

Gute Eßgewohnheiten

Ein Kind muß genügend Zeit haben, um sein Essen zu kauen, es im Mund hin- und herzubewegen. Die Nahrung muß mit Speichel durchmengt sein, damit sie gut verdaut werden kann. Gute Eß- und Kaugewohnheiten haben also Konsequenzen. Sie sind die Grundlage für eine gute Verdauung, die Entwicklung der Sprachorgane und damit für die Sprachentwicklung des Kindes.

Kognition – Sprachverständnis – Sprache

Die Entwicklung aller Perzeptionsbereiche gibt dem Kind Kenntnisse und Wissen über seine Umgebung. Wissen entwickelt sich in Abhängigkeit von der Wahrnehmung, der Perzeption. Das Sprachverständnis (impressive Sprache) entwickelt sich parallel hierzu als eine der umfassendsten Funktionen des Gehirns. Das Sprechen (expressive Sprache) ist neurophysiologisch gesehen ein noch komplizierterer Prozeß, weil hier die Lautbildung hinzukommt.

1.6.2 Lautbildung

Bevor das Kind zu sprechen beginnt, ist es auf verschiedene Art hierauf vorbereitet worden. Die motorische Seite dessen soll im folgenden besonders beleuchtet werden.

Das Weinen des Neugeborenen wird mit der Zeit nuancierter. Es kann sich für Hunger, Schmerz, nasse Windel oder Kontaktbedürf-nis deutlich unterscheiden. Weinen wird zum ersten Ausdrucksmittel des Kindes, zur ersten „Sprache", die die Mutter schnell zu verstehen lernt und die ihr hilft, die Bedürfnisse des Kindes zu erfüllen.

Die Atmung (Respiration) entwickelt sich auf verschiedenen Wegen: Durch Weinen: das Kind strengt sich an und atmet dabei tief ein, durch alle Laute, die ein Kind mit der Zeit bilden kann, durch Bewegung jeder Art, durch Gähnen und durch Niesen.

Das Gähnen beginnt mit einer langsamen, tiefen Einatmung durch den Mund. Dabei wird der weiche Gaumen angehoben, es folgt eine kräftige Erweiterung des Rachenraumes. Danach folgt ein langes, tiefes Ausatmen.

Gähnen ist eine reflektorische Bewegung, ausgelöst u.a. durch Sauerstoffmangel bei Ermüdung, Schläfrigkeit oder im Zusammenhang mit längerem Stillsitzen. Für die Sprachentwicklung ist ein beweglicher weicher Gaumen wichtig.

Das Niesen ist ein Reflex, ausgelöst durch Reizung der Nasenschleimhaut. Es besteht aus einem plötzlichen, tiefen Einatmen durch den Mund, gefolgt von einem kräftigen Ausatmen durch die Nase.

Laute und Sprache

Parallel zur Entwicklung der Sprechorgane während der Nahrungsaufnahme entwickelt sich die Lautbildung des Säuglings. Primär ist sie abhängig von anatomisch-neuromuskulären Veränderungen während des Heranreifens. Aber auch die Umgebung spielt eine große Rolle. Jede Mutter spricht mit ihrem Säugling und wiederholt u.a. die vom Kind gebildeten Laute. Dadurch wird das Kind wieder angeregt, Laute zu bilden. Beiden macht das großen Spaß – die Bedingungen für die Sprachentwicklung sind günstig.

Zuerst bildet das Kind einzelne Laute ohne besonderes Mitwirken der Zunge, z. B.

„a-a". Später werden Lippen und Zunge mit in die Lautbildung einbezogen, und das Kind beginnt mit zweibuchstabigen Lauten zu „erzählen", z. B. „ba-ba". Schon in einem frühen Stadium der Entwicklung beherrscht das Kind verschiedene Laute, darunter auch solche, die in seiner Muttersprache gar nicht vorkommen. Später kann das Kind trotzdem die notwendigen Laute nicht hervorbringen, weil die Lautverbindungen der Sprache, z. B. Doppelkonsonanten, oder die Reihenfolge von Lauten schwer zu kombinieren sind.

Mit der Zeit wechselt die Stimmstärke, denn die Atmung wird differenzierter. Zum Zeitpunkt, wenn das Kind zu sitzen beginnt, plappert es schon ganz eifrig. Das Kind übt die Laute, weil es ihm Spaß macht, sie hervorzubringen. Die Laute können jetzt in verschiedenen Lautstärken, Tonhöhen und -längen variiert werden. Das Kind kann den Luftstrom verändern.

Immer wieder werden die lauterzeugenden Bewegungen wiederholt. Eine Koordination zwischen auditiver Wahrnehmung und Motorik kann sich entwickeln. Eine der Hauptfunktionen des kindlichen Plapperns ist also ein intensives auditives und kinästhetisches Training durch Erfahrung, ein Wechselspiel zwischen wahrgenommenen Lauten und den diesen Lauten entsprechenden Bewegungen.

Während der ersten Lebensmonate scheinen die Laute aller Kinder der Welt gleich zu sein, später entwickeln sich die Plapperlaute dann der sprachlichen Umgebung entsprechend. Die Kontrolle über Lauthöhe, -stärke und Rhythmus verbessert sich gegen Ende des ersten Lebensjahres. Das Kind hat ein Stadium erreicht, in dem es nicht mehr nur die eigenen Laute nachahmt, sondern auch differenzierte, gehörte Sprachlaute. Es beginnt, ein gehörtes Wort immer wieder zu sagen, auch wenn es nicht jedes Mal versteht, daß der Laut ein Wort mit einer bestimmten Bedeutung ist.

Welche Laute für das Kind am schwersten auszusprechen sind und daher erst am Schluß der sprachlichen Entwicklung geübt werden, ist von der Motorik abhängig, die der Laut erfordert. Z. B. entwickeln sich die Lippenlaute „m" und „b" und später „p" teilweise durch die Saugbewegungen und durch den Schluß der Lippen um den Löffel, während „f" eine selbständige Bewegung des Unterkiefers und einige Zähne im Oberkiefer erfordert. Der Laut „f" entsteht deshalb erst einige Monate später.

Mit ungefähr zehn Monaten kann das Kind in langen Lautfolgen plappern, die in Rhythmus und Tonlage der Sprache seiner Mutter ähneln. Das Kind möchte sich seiner Mutter mitteilen. Dies ist die Vorbereitung für die Aussprache des ersten bedeutungstragenden Wortes, z. B. „mam-mam" mit ca. zehn bis zwölf Monaten. Dies geschieht häufig zeitgleich damit, daß das Kind stehen kann und zu laufen anfängt. In den folgenden Monaten verwendet das Kind die Worte einzeln, oft spricht es nur die betonten Silben unter Auslassung der unbetonten. Ein neues schwieriges Wort wird manchmal über Tage wiederholt, bis es ganz flüssig geht, d.h. bis die Bewegungen automatisiert sind.

Mit der Zeit verschwindet die Plappersprache. Der Wortschatz vergrößert sich rasch auf ca. 200-300 Wörter im Alter von zwei Jahren. Dabei kann das Kind viel mehr Wörter verstehen als sagen, denn die motorische Seite des Sprechens ist immer noch schwierig. Außerdem muß das Kind ein Wort sehr gut kennen und im Gedächtnis behalten, um es *aktiv* in seiner genauen Bedeutung anwenden zu können. Das sogenannte Trotzalter hat sicher zu einem gewissen Grad seine Ursache in der Irritation des Kindes, sich nicht verständlich machen zu können.

Mit ungefähr vier Jahren spricht das Kind in langen Sätzen. Der Wortschatz vergrößert sich rasant, wenn das Kind in einer fördernden Umgebung lebt. Kinder fragen nicht immer nur um über etwas Auskunft zu bekommen, sondern auch um Kontakt zu haben bzw. um sprechen zu üben, genau wie ein Er-

wachsener, der eine Fremdsprache lernt.
Ist das Kind fünf bis sechs Jahre alt, spricht es hinsichtlich der Aussprache und Grammatik korrekt. Es kennt die Struktur der Sprache und kann alle Wörter beugen. Nur mit einigen Ausnahmen von der Regel kann es noch hapern, z. B. „ich kommte" anstelle von „ich kam", „zwei Pinsels" statt „zwei Pinsel" oder „zwei Kuhe" statt „zwei Kühe".
Parallel mit dem korrekten Sprachaufbau entwickelt sich das Gefühl für Tonhöhe, Melodie, Tonstärke und Rhythmus der Sprache. Es erfordert eine feine Koordination zwischen auditiver Perzeption, Atmung und den Bewegungen der Sprachorgane, bevor eine wohlmodulierte, nuancierte Sprache beherrscht wird.

1.6.3 Sprachstörungen

Dysphasie ist eine angeborene oder sehr früh im Leben entstandene zentrale Sprachstörung – der Defekt sitzt im Gehirn –, die die Entwicklung der Sprachfunktion hemmt. Dysphasie kann impressiv oder expressiv sein, am häufigsten liegt eine Mischung aus beiden Formen vor. *Impressive Dysphasie* ist ein auditiver Perzeptionsdefekt, also eine mangelnde Fähigkeit, gehörte Sprache wahrzunehmen. *Expressive Dysphasie* bezeichnet die mangelnde Fähigkeit, sich sprachlich auszudrücken.

Aphasie bezeichnet im allgemeinen eine zentrale Sprachstörung, die im höheren Lebensalter entsteht und ist deshalb für den Inhalt dieses Buches nicht von Interesse. (Die Bezeichnung Aphasie wird jedoch manchmal in der Bedeutung von Dysphasie gebraucht).

Dysarthrie. Darunter versteht man eine mangelhafte Aussprache aufgrund motorischer Schwierigkeiten oder wegen eines Defektes der Sprachorgane. Es ist gelegentlich schwer, die genaue Grenze zwischen Dysarthrie und Dysphasie zu ziehen, weil viele retardierte Kinder mit beidem Probleme haben.

Die Bedingungen für eine gute Sprachentwicklung sind abhängig von den Wechselwirkungen zwischen Perzeption und Motorik, wie schon beschrieben. Dysphasie wie Dysarthrie können durch entsprechende Stimulation beeinflußt werden. Es ist aber schwer vorauszusagen, wie weit die Sprachentwicklung eines Kindes gelangen wird, weil sie auch vom Entwicklungsniveau auf anderen Gebieten abhängt: Das Kind muß zuhören können, es muß die Wörter verstehen und sie gemäß ihrer Bedeutung in richtiger Weise einsetzen können, so daß es von allen durch seine Sprache verstanden werden kann. Hier spielt gleichzeitig die Motorik eine Rolle.

Das retardierte Kind

1.6.4 Retardierte Entwicklung von Essen und Sprechen

Betrachtungen aus motorischer Sicht

Das retardierte Kind soll in der Entwicklung aller Fertigkeiten und Funktionen, die für die Sprachentwicklung wichtig sind, nach demselben Entwicklungsschema stimuliert werden, das auch für normale Kinder verwendet wird. Dabei muß die Reihenfolge der einzelnen Entwicklungsphasen genau eingehalten werden. Alles was eine Entwicklungsstufe umfaßt, wird sehr gründlich geübt und muß beherrscht werden, bevor die nächste Stufe erarbeitet werden kann. Dabei kann es notwendig sein, mit vorbereitenden Übungen für das Essenlernen zu beginnen.

Nahrungsaufnahme

Auf jede erdenkliche Art und Weise muß die Situation des Essens verbessert werden: emotional, perzeptuell und motorisch. Das Kind muß sich geborgen fühlen können, es muß Zuneigung und Aufmerksamkeit erfahren. Ein kleines Kind sitzt am besten auf dem Schoß, liegt dabei aber nicht waagerecht, denn dies würde das Schlucken behindern. Am günstigsten wird das Kind schräg in ca.

45° und mehr gehalten. Ein größeres retardiertes Kind mit Eßschwierigkeiten hält man an der Hand oder läßt es auf andere Weise während der Mahlzeit den Kontakt zum Erwachsenen spüren. Es sollte möglichst senkrecht sitzen, einmal um das Schlucken zu erleichtern, andererseits damit es sehen kann, was passiert, was es zu essen bekommt und wann der nächste Löffel gereicht wird.

Möglicherweise ist das Kind weit in der Entwicklung zurück und der Kettenreflex Suchen-Saugen-Schlucken funktioniert noch nicht. Dann kann es notwendig sein, daß zuerst der Suchreflex ausgelöst wird oder daß das Kind zu saugen lernt. Ist der Schluckreflex gering ausgebildet, verschlechtert Hetze beim Essen nur die gesamte Situation. Manchmal kann das Schlucken durch leichtes Streichen mit zwei Fingern an der Halsvorderseite erleichtert werden. In anderen Fällen muß der Erwachsene mit einem Finger das Kinn des Kindes stützen, damit es den Mund mit dem Essen geschlossen halten kann.

Die Kopfkontrolle und später auch das Körpergleichgewicht müssen geübt werden, damit das Kind zuerst ohne Kopfstütze und schließlich ohne Rückenstütze im Sitzen essen kann.

Wenn das Kind feste Nahrung zu essen bekommen soll, rührt man den Brei allmählich dicker an. Dann gibt man dem Kind einen Keks, der sich leicht mit Speichel auflösen läßt oder ähnliches, und schließlich Schwarzbrot, ein kleines Stück Mohrrübe u.s.w. Es kann notwendig sein, so individuell zu füttern, daß das Essen auf die weniger aktive Seite des Mundes getan wird, damit die Zunge sich anstrengen muß, die Nahrung im Mund zu bewegen. Die Aufgabe kann auch darin bestehen, den Beißreflex zu hemmen, der schon längst hätte integriert sein müssen. Das muß bewußt geschehen, indem die Aufmerksamkeit des Kindes darauf gelenkt wird.

Beim Füttern mit dem Löffel darf das Essen nicht in den schon von vornherein geöffneten Mund geschaufelt werden oder an den Schneidezähnen abgestrichen werden. Das Kind soll selbst aktiv beteiligt sein. Der Löffel wird ein Stückchen vor dem Mund behalten, um das Kind soweit es geht zu bewegen, selbst den Löffel zu suchen und mit den Lippen zu fassen. So werden Kau- und Schluckreflexe stimuliert. Und es besteht auch kein Risiko, daß der Löffel zu weit in den Mund geführt wird und dabei den weichen Gaumen berührt. Das wäre nicht nur unangenehm für das Kind, es könnte unter Umständen zu diesem unpassenden Zeitpunkt auch der Würgreflex ausgelöst werden.

Bevor man ein Kind mit dem Löffel füttert, sollte man ihm in den Mund sehen, um zu beurteilen, wie groß die Mundhöhle ist und wieviel auf einen Löffel geladen werden darf.

Die Zeit, die ein retardiertes Kind braucht, um ganz natürlich essen zu lernen, wird später reichlich wieder eingespart. Denn das Füttern wird dann leichter und schneller gehen. Die eventuell vorhandene Nahrungsverweigerung des Kindes kann verschwinden. Die ganze Mahlzeit wird in einer für das Kind besseren Atmosphäre verlaufen.

Wenn Eßschwierigkeiten bestehen, soll der Erwachsene darauf achten, daß das Kind genug zu trinken bekommt. Zuwenig Flüssigkeit kann für das Kind ernste Folgen haben. Im Zweifelsfall ist ein Arzt zu fragen, wieviel Flüssigkeit das Kind bekommen sollte.

Retardierte Sprachentwicklung

Es ist ganz wichtig, mit dem Kind viel zu sprechen, auch wenn es selbst noch gar nicht sprechen kann und die Wörter vielleicht noch gar nicht versteht. Irgendwann ist es in seiner Entwicklung so weit, daß es zu verstehen beginnt, weil es ein Wort in einem bestimmten Zusammenhang so oft gehört hat, daß es seine Bedeutung erfaßt. Gleichzeitig mit der Entwicklung der Sprechorgane durch die Nahrungsaufnahme müssen alle Lautbildungen des Säuglings stimuliert werden. Das

Kind muß motiviert sein, es muß mit seiner Umgebung sprachlichen Kontakt haben wollen. Die Erwachsenen müssen deshalb mit dem retardierten Kind, auch wenn es schon größer ist, genauso liebevoll sprechen wie es eine Mutter mit ihrem normal begabten Säugling tut.

Es besteht ein ganz enger Zusammenhang zwischen sprachlicher, perzeptueller und motorischer Entwicklung. Sprache wird erlernt durch sinngerechte Anwendung. Soll das Kind z. B. das Wort „Stuhl" lernen, genügt es nicht, daß es den Stuhl sieht. Es muß auch die Möglichkeit bekommen, den Stuhl zu untersuchen, ihn zu benutzen, dann wird der Begriff mit Bedeutung gefüllt. Das Kind wird das Wort „Stuhl" nicht sagen, bevor nicht der Laut – das Wort – „Stuhl" mit einem bestimmten Gegenstand assoziiert wird.

Für das Kind ist es daher eine große Hilfe, wenn es den Stuhl visuell, taktil, kinästhetisch und auditiv wahrnehmen kann. Das Wort „Stuhl" ist ein Substantiv und der Stuhl ein konkreter Gegenstand, dieses Wort ist also nicht so schwer zu erlernen wie ein abstrakter Begriff. Ist das Wort „Stuhl" gelernt, wird es dem Kind viel leichter fallen, Adjektive zu lernen, die zu einem Stuhl passen: groß, schwer, glatt, hart.

Jede Handlung oder Bewegung sollte von Sprache begleitet werden. Wenn ein Kind z. B. draußen spazieren geht, ist es selbstverständlich, daß der Erwachsene sich ununterbrochen mit dem Kind unterhält oder es aufordert, sich selbst genauer als nur mit einsilbigen Wörtern zu äußern. Immer wird versucht, den sprachlichen Ausdruck zu fördern.

Man spricht in kurzen, klaren Sätzen, möglichst deutlich und ohne zuviele überflüssige Wörter, und versucht dennoch bewußt, den kindlichen Wortschatz täglich um einige Wörter zu erweitern. Es ist sicher nicht ratsam, das Kind zu korrigieren, wenn es einen Laut nicht richtig aussprechen kann. Das Wort, das das Kind falsch sagte, sollte oft ge-

braucht werden, damit es zunächst einmal in die impressive Sprache des Kindes eingeht.

Das retardierte Kind möchte am liebsten 'vertuschen', daß es nicht verstanden hat, was gesagt wurde, – Ausdruck auch der Tatsache, daß es viele Niederlagen hat hinnehmen müssen. Wenn nur ein Wort in einem Satz unverständlich ist, bleibt der ganze Satz unverständlich. Während das Kind noch darüber nachdenkt, was der Satz wohl bedeuten mag, hört es auch dem folgenden nicht zu, und ihm geht es so noch mehr verloren.

Oft verwendet das retardierte Kind stereotype alltägliche Redewendungen, ein Zeichen allgemein reduzierter Sprachentwicklung, Denk- und Sprecharmut. Eine besondere Form ist die „Papageiensprache", wobei das Kind eine Unterhaltung vorgibt, eigentlich aber nur das letzte Wort oder die letzten von der Person gesagten Worte wiederholt. Die Ursache liegt oft in einem mehr oder weniger bewußten Wunsch nach sprachlichem Kontakt, kombiniert mit dem Versuch, mangelndes Wortverständnis und schlechtes Erinnerungsvermögen zu verdecken.

Erwähnt werden muß auch, daß es Pausen in der Sprachentwicklung geben kann, z. B. wenn das Kind gerade eine neue motorische Fähigkeit erlernt. Deshalb sollte die Sprachentwicklung nicht zu stark forciert werden, bevor sich nicht die Motorik im Rahmen der Möglichkeiten auf dem Niveau der übrigen Entwicklung des Kindes befindet.

Eine genau geplante Zusammenarbeit aller mit dem Kind Beschäftigten ist notwendig, damit es von allen, zeitlich koordiniert, auf das Erlernen eines bestimmten Wortes oder einer bestimmten Funktion hin stimuliert werden kann. Ansonsten wird das Kind verwirrt, im schlimmsten Falle kann die Sprache in ihrer Entwicklung stehen bleiben.

Die Zusammenarbeit mit dem Logopäden ist von größter Wichtigkeit. Ein Kind, das keine Sprache hat, bekommt unüberwindliche Probleme in seiner intellektuellen und emotionalen Entwicklung.

1.6.5 Übung der Sprechorgane

Zu den Sprechorganen gehören: Lippen, Zähne, Zunge, Kehlkopf, harter und weicher Gaumen sowie die Luftwege. Die oberen Luftwege: Rachen, Mundhöhle, Kehlkopf, Nasenhöhle und Nasennebenhöhlen. Die unteren Luftwege: Bronchien und Lungen. Außerdem gehört zu den Sprechorganen die mimische Muskulatur, die teils direkt, teils indirekt beim Sprechen mitwirkt.

Wenn die Sprechorgane nicht normal entwickelt sind, kann neuromuskuläres Training erforderlich werden. Selbst bei einer Dysphasie kann dies nötig sein, weil das vorhandene Sprechvermögen, soweit möglich, nicht durch Bewegungseinschränkung, leichte Paresen (Lähmungen) oder langsame, schlecht koordinierte Bewegungen behindert werden sollte.

Die Sprechorgane zu üben ist nicht gleichbedeutend mit Sprachverbesserung, vielmehr wird das „Werkzeug" für seine Anwendung in der Sprech- und Sprachentwicklung verbessert.

Übt man z. B. lediglich die Zungenbeweglichkeit, heißt das nicht, daß das Kind diese Beweglichkeit auch beim Sprechen einsetzen wird. Muskeltraining der Sprechorgane sollte möglichst unmittelbar in einen Laut übergehen, der diese Bewegung beinhaltet. Ein solches Training kann für den Logopäden, mit dem in solchen Fällen immer zusammengearbeitet werden sollte, eine große Hilfe sein.

Verläuft die Entwicklung normal, wird das Kind sprechen, ohne an die Bewegungen der Sprechorgane zu denken. Verläuft die Entwicklung jedoch nicht normal, sieht die Sache anders aus. Das Training wird dann kaum erfolgreich sein, solange das Kind nicht über soviel Körperwahrnehmung und kinästhetische Perzeption verfügt, daß es sich bewußt wird, welche Teile des Mundes es während der verschiedenen Übungen bewegt. Auch räumliches Vorstellungsvermögen muß entwickelt sein. Das Kind muß verstehen, ob die Zunge oben, unten, vorn oder hinten gehalten werden soll.

Mimik

Geringe Mimik kann Ausdruck einer verzögerten Hirnentwicklung oder eines rein neurologischen Defektes sein. In manchen Fällen ist die Ursache hierfür auch der mangelnde Kontakt zu einem Erwachsenen im ersten Lebensjahr – sich zuwenig zu erzählen und zu unterhalten.

Man könnte vermuten, daß die mimische Muskulatur sich am besten mit Phantasiespielen „Laß uns so tun als ob wir ... wären" üben ließe. Das geht in der Regel aber doch nicht so gut, weil das spracharme retardierte Kind auch oft phantasiearm ist. Phantasiespiele fallen ihm besonders schwer.

Häufig kann die Mimik des Kindes schneller hervorgelockt werden, wenn der Weg zwischen zwei Synapsen (Übergangsstelle zwischen zwei Neuronen) bewußt gebahnt wird: Indem der Physiotherapeut das Gesicht des Kindes leicht massiert, bekommt das Kind über die taktile und kinästhetische Perzeption ein Gefühl dafür, daß es ein Gesicht hat, das es bewegen kann. Übungen unterstützen die Massage.

Die Gesichtsmuskeln müssen innerviert werden können, ohne daß das Gesicht zu einer Grimasse wird, z. B. wenn das Kind die Zunge heben soll und ihm dies so schwerfällt, daß die Innervation zu kräftig wird und die Nervenimpulse alle anderen Gesichtsmuskeln miterfassen (Mitbewegung). Das Kind muß ferner sprechen können, ohne daß sich der übrige Körper mehr anspannt, als zur entsprechenden Gestik dazugehört.

Sicherlich ist es erforderlich, die kinästhetische Perzeption des gesamten Körpers zunächst einmal zu üben, damit das Kind lernt, Spannung und Entspannung an den größeren Muskeln wahrzunehmen, bevor es dies an den kleinen mimischen Muskeln spüren soll. Als Reihenfolge des Übungsprogramms kann das folgende Beispiel gewählt werden.

Übungen

1. Unfreiwillige Bewegungen werden im Gesicht hervorgelockt:

   Taktil: Berühren des Gesichtes läßt Bewegungen entstehen. Es können Abwehrbewegungen, Lachen u.ä. sein.

   Auditiv: Sprache, Laute, Lärm oder etwas anderes, worauf das Kind mimisch reagiert.

   Visuell: Alle visuellen Reize, die mit mimischen Bewegungen beantwortet werden.

   ___ ___ ___

2. Bewußte, willentliche Bewegungen. Spannung und Entspannung.

a) Ganzer Körper (s. auch S. 117).

   Die Oberschenkel nach innen drehen und wieder entspannen (in Rückenlage).

   Den Kopf in der Mitte halten und abwechselnd zur Seite fallen lassen. (in Rückenlage)

   Die Arme ca. 20 cm über den Boden anheben und wieder fallen lassen.

   Auf einem Stuhl sitzend:

   Die Arme zu den Seiten anheben und fallen lassen. Schultern in beide Richtungen kreisen lassen.

   Den Kopf auf die Brust fallen lassen.

   Die Hals- und Schultermuskulatur sollte gut entspannt sein, damit der Unterkiefer während des Sprechens frei bewegt werden kann.

b) Die mimische Muskulatur

   (Bequeme Rückenlage mit einem weichen Kissen unter Kopf und Hals:)

   Augen schließen und zusammenkneifen. Wieder öffnen und wie gewohnt ohne Anstrengung schließen.

   Mund weit öffnen und wieder zufallen lassen.

Nase rümpfen und wieder entspannen.

Zähne zusammenbeißen, entspannen ohne den Mund zu öffnen.

Einatmen, so daß sich die Nasenlöcher deutlich weiten.

___ ___ ___

3. Natürliche Mimik.

   Die Mimik wird durch Spiel und Kontakt zu anderen Kindern aufgebaut, ebenso mit Spielen, die das Gefühl ansprechen, mit Singen, Rhythmik und einfachen Rollenspielen.

Atmung (Respiration)

Die Atmung ist mit das Allerwichtigste, was bei einem sprachentwicklungsgestörten Kind geübt werden muß. Normalerweise sollten Kinder nicht auf ihre Atmung aufmerksam gemacht werden, nur wenn es sich um eine ernste Insuffizienz handelt. Durch den Luftstrom wird der Laut hervorgebracht. Die Atmung des retardierten Kindes ist häufig wenig effektiv. Der Luftstrom ist zu schwach oder zu unkontrolliert.

Die Atmung muß unbeschwert und kräftig genug sein, damit Laute und Sprache hervorgebracht werden können. Die Atemfrequenz (Anzahl der Ein- und Ausatmungen pro Minute) muß relativ niedrig sein, damit die Sprache fließt und ein ganzer Satz während einer Ausatmung gesagt werden kann.

Rufen und Schreien erfordert eine besonders kräftige Ausatmung. Hier soll auch erwähnt werden, wie wichtig eine kräftige Bauchmuskulatur für das Atmen ist. Deshalb müssen Bauchmuskelübungen mit in das Atemtraining eingehen. Es kann erforderlich sein, daß Physiotherapeut und Logopäde das Atmen mit dem Kind üben, indem sie die Hände auf den Brustkorb und den Bauch des Kindes legen und die Atmung unterstützen.

„Gürtelatmen" – hierbei wird der untere Teil des Brustkorbes rundherum während des Einatmens geweitet –, unterstützt ebenfalls gut das Sprechen. Es läßt sich unter Anleitung eines Logopäden oder Physiotherapeuten üben. (Dabei soll man nicht vergessen, vor den Atemübungen dem Kind die Nase zu putzen!)

> Am besten ist es, wenn der Finger des Erwachsenen, nachdem er das Gesicht des Kindes massiert hat, auch den Mund von innen massiert, damit das Kind sich dieser Bereiche bewußt werden kann.
>
> Gummihandschuhe sind wegen der Infektionsgefahr (Hepatitis, Aids) anzuraten.

Übungen

Puste- und Saugübungen sind für den Anfang ganz besonders gut geeignet, auf Dauer sind sie aber nicht anstrengend genug, um die Atmung effektiver zu bekommen.

Watte pusten, Kerzen ausblasen oder Seifenblasen machen (kurz, lang, vorsichtig, kräftig).

Mit einem Strohhalm in ein Glas Wasser blasen.

Kerzen und Streichhölzer auspusten.

Durch einen Strohhalm oder einen Schlauch saugen.

Lange denselben Ton mit einem Atemzug zu singen.

Kräftige Atemübungen machen (s. S. 83).

Sensibilität

Die Sensibilität der Sprechorgane und der Mundhöhle kann oft sehr schnell durch Übung verbessert werden. Das Kind lernt dann viel schneller, wie es für gewisse Sprachlaute Zunge und Lippen halten muß.

Übungen

Mit einem Spatel alle Teile im Mund berühren: Zunge, Innenseite der Wangen, Gaumen, wenn möglich unter bewußtem Mitwirken des Kindes, indem es selbst angibt, wo es den Spatel fühlt.

Etwas Kaltes (keine Eiswürfel) abwechselnd mit warmem Essen oder warmer Flüssigkeit kann die Sensibilität erhöhen.

Speichelsekretion und Speicheln

Normalerweise ist in der Mundhöhle immer eine gewisse Speichelsekretion vorhanden. Ausgelöst durch den Tastsinn wird der Speichel reflektorisch einige Male in der Minute heruntergeschluckt. Das normal entwickelte Kind speichelt gewöhnlich nach dem 15. Lebensmonat nicht mehr, dagegen speicheln einige größere retardierte Kinder weiter. Das kann u.a. durch einen offenstehenden Mund bedingt sein, eher aber durch einen herabgesetzten Schluckreflex.

Speicheln wirkt störend und bewirkt, daß sich die Resonanzverhältnisse im Mund ändern. Die Sprache wird undeutlicher. Die Behandlung besteht je nach Ursache in Entspannung und/oder Training der Lippen, Einüben von Kopfkontrolle, Schluckreflex und Zungenbewegungen (eventuell auch Zahnkorrektur) sowie Übungen zur Sensibilität in der Mundhöhle. Ganz häufig läßt sich das Speicheln hierdurch beenden.

Gaumen

Das Dach der Mundhöhle bildet vorne der harte, hinten der weiche Gaumen. Der weiche Gaumen (das Gaumensegel), endet im Zäpfchen, das man wie einen kleinen Finger vor dem Rachen sehen kann. Das Gaumensegel bewegt sich u.a. beim Schlucken und Gähnen. Dabei verschließt es den Durchgang zum Nasenrachenraum. Der weiche Gaumen wirkt bei einer Änderung des Resonanzraumes in der Mundhöhle mit. Wenn der Gaumen nicht gespannt ist oder die

Mundhöhle nicht vollständig vom Nasenrachenraum zu trennen vermag, wird die Sprache näselnd. So entsteht ein offenes Näseln, im Gegensatz zum geschlossenen Näseln bei Adenoiden (Wucherungen der Rachenmandel = „Polypen").

Bei einzelnen retardierten Kindern kann der weiche Gaumen unbeweglich sein. Hier gilt es, ihn durch Muskelübungen zu lösen, damit er wieder beim Sprechen mitwirken kann. Um überhaupt eine Bewegung des weichen Gaumens in Gang setzen zu können, soll versuchsweise mit einem Spatel der Würgereflex ausgelöst werden. Dies darf man aber nur wenige Male machen, auf keinen Fall sollte es zur Gewohnheit werden. Nach vorangegangenen Erklärungen weiß das Kind, worum es geht. Dann wird „A"-sagen geübt, wobei das Gaumensegel am besten ganz bewußt gehoben und gesenkt wird. Entsprechend den Anweisungen des Logopäden kann ein größeres Übungsprogramm aufgebaut werden.

Zähne

Die Schneidezähne sollen sich berühren, wenn das Kind etwas abbeißt. Ein zu großer Über- oder Unterbiß kann das Abbeißen erschweren. In vielen Fällen führt der Zahnarzt eine Zahnkorrektur durch, vorausgesetzt, eventuelle Muskelverspannungen in Lippen und Zunge sind zuvor behandelt worden. Eine ständig gespannte Zunge, die z. B. von innen gegen die Schneidezähne drückt, kann nach der Entfernung einer Zahnspange die Fehlstellung wiederkehren lassen.

Nuckelt das Kind viel an seinem Daumen, können die oberen Schneidezähne durch den Druck des Daumens von hinten nach vorn geschoben werden.

Die Backenzähne sollen einander beim Kauen berühren, sonst schluckt das Kind das Essen ungekaut in großen Stücken oder schlingt es geradezu in sich hinein. Auch für die Sprache haben die Zähne große Bedeu-

tung, z. B. können weit auseinanderstehende Schneidezähne zu lispeln führen. In Zusammenarbeit mit dem Zahnarzt muß mit jedem Kind Zähneputzen geübt werden.

Nuckel

Zu lange Verwendung eines Nuckels kann zu Zahnfehlstellungen führen. Ein Nuckel sollte daher bei einem normalentwickelten Kind nach dem zweiten Lebensjahr nicht mehr benutzt werden. Der Nuckel darf nicht zu dick sein, damit der Kieferschluß nicht behindert wird. Ein Kind, das sich nicht geborgen fühlt, wird frustriert, wenn ihm der Nuckel weggenommen wird. Deshalb muß die Entwöhnung vom Nuckel bei jedem Kind besonders überlegt werden.

Lippen

Der Mund sollte ganz entspannt geschlossen gehalten werden können. Ein dauernd offenstehender Mund kann u.a. folgende Ursachen haben:
- Zu großer Überbiß oder Fehlstellung der Schneidezähne;
- verlegte obere Luftwege (z. B. durch „Polypen"); angespannte und zu kurze Oberlippe;
- große Zunge mit wenig Tonus, eventuell zusammen mit recht kleiner Mundhöhle.

Die beiden ersten Ursachen regelt der Zahnarzt. Die gespannte Oberlippe kann in vielen Fällen durch Massage und Übungen gelockert werden. Auch die Zunge kann versuchsweise trainiert werden.

Die Lippenmuskulatur kann so schwach sein, daß das Kind das Essen nur sehr mühsam vom Löffel bekommt und Lippenlaute kaum aussprechen kann. Dann müssen die Lippen trainiert werden.

Übungen

Saugübungen.

Eßübungen. Die Lippen um den Löffel schließen, nicht schmatzen.

„b", „p" oder ein Wort sagen, das mit einem dieser Laute beginnt.

Ein Stück Papier fest zwischen den Lippen halten ohne es loszulassen, wenn der Erwachsene etwas daran zieht.

Ein Knopf wird an einem dünnen Gummiband befestigt. Das Kind soll den Knopf zwischen den geschlossenen Lippen und den Zähnen festhalten und gleichzeitig leicht am Gummiband ziehen. Später wird die Übung mit einem kleineren Knopf wiederholt.

Abwechselnd die Zähne zeigen und den Mund schließen.

Erst mit breitgezogenem Mund lachen, dann eine spitze „Schnute" machen, zum Schluß entspannen.

Mit einem Strohhalm trinken; erst mit einem dicken, dann einem dünnen.

Pusteübungen mit Watte, Papierkugeln oder einer Feder. Die Backen aufblasen, dabei mit den Fingern den Wangen Widerstand geben.

Flöten beim Ausatmen.

Die Oberlippe mit einer aktiven Bewegung über die Zähne nach unten ziehen.

Ober- und Unterkiefer

Die Kiefer müssen bewegt werden können, damit das Kind die Nahrung in den Mund nehmen, kauen und mit guter Artikulation sprechen kann. Die Kaumuskulatur muß daher kräftig sein. Kann der Mund nicht von allein weit genug geöffnet werden, läßt sich das üben, indem man den Säugling stimuliert, mit einem Gegenstand zu spielen, der gerade so dick ist, daß er ohne Mühe in den Mund genommen werden kann, wenn das Kind darauf beißen will. Außerdem kann man während der Mahlzeit den Löffel hochbeladen zum Mund führen, doch nie mit einer so großen Ladung, daß das Kind ängstlich wird oder das Bewegen der Nahrung im Mund behindert ist.

Der Unterkiefer soll sich während des späteren „mahlenden" Kauens von einer Seite zur anderen bewegen können. Wenn das Kind trotz eines normalen Bisses nur in Auf- und Abbewegung kaut, kann in einigen Fällen eine mahlende Kaubewegung entwickelt werden, wenn das Kind seine Kaumuskulatur zu beherrschen lernt. Sie darf nie so angespannt sein, daß die Zähne aufeinander gepreßt werden.

Übungen

Den Mund geschlossen halten und die Zähne aufeinander pressen. Dann entspannen, so daß die Zähne nicht länger zusammengehalten werden, obwohl die Lippen weiterhin geschlossen sind.

Den Mund weit öffnen, dabei das Kinn zur Brust ziehen, dann den Unterkiefer locker lassen. Die Lippen berühren sich gerade eben, die Zähne nicht.

Sind die Kaumuskeln sehr schwach, ist es eventuell notwendig, daß der Erwachsene mit zwei Fingern das Kinn des Kindes umfaßt und noch oben drückt, damit der Mund um das Essen geschlossen bleibt. Dann löst man für einen Augenblick den Druck und setzt ihn wieder von neuem. Auf diese Weise erzielt man eine Kaubewegung. Mit offenem Mund wird der Kiefer von einer Seite zur anderen geführt.

Auch wenn diese Übung ausgeführt werden kann, bedeutet es noch nicht, daß sofort eine mahlende Bewegung in die Kaubewegungen einfließen wird. Dafür muß das Kind unmittelbar nach der Übung etwas Wohlschmeckendes zu kauen bekommen, ein Kaugummi o. ä., so daß auch die Zunge an der Bewegung beteiligt ist.

Zunge

Die Zunge muß für ihren Gebrauch beim Sprechen frei beweglich und wendig sein. Alle Bewegungen muß sie schnell ausführen können. In vielen Fällen ist es günstig, die Zunge mit einem Spatel zu berühren, um sie zu einer Abwehrbewegung zu veranlassen. In anderen Fällen wird sie sich dem Spateldruck widersetzen. So entsteht eine Übung durch Widerstand, die besonders für das Krafttraining der Zunge geeignet ist.

Eine sehr große Zunge hat gewöhnlich eine herabgesetzte Muskelspannung (Hypotonus). Ob ein intensives Training von den ersten Lebensmonaten an hierbei etwas ausrichten würde, muß noch untersucht werden. Ich habe keine Literatur zu diesem Thema gefunden, meine aber aus eigener Erfahrung sagen zu können, daß man damit großen Erfolg haben kann.

Fällt die Zunge nach vorn, ist es für das Kind schwer, das Essen im Mund zu behalten. Das Kind muß darauf aufmerksam gemacht werden, nur wenig in den Mund zu nehmen, den Mund beim Kauen geschlossen zu halten und erst dann zu schlucken.

Übungen

Besonders für größere Kinder mit Aussprachefehlern sind bewußte Zungenübungen sehr wichtig. Sie helfen dem Kind, die Zunge entsprechend dem Laut an der richtigen Stelle im Mund zu halten. Das Prinzip der Übungen besteht in folgendem:

1) *Unwillkürliche* Bewegungen: Marmelade wird aus den Mundwinkeln und vom Kinn abgeleckt.

Etwas Essen wird zwischen Zähne und Wangen getan, dann reinigt die Zunge die Zähne ganz von den Essensresten.

Die Lippen werden mit einer Serviette gereinigt, so daß etwas hängen bleibt und vom Kind abgeleckt werden muß.

Erdnußbutter wird an verschiedene Stellen

---

im Mund gebracht, um die Zunge anzuregen, sie zu entfernen.

Eis oder Lolly lecken.

2) Dieselben Übungen werden *willentlich* ausgeführt.

Die Zunge wird bis zum Kinn gestreckt und dann weit zu den Seiten geführt.

Die Zunge leckt an den Lippen einmal ganz herum.

Die Zungenspitze berührt den Gaumen.

Die Zunge gleitet von den oberen Schneidezähnen bis nach hinten den Gaumen entlang.

Die Zunge bis zur Nasenspitze strecken.

Den Mund öffnen und die Zunge abwechselnd von den unteren Schneidezähnen zum Gaumen führen.

Den Mund schließen und die Zähne mit der Zunge an der Innen- und Außenseite putzen.

Die Zunge abwechselnd breit und schmal machen. (Die letzten Übungen sind recht schwierig.)

3) Dieselben Übungen werden *mehrere Male hintereinander* und mit der Zeit *immer schneller* wiederholt.

4) Der Erfolg wird mit der *Stoppuhr* kontrolliert; wieviele Male kann eine Bewegung z. B. in zehn Sekunden ausgeführt werden? Die Übungen werden mit *steigendem Tempo* ausgeführt und zwischen den einzelnen Übungen *schnell gewechselt.*

5) Die eingeübten Bewegungen sollen schließlich *in Laute und Wörter eingebaut* werden.

Ein Spiegel kann eine gute Kontrollmöglichkeit für das Kind sein, kann aber auch (vor allem bei Seitbewegungen) verwirren.

Zungenbändchen

Ein zu kurzes Zungenbändchen kann die Aussprache mehr oder minder stören. Das Zungenbändchen kann ein dünner Strang in der Mitte der Zungenspitze sein oder auch ein breites Band, das die Zunge in ihrer ganzen Breite festhält. Ein kurzes Zungenbändchen kann die Zunge so fest binden, daß sie wie eine kleine Schale aussieht, mit einer Vertiefung in der Mitte, wo das Zungenbändchen an der Unterseite befestigt ist.

Ein zu kurzes Zungenbändchen hindert die Zungenspitze, den Gaumen berühren zu können. Damit wird die Sprache des Kindes gestört, denn Laute wie „l" können nicht deutlich ausgesprochen werden. Ein extrem kurzes Zungenbändchen wirkt sich auf sämtliches Sprechen hemmend aus. Das kurze Zungenbändchen macht auch das Schlucken schwierig, weil es die Zunge daran hindert, das Essen nach hinten in den Rachenraum zu befördern.

Im Extremfall kann das schlechte Zähne verursachen, weil die Zunge nach einer Mahlzeit nicht die Zähne reinigen kann. Auch die mahlende Kaubewegung wird beeinträchtigt, wenn die Zunge nicht das Essen im Mund bewegen kann. Das Zungenbändchen kann so kurz sein, daß das Kind die Zunge nicht herausstrecken und an einem Eis o.ä. lecken kann.

Wenn sich der Arzt entscheidet, das Zungenbändchen zu durchtrennen, ist es immer ratsam, vor dem Schnitt (oder der Operation, wenn es sich um ein breiteres Bändchen handelt) intensiv die Zungenmuskulatur zu üben, damit die Innervation (Nervenverbindung vom Gehirn zum Muskel) für das Training nach dem Eingriff gut vorbereitet ist. Die Zunge muß unmittelbar nach dem Durchtrennen des Bändchens bewegt werden. Die Bewegungen, die früher nicht möglich waren und für das Kind noch ungewohnt sind, sollen ausgeführt werden: die Zunge weit herausstrecken und sie weit nach oben führen. Eine sprachtherapeutische Behandlung ist unbedingt notwendig.

2. Die perzeptuelle Entwicklung in Relation zur Motorik
Sinnesreiz – Perzeption – Kognition

Das normale Kind

Sinnesreiz

bedeutet, daß ein Stimulus von einem funktionstüchtigen Sinnesapparat aufgenommen wird, z. B. vom Auge, vom Ohr, über die Haut.

Perzeption

schließt weit mehr als die bloße Funktionstüchtigkeit des Sinnesapparates ein. Der Stimulus muß vom Gehirn erfaßt und verarbeitet werden. Der verarbeitete Sinnesreiz muß angewendet werden können: teils umgehend als Antwort auf den Stimulus, z. B. in Form von Bewegung oder Sprache; teils soll das Aufgefaßte als Erfahrung erinnert werden können. Die Perzeption ist somit ein sehr umfassender Prozeß, der eine entsprechende Entwicklung des Zentralnervensystems erfordert.

Der französische Pädagoge Séguin schrieb schon im Jahre 1846: „Man kann einem Kind nicht Lesen und Schreiben beibringen, bevor nicht sein Sinnesapparat funktioniert", d.h., bevor die Perzeption nicht einen gewissen Entwicklungsstand erreicht hat.

Gewöhnlich werden fünf Sinne unterschieden:

– Sehen und visuelle Perzeption;
– Hören und auditive Perzeption;
– Berührungssinn (= Tastsinn) und taktile Perzeption;
– Geschmackssinn und
– Geruchssinn.

Über diese fünf Sinne hinaus gibt es mehrere, teils selbständige Sinne mit speziellen Sinneszellen, z. B.:

– Stellungs- und Muskelsinn (kinästhetische Perzeption) (siehe Seite 113),
– Gleichgewichtssinn (siehe Seite 143), Vestibularsinn

und teils verschiedene Wahrnehmungsgebiete, die mehr oder weniger in Relation zu einem oder mehreren der genannten Sinne stehen, z. B.:

– Körperwahrnehmung, Lateralität (Seitigkeit) und Dominanz einer Seite (rechts/links);
– Richtungswahrnehmung;
– Raumwahrnehmung (Beurteilung von Abstand und Größenverhältnis) und
– Zeitbegriff.

Ist bei einem Kind die sinnesmäßige und perzeptuelle Grundlage gestört, besteht die Gefahr, daß es wegen seiner Schwierigkeiten ständig zu kurz kommt. Ist z. B. der Temperatursinn nicht entwickelt, wird das Kind auch die Worte „Hol' etwas lauwarmes Wasser" nicht verstehen, und es wird kein Wasser mit der passenden Temperatur in die Badewanne einlaufen lassen können. Das Verständnis

der Worte, die mit Sinneseindrücken zu tun
haben, hängt mit der Deutung und Registrie-
rung des Sinneseindruckes zusammen.

Genauso kann sich ein Kind plump und un-
geschickt bewegen, weil es seine eigenen Körperteile und ihre Bewegungsmöglichkeiten
nicht kennt oder weil es keine ausreichende
Richtungs-und Raumwahrnehmung hat.

Es besteht erfahrungsgemäß ein enges
Verhältnis zwischen dem Erkennen der Ge-
stalt der Finger, ihren Bezeichnungen (z. B.
„Zeigefinger") und Bewegungsmöglichkeiten sowie der Fähigkeit, die Finger zu gebrauchen. Alle Grunddisziplinen im Schulunterricht setzen voraus, daß das Kind erfaßt, was es mit den Sinnen erfährt. Dies gilt
u.a. für Lesen, Schreiben, Rechnen und
Geographie, wo besonders das Vermögen der
Form-, Richtungs-und Raumwahrnehmung
notwendige Vorkenntnisse sind.

Übungen im Perzipieren auf allen Sinnes-
gebieten müssen zum allerersten Kindergar-
ten- und Schulunterricht gehören.

Es ist wichtig, daß jede Form von Unterricht zum geeigneten Zeitpunkt im Leben
des Kindes stattfindet – in der sensiblen Periode – und daß dieser Zeitpunkt nicht verpaßt wird. Dem Kind ist nicht geholfen,
wenn es sich nur mit Spielen beschäftigt, die
seine besten Perzeptionsgebiete entwickeln.

Das ist zwar am einfachsten für alle Beteiligten, und das Kind ist hierfür am meisten
motiviert. Es gilt aber trotzdem, die schlech-
test entwickelten Perzeptionsbereiche für das
Kind so interessant zu gestalten, daß es motiviert wird, auch diese zu üben.

Fehlt dem Kind ein Sinn völlig oder teilweise, kann dies bis zu einem gewissen Grad
kompensiert werden, indem die Leistungsfähigkeit anderer Sinne bewußt und systematisch trainiert wird. Alle Sinne können zu einer feineren und präziseren Perzeption gebracht werden, und je mehr und besser entwickelte Perzeptionsbereiche dem Kind zu
einem gegebenen Zeitpunkt zur Verfügung

stehen, umso leichter wird es die nächste
Entwicklungsstufe erreichen können.

Der *Sinn* muß also funktionieren. Z. B.
muß das Sehen und der Sehnerv intakt sein
damit sich die (visuelle) *Perzeption* im Kortex
entwickeln kann. Das Kind kann Erfahrung
sammeln, indem es sieht und allmählich des
Gesehene versteht, dies erinnert und sich zu-
sätzliches Wissen aneignet. Damit wird die
Kognition auf visuellem Gebiet aufgebaut,
vorausgesetzt, die anderen Perzeptionsgebiete und die Motorik haben die gleiche Entwicklungsstufe erreicht. Erfahrungsgemäß
kann jeder beliebige unentwickelte Bereich
die Gesamtentwicklung des Kindes bremsen.
Darum darf kein Bereich vergessen oder ver-
nachlässigt werden. Die Hirnfunktion ist
sehr komplex und benötigt mehrere Bereiche
gleichzeitig.

Ein Beispiel: Man bittet ein Kind, den Be-
cher mit Saft vom Tisch zu nehmen. Welche
Gebiete arbeiten hier zusammen? Fast alle:
Motorik, Sehen, Hören, Geschmacks- und
Geruchssinn, Tastsinn, Stellungs- und Mus-
kelsinn. Ist nur eines der Gebiete nicht
intakt, bleibt die Hirnfunktion mangelhaft.
(Die Relation zwischen Motorik und Perzep-
tion wird genauer unter den verschiedenen
Perzeptionsbereichen beschrieben.)

Das retardierte Kind

Die natürliche Entwicklung der Perzeption
beim normalen Kind gilt – soweit wie möglich – auch für das retardierte Kind, nur muß
jede Entwicklungsstufe viel sorgfältiger vorbereitet und vertieft werden. Das normale
Kind übt ausdauernd jede neue Fertigkeit
und wiederholt sie immer wieder, bis es
merkt, daß die neue Fertigkeit „sitzt". Auch
das retardierte Kind muß Gelegenheit zum
Üben bekommen. Es braucht viel mehr Zeit

als das normal entwickelte Kind und wird trotzdem in der Entwicklung nicht so weit kommen.

Es läßt sich aber viel erreichen, wenn der Erwachsene geduldig und stimulierend mit dem Kind arbeitet. Es geht nicht darum, das Kind mit bestimmten Materialien zu versorgen damit es bestimmte Dinge oder deren Eigenschaften begreift, sondern darum, dem Kind beizubringen, alle Eindrücke aus der Umgebung selbst aufzunehmen; – sehen, hören, fühlen, schmecken usw. zu lernen. Es ist aber auch notwendig, das Kind zum Sehen *wollen,* Hören *wollen* usw. zu motivieren.

Wenn ein Kind etwas nicht versteht, muß sich der Erwachsene zuerst fragen: „Was habe ich vergessen, dem Kind beizubringen?" oder „Welche Voraussetzungen fehlen dem Kind zum Lösen dieser Aufgabe? Welches Perzeptionsgebiet ist hierfür nicht ausreichend entwickelt?" (Am besten wäre es natürlich gewesen, sich diese Frage schon vorher gestellt zu haben, damit das Kind gar nicht erst eine Niederlage hätte erleiden müssen.)

Die Perzeptionsübungen sollen nicht mit dem Kind gepaukt werden, sondern zusammen mit der motorischen Entwicklung ins tägliche Leben des Kindes einfließen.

Übungen:

Wenn das Kind gewaschen wird, werden die berührten Körperteile nach und nach benannt.

Die Namen der Kleidungsstücke und ihre Farben werden beim Anziehen genannt.

Beispiele

„Hole einen kleinen Stuhl hierher!" „Nein, nicht den großen!"

„Lege den Löffel neben den Teller!"

„Die Milch ist kalt, der Tee ist warm."

„Der Zucker ist süß."

„Der Keks ist rund."

„Hole die roten Socken aus der untersten Schublade!"

Die Perzeptionsübungen sind eine Vorbereitung auf die spätere Erziehung und den Unterricht des Kindes. Selbst wenn das Kind Lesen und Schreiben nicht wird lernen können, nützt das Perzeptionstraining viel bei der sozialen Entwicklung und Erziehung.

Wir müssen dem Kind auf dem Entwicklungsniveau begegnen, auf dem es sich gerade befindet. Oft ist dieses Niveau niedriger, als wir es uns vorstellen. Auf der anderen Seite aber dürfen wir die Lernfähigkeiten des Kindes nie unterschätzen, weil Unterforderung das Kind langweilen würde.

Auch auf dem Gebiet der Perzeption können wir dem retardierten Kind helfen, das für dieses individuelle Kind Mögliche zu erreichen, indem wir ihm in jedem Perzeptionsbereich zahlreiche Erfahrungen ermöglichen und sorgfältig die *Reihenfolge der Entwicklungsschritte* einhalten.

Die ganze Zeit wird mit dem Kind – gemäß seiner Fähigkeiten – gesprochen.

2.1 Sehen

Das normale Kind

Sehen ist der wichtigste Sinn, denn die meisten Sinneseindrücke sind visuell. (Visuell meint: alles, was mit Sehen zu tun hat.) Das Auge wird von Lichtwellen erreicht, die so in der Linse gebrochen werden, daß ein Bild auf der Netzhaut entsteht. Damit ein Gegenstand deutlich erkannt werden kann, muß er auf dem gelben Fleck abgebildet werden, der Netzhautstelle, an der am schärfsten gesehen wird, der fovea centralis. Hierbei handelt es sich um einen äußerst komplizierten neuromuskulären Vorgang.

Fixation

Einen Gegenstand zu fixieren bedeutet, den Blick so auf den Gegenstand zu richten, daß das Bild auf den zentralen Netzhautanteil fällt. Die Augen fixieren nicht jeden beliebigen Gegenstand, sondern Aufmerksamkeit und Interesse entscheiden, auf welches Detail der Blick gerichtet wird. Die Kontraktionen (Anspannungen) der äußeren Augenmuskeln bewegen die Augen und sind an der Fixation beteiligt.

Akkomodation

(Akkomodieren = anpassen).
Die Akkomodationsmuskeln bestehen aus glatter Muskulatur und unterliegen nicht dem Willen. Die Muskeln sitzen im Augeninneren ringförmig um die Linse herum. Sie können die Krümmung der Linse ändern und damit den Blick auf verschiedene Entfernungen einstellen. Dies geschieht reflektorisch. Der Akkomodation ist erst möglich, wenn ein Gegenstand fixiert sind.

Die äußeren Augenmuskeln

Sie bestehen aus quergestreifter Muskulatur. Es gibt an jedem Auge sechs Muskeln, die dazu dienen, die Augen auf einen Gegenstand von Interesse zu richten. So kann das Bild auf die Netzhaut fallen und Reaktionen in Gang setzen, die die Voraussetzung für deutliches Sehen sind. Hier ist z. B. Akkomodation wichtig.

Willkürliche Augenbewegungen ohne bestimmte Fixation spielen normal nur eine untergeordnete Rolle, können jedoch vorkommen. So ist es z. B. möglich, bei geschlossenen Lidern die Augen in alle Richtungen zu bewegen. Dies ist ein bekanntes Phänomen bei Entspannungstherapien, wenn es einem (neurotischen) Patienten schwerfällt, die Augen zu entspannen.

Durch bewußte Augenbewegungen bei geschlossenen Lidern kann der Patient dazu gebracht werden, die Entspannung dieser Muskeln als wichtigen Teil der totalen Entspannung zu beherrschen. Gleichermaßen können die Augen auf Kommando dazu gebracht werden, nach oben oder unten zu sehen, ohne etwas Bestimmtes zu fixieren.

Aufgaben der Augenmuskeln bei der Fixation

Die äußeren Augenmuskeln wirken bei der Bewegung der Augen in alle Richtungen mit. Die Muskeln müssen auf beiden Augen gleich gut funktionieren, damit beidäugiges (binokuläres) Sehen möglich wird. Außerdem müssen die zentralen Nervenzellen in beiden Hirnhälften intakt sein. Folgendes sollen die Augen unter anderem können:

Auf einen Gegenstand gerichtet werden.
Ruhig gehalten werden, solange die Fixation gewünscht wird.
Der Bewegung eines Gegenstandes folgen.
Schnelle und präzise Bewegung von einer Fixation zur nächsten vornehmen.
Diese Funktionen ausführen, egal ob der

Körper in Ruhe oder in Bewegung ist. Mitwirken, daß mit nur einer Fixation die Ganzheit eines Raumes erfaßt wird; sowie im Raum umhersehen, um Details zu erfassen.
Den Konturen eines großen Gegenstandes (z. B. eines Hauses) folgen, und mithelfen, den Gegenstand genau zu erfassen.
Auch ohne Kopfdrehung die Augen bewegen; z. B. in bestimmten Verkehrssituationen würde eine Kopfdrehung zu lange dauern.
Bei allen Funktionen mithelfen, die Auge-Hand-Koordination erfordern, z. B. Ballspielen, Schreiben, Anziehen, usw.
Außerdem hängt die Körperbalance eng mit den Augenbewegungen zusammen (s. Seite 142/144).
Diese Funktionen können normalerweise mit und ohne Kopfdrehung ausgeführt werden.

Beidäugiges Sehen (binokuläres Sehen)

Unter beidäugigem Sehen versteht man ein Verschmelzen der beiden Seheindrücke – von jedem Auge einer – zu *einem* Bild. Das geschieht im Kortex (Großhirnrinde). Hieran sind u.a. auch Fixation und Akkomodation beteiligt.

Schielen

Es gibt verschiedene Formen von Schielen (Strabismus, s. Abb. 48), aber ihnen allen ist

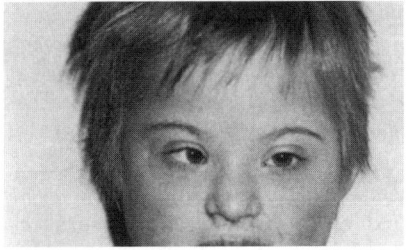

Abb. 48: Schielen.

gemeinsam, daß die Augenachsen sich auf dem betrachteten Gegenstand nicht zu einem Punkt treffen. Daher entsteht auch kein einheitliches Bild. Das Kind muß zum Augenarzt geschickt werden, der das Schielen in vielen Fällen schon ab dem ersten Lebensjahr behandeln kann. Der Schielwinkel kann allerdings so gering sein, daß nur der Augenarzt die Diagnose stellen kann. Daher sollten alle Kinder frühzeitig untersucht werden, damit sie nicht doppeltsehen und schließlich ein Seheindruck vom Großhirn unterdrückt wird (Amblyopie).
Das Sehvermögen dieses Auges läßt allmählich nach. Manche schielende Kinder wechseln zwischen beiden Augen. Sie sehen also mal mit dem einen, mal mit dem anderen Auge. Beide Augen entwickeln sich auf diese Weise; es fehlt jedoch das beidäugige und räumliche Sehen.
Wenn sich Schielen bei einem größeren Kind entwickelt, läßt sich beobachten, daß das Kind an Gegenstände im Raum anstößt. Genauso kann es Schwierigkeiten haben, Abstände zu beurteilen, z. B. beim Nadeleinfädeln und Eingießen in einen Becher. Das Kind scheint sich jedoch ziemlich schnell an die Entfernungsschätzung mit nur einem Auge zu gewöhnen.

Sehstärke (Fernvisus).

Für Erwachsene, die täglich mit Kindern zu tun haben, ist es sinnvoll, augenärztliche Verordnungen ein bißchen zu verstehen. Darum einige Worte zur Untersuchung der Sehstärke.
Für die Untersuchung der Sehstärke benutzt der Arzt Sehprobetafeln mit Buchstaben und Zahlen (Buchstaben nach Suellon, Ringe nach Landolt); für Kinder, die noch nicht Lesen können, wird eine Tafel mit Bildern benutzt (Abb. 49). Auf diese Weise wird die Sehschärfe (der Fernvisus) bestimmt. Zuerst wird jedes Auge für sich untersucht (monokuläres Sehen), dann beide Augen gleichzeitig (binokuläres Sehen).

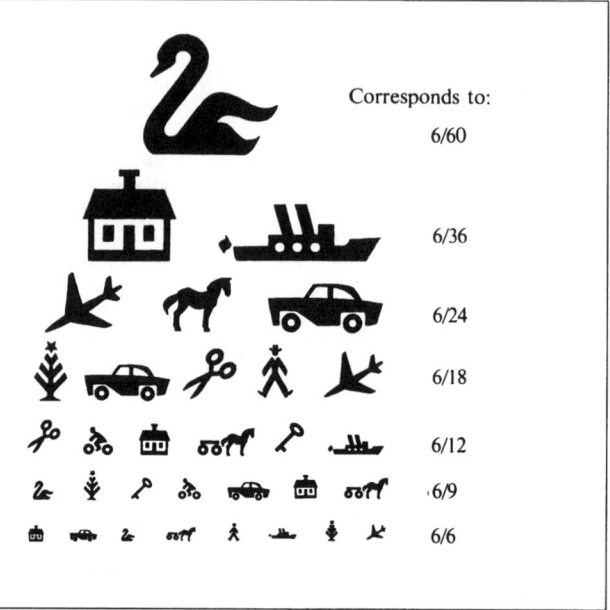

Abb. 49: Sehprobentafel nach G. Østerberg. Bei der hier abgedruckten Größe sollte der Abstand zur Visusbestimmung (Nahvisus) genau einen Meter betragen

Das Kind wird in 5 m Entfernung von der Sehprobentafel plaziert. Oft kann das Kind nicht die Gegenstände auf der Sehprobentafel fixieren. Um ihm zu helfen, kann man jeweils auf eine Figur zeigen, oder, besser noch, die Figuren ausschneiden und auf eine Flanelltafel heften.

Jede Zeile auf der Tafel entspricht einem bestimmten Abstand, von dem aus ein normalsichtiges Auge die entsprechende Zeile noch lesen kann. Bei einer originalgroßen Sehprobentafel soll die oberste Bilderzeile noch in 50 m Entfernung gesehen werden können, die zweite in 25 m usw.

Die Sehstärke wird als Bruch angegeben, z. B.: 5/25. (Hierbei gibt die Zahl 5 den Abstand in Metern zur Tafel an, die Zahl 25, daß das Kind die entsprechende Zeile (hier die zweite) aus 5 m Entfernung lesen kann, die

ein Normalsichtiger noch aus 25 m Entfernung erkennen würde. Normale Sehstärke wird durch den Bruch 5/5 ausgedrückt (Visus = 1), was bedeutet, daß das Kind aus 5 m Entfernung die unterste Zeile lesen kann. Sehschwäche mit einem Visus von 5/15, 5/25 oder 5/50 bedeutet, daß das Kind bestenfalls die ersten vier Zeilen der Sehprobentafel lesen kann.

Ist die Sehstärke nur auf einem Auge herabgesetzt, kommt das Kind gut zurecht.

Sehen auf kurzem Abstand (Nahvisus)

Das normale Auge, das bei einem Abstand von 5 m hinreichend gut funktioniert, kann bei kürzeren Entfernungen akkomodieren. Deshalb wird das Sehen auf kurze Entfernung (Nahvisus) oft nicht geprüft.

Sind hingegen Anomalien am Auge vorhanden, ist es auch wichtig, den Nahvisus mit zu untersuchen, der aus funktioneller Sicht für den Unterricht des Kindes und für seine späteren Erwerbsmöglichkeiten von großer Bedeutung ist.

Eine detaillierte Diagnose ist hier für alle, die mit dem Kind zu tun haben, von größter Bedeutung, nicht zuletzt für den Lehrer oder Werklehrer. Der Nahvisus kann auf verschiedene Weise geprüft werden. Treten deutliche Abweichungen von der Norm auf, muß das Kind schnellstmöglich zum Augenarzt geschickt werden.

Prüfung des Nahvisus bei Kleinkindern.

Ob das Kind mit beiden Augen gleich gut sieht, kann durch Abdecken des einen Auges mit einem Stück Papier untersucht werden (dabei soll vermieden werden, daß das Auge mit dem Finger gedrückt wird). Man läßt das Kind dann auf die hier abgebildete Tafel sehen (Abb. 49), die genau im Abstand von einem Meter zum Kind gehalten wird.

Liegt zwischen beiden Augen ein deutlicher Unterschied, muß der Augenarzt bald eine Sehprüfung durchführen. Diese einfache Untersuchung wird allen empfohlen, die mit Kindern arbeiten.

2.1.1 Einiges über die Entwicklung des Sehens

Das Neugeborene

Die äußeren Augenmuskeln sind gut entwickelt. Die Augen können in alle Richtungen bewegt werden. Dies geschieht aber ruckartig und unkoordiniert, oft folgen die Augen einander nicht. Zwischen Augen- und Kopfbewegungen besteht keine Koordination. Bei einer passiven Drehung des Kopfes folgen die Augen nicht sofort, sondern erst kurz nach der Kopfdrehung. Diese Reaktion wird „Puppenaugenphänomen" genannt, sie verschwindet in der zweiten Lebenswoche.

Die Akkomodationsmuskeln sowie gewisse Sinneszellen in der Netzhaut und im gelben Fleck (fovea centralis) sind noch nicht voll entwickelt und die Myelinisierung (Bildung von Scheiden um die Nervenfasern) der zentralen Sehbahn ist noch nicht abgeschlossen.

Das Auge kann trotzdem auf gewisse Seheindrücke reagieren. Beispiele:

– Der Pupillenreflex ist ausgebildet, so daß sich bei Lichteinwirkung die Pupillen zusammenziehen.

– Der Blinzelreflex ist ebenfalls vorhanden und kann als Reaktion als grelles Licht ausgelöst werden. Das Kind schließt dann die Augen.

Das Neugeborene kann also bis zu einem gewissen Grad sehen. Bevor der Kortex noch nicht weiter entwickelt ist, kann man nicht von visueller Perzeption sprechen.

1. Woche:

Das Kind reagiert auf diffuses Licht, indem es den Kopf zum Fenster dreht, egal wie es im Bett liegt.

4 Wochen:

Der Fixationsreflex entwickelt sich. Das Kind kann die Augen der Mutter für einen Augenblick fixieren. Augen sind blank und lebendig, und daher verhältnismäßig leicht zu entdecken.

Allmählich besieht sich das Kind größere Flächen über einen längeren Zeitraum.

4–8 Wochen:

Das Kind kann für kurze Zeit fixieren. Im Alter von 2 Monaten vermag es die Augen einer Person von der Mittellinie zur Seite und zurück (0° bis 90° und zurück) zu verfolgen.

3 Monate:

Die Augen können jetzt die Mittellinie kreuzen und eine Person über 180° verfolgen. Die Fixation ist jetzt so weit entwickelt, daß das

Kind nun für kurze Zeit Gegenstände in seiner Nähe betrachtet, z. B. liegt es auf dem
Rücken und beschaut seine eigenen Finger.

Die Kopfkontrolle ist in sitzender Haltung
gut, wenn der Körper gestützt wird, so daß
die Augen Gegenstände auch in vertikaler
Richtung verfolgen können.

6–7 Monate:

Die Abstützreaktion ist entwickelt. Das Kind
kann jetzt im Sitzen – ohne sich abzustützen
oder hinzufallen – Kopf und Augen getrennt
voneinander oder zusammen in horizontaler
Richtung bewegen.

Netzhaut und gelber Fleck sind nun voll
entwickelt. Beidäugiges Sehen (binokuläres
Sehen) ist möglich, aber hat sich noch nicht
voll etabliert. Die Entwicklung der Akkomodation folgt etwas später.

Der Blick wandert nun schnell von einem
Gegenstand zum anderen. Die Sehstärke ist
gut.

8–10 Monate:

Die Körperbalance im Sitzen ist inzwischen
so entwickelt, daß extreme vertikale Kopf-
und Augenbewegungen ausgeführt werden
können, ohne daß das Kind umkippt.

12 Monate:

Die Augen sind jetzt anatomisch vollständig
entwickelt, auch wenn die Akkomodation
noch nicht immer ganz sicher gelingt. Das
Kind kann nun selbst eine kleine Perle vom
Tisch nehmen, und es kann einem schnell-
kullernden Ball mit den Augen folgen.

2 Jahre:

Die Akkomodation ist noch immer nicht
ganz sicher, und das binokuläre Sehen kann
noch ab und zu versagen.

3 Jahre:

Fixations- und Akkomodationsreflex sind
nun entwickelt, können aber wieder zerstört
werden, wenn die Augen über eine gewisse
Zeit nicht benutzt werden.

Die Fixation wird kürzer, wenn das Kind
nach einer Weile gelernt hat, visuelle Stimuli
schneller und sicherer zu erfassen.

4 Jahre:

Binokuläres Sehen ist im Alter von vier Jahren so weit entwickelt, daß es zwar noch verschlechtert, aber nie mehr ganz zerstört werden kann, wenn aus irgendeinem Grund
über einen gewissen Zeitraum nicht mit beiden Augen gesehen werden kann.

5 Jahre:

Fixation und binokuläres Sehen sind voll
entwickelt.

2.1.2 Übungsbeispiele

Das retardierte Kind

Veränderungen am Auge selbst fallen in den
Aufgabenbereich des Augenarztes. Seine
Anordnungen müssen genau eingehalten
werden. Die Brille muß gut sitzen, darf nicht
von der Nase rutschen und muß täglich ge-
putzt werden. Dies sind alles Selbstverständ-
lichkeiten, die leicht vergessen werden, wenn
das Kind noch nicht gelernt hat, selbst dafür
zu sorgen.

Es ist wichtig, daß die Erwachsenen, die
täglich mit dem Kind zu tun haben, die Diagnose des Arztes verstehen, damit sie eventuelle Sehfehler des Kindes kennen. Sie sollen
auch die Reaktion des Kindes auf visuelle Stimuli verstehen können und mithelfen, geeig-
netes Spielzeug zu beschaffen.

Die Behandlung von blinden Kindern liegt
außerhalb des Rahmens dieses Buches. Die
Sehfähigkeit des Kindes muß unter allen
Umständen stimuliert werden. Es muß so
viele Stimuli wie möglich im Laufe eines Tages erhalten.

Man vermutet in diesem Zusammenhang,

daß viel visuelle Stimulation beim Wickeln und Hochnehmen des Kindes in den ersten Lebenswochen den Gebrauch der Augen und die spätere visuelle Perzeptionsentwicklung stimuliert.

Unbedingt müssen bei einem retardierten Kind wie bei einem normalen Kind die Augenfunktionen stimuliert werden. Man kann ihm z. B., sobald es in Bauchlage liegen kann, ermöglichen, die Kopfkontrolle zu üben und am Geschehen in seiner Umgebung teilzunehmen. Das Bett oder Laufgitter des Kindes muß so aufgestellt sein, daß das Kind den ganzen Raum überblicken kann. Später muß das Kind sich viel kriechend und krabbelnd im Haus umher bewegen dürfen.

Abgesehen von zahlreichen visuellen Stimuli bekommt es Gelegenheit, Kopf und Augen nach allem zu drehen, was in seiner Umgebung passiert. Das bedeutet auch, daß der Erwachsene dafür sorgen muß, daß etwas geschieht, was das Kind interessiert.

Der Säugling

Der retardierte Säugling kann auf verschiedene Weise stimuliert werden. Zum Beispiel durch folgende Übungen:

Übungen

Blinkende oder sich bewegende Lichter.

Eine Stimme oder ein Geräusch vom anderen Ende des Raumes kann das Kind vielleicht dazu bringen, dorthin zu schauen.

Bunte, blanke Gegenstände werden so aufgehängt, daß sie vor dem Kind schwingen.

Man unternimmt einen Rundgang mit dem Kind auf dem Arm, und hält vor den auffälligsten Gegenständen an, um sie zu betrachten.

Größere Kinder

Größere retardierte Kinder trainiert man je nach Ausmaß ihrer Behinderung. Einige Kinder haben Schwierigkeiten zu fixieren, weil ihre Kopfkontrolle schlecht ist. Bei ihnen gilt es, primär die Kopfkontrolle zu üben. Andere Kinder können die Augenbewegungen nicht von den Bewegungen des Kopfes trennen. Sie müssen, wenn sie sich im Raum umsehen wollen, den ganzen Kopf ruckweise drehen, als hätten sie Scheuklappen vor den Augen.

Ebenso wie beim normal entwickelten Neugeborenen die Augenbewegungen unkoordiniert sein können, kann auch ein grösseres retardiertes Kind große, ruckartige und unkoordinierte Augenbewegungen haben (siehe S. 85). Im Extremfall wandern die Augen ohne Kontrolle hin und her.

Unruhige Augenbewegungen sind meist verbunden mit unruhigen Körperbewegungen. Dies kann psychische Ursachen haben, aber auch auf andere Umstände zurückzuführen sein.

Ich möchte offen lassen, ob mangelhaft ausgebildete Fixation primär durch unkoordinierte Anspannung der äußeren Augenmuskeln eventuell aufgrund einer leichten Ataxie oder asymmetrischen Parese (Lähmung) bedingt sein kann. Ein bewußtes Training führt aber erfahrungsgemäß zu ruhigeren Augen-und Körperbewegungen und zu sofortiger, länger andauernder Fixation.

Der Kopf folgt normal bis zu einem gewissen Grad den Augenbewegungen der Fixation, meist wird aber ein Gesamteindruck von der Umgebung gewonnen, indem die Augen ohne gleichzeitige Kopfbewegung im Raum umherwandern. Bei anderen Gelegenheiten wird „der Blick gehoben" oder das Kind „schaut aus den Augenwinkeln". Dies erfordert freie Augenbewegungen, die viele retardierte Kinder nicht haben.

Die Augenkontrolle kann in vielen Fällen erfahrungsgemäß durch bewußtes Training der Augenbewegungen gebessert werden.

Vielleicht ist dies dem Phänomen vergleichbar, daß die Beweglichkeit stets größer ist als für die gewöhnlichen Bewegungen erforderlich wäre. Nur dann können die alltäglichen Bewegungen frei und ungehemmt ausgeführt werden. Ob es bei den Augen etwas ähnliches gibt, kann vorläufig nur vermutet werden. Im folgenden einige Beispiele für Übungen zur Fixation:

Übungen

Für das Kleinkind

Einen Gegenstand in Bewegung verfolgen:

Ein Spielzeugauto fährt am Kind vorbei – und wieder zurück. Das Auto wird um den ganzen Tisch an der Kante gefahren, quer über den Tisch, im Kreis und in einer Acht.

Ein großer Ball wird zum Kind hingekullert und von ihm zurück geschubst.

Beachte: Der Kopf wird unwillkürlich den Augenbewegungen folgen!

Für größere Kinder

Ein Gegenstand wird mitten vor die Augen des Kindes in einem Abstand von ca. 80 cm gehalten.

Aus der Mittelstellung führt man den Gegenstand auf- und abwärts und zurück zur Mitte.

Der Gegenstand wird langsam und ruhig nach links geführt, soweit die Augen ihn verfolgen können – dann langsam zurück zur Mitte – dann langsam nach rechts.

Der Gegenstand wird entlang der beiden Diagonalen und am Schluß im Kreis ungefähr am Rand des peripheren Blickfeldes geführt.

Beachte: Der Kopf wird die ersten Male mitfolgen, weshalb das Kind gebeten werden muß, den Kopf still zu halten und nur die Augen zu bewegen. (N.B.: Man sollte nur eine oder zwei Übungen am Anfang vornehmen, weil diese Augenbewegungen für die Kinder unangenehm sein und für einen Augenblick Schwindel verursachen können. Man beachte auch die Wirkung auf die Körperbalance, wenn die Augen nicht frei beweglich sind.)

Die Bewegungen der Extremitäten oder der des Rumpfes werden gerade in die Richtung ausgeführt, die dem Kind besonders schwerfallen.

Hat das Kind nur mit einem Auge Schwierigkeiten der geforderten Richtung mit dem Blick zu folgen, kann es „Seeräuber" spielen, dies aber *nur für ein paar Minuten am Tag*. Eine Augenklappe vor einem Auge fordert das Kind, das andere Auge nach den obigen Anweisungen zu bewegen. Man läßt die Übungen abwechselnd mit dem rechten und dem linken Auge durchführen, unabhängig davon, welches Auge die Bewegungen besser schafft, danach mit beiden Augen gleichzeitig.

Übungen

Wechselnde Fixation: langsam – schnell

– Das Kind sitzt dem Erwachsenen auf einem Stuhl gegenüber.

„Sieh meine Augen an, wie viele habe ich?" (Gleichzeitig wird die Person, mit der gesprochen wird, angesehen.)

„Sieh zum Fenster, zur Wand, zur Decke, zum Boden, zur rechten/linken Ecke an der Decke."

Wiederholung ohne Kopfbewegung

– Das Kind sitzt dem Erwachsenen an einem Tisch gegenüber, den Kopf in beide Hände gestützt.

Kleine Gegenstände werden an verschiedenen Stellen im Blickfeld gezeigt. Das Kind muß sagen, worum es sich handelt, und die Gegenstände näher beschreiben.

Einfache Bilder werden nach der gleichen Methode gezeigt.

Das Bild wird konstant an einer Stelle gehalten, während das Kind erzählt, was darauf zu sehen ist. Dann wird ein anderes Bild an einer anderen Stelle im Blickfeld des Kindes gezeigt.

Das Kind sitzt jetzt ca. 1 m von einer Tafel entfernt, auf der viele kleine Bilder gezeichnet sind. Ohne den Kopf zu drehen, benennt es

die Bilder, auf die der Erwachsene gerade zeigt.
Alle Formen von Ballspiel werden geübt.

Fixation während der Bewegung des eigenen Körpers.
Natürliche Aktivitäten des Kleinkindes
Es spielt krabbelnd auf dem Boden und beobachtet die Umgebung.
Das Kind sieht eine Puppe am anderen Ende des Raumes. Es erhebt sich aus der Rückenlage, läuft zur Puppe und holt sie.

Aktivitäten des größeren Kindes
Spielen mit Schaukel, Wippe, Trampolin (eine alte Schaumgummimatratze oder ein Lehnstuhl eignen sich auch gut).
Ballspielen im Laufen.
Rollschuhlaufen (bei guter Anleitung und Rollschuhen mit Stiefeln können auch viele Imbezile Rollschuhlaufen lernen).
Wechselnde Bilder werden in rascher Reihenfolge gezeigt, während das Kind hüpft oder sich anders bewegt.
Das Kind geht schnell im Zimmer umher, und erzählt was es sieht, ohne anzuhalten.

Eine Untersuchung über die Blickfixation bei debilen Kindern

Die Fähigkeit debiler Schulkinder, mit den Augen einen Gegenstand verfolgen zu können, habe ich an 140 Schulkindern (9 – 18 Jahre; Nystagmus wurde nicht mit einbezogen) untersucht und dabei gefunden:

Große, ruckartige unkoordinierte
Bewegungen 20

volle Beweglichkeit in allen Richtungen aber noch ungewohnt (Bewegung zur Außenstellung war unangenehm oder schmerzte etwas) 10

unkonzentriert (ungewohnt und/oder psychisch bedingt) 15

völlig unmöglich, die gewünschten Augenbewegungen auszuführen (Kind verstand die Aufgabe, wurde aber schwindlig) 11

Beweglichkeit eingeschränkt 5

Gesamt   61

Diese 61 Kinder wurden viermal wöchentlich fünf Minuten lang über ein bis drei Monate behandelt. Danach verblieb von den 61 Kindern nur noch

ein Kind mit eingeschränkter Augenbeweglichkeit und

ein Kind mit großen, unkoordinierten Bewegungen.

Die Übungen (S. 84) wurden wegen der engen Verknüpfung von Sehen und Balance mit Gleichgewichtsübungen kombiniert (siehe S. 142/144).

In welchem Maße das Training für das Sehen Bedeutung hatte, weiß ich leider nicht, aber es verbesserte in vielen Fällen das Aussehen des Kindes. Das Kind wirkte weniger verwirrt und konnte die Person ansehen, mit der es sprach.

Da es sich um recht große Kinder handelte, waren die drei Monate Training sicher nicht lang genug, um die Blickfixation zu stabilisieren. Es ist denkbar, daß es zu Rezidiven (Rückfällen) gekommen ist. Dies wurde allerdings nicht untersucht, weil die Kinder kurz nach der Untersuchung über das ganze Land verteilt wurden.

---

1 Die hier beschriebenen unruhigen Augenbewegungen dürfen nicht mit Nystagmus verwechselt werden. Nystagmus äußert sich als kleine, unfreiwillige, rhythmische ruckartige Bewegung, die, soweit bekannt, nicht behandelt werden kann.

2.2 Visuelle Perzeption

Das normale Kind

Die Entwicklung der visuellen Perzeption ist ein komplizierter Vorgang mit vielen Aspekten. In Wirklichkeit muß das Kind „sehen" lernen. Es muß lernen, das Sehen und die damit verbundenen Hirnfunktionen, soweit wie sie sich entwickelt haben, auszunutzen.

Wichtig ist – wie schon früher erwähnt –, daß das Kind von der ersten Lebenswoche an visuelle Stimulation erhält, so daß sich alle visuellen Perzeptionsgebiete entwickeln können. Das sind:

- Körperwahrnehmung der Augen und ihrer Umgebung
- Richtungs- und Raumwahrnehmung
- Formwahrnehmung
- Farbwahrnehmung
- Figur-Grund-Unterscheidung
- peripheres Gesichtsfeld
- Auge-Hand-Koordination
- Beobachtungsfähigkeit
- visuelles Gedächtnis
- visuelle Wahrnehmungsgeschwindigkeit.

Diese visuellen Teilbereiche werden insoweit in kurzen Zügen besprochen, wie sie für die tägliche Behandlung und den Unterricht des Kindes Bedeutung haben.

Koordination von Motorik, Sehen und anderen Sinnen

Der Erfahrungshorizont des Kindes wird erweitert, wenn es sich im Raum umherbewegen kann, um verschiedene Gegenstände zu untersuchen. Beispiele:
- Eine gute Handmotorik fördert die Auge-Hand-Koordination bei allen manuellen Aufgaben.

- Die Bedeutung der Augenmuskeln für Fixation, Akkomodation und binokuläres Sehen wurde bereits besprochen.
- Der Tastsinn unterstützt die visuelle Perzeption. Finger sind beteiligt, wenn z. B. eine rauhe Oberfläche von einer glatten durch Sehen und durch den Tastsinn unterschieden wird.
- Geschmacks- und Geruchssinn: Ein Apfel sieht z. B. lecker aus, riecht und schmeckt auch gut.
- Hören: Ein Geräusch wird gehört, Kopf und Augen werden der Lautquelle zugewendet. Wasser kocht z. B. im Kessel, Dampf ist zu sehen, man hört den Kessel pfeifen.
- Stellungs- und Muskelsinn: Es ist nicht erforderlich, auf den Arm zu sehen, wenn man einen Ball in eine bestimmte Richtung werfen will. Das Ziel wird fixiert, aber der werfende Arm wird nicht beobachtet. Durch die kinästhetische Perzeption wird die Wurfbewegung wahrgenommen.
- Beim Schreiben kann die kinästhetische Perzeption eine große Hilfe für das Formenlernen sein (siehe S. 192).

Perfektion

Einige Beispiele für stark differenzierte visuelle Perzeption folgen:
- Formwahrnehmung: Der Ornithologe erkennt die Vögel im Flug.
- Farbwahrnehmung: Die Grönländer unterscheiden zahlreiche Nuancen von Weiß.
- Beobachtung: Ein Detektiv beachtet das kleinste Detail.

Das retardierte Kind

2.2.1 Visuelle Formwahrnehmung

*Augen und Umgebung der Augen
in der Körperwahrnehmung*

Das retardierte Kind besitzt oft keine Körperwahrnehmung der Augenregion. Es muß die Körperwahrnehmung auf natürliche Weise erst einüben.

Übungen

Für das Kleinkind

Beim Waschen das Kindes wird davon gesprochen, „die Augen zu schließen", „die Augen zu waschen", usw. (Muskelsinn, Berührungssinn werden geübt).

„Wo sind deine Augen?"

„Kannst Du sehen, ob Sara schläft?"

„Wohin guckt Lisa?" (Blickrichtung)

Für größere Kinder

Jedes Kind bastelt eine Papiermaske, und die Kinder sehen einander durch die Löcher für die Augen an. So werden sie darauf aufmerksam, daß sie mit den Augen sehen.

Augenbrauen, Lider usw. werden im Spiegel betrachtet, betastet und die Worte hierfür werden gelernt.

Wortschatz

Um die Übungen auf S. 88 und 89 ausführen zu können, müssen alle in diesem Zusammenhang stehenden Wörter gelernt werden. Das sind Wörter für Richtungsangaben, Form usw., wie: gerade, schräg, rund, schliessen, öffnen, stillhalten, anhalten, folgen, Gleichgewicht, spitz, eckig, gleich, unterschiedlich, hoch, tief, breit, dünn.

Das normale Kind

Wann ein Kind Formen wahrzunehmen beginnt, ist nach dem bisherigen Kenntnisstand nicht vollständig geklärt. Untersuchungen in den letzten Jahren gaben Hinweise darauf, daß die Formwahrnehmung sich bereits sehr früh, schon vom zweiten Lebensmonat an – möglicherweise sogar noch früher – ausbildet.

Ungefähr mit neun Monaten ist der Mund nicht mehr das wichtigste Sinnesorgan, Augen und Finger werden wichtig. Das Kind untersucht alles genau und beweist seine Fähigkeit, Formen wahrnehmen zu können dadurch, daß es einzelne Gegenstände wiedererkennen kann.

Mit einem Jahr kann das Kind einen Gegenstand als den gleichen aus verschiedenen Blickwinkeln und Abständen und vor unterschiedlichem Hintergrund identifizieren (Formkonstanz). Im Laufe des nächsten halben Jahres lernt das Kind Bilder von Hunden, Autos, usw. wiederzuerkennen und es beginnt, sich Gegenstände vorstellen zu können, die nicht sichtbar existent sind.

Im Alter von ungefähr ca. zwei Jahren kann das Kind einfache geometrische Figuren in entsprechende Lücken plazieren. Mit zweieinhalb Jahren kann es große Bauklötze zu Paaren sortieren.

Das Kind perzipiert zunächst noch nicht die Ganzheit eines Gegenstandes, es kann von einem Gegenstand nur eine Eigenschaft zur Zeit erfassen, z. B. nur die Höhe oder Breite. Ein Gegenstand muß schließlich in seiner Ganzheit erfaßt werden. Ein Stuhl etwa besteht nicht nur aus Beinen, sondern auch aus Sitzfläche und Rückenlehne. Ein Viereck besteht nicht nur aus vier beliebigen Strichen, sondern ist ein Ganzes.

Mit ungefähr vier Jahren zeichnet das Kind Menschen und Häuser noch primitiv. In der weiteren Entwicklung erfaßt das Kind als erstes kleine Details, relativ spät erst die Ganzheit.

Die Formwahrnehmung hängt eng mit der Richtungs- und Raumwahrnehmung zusammen.

neutraler Farbe. Kleinere Kreise gleicher Art. Verschiedene runde Gegenstände in verschiedenen Größen und Farben und schließlich die Strichzeichnung eines Kreises. (Für das Einüben geometrischer Figuren siehe Auge-Hand-Koordination, S. 93; was das Einüben von Zahlen und Buchstaben anbetrifft, S. 191 und S. 194).

Das retardierte Kind

Fehlen dem retardierten Kind Formwahrnehmungen und Formkonstanz, kann es auch in seiner Umgebung keine Konstanz entdecken. Es gilt daher, dem Kind beizubringen, daß es „sieht", was es ansieht. Die Vorgehensweise ist dabei:

- Große, lebendige, konkrete Sachen zu sehen wird zuerst geübt. Dann folgen kleine und abstrakte Gegenstände.
- Erst werden dreidimensionale Gegenstände geübt, dann zweidimensionale Bilder. Die Formwahrnehmung wird zuerst geübt, ohne daß das Kind durch unterschiedliche Farben oder Dimensionen abgelenkt wird. Schließlich wird die Form auch in verschiedenen Farben und Dimensionen geübt.

Hat das retardierte Kind mit der Formwahrnehmung große Schwierigkeiten, bieten sich Übungen in nachfolgender Reihenfolge an:

- Ein lebendiger Hund, ein großer Stoffhund, ein kleiner Spielzeughund, das Bild eines Hundes und schließlich die Strichzeichnung eines Hundes.
- Dann erst werden abstraktere Formen geübt. Eine große Kugel in einer neutralen Farbe. Ballons, Bälle, kleinere Kugeln in neutraler Farbe. Ein gezeichneter Kreis in

Übungen

a) Formkonstanz

Das Spielzeugauto bleibt das gleiche Auto, egal ob es auf dem Teppich oder auf dem Tisch steht, in der Hand liegt, fährt, oder mit den Rädern nach oben zeigt.

b) Unterscheiden

Es wird auf verschiedenes Spielzeug gezeigt.

Bauklötzchen verschiedener Form werden betrachtet und befühlt.

Klötzchen werden nach ihrer Form sortiert.

Knöpfe, Steine, Perlen, Münzen und Baumblätter werden sortiert.

Das Kind soll quadratisch und rechteckig unterscheiden.

Peter „geht" eine Figur und Jan findet heraus welche Figur Peter gegangen ist.

Bilderlotto, bei dem die Form das Wesentliche ist.

Mosaik- und Legespiele.

„Nenne alle Dinge im Zimmer, die viereckig sind!"

Bilder und Figuren sollen entlang ihrer Konturen ausgeschnitten werden (Übung zur Auge-Hand-Koordination).

c) Muster

Die Unterscheidung verschiedener Muster läßt sich gut mit vielen Stoffproben üben, z.B. gepunktetem, kariertem, gestreiftem, geblümtem, einfarbigem Stoff. Zuerst zeigt man dem Kind nur Stoffproben mit einem Muster, später kann ein Stoffstück unterschiedliche Muster haben, z.B. kann es geblümt und gestreift sein.

Das Kind beschreibt die Muster auf seiner Kleidung und der von Freunden.

d) Kopieren und Auge-Hand-Koordination

Mosaikspiel mit Steckstiften: Die Form einer Zeichnung wird mit Steckstiften nachgemacht.

Legosteine werden nach einer gezeichneten Vorlage zusammengesetzt.

2 Bauklötze werden in einer bestimmten Anordnung zueinander auf den Tisch gestellt. Das Kind baut diese Anordnung mit 2 Klötzen nach.

Dann werden mehrere Klötzchen in unterschiedlicher Form und immer schwierigerer Aufstellung vom Kind nachgebaut.

e) Stellungs- und Muskelsinn und Formwiedergabe

„Stell' dich in eine Ecke des Zimmers und gehe entlang der Wände durch das ganze Zimmer!"

„Zeichne die Figur, die du gegangen bist."

„Gehe einen Kreis, ein Dreieck usw.."

f) Erfassen von Ganzheit

Reste von entzweigegangenem Spielzeug werden dem Kind gezeigt:" Woher stammen die Teile?"

Auf einer Zeichnung ist eine unvollständige Figur zu sehen. Das Kind ergänzt die Zeichnung.

2.2.2 Farbwahrnehmung

Das normale Kind

Beim Neugeborenen sind weder Netzhaut noch Großhirnrinde so entwickelt, daß das Kind Farben sehen kann. Während des ersten Lebensjahres zieht das Kind rot und gelb anderen Farben vor. Sobald es sprechen kann, benennt es auch als erste die Farben rot und gelb. Später werden grün und blau unterschieden. Erfahrungsgemäß scheint das Kind den roten Anteil des Farbspektrums früher zu erkennen und den blauen und violetten Anteil zuletzt zu differenzieren.

Mit etwa drei, vier Jahren kann das Kind alle wichtigen Farben. Blau und grün werden aber noch häufig verwechselt, besonders von Jungen. Mädchen scheinen für Farben sensitiver zu sein und entwickeln sich auch in diesem Punkt früher als Jungen.

Ob sich die Farb- oder Formwahrnehmung bei einem Kind zuerst entwickelt, ist viel diskutiert worden. Ich meine, es hängt davon ab, welche Bereiche das Kind zuerst entwickelt:

1. die Sinneszellen für Farbempfindung in der Netzhaut oder
2. Richtungs- und Raumwahrnehmung in Verbindung mit der Blickfixation.

Bei einem retardierten Kind steht auf keinen Fall von vornherein fest, ob sich die Farb- oder die Formwahrnehmung zuerst entwickeln wird.

Das retardierte Kind

Die Farbwahrnehmung kann sich bei einem retardierten Kind so spät entwickeln, daß das Kind vorübergehend für farbenblind gehalten wird, obwohl es das garnicht ist. Viele retardierte Kinder „versehen" sich, wenn sie die Farbe eines Gegenstandes erkennen und benennen sollen. Nicht unbedingt ist mangelndes Unterscheidungsvermögen der Grund, oft bedeutet Farbverwechslung, daß sich das Kind an die Farbe oder an ihr Wortsymbol nur nicht erinnern kann.

Übungen

Das Kind trägt Kleidung in verschiedenen leuchtenden Farben, die den Farben entsprechen, die es gerade lernt.

In der Umgebung des Kindes, an den Wänden des Zimmers, auf dem Bettbezug usw. werden nur klare Farben und Muster gewählt.

Eine Farbe nach der anderen, – rot, gelb, grün, blau, weiß, schwarz – lernt das Kind unter Anleitung.

Naturfarben, Gold, Silber, usw. folgen später.

2 Klötzchen jeder Farbe werden gemischt und vom Kind wieder paarweise sortiert.

Die Farben dürfen nicht an bestimmte Gegenstände oder Formen gebunden werden können.

Das Kind soll allmählich alle Farben im Zimmer und an der Kleidung unterscheiden können.

Später folgen diese Übungen:

Wie heißt diese Farbe?

Kannst du dich an etwas erinnern, was diese Farbe hat? (Erfahrung und Erinnerung an Zuvorgesehenes)

Nuancen

Das Kind spielt mit Bilderlotto, Mosaik- und Puzzlespielen, in denen Farben wichtig sind.

2 Stücke Stoff oder Papier von jeder Farbnuance (4-6 pro Farbe) werden ausgeschnitten und gemischt und anschließend vom Kind wieder sortiert.

Man geht mit dem Kind spazieren und läßt es alle Farben in der Umgebung benennen.

Untersuchung über Farbwahrnehmung

Zur Beleuchtung dieser Thematik möchte ich eine Untersuchung von 104 debilen Kindern im Alter von 9 – 18 Jahren vorstellen, die in Gl. Bakkehus 1965 durchgeführt worden ist. Alle 32 Mädchen, die an der Untersuchung teilnahmen, kannten die Farben rot, gelb, grün, blau, weiß und schwarz und konnten die Farbbezeichnung nennen, während 1/3 aller Jungen, also 24 von 72, nicht blau und grün unterscheiden konnten. Nach Ablauf eines Schuljahres hatten die Kinder

gelernt, die Farben sicher zu unterscheiden und zu benennen.

Erfahrungsgemäß erfassen Kinder die Farbe blau zuletzt. Deshalb sollte die Farbe grün vor der Farbe blau unterrichtet werden.

2.2.3 Figur – Grund – Unterscheidung

Das normale Kind

Viele verschiedene Faktoren sind daran beteiligt, daß das Kind die Fähigkeit erlangt, Figur und Grund voneinander abzugrenzen. Alle diese Faktoren müssen einem gewissen Entwicklungsgrad entsprechen, bevor von dem Kind exaktes Unterscheidungsvermögen erwartet werden kann. Erforderlich sind u. a.:

– Eine gewisse Entwicklung der visuellen Perzeption insgesamt,

– klare Formwahrnehmung,

– Richtungs- und Raumwahrnehmung,

– Erfahrung und Entwicklung des visuellen Gedächtnisses.

Das Kind sieht das Gesicht der Mutter, indem es zuerst die beiden blanken und lebendigen Augen entdeckt. Mit zwei Monaten folgen die Augen des Kindes der Person, die sich im Raum bewegt. Die Bewegung der betrachteten Person macht es dem Kind leichter, sie vom unbewegten Hintergrund abzugrenzen. Eines Tages entdeckt es dann ein Klötzchen oder eine Rassel, allerdings ohne daß es diese Gegenstände vollständig vom Hintergrund zu differenzieren vermag.

Mit sechs Monaten sieht das Kind alle Gegenstände, die in seiner Nähe liegen. Wenn dann wieder etwa ein halbes Jahr vergangen ist, kann das Kind denselben Gegenstand aus verschiedenen Blickwinkeln und vor unterschiedlichem Hintergrund wiedererkennen (Formkonstanz). Zuerst kann es dreidimensionale Gegenstände vom Hintergrund abgrenzen, z. B. eine Rassel vom Teppich, den Schrank von der Wand. Später werden dann zweidimensional Figuren und Bilder erkannt, beispielsweise auf einem Bild ein Pferd vor einem Bauernhof.

Vexierbilder (Suchbilder mit versteckten Figuren in den Linien einer Zeichnung) verschiedenen Schwierigkeitsgrades werden vorgelegt.
Verschiedene geometrische Figuren (Kreis, Rechteck, Dreieck, Quadrat) sind so gezeichnet, daß sie sich gegenseitig überdecken. Das Kind wird aufgefordert, mit einem Bleistift den Umriß einer Figur nachzuzeichnen.
„Male den Kreis oder das Rechteck aus!"

| Das retardierte Kind |

2.2.4 Das Gesichtsfeld

Abgesehen von den Faktoren, die für die Entwicklung des Unterscheidens von Figur und Grund Bedeutung haben, spielt beim retardierten Kind das Konzentrationsvermögen eine große Rolle. Die Augen des Kindes wandern häufig von einem Gegenstand zum anderen, ohne daß das Kind das Wichtige der aktuellen Situation zu erfassen vermag. Es kann sich nicht lange genug auf das Wesentliche konzentrieren.

| Das normale Kind |

Im Sprachgebrauch wird zwischen Gesichtsfeld und Blickfeld unterschieden. *Gesichtsfeld* bezieht sich auf das Gesehene bei stillstehenden, fixierenden Augen, *Blickfeld* meint den Teil des Raumes, der bei ruhiger Kopfhaltung und bewegten Augen noch eben scharf übersehen werden kann. Unter dem Gesichtsfeld versteht man also den Teil des Raumes, den das Auge wahrnimmt, wenn es einen bestimmten Punkt fixiert.

Das *zentrale Gesichtsfeld* ist der Teil, der scharf abgebildet wird entsprechend dem Punkt, den das Auge fixiert. Dieser Bereich des Auges wird auf den gelben Fleck der Netzhaut abgebildet.

Das *periphere Gesichtsfeld* stellt den verbleibenden Teil des Gesichtsfeldes dar, der am Rand nur vage und unscharf wahrgenommen wird. Das periphere Gesichtsfeld vermittelt einen Gesamteindruck der Umgebung und ist z. B. beim Fahren im Straßenverkehr nützlich, wo man den Blick nicht in alle Richtungen gleichzeitig lenken kann.

Das Gesichtsfeld wird u.a. begrenzt von Nase, Wangen und Stirn und erstreckt sich ca. 90° zur Seite, 60° zur Nase hin, nach

Übungen

a) Dreidimensional

Verschiedene dem Kind vertraute Gegenstände werden auf einen gemusterten Teppich gelegt: „Wo ist das Auto?" „Wo ist der Ball?"

Einige Klötzchen werden vor unterschiedlichen Hintergrund gelegt: „Wo sind sie?"

„Nenne alle Gegenstände, die du im Zimmer siehst!"

b) Zweidimensional

Im Bilderbuch wird auf eine Figur gezeigt. „Lege geometrische Figuren auf einen gemusterten Teppich! Finde alle Dreiecke!"

„Was ist das?" (Eine Tasse auf schraffiertem Hintergrund ist auf einem Bild zu sehen.)

oben bis zu 60°, nach unten bis zu 70°. Dicke Brillengestelle, tiefliegende Augen, vorstehende Wangenknochen oder Stirn sowie ein hoher Nasenrücken können das Gesichtsfeld einschränken.

Bestimmung des Gesichtsfeldes

Ob das Gesichtsfeld eingeschränkt ist, kann einigermaßen auf die folgende Weise beurteilt werden:

Das Kind sitzt etwa einen Meter von einer Wand entfernt und betrachtet intensiv ein Kreuz in Augenhöhe. Es muß dann angeben, wann eine Hand, deren Finger sich bewegen, von außen ins Gesichtsfeld kommt. Auch eine kleine Taschenlampe kann dazu verwendet werden.

Es kann schwer zu beurteilen sein, wann das Kind die ersten Stimuli vom peripheren Gesichtsfeld wahrnimmt. Allerdings hängt dies, wie auch schon vorher erwähnt, u.a. von einem deutlichen Formerkennen und Figur-Grund-Unterscheiden ab, so daß das Kind nur bei gleichzeitiger Entwicklung dieser Fähigkeiten etwas mit seinem peripheren Gesichtsfeld anfangen kann.

Das Kind lernt spontan, das periphere Gesichtsfeld zu gebrauchen, wenn es auf dem Boden spielt und sich etwas in seiner Gesichtsfeldperipherie bewegt. Später in der Entwicklung werden auch stillstehende Gegenstände in der Peripherie wahrgenommen, nicht hingegen Farben. Der Blick muß auf den bunten Gegenstand oder dessen Nähe gerichtet werden, damit die Farbe gesehen werden kann.

Das retardierte Kind

Oft ist es dem retardierten Kind nicht möglich, sein peripheres Gesichtsfeld zu gebrauchen, selbst wenn dies nicht eingeschränkt ist. Das Kind hat die Anwendbarkeit noch nicht entdeckt oder die Perzeption ist vielleicht nicht so weit entwickelt, daß das Kind Nutzen aus diesem Teil des Gesichtsfeldes ziehen kann. Werkstattleiter fragen sich oft, warum retardierte junge Arbeiter nicht beide Hände gleichzeitig kontrollieren können, wenn sich diese in gewissem Abstand voneinander befinden. Hier spielen Bewegungssinn (kinästhetische Perzeption) und Tastsinn eine Rolle, genauso aber auch schlechte visuelle Perzeption der Handbewegungen, wenn die Hände sich im peripheren Gesichtsfeld befinden. Weiterhin ist es möglich, daß wegen unentwickelter Nervenbahnen im Hirnbalken (corpus callosum) das Zusammenarbeiten beider Hirnhälften (Hemisphären) schlecht funktioniert.

Die folgenden Übungen entwickeln – abgesehen vom Bewußtsein für das periphere Gesichtsfeld – Richtungswahrnehmung und Bewegungssinn durch doppelseitige, rhythmische grobmotorische Armbewegungen.

Übungen

Das Kind steht breitbeinig vor einer großen Tafel, auf der in Höhe der Nase ein Kreuz eingezeichnet ist. Ein senkrechter Strich teilt eventuell die Tafel in zwei Hälften.

Das Kind bekommt je ein dickes Stück Kreide in jede Hand; zwei gleichlange Stücke, damit die Bewegungen beider Seiten so einheitlich wie möglich werden können. Die Übung besteht nun darin, mit beiden Händen gleichzeitig zu malen, während das Kind auf das Kreuz sieht. Die gleichzeitigen Bewegungen helfen, daß das Kind den Blick fixiert und somit das periphere Gesichtsfeld benutzt und wahrnimmt.

Eine *kreisförmige Figur* wird gezeichnet (Abb. 50). Die Kreise werden mit einem Durchmesser von 25 - 50 cm gezeichnet, der eine mit, und der andere gegen den Uhrzeigersinn.

Wenn die Figur für beide Hände ungefähr einheitlich geworden ist, soll das Malen in der jeweils anderen Richtung geübt werden, schließlich mit beiden Händen mit oder gegen den Uhrzeigersinn.

Senkrechte Striche werden mit einer Auf- und Abbewegung des Armes an die Tafel gezeichnet. Die Striche haben eine Länge von 25-50 cm und sind fast übereinander gezeichnet.

Waagerechte Striche werden in verschiedenenen Höhen gezeichnet, erst in Augenhöhe, dann so hoch und danach so tief, daß ein Großteil des peripheren Gesichtsfeldes beansprucht wird.

Diese Übungen können auf verschiedene Art *variiert* werden, durch Striche in verschiedene Richtungen oder durch zufällige, spontane Figuren, die einheitlich mit beiden Händen gezeichnet werden (Abb. 51).

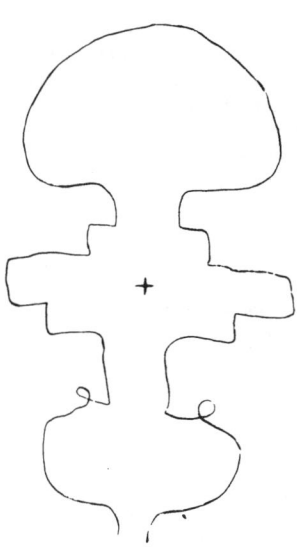

Abb. 51: Das Kind soll den Blick auf das Kreuz in der Mitte heften und mit beiden Händen gleichzeitig zeichnen. Die Zeichnung beansprucht den gesamten Platz auf der Tafel.

2.2.5 Auge-Hand-Koordination

Das normale Kind

(Siehe auch „Greifen", S. 47 und S. 152) Wenn das Kind im Alter von etwa zwei Monaten anfängt, einen Gegenstand festzuhalten, ist das eine beginnende Verbindung zwischen Sehen und neuromuskulären Mechanismen. Aber die Bewegung ist noch im Reflexstadium. Das Kind hält den Gegenstand nur fest, wenn er ganz zur Hand geführt wird und die Hand berührt.

Im vierten Lebensmonat erfolgt das Greifen nach allen Gegenständen („sehen – greifen"). Aber mangels Koordination der Augen

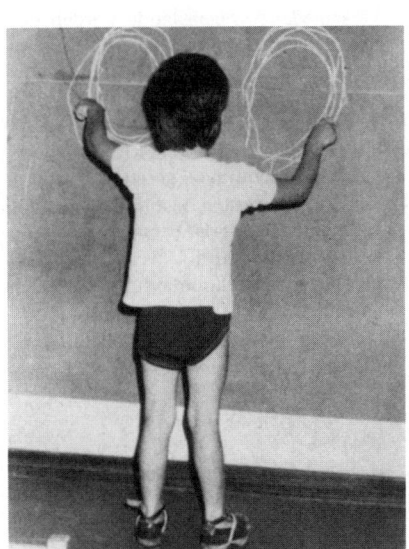

Abb. 50: Das periphere Gesichtsfeld und die Handmotorik werden geübt.

und der Hände greift das Kind oft daneben.
Mit sechs bis sieben Monaten ist die Sitzba-
lance so gut, daß das Kind nach einem Gegenstand greifen kann, ohne umzufallen. Es
untersucht nun alles in seiner Reichweite
und entwickelt durch Erfahrung die Auge-
Hand-Koordination.

Mit neun Monaten schließlich betrachtet
das Kind einen Gegenstand schon etwas länger, bevor es sich entschließt, nach dem Gegenstand zu greifen oder nicht: d.h., daß der
Reflex „sehen-greifen" in die täglichen Bewegungen integriert ist.

Inzwischen ist die neuromuskuläre Koordination so gut, daß Gegenstände mit den
Fingerspitzen aufgenommen werden können.

Der Mund ist nicht mehr das wichtigste
Sinnesorgan, sondern Augen und Finger
werden immer mehr beteiligt. Das Kind umfaßt den Gegenstand jetzt sicher, greift nicht
mehr daneben und untersucht alles mit den
Händen.

Mit einem Jahr kann das Kind einen Turm
aus zwei Klötzchen (2,5 cm große Holzwür-
fel) bauen. Allerdings kann es ein drittes
Klötzchen noch nicht hinzufügen, weil es
dieses noch nicht schnell und sicher genug
loslassen kann.

Allmählich kann das Kind mit einem kurzen Blick Abstand und Größe eines Gegenstandes beurteilen und gleichzeitig entscheiden, ob es den Gegenstand haben will. Es ist
nicht mehr notwendig, daß das Kind den Gegenstand beim Greifen ansieht. Der Blick
verläßt den Gegenstand, das Kind greift ohne
Hilfe des Sehens.

Mit achtzehn Monaten ist es für das Kind
kein Problem mehr, nach einem Gegenstand
die Hand auszustrecken und ihn zu fassen.
Viele Bewegungen sind automatisiert. Der
Turm kann nun drei Klötzchen hoch gebaut
werden.

Bei den ersten Kritzelversuchen fällt es dem
Kind noch schwer, den Stift bewußt in bestimmte Richtungen zu bewegen. Mit drei

Jahren benutzt das Kind seine Hände viel,
ohne sie anzusehen.

Zusammenfassend kann gesagt werden,
daß die Augen den Händen anfangs voraus
sind, d.h., das Kind sieht den Gegenstand bevor es nach ihm greifen kann. Allmählich,
mit fortschreitender Entwicklung, nimmt die
Rolle des Sehens ab. So hat z. B. beim routi-
nierten Schreiben das Sehen nur noch eine
Kontrollfunktion.

Das retardierte Kind

Es soll versucht werden, das retardierte Kind
je nach seinem Entwicklungsstand so zu stimulieren, daß es das gleiche tut, was für normale Kinder beschrieben wurde.

– Blick- und Kopfkontrolle müssen zuerst
  ausgebildet sein.
– Verschiedene Gegenstände werden dem
  Kind gereicht. Es wird zum Greifen mit
  einer Hand und auch mit beiden Händen
  angeregt.
– Wenn sich die Abstützreaktionen ausgebildet haben, wird dem Kind Spielzeug
  aus allen Richtungen gereicht.
– Schließlich werden kleine Gegenstände
  verwendet, damit das Fassen mit den Fingern stimuliert wird.
– Das Kind krabbelt umher und untersucht
  alles.
– Geben-Nehmen spielen.
– Mit Klötzchen bauen lassen.

Übungen

Ausgeschnittene Figuren müssen in die richtige Lücke gelegt werden.

Mosaikspiele und Puzzles.

Leichtes Ballspiel mit einem großen Ball.

Große Perlen werden auf eine Schnur aufge-
fädelt.

Später in der Entwicklung folgen:

Helfen in der Küche und beim Tischdecken (natürliche Weise, die Auge-Hand-Koordination zu entwickeln.)

Figuren aus Ton und Wachs formen.

Große Knöpfe knöpfen.

Haken und Öse ineinander haken.

Druckknöpfe und Reißverschlüsse schließen. Kleinere Knöpfe knöpfen.

Nadeln verschiedener Stärke einfädeln.

Stoffsäckchen – mit Erbsen gefüllt – werden aus einiger Entfernung in einen Papierkorb oder in einen aufgezeichneten Kreis auf den Boden geworfen.

Ringspiel: Ringe werden über senkrechte Stäbe geworfen.

Ballspiel: besonders an der Wand, von der der Ball schnell zurückkommt und große Anforderungen an die Auge-Hand-Koordination stellt (Auch Jungen sollten das üben.).

Sicherheit üben (z. B. wird 15 mal hintereinander eine der Übungen wiederholt).

Schnelligkeit üben (dabei wird z.B. die Anzahl der Sekunden für 20 Wiederholungen gemessen).

Spezielle Übungen:
Zeichnen von geometrischen Figuren

Große Schablonen aus dicker Pappe, aus denen Kreise, Rechtecke, Ovale usw. ausgeschnitten sind, können verwendet werden. Die ausgeschnittenen Figuren sollten am besten ca. 10 bis 15 cm im Durchmesser groß sein. Die Figuren sollen auf der einen Hälfte der Pappe ausgeschnitten worden sein, so daß noch Platz für eine abstützende Hand bleibt (Abb. 51). Das Kind wird aufgefordert:

„Zeichne mit Kreide innen am Kreis entlang, folge der Kontur mehrere Male, ruhig und rhythmisch, bis du die Figur beherrschst. Wiederhole das Zeichnen der Konturen mit den anderen Schablonen." Das Kind soll mit dem Arm fühlen und verstehen, daß zwei Seiten eines Rechtecks länger sind, als die anderen beiden Seiten und daß ein Dreieck drei Seiten hat.

Abb. 52: Die Kinder zeichnen auf einer großen Tafel, die über die ganze Wand reicht. Sie stehen mit viel Bewegungsspielraum frontal zur Tafel.

Das Prinzip ist:
„Zeichne innen entlang der ausgeschnittenen Schablone!"

„Zeichne um die ausgeschnittenen Figuren herum; das ist schwieriger!"

„Zeichne aus freier Hand nach der Vorlage!"

„Zeichne aus freier Hand nach mündlicher Aufforderung ohne Vorlage!"

Andere Übungen

Ein halbes Dutzend Punkte wird mit Farbe, Zahlen (Abb. 52) oder Bildern versehen. Das Kind verbindet sie mit Strichen.

Strichzeichnungen ausschneiden – erst an einem dicken Strich entlang, dann an einem dünnen (Abb. 54). Das Kind soll dem Strich genau folgen. (Das gelingt normalerweise im Alter von sechs Jahren.)

Bilder, Zeichnungen und Anziehpuppen ausschneiden. Gerade und krumme Striche anmalen (darüber zeichnen), geometrische Figuren, Zeichnungen, Bilder nachzeichnen.

Die Flächen von Bildern und Figuren ausmalen. (Das Kind muß erst lernen, den Umrissen zu folgen, und dann das Innere ausmalen. Es ist nicht schwer, innerhalb der Umrandung zu bleiben, wenn die Technik verstanden wurde. Das gelingt normalerweise mit fünf Jahren.) Figuren, die mit Doppelstrichen bezeichnet sind, werden zwischen den Strichen ausgeschnitten.

Von zwei gleichen Figuren wird die eine ausgeschnitten und auf die andere geklebt.

Eine großen Kreis an die Tafel zeichnen, und dann konzentrische Kreise mit einem Abstand von ca. 4 cm hineinzeichnen.

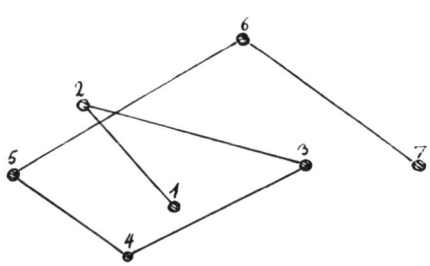

Abb. 53: Numerierte Punkte werden durch Striche miteinander verbunden.

2.2.6 Visuelles Gedächtnis

Das normale Kind

Gesehenes muß erinnert werden können, um als Erfahrungsgrundlage zu dienen. Im Laufe der Kindheit verlängert sich der Zeitraum, über den einmal Gesehenes wieder erinnert werden kann. Ein Säugling erkennt die Mutter wieder und erwartet aufgrund bestimmter visueller Stimuli (z. B. wenn es die Flasche sieht) bald etwas zu essen zu bekommen.

Nach einiger Zeit erkennt es alle Familienmitglieder. Mit einem Jahr kann es Gesehenes über einen längeren Zeitraum im Gedächtnis behalten, und mit anderthalb Jahren erkennt es das Bild eines Hundes, eines Autos etc.; man sieht das z. B. daran, daß es nach Aufforderung auf Nase, Fell oder die Augen des Hundes zeigt. Das Kind kann sich jetzt Dinge vorstellen, die es im Moment nicht sieht.

Danach geht die Entwicklung sehr schnell voran. Mit drei Jahren erkennt es viele Formen und Farben, und mit fünf Jahren kann es z. B. Zahlensymbole erinnern. Das visuelle Gedächtnis ist eine Teilvoraussetzung für die weitere intellektuelle Entwicklung des Kindes.

Abb. 54: Das Kind schneidet entlang der Striche. Der Schwierigkeitsgrad läßt sich steigern.

Das retardierte Kind

Voraussetzung dafür, daß das Kind visuell Wahrgenommenes im Gedächtnis behält, ist die genaue Wahrnehmung des Gesehenen. Alle Bereiche, die in den Kapiteln „Sehen" und „Visuelle Perzeption" besprochen worden sind, muß das Kind beherrschen. Ob das

Gehirn in der Lage ist, Perzipiertes über längere Zeit zu speichern, ist bei retardierten Kindern ungewiß: Das Erinnerungsvermögen hängt von der Gesamtentwicklung des Kindes und davon ab, ob in allen Bereichen repetiert und wiederholend gelernt wird.

Übungsbeispiele

Zwei bis drei bekannte Gegenstände werden unter einem Tuch versteckt. Das Tuch wird für kurze Zeit hochgehoben (z.B. nur für 5 Sekunden) und dann wieder über die Gegenstände gelegt: „Was hast du gesehen?"

Nach einiger Übung kann man die Anzahl der Gegenstände unter dem Tuch auf 4 bis 5 erhöhen und die Zeitspanne, die das Tuch abgenommen wird, verkürzen.

„Schließe die Augen und erzähle, was hier alles im Zimmer steht!"

„Sieh die Susanne genau an, schließe die Augen und erzähle, was sie anhat!"

Verschiedene Arten von Wendespielen (Memory etc.) werden – zunächst mit wenigen einfachen Bildern, später mit der üblichen großen Memoryausgabe – gespielt.

Man zeigt dem Kind ein Bild, auf dem ein Bauernhof o.ä. abgebildet ist und bittet es sich genau anzusehen. Dann deckt man das Bild ab und fordert das Kind auf, zu erzählen, was auf dem Bild zu sehen ist

„Erzähle, was du auf dem Weg von der Schule nach Hause alles gesehen hast!"

2.2.7 Beobachtungsvermögen

Das normale Kind

Einen Gegenstand zu beobachten bedeutet, den Gegenstand genau und im Detail zu betrachten. Alle Bereiche visueller Perzeption

werden einbezogen, wenn das Kind „Sehen" lernt. Das Beobachtungsvermögen hängt stark von der Motivation und vom Interesse des Kindes an seiner Umgebung ab. Es entwickelt sich parallel zum visuellen Gedächtnis. Ein gewisser Grad an Erfahrung ist nötig, um beobachten zu können, denn Gesehenes wird laufend mit früher Erfahrenem verglichen. Zentralnervensystem, Perzeption und andere Bereiche müssen also einen recht weiten Entwicklungsstand erreicht haben.

Das retardierte Kind

Auch das Beobachtungsvermögen des größeren retardierten Kindes kann sich bis zu einem gewissen Grad entwickeln. Training bringt meist schon in recht kurzer Zeit einen deutlichen Erfolg. Bevor mit der Stimulation der Beobachtungsfähigkeit begonnen wird, müssen die der Perzeption zugrundeliegenden Bereiche auf nahezu dasselbe Entwicklungsniveau gebracht worden sein. Es sind alle Bereiche gemeint, die im Kapitel „Sehen" aufgeführt sind.

Übungen

Bilderlotto spielen.

Mosaikspiel und Puzzle spielen

„Worin unterscheiden sich die beiden Stühle?" (Größe, Oberfläche, Form, Farbe, Material)

„Worin unterscheiden sich die beiden Bücher?" (Format, Breite, Dicke, Farbe, Druck, Bilder.

„Erzähle mir, was du auf dem Bild siehst!"

„Erzähle mir, wie Peters Zimmer eingerichtet ist!"

2.2.8 Schnelle visuelle Perzeption

```
┌─────────────────────────────────────┐
│         Das normale Kind             │
└─────────────────────────────────────┘
```

In allen Lebenssituationen ist es von großer Bedeutung, daß die visuelle Perzeption schnell geschieht: z. B. muß eine Verkehrssituation schnell visuell erfaßt werden, wenn man über die Straße gehen will. Beim Ballspiel muß der Ball schnell mit den Augen verfolgt werden, um richtig mitspielen zu können. Und auch beim Lesen, im Kino usw. ist schnelle visuelle Perzeption ganz wichtig.

Geometrische Figuren werden gezeigt. Komplexere Bilder werden präsentiert. Das Kind würfelt und versucht, ganz schnell die gewürfelte Zahl zu erkennen. (Es kann auch ein Würfel mit Bildern oder Farben verwendet werden.)

Ein Tachistoskop, eine Art Diaprojektor, kann Lichtbilder in vorgegebenen Bruchteilen von Sekunden zeigen. Es ist eine vorzügliche Hilfe und Kontrolle bei der Stimulation schneller visueller Perzeption.

Genauso läßt sich mit Zahlen, Buchstaben, Worten und Sätzen üben.

```
┌─────────────────────────────────────┐
│         Das retardierte Kind         │
└─────────────────────────────────────┘
```

Eine schnelle visuelle Perzeption setzt voraus, daß das Kind alle Perzeptionsbereiche, die in diesem Buch beschrieben sind, bis zu einem gewissen Grad entwickelt hat. Das Einüben schneller visueller Perzeption erfolgt erst mit dreidimensionalen Gegenständen, dann mit zweidimensionalen Bildern und danach erst mit abstrakteren Figuren. Z. B. in der folgenden Weise.

Übungen

Ein dem Kind vertrauter Gegenstand wird ihm einige Sekunden gezeigt und dann wieder versteckt. – „Was war das?" – Wenn das Kind den Vorgang des Spieles verstanden hat, werden ihm eine ganze Reihe von Gegenständen auf diese Art gezeigt. Man zeige immer nur einen Gegenstand zur Zeit, aber möglichst schnell mit immer kürzerem Zeitintervall.

Einzelne einfache klare Zeichnungen und Bilder werden dem Kind ähnlich der obigen Übungen gezeigt.

2.3 Hören – Auditive Perzeption

Schallwellen

Eine Schallquelle erzeugt Schallwellen, die sich in alle Richtungen fortpflanzen. Das äußere Ohr sammelt die Schallwellen, die dann auf das Innenohr wirken.

Tonhöhe, Frequenz

Die Höhe eines Tones hängt von der Schwingungszahl, der Frequenz, ab. Die Frequenz bezeichnet die Anzahl der Schwingungen pro Sekunde. Töne im Diskant haben eine hohe, Töne im Baß eine niedrige Schwingungszahl. Das menschliche Ohr kann Töne mit einer Schwingungszahl von 100 bis 20.000 pro Sekunde wahrnehmen. Allerdings ist das Hörvermögen im Alter erheblich geringer, beispielsweise können alte Menschen keine Grillen (ca. 16.000 / Sec.) zirpen hören. Die Schwingungszahl für die normale Sprache liegt um 1.000 Schwingungen pro Sekunde, genauer gesagt zwischen ca. 500 - 2000 Schwingungen pro Sekunde.

Lautstärke, Lautintensität

Die Lautstärke wird durch die Größe der Schwingungen (die Amplitude) bestimmt. Sie ist abhängig von der Kraft, mit der auf die Schallquelle eingewirkt wurde. Z. B. ist bei den Stimmbändern die Lautintensität abhängig von dem Luftstrom, der die Stimmbänder passiert. Beim Schlag mit dem Hammer ist die Lautstärke abhängig von der Kraft, mit der der Hammer geschlagen wurde. Die Lautstärke nimmt mit der Entfernung zur Schallquelle ab.

Die Lautstärke wird in Dezibel gemessen. Ein Dezibel ist der gerade noch wahrnehmbare Unterschied eines normalhörenden menschlichen Ohres zwischen zwei Lautstärken. Eine Hörminderung um 12 - 20 Dezibel liegt noch innerhalb der Normgrenze.

Audiometrie

Die Audiometrie – das Messen des Hörvermögens – wird mit einem Audiometer durchgeführt. Dieser Apparat mißt das Unterscheidungsvermögen für verschiedene Töne: tiefe – hohe, schwache – starke Töne.

Sicher ist es nützlich, wenn alle, die an der Erziehung und Betreuung eines hörschwachen Kindes beteiligt sind, wissen, welche Tonfrequenzen das Kind schlechter hören kann. Sie sollten auch wissen, ob das Kind auf beiden Ohren gleich gut hört. Beides läßt sich aus dem Audiogramm ablesen, bei dessen Durchführung für jedes Ohr getrennt eine Kurve des Hörvermögens aufgezeichnet wird (Abb. 55).

Das *Audiogramm* wird in einem Koordinationssystem eingezeichnet: die waagerechte Achse gibt die Schwingungszahl, die Frequenz, an und die senkrechte Achse bezeichnet die Lautstärke, d.h. die Intensität, mit der der Ton hervorgebracht wurde, gemessen in Dezibel.

Die Audiometrie setzt voraus, daß das Kind kooperiert und sagt, wann es die Töne über den Kopfhörer des Apparates hört. Da-

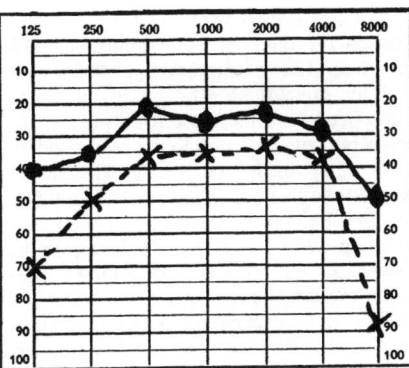

Abb. 55: Audiogramm, 0-0-0 kennzeichnet das rechte Ohr, X-X-X das linke Ohr. Auf diesem Audiogramm ist das Hörvermögen im hohen und im niedrigen Frequenzbereich herabgesetzt. Das Hörvermögen des linken Ohres ist schlechter als das des rechten. Das Hörvermögen im Frequenzbereich 500 – 2000 Hz, dem Bereich der Sprache, ist am besten.

her kann es ganz schwer, ja unmöglich sein, eine Audiometrie bei einem stark retardierten Kind durchzuführen. Moderne Geräte können die Reaktionen des Gehirns auf Töne ohne Mitarbeit des Kindes registrieren oder die Beweglichkeit des Trommelfells messen.

Das normale Kind

Der Sinnesapparat des Ohres kann beim Neugeborenen kräftige Schallreize entgegennehmen, doch die Reaktionen hierauf basieren auf Reflexen. Es kann daher nicht von Perzeption gesprochen werden, bevor nicht das Zentralnervensystem weiter entwickelt ist.

Im Alter von wenigen Monaten reagiert das Kind in der Regel auf nahe, schwache Schallreize und auch auf die Stimme der Mutter.

Mit drei Monaten dreht es den Kopf reflektorisch zur Seite der Schallquelle, sobald es auf einen Laut aufmerksam geworden ist.

Nach dreieinhalb Monaten ist der Kortex (die Großhirnrinde) soweit entwickelt, daß das Kind lauschen, den Kopf drehen und mit dem Blick nach der Schallquelle suchen kann. Jetzt handelt es bewußt und motiviert. In einer Reihe von Fällen kommt es zur Ausbildung dieser Fähigkeit erst später, ohne daß von einer verzögerten Entwicklung gesprochen werden könnte.

Das Kind interessiert sich immer mehr für das Hören: Es lauscht nach Stimmen, nach der Uhr usw. Dieses Lauschen ist für die weitere Entwicklung des Kindes von großer Bedeutung (s. Sprechen, S. 63 und Konzentration, S. 109). Nach einer Weile kann das Kind wiederholte Laute und Geräusche wiedererkennen und sich an deren Bedeutung erinnern. Z. B. versteht es, daß das Schütteln des Fläschchens „trinken" bedeutet.

Bei der Lokalisation der Schallquelle wird das Kind bis zum 12. Lebensmonat zuerst den Kopf zur Seite drehen, und dann erst die Richtung nach oben und unten korrigieren.

Als nächstes beginnt das Kind auf gewisse Signalworte zu reagieren, z. B. auf „Nein", „Essen" und auf seinen eigenen Namen, und es kann über eine längere Zeit erinnern, was bestimmte Laute und Geräusche bedeuten. Nun lokalisiert es einen bestimmten Laut schnell und sicher mit einer einzigen, vorher richtungsbestimmten Bewegung des Kopfes.

Mit 18 – 24 Monaten kann sich das Kind Geräusche und Laute vorstellen, die es früher einmal gehört hat. Wenn es Musik hört, mag es sich gern dazu bewegen.

Am Ende des zweiten Lebensjahres versteht das Kind einzelne Aufforderungen. Es hört gern zu, wenn kleine Geschichten erzählt werden. Es kann Geräusche im benachbarten Raum lokalisieren und es interessiert sich, woher ein Laut kommt und wie er entstanden ist.

Dann geht die Entwicklung schnell weiter voran. Das Kind versteht einzelne Worte. Mit fünf Jahren kann es schnell die geforderte Handlung ausführen, d. h. mit geringer zeitlicher Differenz zwischen der gehörten Aufforderung und der Ausführung.

Koordination mit Motorik und anderen Sinnen

Das Hören wird von der Motorik und anderen Sinnesbereichen, besonders vom Sehen, unterstützt, aber auch vom Berührungssinn und Stellungs- und Muskelsinn. Die koordinierten Sinneseindrücke verstärken die auditive Perzeption, z. B. in folgender Weise:

Indem der Kopf zur Geräuschquelle hingedreht wird, kann das Geräusch oder der Laut besser gehört werden, und indem sich das Kind zur Geräuschquelle hinbewegt, kann es die Ursache des Geräusches oder des Lautes besser erforschen und Erfahrungen machen. Durch Erfahrung lernt das Kind, sich von Geräuschen fernzuhalten, die Gefahr bedeuten. Ein kleines Kind nimmt Laute und Geräusche leichter wahr, wenn es gleichzeitig deren Entstehung sieht.

- Eine Uhr bewegt ihre Zeiger (Sehen) und tickt (Hören).
- Einzelne Rhythmen (Klatschen, Trommeln) werden nachgeahmt.
- Die Wellen des Meeres sind hoch (Sehen und Hören) und bewegen sich beim Baden über den ganzen Körper hinweg (Berührungs- und Temperatursinn).

Eine durch Erfahrung gut entwickelte visuelle Richtungs- und Raumwahrnehmung unterstützt die auditive Richtungs- und Abstandseinschätzung. Ein Kind, das das Haus, in dem es lebt, visuell, kinästhetisch und taktil erlebt hat, wird besser imstande sein, Geräusche irgendwo im Haus zu lokalisieren.

Mit kinästhetischen Wahrnehmung des Hauses ist gemeint, daß das Kind sich überall im Haus bewegt, die Treppen auf und ab und die Flure entlang geht, und einen Eindruck von der Größe und der Raumaufteilung des Hauses bekommt.

Perfektion der Wahrnehmung

Einige Beispiele für besonders perfekt entwickelte auditive Perzeption sind:
- Der Musiker unterscheidet und erinnert Töne.
- Der Ornithologe unterscheidet Vogelstimmen, auch ohne die Vögel zu sehen.
- Der Sprachforscher unterscheidet feine Nuancen in Intonation und Dialekt.

Das retardierte Kind

Soll dem retardierten Kind in der Entwicklung der auditiven Perzeption geholfen werden, ist es wichtig, daß das Kind die verschiedensten Geräusche und Laute zu hören bekommt. Damit wird es stimuliert hinzuhören und seine Erfahrungen mit Geräuschen und Lauten werden erweitert. Hierfür muß das Entwicklungsniveau des Kindes bestimmt werden. Man muß wissen, ob das Kind rein reflektorisch den Kopf nach der Schallquelle dreht, oder ob der Kortex soweit entwickelt ist, daß sich das Kind für die Geräusche interessiert und motiviert den Kopf dreht, um die Schallquelle zu entdecken.

Im erstgenannten Stadium, wenn die Geräusche noch nicht wirklich perzipiert werden, ist es günstiger, dem Kind nahe Geräusche und Laute anzubieten. Sie sollten so lange wiederholt werden, bis das Kind weiterentwickelt ist, und das Kind begreift, woher ein bestimmtes Geräusch kommt. Das klingt ganz selbstverständlich, denn es ist genau die Vorgehensweise einer Mutter im Umgang mit ihrem normal entwickelten Säugling. Ein retardiertes Kind braucht für jedes Entwicklungsniveau mehr Zeit, mehr Geduld und sehr viel mehr Wiederholungen.

Vor allem muß das Kind auf Geräusche aufmerksam werden. Es muß sich auf das Hinhören konzentrieren können, andernfalls

kann man nicht davon ausgehen, daß das Kind überhaupt das Geräusch oder den Laut hört.

2.3.1 Defizite im Hören

Wenn ein Kind nicht richtig hört, kann das verschiedene Ursachen haben:
- Defekt des Sinnesapparates
- Zentrale Ursachen (d.h. Hirndefekte)
- Psychische Ursachen
- Umweltbedingte Ursachen
- Verzögerte Entwicklung
- Andere Ursachen

1. Defekt des Sinnesapparates

Taubheit und Schwerhörigkeit

Wenn der Sinnesapparat im Ohr nicht richtig funktioniert, sollte der Arzt die Diagnose stellen und eine Behandlung in Gang setzen. Es ist nie zu früh, wegen dieser Abklärung das Kind einem Arzt vorzustellen. Hörgeräte gibt es in bestimmten Fällen schon ab dem ersten Lebensjahr.

Spezielle Lehrer für taube Kinder, Sprachtherapeuten und Logopäden helfen, einen eventuell vorhandenen Hörrest auszunutzen. Auf die besondere Pädagogik für diese Kinder kann hier nicht eingegangen werden. Doch soll kurz gesagt werden, daß die Taubstummensprache eine Fingersprache ist, die einen ganz fein entwickelten Bewegungssinn (kinästhetische Perzeption) verlangt. Er muß mit dem tauben Kind besonders geübt werden, denn im Vergleich zu gesunden Kindern kommen taube Kinder nicht mit besseren Sinnesapparaten ausgerüstet auf die Welt.

Taube Kinder bewegen sich oft tolpatschig, u.a. weil sie kein Feedback durch Echo (z.B. ihres eigenen Schrittes) bekommen. Rein psychisch haben sie oft Angst vor dem, was geschehen kann, wenn sie sich schnell und plötzlich bewegen. Das hemmt ihre Bewegungen. Sie können z.B. leicht eine Lampe vom Tisch reißen, wenn sie mit dem Rücken dagegen stoßen und die Lampe weder sehen noch umfallen hören. Bei allen Kindern, denen ein Sinn fehlt, müssen die anderen Perzeptionsbereiche gründlicher entwickelt werden, als es bei normalen Kindern geschieht. Bei der Entwicklung der Motorik muß ganz besonders Gewicht auf die kinästhetische Perzeption gelegt werden.

Hörgerät

Wenn ein Hörgerät verordnet worden ist, müssen Eltern und andere Personen, die mit dem Kind arbeiten, dessen Pflege und Kontrolle lernen, damit das Kind das Hörgerät richtig eingestellt hat. Wenn das Kind hierfür noch zu klein ist, müssen die betreuenden Personen die richtige Einstellung vornehmen und das Hörgerät regelmäßig reinigen. Außerdem muß von Zeit zu Zeit von einem Arzt, eventuell Wachs aus den Ohren des Kindes entfernt werden.

Der Erwachsene muß wissen, daß das Hörgerät alle Geräusche verstärkt. Ein Raum mit vielen lärmenden Kindern kann deshalb äußerst unbehaglich wirken. Schließlich ist es Aufgabe des Erwachsenen, zu beobachten, wie abhängig das Kind von dem Hörgerät ist.

Leichte Schwerhörigkeit

Ein Kind mit herabgesetztem Hörvermögen sollte in der Klasse so sitzen, daß es die Gesichter von Lehrer und Klassenkameraden sehen kann. Das Gehör muß aber andererseits auch soweit wie möglich ohne Zuhilfenahme der Augen geübt werden, selbst wenn mit dem günstigen Sitzplatz des Kindes in der Klasse seine Teilnahme an allen Aktivitäten gesichert ist.

2. Zentrale Ursachen (Hirndefekte) Intelligenzdefekte

Bezüglich der Fortschritte, die man von dem Kind erwarten kann, muß das Intelligenzniveau berücksichtigt werden.

Impressive Dysphasie.

Darunter wird ein auditiver Perzeptionsdefekt verstanden, d.h., ein mangelhaft entwickeltes auditives Sprachverständnis der gehörten Sprache. Es fehlt die Fähigkeit, gehörte Sprache differenziert zu verstehen und zu erinnern (s. S. 64 und S. 100). Häufig ist es schwer, die Diagnose Dysphasie zu stellen, vor allem dann, wenn gleichzeitig Hör- und Intelligenzminderung vorliegen.

3. Psychische Ursachen

Abgesehen von verschiedenen neurotischen und psychotischen Erkrankungen, die hier nicht weiter beschrieben werden sollen, können auch Schüchternheit und schlechte Konzentrationsfähigkeit dazu führen, daß ein Kind nicht richtig zuhört. (s. „Konzentration" S. 135).

4. Umweltbedingte Ursachen

Ursächlich für mangelhaft entwickelte Sprache kann zu geringe Aufmerksamkeit der Erwachsenen sein. Möglicherweise wird mit dem Kind zu wenig gesprochen oder die Sprache ist für das Kind unverständlich, weil sie nicht dem mentalen, sondern dem chronologischen Alter des Kindes entspricht.

Bei größeren Kindern können fehlende soziale Kontakte dazu führen, daß es nicht Gelegenheit genug hat, Gesprochenem zuzuhören. Wenn Erwachsene mit einem Kind spazieren gehen, dann sollten sie die ganze Zeit mit dem Kind sprechen.

Würden sich zwei Erwachsene über den Kopf des Kindes hinweg miteinander unterhalten, würde sich die Sprache des Kindes nicht weiter entwickeln. Bei allen Aktivitäten des Erwachsenen sollte das Kind dabei sein dürfen: In der Küche soll es zusehen und am besten natürlich mitmachen dürfen, wenn Wäsche gewaschen, gebügelt, Essen gekocht, eingekauft usw. wird. Während dieser Tätigkeiten soll sich der Erwachsene fortlaufend mit dem Kind unterhalten.

5. Verzögerte Entwicklung

Liegt bei einem Kind eine allgemeine Entwicklungsverzögerung vor, die häufig mit psychischen, umweltbedingten oder anderen Ursachen verbunden ist, dann muß die Entwicklung in jedem einzelnen Bereich von der Stufe aus angeregt und stimuliert werden, auf der sich das Kind befindet.

Andere Ursachen.

Auch eine Erkältung oder vermehrtes Wachs in den Ohren kann vorübergehend zu einer Hörminderung führen.

Die Bedeutung des Wortschatzes.

Das Kind muß die Bezeichnung der Schallquelle verstehen und später selbst sagen können, so daß Sprechen und Hören gleichzeitig geübt werden.

Um Geräusche verstehen zu können, ist die Kenntnis vieler Wörter nötig: klingeln, rasseln, schneiden, flöten, klatschen, trampeln, schlagen, fallen, singen, hoch, leise, kräftig, zart, usw.

2.3.2 Hören und Unterscheiden von Geräuschen

Weil der Großteil der intellektuellen Entwicklung durch Hören erfolgt, ist frühzeitiges Hörtraining unter Berücksichtigung des neurologischen Entwicklungsstandes des Kindes wichtig. Soweit möglich, sollte das Hörtraining in Zusammenarbeit mit einem Sprachtherapeuten oder Logopäden erfolgen.

Auf den folgenden Seiten möchte ich einige Beispiele nennen, wie ein retardiertes Kind, dessen Hörvermögen vom Sinnesapparat her intakt ist, in der Entwicklung der auditiven Perzeption stimuliert werden kann.

Das Kind muß die verschiedensten Geräusche zu hören bekommen. Es muß diese Geräusche erleben, um mit ihnen Erfahrungen

zu sammeln. Je mehr Impulse das Gehirn bekommt, desto mehr wird seine Funktion stimuliert. Zusätzlich muß das Kind von eventuellen Hintergrundgeräuschen wahrnehmen lernen. Falls es ihm schwerfällt, sollten die Übungen zunächst mit dem Kind allein in einem ruhigen Raum ohne Hintergrundgeräusche stattfinden.

Sobald das Kind mit Hilfe der Augen Geräusche unterscheiden gelernt hat, sollte es versuchen, den Laut ohne Zuhilfenahme der Augen wiederzuerkennen.

Übungen

Die Aufmerksamkeit des Kindes auf alle möglichen Geräusche in der Umgebung wird geweckt.

a) Grobes Unterscheiden:

Das Telefon klingelt.

Es klingelt an der Tür.

Jemand spricht laut.

Ein Gegenstand fällt auf den Fußboden.

Eine Trompete wird geblasen.

Auf der Straße wird laut gerufen.

Ein Hund bellt.

Der Wasserkessel pfeift.

b) Feines Unterscheiden naher Geräusche:

Männliche Stimme – weibliche Stimme

Papier raschelt.

Wasser tropft.

„Sei mäuschenstille! Was hörst Du jetzt?"

Regen fällt gegen die Fensterscheibe.

Peter putzt sich die Nase.

Else ißt einen Apfel.

c) Feines Unterscheiden entfernter Geräusche:

Das Kind soll Geräusche wahrnehmen und benennen können, die aus einem anderen Raum herüberdringen.

Das Radio in der Wohnung über uns ist eingeschaltet.

Unter uns geht ein Staubsauger.

Ein Vogel singt im Baum.

Wenn das Kind mit einem Erwachsenen spazieren geht, sollte es auf alle Geräusche aufmerksam gemacht werden.

„Erzähle mir, welche Geräusche Du auf dem Weg nach Hause gehört hast!"

Das Kind soll versuchen, die gehörten Laute nachzumachen.

d) Spezielle Übungen zum Unterscheiden der Tonhöhe, Tonstärke, Tonlänge und Rhythmus:

„Tritt hart auf den Boden auf, wenn laut gespielt wird, und ganz vorsichtig, wenn leise gespielt wird!"

Es wird Klavier oder ein anderes Instrument gespielt: „Geh' auf Zehenspitzen, wenn Du hohe Töne hörst und geh' mit gebeugten Knien, wenn Du tiefe Töne hörst!"

Der Erwachsene singt dem Kind etwas vor, und singt mit ihm zusammen.

Das Kind schlägt drei Glocken mit verschiedener Tonhöhe an: „Welche Glocke schlage ich jetzt an?" (Das Kind hat dabei die Augen geschlossen.)

Töne mit verschiedenen Längen werden auf verschiedenen Instrumenten gespielt.

e) Ein vereinfachtes Morsesystem wird mit Klatschen oder Trommeln nachgemacht: z.B. indem das Kind ohne hinzusehen mit dem Bleistift auf die Tischkante schlägt und folgende Rhythmen nachahmt:

1) - - = 2 langsame Schläge mit einer Pause

2) -- = 2 schnelle Schläge hintereinander

Langsame und schnelle Schläge werden kombiniert:

3) -- --   4) - --   5) --- -   6) - - -
7)-- - --   8)-- -- --   9) -- - --   10) - - - -
11)- - - --   12) ---   13) - ---   14) -- ---
15) - --- --

(nach M. Stambak)

Wenn ein debiles Kind im Schulalter zum ersten Mal Aufgaben e) macht, schafft es sie in der Regel nicht weiter als bis 3) oder 5). Nach einiger Zeit des Übens und des Zuhörens gelingt ihm auch 8) oder 9). Nur ganz wenige Debile schaffen ohne Zögern alle 15 Aufgaben.

Die schnellen Schlagfolgen sind schwer zu erfassen. Bei allen Übungen sollte das Tempo gleich sein.

Unterscheiden von Wort und Sprache

Ein Sprachtherapeut oder Logopäde legt das Übungsprogramm fest, das auch die Erwachsenen in der näheren Umgebung des Kindes ganz genau zu befolgen haben. Nach einer Weile muß das Kind Gesprochenes auch erfassen können, wenn das Gesicht der sprechenden Person ihm nicht mehr zugewandt ist.

Später in der Entwicklung wird, soweit es von der Intelligenz her möglich ist, der Sprachrhythmus geübt. Um den richtigen Rhythmus und die richtige Betonung der Worte und Sätze zu erreichen, kann es helfen, erst Einzelrhythmen (wie die oben beschriebenen) zu üben. Als nächstes läßt man das Kind die betonten und unbetonten Silben eines neugelernten Wortes durch Klatschen oder Spielen eines Instrumentes wiedergeben, z. B.:

- „Straße" = eine betonte und eine unbetonte Silbe
- „Das ist ein Hund„ = betont – unbetont – unbetont – betont

Diese Methode wird allerdings weit differenzierter als oben angedeutet im Unterricht für Schwerhörige verwandt; sie kann aber ohne Bedenken für alle Kinder im Sprachunterricht benutzt werden. Auf diese Weise wird der Sprachrhythums geübt. Gleichzeitig macht es dem Kind viel Spaß.

Bei weiterer Entwicklung kann das Kind selbst den Rhythmus bestimmter Worte und

Sätze herausfinden. Dies ist allerdings viel schwerer und für ein retardiertes Kind kaum möglich.

2.3.3 Auditive Lokalisation und auditives Gedächtnis

Richtungs- und Entfernungsschätzung (Lokalisation)

Geräusche zu lokalisieren, wird durch Üben und Erfahrung gelernt. Dabei ist die Zusammenarbeit beider Ohren wichtig. Das Lokalisierungsvermögen ist eingeschränkt, wenn ein Ohr schlechter hört.

Übungen

„Aus welcher Richtung kommt das Geräusch?"

„Kommt das Auto näher, oder fährt es weg?"

„In welchem Baum singt der Vogel?"

Ein Wecker wird versteckt, „Wo ist er?"

Der Erwachsene klingelt mit einer kleinen Glocke vor, hinter und seitlich vom Kind; dann oben und unten von ihm. Dabei läßt man das Kind auf das Glöckchen zeigen. Dies wird anschließend mit verbundenen Augen in einer anderen Reihenfolge wiederholt.

Mit verbunden Augen:

„Mäuschen, sag mal 'Piep'!" spielen.

Der Lehrer klingelt mit einer Glocke, flötet o. ä. an verschiedenen Stellen im Raum. Das Kind soll mit dem Finger zeigen, woher das Geräusch kommt.

Zwei Erwachsene machen in unterschiedlichem Abstand vom Kind ein Geräusch. „Welches Geräusch ist näher?"

Auditives Gedächtnis

Das Kind muß neurologisch einen gewissen Entwicklungsstand erreicht haben, um mündliche Erklärungen oder z. B. eine er-

zählte Geschichte verstehen und sich später daran erinnern zu können. Zusätzlich sind Konzentrationsfähigkeit, und ein bestimmtes Maß an Übung nötig. Erinnerungsvermögen ist meistens an Verständnis gebunden. Kinder mögen gern vor dem Einschlafen eine Geschichte erzählt bekommen. Zuerst besteht sie aus drei oder vier Sätzen mit einer dem Kind leicht verständlichen Bedeutung und Wortwahl. Man kann dann das Kind auffordern, diese Geschichte noch einmal in einer anderen Fassung (z. B. als eine Art „Drama") zu erzählen. In der Regel wird ihm das Spaß machen. Diese Geschichte wird mit der Zeit immer länger und ausführlicher. Sie trainiert das Kurzzeitgedächtnis. Das Langzeitgedächtnis läßt sich üben, indem man das Kind dieselbe Geschichte am nächsten Morgen oder nach einigen Tagen wieder erzählen läßt.

Etwas über längere Zeit erinnern zu können, fällt retardierten Kindern oft sehr schwer, und Wiederholungen derselben Geschichte und Wiedererzählen in Variationen ist notwendig. Das auditive Gedächtnis wird bei retardierten Kindern am einfachsten geübt, wenn zu Anfang gleichzeitig andere Sinne mit in die Übungen einbezogen werden. Also Sehen, Fühlen und der Bewegungssinn. Später wird rein auditiv geübt.

Übungen

Es ist immer gut, bei ganz gewöhnlichen alltäglichen Tätigkeiten das Kind mit einzubeziehen. Etwa, indem das Kind beim Einkaufen im Supermarkt aufgefordert wird, ein, zwei oder mehr Dinge aus den Regalen zu holen.

„Nimm das Buch hier vom Tisch und lege es auf das Regal da, dann schließe die Tür (Sehen, Hören, Bewegung)". (Der Erwachsene zeigt auf Tisch, Regal und Tür.)

„Nimm das Buch vom Tisch, lege es auf das Regal und mach die Tür zu!"

„Hüpfe auf einem Bein zur Tafel, zeichne ein Viereck, drehe Dich dreimal um Dich selbst und setzte Dich wieder auf Deinen Stuhl!"

„Gehe zum Kaufmann und kauf Zucker, Kaffee und Sprudel!" (Später wird dieser Satz variiert und heißt dann: „Ein Kilo Zucker, ein halbes Kilo Kaffee, zwei Flaschen Sprudel!" (Ähnliche Übungen kann der Erwachsene selbst konstruieren.)

2.4 Die Taktilen Sinne

Hautsinne – Oberflächensensibilität

(tactus: Fühlen, Tasten
sensibilitas: Empfindung)

Die Aufgaben können erschwert werden, indem man das Kind mehrere Dinge „einkaufen" läßt oder indem man das Kind erst die Treppe herunterschickt, dann wieder herauflaufen läßt, bevor es zum „Kaufmann" kommt. Vielleicht trifft es hier ein anderes Kind, das zu ihm etwas sagt, worauf vielleicht alles, was es „einkaufen" sollte, vergessen wird. Schließlich geht das Kind richtig zum Kaufmann, möglichst ohne daß es den mitgebrachten Zettel zeigt.

Für ein Kind ist es manchmal schwer, eine mündliche Aufforderung oder überhaupt Gehörtes im Gedächtnis zu behalten. Fordert man es auf, verschiedenes beim Bäcker einzukaufen, hilft es dem Kind, wenn es die Dinge, z. B. das große Schwarzbrot, die Tüte Milch oder den Kuchen mit Schlagsahne mit seinem „geistigen Auge" betrachtet.

Das normale Kind

Verschiedene Sinne sind in Haut und Schleimhaut (u.a. Nase, Mund) lokalisiert:
– Berührungssinn (Tastsinn)
– Schmerz- und
– Temperatursinn
Bezüglich der *Einschätzung von Gewicht* siehe Kinästhetische Perzeption S. 113

2.4.1 Berührungssinn

Der entsprechende Reiz für den Berührungssinn ist der Druck auf die Hautoberfläche. Dabei wird die Haut leicht eingedrückt, d.h. die Haut wird gedehnt.

Die Empfindlichkeit für die Berührung ist dort am größten, wo die Sinneszellen (Rezeptoren) für Druck am dichtesten liegen, z. B. an der Zungenspitze oder an den Fingerbeeren. Am Rücken liegen die Berührungsrezeptoren weit auseinander, deshalb fällt es am Rücken schwer, zu unterscheiden, ob eine Berührung mit einem oder mit zwei Fingern geschieht.

Unter Berührungssinn kann zweierlei verstanden werden: a) Der Erwachsene berührt den Körper des Kindes. b) Das Kind berührt jemand anderes oder einen Gegenstand.

Schon in den ersten Lebenswochen reagiert das Kind auf Hautreize, in dem es z. B. einen Arm oder ein Bein anzieht (Abwehrreaktion). Der Such-, Saug-, und Schluckreflex wird durch Haut- oder Schleimhautberührung ausgelöst. Später saugt das Kind an allem. Es befühlt die Unterschiedlichkeit verschiedener Gegenstände mit Lippen und Zunge.

Während sich das Zentralnervensystem weiterentwickelt, entwickelt sich gleichzeitig mit dem Fühlen in den Fingerspitzen eine differenzierte Handmotorik. Das Kind benutzt jetzt nicht mehr ausschließlich den Mund, sondern auch die Finger, um etwas zu befühlen. Das Kind fühlt die Hände der Mutter oder des Vaters und läßt sich durch sie beruhigen.

Es ist wichtig, das Kind viel zu berühren und anzufassen. Dann kann sich die taktile Perzeption am ganzen Körper entwickeln, das Kind lernt seinen Körper kennen und wahrzunehmen. Es ist der Anfang von *Körperbewußtsein* und *Ich-Bewußtsein.*

In vielen asiatischen Ländern massieren die Mütter ruhig und liebevoll täglich eine halbe Stunde ihre Kinder. Beide genießen die Massage und sind ganz bei der Sache. Eine Mutter sagte: „Das Kind wird stark, gesund und froh durch die Massage." Zweifellos ist das richtig. Der französische Arzt Frederic Leboyer, die dänische Psychologin Lis Thrane Mortensen und viele andere sind von dieser Methode der Säuglingsmassage überzeugt.

a) Den Körper des Kindes berühren

über eine größere Fläche oder an einem bestimmten Punkt.

z. B. mit der flachen Hand oder mit einem einzelnen Finger. Die Berührung kann entweder: tiefgehend, kräftig und hart oder leicht und sanft sein.

Entsprechend dem Entwicklungsstand des Zentralnervensystems nimmt das Kind wahr, sobald es berührt wird:

wo die Haut berührt wird
und später eventuell auch
womit die Haut berührt wird.

b) Das Kind berührt jemand anders oder einen Gegenstand.

Der Säugling berührt z. B. die Brust der Mutter mit Mund und Fingern oder vielleicht das Gesicht des Vaters. Der Saugreflex wird durch die Berührung der Brustwarze oder der Flasche ausgelöst. Zusammen mit der kinästhetischen Perzeption erfasst das Kind die *Konsistenz* eines Gegenstandes.

Z. B. fühlt es sich unterschiedlich an, ob man einen weichen Ball oder eine harte Holzkugel anfaßt.

Durch Berührung erfährt das Kind von einem Gegenstand *Oberfläche und Stoffcharakter.*

Z. B. fühlt sich Seide anders an als Wolle, wenn man mit dem Finger darüberstreicht.

Mit Hilfe der stereognostischen Sinne (stereo = fest, gnosis = Erkenntnis) lassen sich von einem Gegenstand ohne Zuhilfenahme der Augen ausschließlich durch den Berührungssinn (und kinästhetisch) Konsistenz, Oberfläche und Stoffcharakter erkennen wie auch *Form und Dimension (bzw. Größe).*

Z. B. findet man in einer Tasche, in der viele verschiedene Münzen sind, einen Groschen heraus.

Die sexuelle Entwicklung des Kindes

Die sexuelle Entwicklung beim Säugling und Vorschulkind gehört mit unter das Thema der taktilen Perzeption. Doch diesbezüglich möchte ich auf spezielle Literatur (S. Freud) verweisen

Die Koordination mit Motorik und anderen Sinnen

Das Kind bewegt sich auf den gewünschten Gegenstand zu, nimmt ihn in die Hand, befühlt ihn, und untersucht ihn genauer. Vielleicht sagt es den Namen des Gegenstandes. Mit Mund und Zunge befühlt es die Konsistenz des Essens, dessen Form und Oberfläche. Die Motorik ist also von entscheidender Bedeutung für das Ausmaß an taktilen Erfahrungen, die ein Kind macht.

Der Berührungssinn wird von anderen Sinnen unterstützt, z. B. in der folgenden Weise:

- Das Kind muß die einzelnen Körperteile kennen, wenn es wahrnehmen und sagen soll, wo es berührt wird.
- Sehen: Das Kind sieht und fühlt, daß der Tisch glatt ist.
- Hören: Wenn man mit dem Finger über etwas Rauhes streicht, kann man das fühlen bzw. hören.
- Riechen und Schmecken: Die Charakteristika verschiedener Nahrungsmittel werden mit visueller, taktiler und kinästhetischer Perzeption und durch Geruch- und Geschmackssinn herausgefunden.
- Kinästhetische Perzeption: Die Gewichtsschätzung unterschiedlich schwerer Gegenstände erfolgt durch die Wahrnehmung der entsprechend geringeren oder stärkeren Muskelspannung.

Perfektion

Als Beispiel für besonders fein entwickelten Tastsinn kann man einen blinden Menschen anführen, der schnell und präzise die Blindenschrift (tastend) liest. Um das zu lernen, ist langes, geduldiges Training der taktilen Fertigkeit notwendig.

Ein Physiotherapeut sollte Anomalien der Gelenke, Muskeln, usw. bei einem Patienten fühlen können.

Das retardierte Kind

Ein vollständiger oder teilweiser Verlust der taktilen Sinne kann u. a. bei einigen Halbseitengelähmten (Hemiplegikern) in der Form vorkommen, daß die Oberflächensensibilität der Haut über den paretischen (gelähmten) Muskeln häufig herabgesetzt oder überhaupt nicht mehr vorhanden ist.

Auch bei normaler Funktion der taktilen Sinne sollte ein retardiertes Kind auf seine taktile Perzeption aufmerksam gemacht werden. Üben der taktilen Perzeption kann z. B. das eigene Körperempfinden verbessern, so daß eventuell ein Kind mit starkem Speichelfluß den Speichel fühlen und herunterschlucken lernt.

Man soll zu einem Kind so selten wie nur möglich sagen: „Fass' das nicht an!" Denn für das Kind gilt es, möglichst viele taktile Stimuli zu bekommen. Es soll lernen dürfen, alles anzufassen. Mit der flachen Hand, mit den Fingern, mit beiden Händen gleichzeitig oder nur mit einer Hand allein. Man soll ihm immer gleichzeitig die dazugehörigen Worte und Begriffe beibringen. Dadurch wird das Verstehen dessen, was es anfaßt, vertieft. Sprache, Wortschatz und Begriffsbildung werden erweitert. Auch hieran ist die kinästhetische Perzeption beteiligt.

Wortschatz.

Worte, die gelernt werden müssen, sind z. B. rauh, glatt, dicht, locker, dick, dünn, spitz, rund, kantig, lang, kurz, hoch, tief, breit, schmal, usw.

Sobald die Sprachentwicklung weit genug fortgeschritten ist, sollten die Steigerungen der Adjektive, z. B.: fein, feiner, am feinsten, auch mithilfe der taktilen Perzeption geübt werden.

Angst vor Berührung

Kinder mit autistischen Zügen sind möglicherweise ängstlich, wenn sie Gegenstände irgendwelcher Art anfassen, oder auch wenn sie andere Menschen berühren sollen oder selbst berührt werden. In diesen Fällen muß spezieller Rat bei einem Kinderpsychologen oder bei einem Kinder- und Jugendpsychiater geholt werden.

Übungen

a) Den Körper des Kindes berühren

Während das Kind zuschaut, berührt man es auf verschiedene Arten. Dann werden ihm die Augen verbunden und die Übung wird wiederholt. Das Kind sollte jetzt die verschiedenen Berührungsformen benennen, und das berührte Körperteil angeben können. Zuerst berührt man das Kind mit einer deutlichen kräftigen Berührung, dann mit einer leichten zarten. Z. B. über:

größere Körperareale:
Frottiere einen Oberschenkel mit einem groben Handtuch.

Bürste die Haut mit einer Nagelbürste.

Lege eine Hand fest auf ein Körperteil.

Streiche mit einem Pinsel über die Haut.

Oder eine bestimmte Stelle berühren, –
mit einem Finger –

mit einem spitzen Gegenstand –

mit einem Pinsel oder einer Feder.

Oder zwei Punkte unterscheiden:
Berühre zwei Stellen gleichzeitig, z. B. die linke Wange und den rechten Arm.

Berühre gleichzeitig das linke Auge und das linke Bein.

Beachte: Zuerst werden die Abstände zwischen den beiden berührten Punkten recht groß, dann werden sie enger gewählt.

b) Das Kind berührt einen Gegenstand und erfährt z. B.:

hart – weich: Der Ball ist weich, die Kugel ist hart. Viele verschiedene Gegenstände werden benutzt, damit das Kind nicht zwischen den Begriffen und den Gegenständen eine feste Verknüpfung zu erkennen meint.

steif – biegsam: Der Stock ist steif, der Draht ist biegsam.

elastisch: verschiedene Arten von Gummibändern werden mit einem nichtelastischen Band verglichen.

flüssig – fest: Wasser ist flüssig, das Brett ist fest.

Verschiedene Oberflächen und Stoffcharaktere.
Für diese Übungen kann verschiedenkörniges Sandpapier oder Stoffreste verwendet werden. Zuerst erfolgen die Übungen mit unverbundenen Augen, später blind. Z. B.:

glatt- rauh: Briefpapier ist glatt, Sandpapier ist rauh und unregelmäßig.

flauschig: Samt, Pelz.

dicht – locker: Hemdenstoff verglichen mit locker gewebten Stoffarten.

dick – dünn: Winterzeug, Sommerzeug. Die unterschiedlichen Wärmeeigenschaften werden besprochen.

grob – fein: Sandpapier wird nach der Korngröße sortiert. Seide – Wolle- Baumwolle – Synthetik: „Aus welchem Stoff ist dieses Kleid? Wird es kraus?"

Form und Dimension
Wenn Formen taktil nur schwer erfaßt werden können, muß das visuelle Erkennen von Formen zuerst geübt werden. Die taktile Perzeption von Form und Dimension hilft dem retardierten Kind, später Zahlen- und Buchstabensymbole zu erlernen. Das Kind muß die Form eines Gegenstandes vollständig verstanden haben, wenn es dieselbe Form ohne Zuhilfenahme der Augen nur durch Ertasten wiedererkennen soll. Die Übungen können zum Beispiel in folgender Reihenfolge zuerst mithilfe der Augen, dann mit verbundenen Augen ablaufen:

große dreidimensionale Gegenstände, z. B. Spielzeug

kleinere dreidimensionale Gegenstände

große zweidimensionale Gegenstände, z. B. Anziehpuppen

kleinere zweidimensionale Gegenstände

große dreidimensionale geometrische Figuren

kleinere dreidimensionale geometrische Figuren

große zweidimensionale geometrische Figuren

kleinere zweidimensionale geometrische Figuren

Später:
Zahlen und Buchstaben aus Sperrholz oder Pappe.

Die Aufgabe wird schwerer, je dünner die Pappe ist. In ein undurchsichtiges Säckchen werden viele verschiedene bekannte Gegenstände getan. Erst übe man mit größeren, dann mit kleineren Gegenständen. (Würfel, Perle, Rind, Schlüssel usw.) Ohne zu gucken greift das Kind mit einer Hand in das Säckchen, findet einen Gegenstand, benennt ihn, und holt ihn schließlich heraus. Wenn das Kind nicht sprechen kann, arbeitet man mit zwei gleichen Gegenstandsgruppen. Die eine befindet sich in dem Säckchen, die andere liegt auf dem Tisch. Anstatt den erfühlten Gegenstand zu benennen, zeigt das Kind auf den entsprechenden Gegenstand.

Untersuchung: *Der stereognostische Sinn*

Eine Untersuchung 104 debiler Kinder im Alter von 9 bis 18 Jahren ergab, daß bei der Einschulung 7 Kinder keine stereognostische Differenzierungsfähigkeit hatten. Am Ende des Schuljahres hatten es 6 von ihnen gelernt, und auch das 7. Kind konnte ein Jahr später Form, Größe und Konsistenz ohne Zuhilfenahme der Augen erkennen.

Im Hinblick auf spätere Arbeit z. B. in einer Werkstatt, ist es wichtig, daß der stereognostische Sinn gut trainiert wird. Häufig kann man erleben, daß ein junger retardierter Mensch in einer Werkstatt arbeitet, und nicht die Form eines Metallstückes fühlend erkennen kann, z. B. wenn das dickere Ende in eine Maschine gesetzt werden soll (Holle 1972, 1973).

2.4.2 Schmerzsinn

Das normale Kind

Die Haut und fast alle Schleimhäute sind mit Schmerzrezeptoren ausgestattet. Schmerz hat eine schützende Wirkung, indem z. B. der betroffene Körperteil vom Auslöser des Schmerzes weggezogen wird. Wenn das Kind sich irgendwo sticht, oder etwas zu Heißes anfaßt, wird es Arm und Hand zu sich heranziehen.

Vom 18. Monat an berührt das Kind den schmerzenden Körperteil, doch erst mit ungefähr vier Jahren kann man von einem Kind erwarten, daß es auf den Körperteil zeigt und ihn benennt.

Koordination mit der Motorik und mit anderen Sinnen.

Wie eben gesagt, ist es wichtig, sich von der schmerzverursachenden Quelle entfernen zu können (z. B. von der kratzenden Katze, von Brennesseln oder von einem brennenden Haus.)

Sehen und Hören – verknüpft mit Erfahrung und Erinnerung – ermöglichen, daß Schmerzen vermeidbar werden. Z. B. hört das Kind das Feuer im Ofen knistern, und es versteht, daß Feuer heiß ist. Es hört die Biene summen und weiß, daß es aufpassen muß, damit es nicht gestochen wird.

Das retardierte Kind

Ein retardiertes Kind braucht viele Erfahrungen mit schmerzauslösenden Dingen und Situationen. Nur so lernt es mit der Zeit, sie zu umgehen.

Andererseits darf das Kind aber auch nicht zu sehr geängstigt werden. Es muß mit vielen unbekannten Dingen vertraut gemacht werden, weil Fremdes die Angst nur noch vermehren würde. Z.B.: Wenn ein Kind im Krankenhaus geröntgt werden soll und Angst davor und vor den Ärzten hat, dann kann die Mutter mit ihm Krankenhaus spielen, es ausgezogen auf den Eßtisch legen, die Hängelampe herunterziehen und für einen kurzen Augenblick anknipsen. Dabei kann die Mutter erzählen, daß die Lampe eine Art Fotoapparat sein soll, der ein Bild vom Bein oder von irgend einem anderen Körperteil des Kindes macht.

Schmerzwahrnehmung scheint bei einem retardierten Kind weniger entwickelt zu sein als bei einem normal begabten Kind. Ob das nun wirklich der Fall ist, ist - soweit ich weiß - wissenschaftlich nicht bewiesen. Wenn die Schmerzgrenze recht hoch zu liegen scheint, ist dies möglicherweise auf die geringe Konzentrationsfähigkeit des Kindes zurückzuführen.

2.4.3 Temperatursinn

Das normale Kind

In der Haut und in den Schleimhäuten findet man abgesehen von den beschriebenen Druck- und Schmerzrezeptoren auch Kälte- und Wärmerezeptoren. Durch eigene Erfahrung lernt das Kind mit der Zeit, welche Dinge heiß und welche kalt sind. Das wechselnde Wetter und die verschiedenen Jahreszeiten können dem Kind die unterschiedlichen Temperaturen anschaulich machen. Bald lernt das Kind wahrzunehmen, wann es friert oder schwitzt, und auch, daß man die Temperatur regeln kann. Mit fünf Jahren kann es selbst die Wassertemperatur in der Badewanne einstellen.

Koordination mit Motorik und anderen Sinnen.

Motorik: Das Kind erfährt, wie praktisch es ist, sich von einem Lagerfeuer oder von einem heißen Ofen entfernen zu können, oder, daß man sich wärmer anziehen möchte, weil einem kalt ist. Bei der Beurteilung der Temperatur kann z.B. das Sehen beteiligt sein: An der Fensterscheibe sind Eisblumen. Auch das Gehör kann beteiligt sein: Der Kessel pfeift, weil das Wasser kocht. Also ist der Kessel heiß und man darf ihn nicht anfassen!

Das retardierte Kind

Das retardierte Kind braucht Anleitung, um durch Erfahrungen ein sicheres Unterscheidungsvermögen für verschiedene Temperaturen zu erlangen. Sein Gedächtnis muß geschult werden, damit es sich an die (zu)heißen und (zu)kalten Dinge erinnert, die unbehaglich oder gefährlich sein können. Wenn das Kind an der anfallenden Hausarbeit beteiligt wird, macht es auf natürliche Art Erfahrungen. Es sollte z.B. verstehen können, wenn gesagt wird: „Die Gardinen dürfen nur mit lauwarmem Wasser gewaschen werden."

Wortschatz:

Warm, kalt, lau, Dampf, Flüssigkeit, Eis, frieren, schwitzen, kochen, schmelzen.

Später folgen die Steigerungsformen der Adjektive: z.B. kalt, kälter, am kältesten.

2.5 Geschmacks- und Geruchssinn

Das normale Kind

Geschmackssinn

Die Wahrnehmung erfolgt zunächst durch Reiz der Sinneszellen in den Geschmacksknospen der Zunge. Kinder haben zusätzlich Geschmacksknospen im Gaumen und den Innenseiten der Wangen. Deshalb erleben Kinder Geschmacksreize stärker als ältere Menschen, die weniger Geschmacksknospen haben. Es gibt bekanntlich vier Geschmacksqualitäten:
salzig (Salz, Speck, Meerwasser)
süß (Zucker, Kuchen, Marmelade, Bonbons)
sauer (Zitrone, unreifes Obst)
bitter (Grapefruit, starker Tee).

Der Geruchssinn

Der Geruchssinn ist an Sinneszellen (= Riechepithel) in der oberen Nasenhöhle gebunden. Gerüche werden stärker wahrgenommen, wenn kräftig eingeatmet wird. An Gerüche kann man sich gewöhnen: So werden z. B. alltägliche Gerüche weniger stark wahrgenommen als fremde Gerüche, auch wenn der Geruchssinn sonst gut entwickelt ist.
Der Geruchssinn kann in gewissen Gefahrensituationen Bedeutung bekommen, z. B. wenn es nach Verbranntem riecht. Ebenso verhindern Geruchs- und Geschmackssinn, daß Übelriechendes oder Schlechtschmeckendes gegessen oder getrunken wird – es kann ja auch eventuell schädlich sein.
Beim Essen spielt der Geruchssinn eine viel größere Rolle als der Geschmackssinn. Was gewöhnlich als Schmecken bezeichnet wird, ist meist ein gemischter Sinneseindruck aus Riechen und Schmecken.
Das Neugeborene kann riechen und schmecken. Es spuckt mit Abscheu seinen Nuckel wieder aus, wenn man ein bißchen Salz darauf gestreut hat, und nuckelt zufrieden an ihm, wenn er in Zucker getaucht wurde. Schon in den ersten Lebenswochen ist ein gewisses Unterscheidungsvermögen da.
Sobald das Kind seine Hände gebrauchen kann, steckt es alles in den Mund, lutscht daran, beißt, schmeckt und riecht an allen Gegenständen.
Nach dem 12. Lebensmonat kann es sich über eine längere Zeit an einen bestimmten Geruch oder Geschmack erinnern. Danach erweitert sich der Erfahrungsbereich des Kindes allmählich. Es erfährt, daß ein Kuhstall anders riecht als ein Schweinestall, daß Heu und Blumen einen unterschiedlichen Duft haben. Essen wird interessanter und bedeutungsvoller für das Kind, wenn es selbst die verschiedenen Speisen auf dem Tisch unterscheiden kann.

Koordination mit Motorik und anderen Sinnen

Beim Schmecken ermöglicht die Bewegung von Zunge, Lippen und Wangen, daß die Geschmacksstoffe mit den Geschmacksknospen in Berührung kommen. Dadurch wird der Geschmack kräftiger wahrgenommen. Die Hände nehmen das Essen und führen es zum Mund. Will man riechen, wird der Kopf nach vorn gebeugt und die Hände nehmen und führen das, woran man riechen möchte, zur Nase. Eventuell wird dabei der Kopf leicht in den Nacken gelegt, um einen Geruch, der von weither kommt, besser wahrnehmen zu können. Jedesmal atmet man dabei kräftig ein und die Nasenflügel weiten sich, so daß möglichst viel Geruchsstoff das Riechepithel erreichen kann.
Tast- und Temperatursinn und die kinästhetische Perzeption untersuchen Konsistenz und Temperatur des Essens. Die visuelle Perzeption unterstützt den Geruchs- und Geschmackssinn beim Erkennen der Nahrung. Wie differenziert die Perzeption entwickelt sein kann, hängt von der Erfahrung

ab, – wobei u.a. auch das Erinnerungsvermögen eine große Rolle spielt. Das Riech- und Schmeckvermögen kann bis zu verblüffender Perfektion trainiert werden, wie dies z.B. bei Kaffee-, Tee- und Weinschmeckern der Fall ist.

Das retardierte Kind

Auch wenn der Sinnesapparat selbst – also die Geschmacksknospen und das Riechepithel – intakt ist, muß einem retardierten Kind bei der Entwicklung des angemessenen Unterscheidungsvermögens geholfen werden. Dem Kind müssen mit diesen beiden Sinnen eigene Erfahrungen ermöglicht werden.

Wortschatz.
Zusätzlich zu den oben unter den Geschmacksqualitäten aufgezählten Wörtern sollte das Kind eine größere Anzahl weiterer Wörter lernen, die sich auf Riechen und Schmecken beziehen, z.B. die Bezeichnungen für verschiedene feste Stoffe, Flüssigkeiten und Nahrungsmittel.

Übungen

„Womit riechst du?"

„Riechst du schon, was es zu Mittag geben wird?"

„Ist das Apfelkompott süß genug?"

Ein Spiel, das dem Kind viel Spaß macht: Zuerst wird ihm erzählt, wie das Spiel abläuft. Es bekommt die Augen verbunden und soll anhand des Geruchs verschiedene Lebensmittel und anderes zu benennen versuchen, z.B. Kaffee, Tabak, Holz, Leder, Zahnpasta, Seife, Farbe, Blumen, Benzin, Tannenzweige usw. (Hierzu können Flüssigkeiten und pulverförmige Stoffe in leere Dosen gefüllt werden.)

Der Erwachsene geht im Freien mit dem Kind spazieren und macht es auf alles aufmerksam, was es in der Umgebung zu riechen gibt (Blumen, Blätter, Erde usw.).

2.6 Stellungs- und Muskelsinn

Kinästhetische Perzeption

Kinästhetische Sinneszellen nehmen Stellung und Bewegung der Körperglieder wahr und senden entsprechende Impulse zum Kortex (Großhirnrinde). Andere Bezeichnungen für den Stellungs- und Muskelsinn sind:

Tiefensensibilität: Damit wird beschrieben, daß die Sinneszellen sich im tiefer gelegenen Gewebe des Körpers befinden. (Die taktilen Sinneszellen dagegen liegen in der Haut und registrieren die Oberflächensensibilität.)

Propriozeptiver Sinn: Dieser Begriff beschreibt die vom eigenen Körper kommenden Impulse der Muskeln und Sehnen.

Das normale Kind

In Muskeln, Sehnen und Gelenkkapseln liegen die kinästhetischen Sinneszellen, die *erstens den Anspannungsgrad der Muskeln und zweitens die aufeinanderbezogene Stellung von Gelenken und Gliedern wahrnehmen.*
Kinästhetische Stimuli werden also direkt aus dem Körper selbst mitgeteilt, während die meisten anderen Sinne ihre Stimuli aus der Umgebung empfangen.

2.6.1 Grad der Muskelanspannung

Spannung – Entspannung,
Gewichts- und Konsistenzbestimmung

Die kinästhetischen Sinneszellen nehmen den Anspannungsgrad von Muskeln und Sehnen wahr und senden Informationen hierüber zum Großhirn. Bei Entspannungsübungen stellt die bewußte Anspannung und Entspannung von Muskeln den wichtigsten Faktor dar. Der genaue Anspannungsgrad eines Muskels beim Heben eines Gegenstandes läßt sich oft nicht exakt vorherbestimmen. Kinästhetische Erfahrung führt zu einem angemessenen Krafteinsatz: z. B. kann ein Gegenstand schwer aussehen, dann aber doch recht leicht zu heben sein. Auch die Wahrnehmung der Konsistenz eines Gegenstandes ist von dem Grad der Muskelspannung – in Verbindung mit der taktilen Wahrnehmung – abhängig: Dieser Unterschied wird z. B. deutlich, wenn man einen weichen Pilz und einen harten Stein anfaßt.

2.6.2 Die aufeinanderbezogene Stellung von Gelenken und Gliedern

Auch mit geschlossenen Augen läßt sich genau sagen, ob der Arm gestreckt oder gebeugt ist, ob das Bein nach vorn, nach hinten, oder zur Seite gestellt wurde, ob der Rücken krumm oder aufrecht gehalten wird. Die Korrektur der Körperhaltung basiert hauptsächlich auf der kinästhetischen Perzeption.

Bewußte kortikale Bewegungen

Normalerweise denkt ein Kind nicht darüber nach, wie es sich bewegt. Soll es aber neue Bewegungen einüben, erhält es gewöhnlich genaue Anweisungen: z. B. wie es die Finger beim Stricken halten soll, wie man einen Ketscher am besten festhält, oder wie das Kind die Füße halten soll, wenn es an einem Tau hochklettert. Das Greifen der Hände und die Bewegungen werden für kurze Zeit bewußt ausgeführt – so lange, bis die Bewegungen durch Wiederholung automatisiert sind.

Bewegungen in der Gymnastikstunde bewußt auszuführen, war eine zeitlang ganz verrufen. In den letzten Jahren wurde durch Entspannungsübungen und bewußte Kor-

rektur von Arbeitsstellungen, z. B. durch Hebetechnik – und nicht zuletzt durch die Ideen von Rudolf v. Laban – der Weg für eine neue Denkweise gebahnt.

Die sogenannte „Pädagogische Gymnastik" hat ebenfalls daran mitgewirkt, daß Gymnastik sich zu einem intellektuellen Fach gewandelt hat, in dem Körperwahrnehmung und bewußte Anwendung des Körpers vorausgesetzt wird. (siehe S. 117, 161).

Das Kind lernt seine Glieder und deren Bewegungen in Raum und Zeit wahrzunehmen. Es lernt seinen Körper zu beurteilen, und dessen Ausdrucksmöglichkeiten anzunehmen. Sein Selbstvertrauen und seine Ich-Entwicklung werden gefördert.

Alexander Lowen (s. Lit. ang.) schreibt: „Die Selbstwahrnehmung eines gesunden Menschen steht in Harmonie zum Aussehen seines Körpers." „Das Gefühl von Identität wurzelt im Gefühl, zum eigenen Körper Kontakt zu haben. Um zu wissen, wer man ist, muß über die eigenen Gefühle Klarheit bestehen. Der Mensch muß mit seinem eigenen Gesichtsausdruck, seiner Körperhaltung und seinen Bewegungen vertraut sein."

Koordination mit anderen Sinnes- und Wahrnehmungsbereichen

Die Koordination von visueller, kinästhetischer und taktiler Perzeption ist für die Ausbildung der Körperwahrnehmung und Lateralität (Seitigkeit) wichtig.

Sehen: Bewegungen und Körperhaltungen lassen sich z. B. mit Hilfe eines Spiegels kontrollieren. – Der Berührungssinn hilft unter anderem bei der Beurteilung von Gewicht und Konsistenz eines Gegenstandes. – Zeitbegriff: Bewegungen können mit unterschiedlicher Geschwindigkeit ausgeführt werden. – Richtungs-, Raum- und Formwahrnehmung unterstützen die kinästhetische Perzeption (siehe auch „Schreiben", Seite 194).

Manchmal ist es leichter, sich an etwas kinästhetisch als an etwas visuell Erlebtes oder rein Gedankliches zu erinnern: Sucht man nach einem abhanden gekommenen Gegenstand, läßt er sich oft leichter wiederfinden, wenn eine Bewegung erinnert werden kann: z. B. die Armbewegung, mit der etwas auf einen Schrank gelegt wurde, das jetzt vermißt wird. Ein anderes Beispiel für das kinästhetische Erinnerungsvermögen ist die Situation, wenn man von einer Reise heimkehrend ohne zu suchen, mit überraschender Sicherheit den passenden Schlüssel für die Haustür findet.

Perfektion

Stellen wir uns einen Klaviervirtuosen vor. Er ist mit den Gedanken ganz in den Fingerspitzen; er beobachtet seine Finger nicht, sondern nimmt ihre Bewegungen wahr. Manche Menschen sind sich ihrer Muskeln und Glieder mehr bewußt, als andere. Eine Balletttänzerin versucht ganz bewußt, den Stellungs- und Muskelsinn zu entwickeln. Sie übt jahrelang täglich viele Stunden vor einem Spiegel, um z. B. eine schöne, anmutige Armbewegung auszuführen. Ganz bewußt muß die Bewegung von der Schulter kommen und dann in eine Bewegung des Armes und der Hand übergehen, damit sich eine vollkommene Bewegung ergibt.

Die Psyche spielt bei Bewegungen eine große Rolle. Bevor im Tanz aber psychischer Ausdruck und Handlung möglich wird, müssen der Bewegungsapparat als Werkzeug und die Technik des Tanzens souverän beherrscht werden.

Das retardierte Kind

Eine schlecht entwickelte Motorik kann bis zu einem gewissen Grad – entsprechend der Entwicklung des Gehirns – durch systematische Übungen verbessert werden. Dies geschieht in der Weise, daß zuerst die Körperwahrnehmung stimuliert wird. Dann übt man Lateralitäts-, Richtungs- und Raumwahrnehmung und die kinästhetische Perzeption, bis das Kind ein Gefühl für seine Gliedmaßen und deren Bewegungen in Raum und Zeit bekommen hat. Damit ist gemeint, daß das Kind beurteilen lernt, wieviel Raum seine Gliedmaßen benötigen, in welcher Richtung und mit welcher Geschwindigkeit sie sich bewegen, ob die Bewegung an Geschwindigkeit zu- oder abnimmt. (siehe „Pädagogische Gymnastik", S. 160 und „Zeitbegriff" S. 131).

Ein normal begabtes Kind macht zu Hause täglich eine Menge kinästhetische Erfahrungen.

Übungen

Das Kind folgt z. B. der Mutter in die Küche und holt alle Töpfe und Pfannen aus dem Küchenschrank:

– Der eine Topf ist leicht, der andere schwer.

– Zwei Töpfe sind vielleicht gleich groß, aber verschieden an Gewicht.

– Die Schranktür läßt sich mit einer ganz bestimmten Armbewegung öffnen.

– Die Töpfe werden herausgezogen und wieder in den Schrank gestellt.

– Das Kind krabbelt auf den Küchenstuhl und hüpft wieder herunter; usf.

Das retardierte Kind kann leider viele dieser Erfahrungen nicht machen. Möglicherweise ist es so unruhig, daß die Mutter es nicht in der Küche bei sich haben kann, wenn sie das Essen zubereitet. Oder das Kind lebt in einem Heim, wo es nur selten in der Küche sein darf. Für ein Kind mit einer leichten Lähmung ist es besonders wichtig, daß die taktile und kinästhetische Perzeption stimuliert wird, denn nur so besteht Hoffnung, daß die Muskeln aktiviert werden und besser zusammenarbeiten.

Auf einem Abenteuerspielplatz kann das Kind viele die kinästhetische Perzeption betreffende Erfahrungen sammeln. Phantasiebegabten Erwachsenen fällt sicherlich genügend ein, um so einen Spielplatz auszubauen. Je verschiedener die Erfahrungen sind, die sich das Kind dort erwirbt, desto besser für seine Entwicklung. (Mehr über die kinästhetische Perzeption steht in dem Kapitel über Gymnastik, S. 159).

Wortschatz

In Verbindung mit der kinästhetischen Perzeption lernt das Kind viele Wörter: z. B. zunächst einmal die Bezeichnungen für die einzelnen Körperteile; danach: sich bewegen, stillhalten, schnell, langsam, beugen, strekken, anspannen, entspannen, kräftig, weich, heben, senken, hart, drücken, loslassen, leicht, schwer, öffnen, schließen, ziehen, schieben.

Übung

Es folgt ein Beispiel zur Darstellung, wie Begriffe im Zusammenhang mit der kinästhetischen Perzeption eingeübt werden können:

Leicht – schwer: Das Kind hebt verschiedene Gegenstände hoch.

a) Gegenstände mit dem selben Gewicht, der selben Form, Größe und Farbe (z.B. zwei gleich große Konservendosen).

b) Gegenstände mit unterschiedlichem Gewicht, unterschiedlicher Größe, aber derselben Form und Farbe (z.B. ein Satz Schüsseln in unterschiedlicher Größe).

c) Gegenstände mit unterschiedlichem Gewicht, aber derselben Form, Farbe und Größe (z.B. eine Anzahl gleich aussehender Schachteln, von denen in Bezug auf ihr Gewicht zwei jeweils gleich schwer sind).

d) Gegenstände verschiedener Form, Größe, Farbe und Gewicht werden nach ihrem Gewicht geordnet.

---

e) Später kann dieselbe Übung mit drei Gegenständen wiederholt werden, sodaß das Kind Adjektive zu steigern lernt (leicht, leichter, am leichtesten; schwer, schwerer, am schwersten). Das ist gewöhnlich mit einem vierjährigen Kind möglich.

Übungen zur Wahrnehmung des Grades der Muskelspannung

„Nimm' einen weichen Ball in die Hand und halte ihn ganz fest! Lockere den Griff und halte den Ball ganz vorsichtig!"

Zeichne auf ein Stück Papier einen dicken schwarzen Strich, zeichne dann mit dem selben Bleistift einen ganz dünnen Strich.

Lege dich vor einer Sprossenwand in Rükkenlage auf den Boden, halte die Arme seitlich und klemme die Füße unter die unterste Sprosse. Versuche langsam zum Sitzen zu kommen. Fühlst Du etwas im Bauch?"

„Wiederhole anschließend die Übung, indem Du die Hände im Nacken faltest! Jetzt ist das Gefühl im Bauch noch stärker zu spüren."

„Gehe im Zimmer herum und trete dabei kräftig mit den Füßen auf! Dann gehe so leicht und vorsichtig, daß man es kaum hören kann!"

„Lege Dich auf den Rücken und drücke beide Arme kräftig gegen den Fußboden. Spürst Du einen Unterschied, wenn Du aufhörst zu drücken?"

„Strecke, während Du auf dem Boden liegst, die Arme entlang dem Fußboden weit nach oben und mache dich ganz lang!"

„Nun hör auf Dich zu strecken – kannst Du einen Unterschied spüren?"

„Lege Dich in Rückenlage auf den Fußboden und mache Dich ganz steif!" – Und wieder ganz locker!" (Der Tastsinn wirkt bei den meisten der genannten Übungen mit.)

Übung zur Stellung der Glieder.

„Schließe die Augen und bewege Dich nicht! Nun erzähle mir, wie Du Deine Arme und Beine hältst" (z. B. Hüfte, Knie und Fußgelenk auf der rechten Seite sind gebeugt, die linke Hüfte ist auch gebeugt, aber das linke Knie und Fußgelenk sind gestreckt. Der rechte Arm ist in allen drei Gelenken gebeugt. usw.).

„Lege ein Buch etwas von Dir entfernt auf den Tisch. Schließe jetzt die Augen und nimm' das Buch." (Durch die kinästhetische Perzeption glückt es vielleicht, den Arm gerade weit genug auszustrecken.) „Zeichne einen großen Kreis auf die Tafel (oder ein Quadrat, eine Zahl, einen Buchstaben). Wiederhole das mit geschlossenen Augen."
„Zeichne einen Kreis in die Luft. Wiederhole es mit geschlossenen Augen."
„Spiele 'Statue'" (Alle Kinder bewegen sich im Raume umher, während eine Musik spielt. Wenn die Musik zu spielen aufhört, bleiben alle Kinder ganz still stehen. Ein Kind nach dem anderen beschreibt mit geschlossenen Augen, wie es genau steht).

2.7 Körperwahrnehmung

Das normale Kind

Während Eltern ihr Kind wickeln, reden sie mit ihm. Das sind meist nichtssagend wirkende Sätze, wie z. B.: „Nun wird dein kleines Näschen gewaschen." „Dein Arm kommt jetzt in den Ärmel" und „Nun hebst du den Kopf ein bißchen" usw. Während vieler Monate wiederholen sich diese Gespräche hunderte von Malen. Diese Sätze und die ganze Situation des Wickelns sind für die kindliche Entwicklung von vitaler Bedeutung. Auch und ganz besonders in bezug auf die Wahrnehmung der eigenen Körperteile.

Das Kind spürt, daß der Erwachsene es berührt, und es berührt selbst den Erwachsenen. Um den 3. Lebensmonat herum beginnt das Kind mit seinen Fingern zu spielen, es beobachtet seine Finger, steckt sie in den Mund und verfährt später mit seinen Füßen

und Zehen genauso. Alle Sinne werden einbezogen. Die Impulse, die das Kind dadurch erhält, scheinen einer beginnenden Körperwahrnehmung zu entsprechen.

Im Alter von achtzehn Monaten kann das Kind auf Aufforderung einzelne Körperteile zeigen, später lernt es sie zu benennen. Noch eine Weile später ist das Kind in der Lage, eine Aussage über ein Körperteil zu verstehen und es kann einem anderen mitteilen, wo ungefähr ihm etwas weh tut. Diese erlernte Kenntnis vertieft erfahrungsgemäß das Verstehen, wie die einzelnen Körperteile gebraucht werden. Sie ist ein Teil des Körperbewußtseins.

Wenn ein Kind einen Menschen zeichnen soll, stellt es nicht dar, was es sieht, sondern nur das, was es kennt und woran es sich erinnern kann. Goudenoughs „Draw-A-Man-Test" liefert daher einen guten Anhaltspunkt, die Körperwahrnehmung eines Kindes einzuschätzen. Körperwahrnehmung ist nicht ein Sinn an sich. Körperwahrnehmung entsteht dadurch, daß der Körper mit fast allen Sinnen und Perzeptionsbereichen erfaßt wird.

Koordination mit Motorik und anderen Sinnen

Das Kind erfaßt seinen Körper mit fortschreitender Entwicklung taktil, visuell und kinästhetisch. Betrachten wir z. B. den Berührungssinn: Die Mutter berührt das Kind, das Kind berührt die Mutter und sich selbst. Das Kind berührt mit seinen Händen und anderen Körperteilen Dinge in seiner Umgebung. Oder das Sehen: Das Kind sieht die Augen der Mutter, ihr Gesicht usw. Es betrachtet seine eigenen Hände, seine Füße. – Der Stellungs- und Muskelsinn: Das Kind nimmt die Stellung und Bewegung der Körperglieder wahr . – Das Hören: Das Kind hat die Bezeichnung für die einzelnen Körperteile bereits gehört, bevor es sie selbst benennen kann. – Und das Schmecken und Riechen: Menschen riechen und schmecken verschieden.

Das retardierte Kind

Vielleicht ist das retardierte Kind soweit in seiner Entwicklung verzögert gewesen, daß es die Stimuli nicht wie ein normales Kind hat nutzen können, die seine Eltern ihm beim Wickeln, Erzählen und Zusammensein gegeben haben. Ein oder zwei Jahre später hätte dieses Kind vielleicht auch Freude daran gehabt, doch nun hat es ein Alter erreicht, in dem die Mutter es nicht mehr wie einen Säugling behandeln mag.

Aber die Methode, die als ganz natürlich für den Umgang mit dem normal entwickelten Säugling gilt, kann und sollte auch bei größeren retardierten Kindern angewandt werden, solange das Kind sich – unabhängig von seinem Alter – auf der entsprechenden Entwicklungsstufe befindet.

Größere retardierte Kinder ohne Körperwahrnehmung

Bei größeren retardierten Kindern hat sich folgende Methode zum Üben der Körperwahrnehmung bewährt. Die Methode erscheint zunächst etwas umständlich, doch das Kind muß begreifen, um was es geht, sonst wird es das Erlernte nicht erinnern können.

Übungen

Das ist mein Ellenbogen.

„Kannst Du mir Deinen Ellenbogen zeigen?"
Wenn das Kind die Bezeichnung kennt, wird es auf seinen Ellenbogen zeigen. Man fragt es: „Was ist das?" Und das Kind antwortet: „Ellenbogen."

„Welche Bewegungen kannst Du mit Deinem Ellenbogen machen?" Das Kind streckt und beugt den Arm, und lernt die Worte „Strecken" und „Beugen" entsprechend der Bewegungsrichtung.

„Schließe die Augen. Sind Deine Ellenbogen jetzt gestreckt oder gebeugt?" (Kinästhetische Perzeption).

„Wann beugst Du den Ellenbogen?" (Beim Essen, Trinken, Kämmen).

„Wann streckst Du den Ellenbogen?" (Beim Werfen, sich Recken, Schieben).

In dieser Weise werden täglich alle Gelenke sorgfältig durchgegangen. Nacheinander wird jedes Gelenk mit vielen Wiederholungen bewegt. Danach wird die Koordination der visuellen, taktilen, kinästhetischen Perzeption und der Sprache geübt, so läßt sich die Hirnfunktion des Kindes bezogen auf die beschriebenen Bereiche entwickeln.

Wenn das Kind die Möglichkeit bekommt, sich ganz in einem großen Spiegel betrachten zu können, lernt es seinen eigenen Körper noch besser kennen.

Um das kindliche Erinnerungsvermögen zu unterstützen, sollte mit dem Kind möglichst anschaulich geübt werden. Z. B.:

„Eine Schachtel hat einen Deckel, der die Schachtel verschließt. Du hast auch einen Deckel, der Dein Auge verschließt. Diesen Deckel nennen wir Augendeckel oder Augenlid."

Bezeichnungen, die das Wort „unter" oder „über" enthalten, sind für das Kind manchmal schwer zu verstehen. Um ihm diese Worte beizubringen, hilft der Weg über die Bewegung.

„Krabbel über den Tisch! Krabbel unter dem Tisch durch!"

Übungen mit anderen Körperteilen

Kopf: Gesicht, Augen, Augenbrauen, Augenwimpern, Augenlid, Kinn, Wangen, Mund, Lippen, Zähne, Zunge, Gaumen, Stirn, Ohren, Haar.

Hals: Nacken.

Rumpf: Brust, Bauch, Nabel, Hüften, Rücken, Lenden, Rippen, Gesäß, Genitalregion.

Arm: Schulter, Ellenbogen, Handgelenk, Oberarm, Unterarm, Hand, Handfläche.

Bein: Hüftgelenk, Oberschenkel, Schienenbein, Knie, Fuß, Fußgelenk, Knöchel, Fußsohle, Zehen.

Die Rückseite des Körpers

Für retardierte Kinder ist es schwer, die Rückseite des Körpers wahrzunehmen, wenn sie

sie nicht sehen. Mehrere Sinnesbereiche müssen systematisch mit einbezogen werden, um Rücken und Hüftstrecker zu üben.

Erst sehr spät in der kindlichen Entwicklung ist es möglich, ein Bein mit gestrecktem Knie – so wie es das Laufen verlangt – nach hinten zu führen. (s. Gehen S. 37).

Übung zu Gesäß und Oberschenkel (Hüftstrecker)

Das Kind liegt in Bauchlage auf dem Fußboden. Der Erwachsene legt auf jede Gesäßhälfte des Kindes eine Hand, um so die Muskeln zur Kontraktion zu stimulieren (taktil).

„Kneife die Pobacken zusammen, lasse sie wieder locker." Wiederhole diese Übung einige Male mit und ohne Hilfe der Hand des Erwachsenen (kinästhetisch).

„Drehe den Kopf nach hinten und betrachte dein Bein. Hebe das Bein hoch bis an die Decke" (visuell). Wiederhole die Übung mehrere Male mit jedem Bein. Die Hüfte bleibt dabei auf dem Boden liegen.

Der Erwachsene legt seine Hand fest auf die Rückseite eines Oberschenkels des Kindes. „Hebe das Bein hoch." Wiederhole die Übung ohne die Hilfe des Erwachsenen. (Abb. 57).

„Was hast Du gerade gemacht?" (Vorstellungsvermögen und Sprache).

Der Rücken

In ähnlicher Weise wird der Rücken geübt. Das geht allerdings nicht so einfach, weil das Kind seinen Rücken nicht sehen kann. Bevor mit diesen Übungen begonnen wird, sollten zuerst die Übungen mit den Beinen gemacht werden.

Übungen

Zeige vorher dem Kind seinen Rücken mit Hilfe zweier Spiegel.

In Bauchlage: Das Kind hält die Arme, wie es möchte, entweder seitlich am Körper anliegend, oder zur Seite ausgestreckt, wie ein „Flugzeug". Der Erwachsene legt eine Hand über die Lendenregion des Kindes. Die Beine sind unter einer Schrankkante oder ähnlichem fixiert. Nun versucht das Kind, den Oberkörper anzuheben.

Wenn das Kind seine Rückseite spüren kann, werden vielleicht auch Muskeln in diesem Bereich aktiviert.

Nach und nach sollte es dem Kind möglich sein, z. B.: mit großen Schritten zu gehen und zu laufen, im Laufen über einen Graben zu springen, mit einem Bein nach vorn, das andere Bein nach hinten gestreckt.

Wahrnehmung der Finger

Einem Kind einen der bekannten Kinderreime („Das ist der Daumen, der schüttelt die Pflaumen...") beizubringen, reicht nicht immer aus. Viele Kinder wissen den Reim auswendig und können die Finger in der genannten Reihenfolge zeigen, ohne daß sie jedoch auf besondere Aufforderung in der Lage, z. B. den Zeigefinger vorzuzeigen. Um das Gedächtnis des Kindes zu unterstützen, sollte der Erwachsene eine logische Erklärung geben, wie z. B.: „Das ist der Zeigefinger, der zeigt auf alles. Daher heißt er Zeigefinger."

Dabei sollte man nie die Kindersprache verwenden. Später kann es dem Kind schwerfallen, andere Bezeichnungen einzuüben, wenn die erstgelernten kindlichen Ausdrücke sich fest eingeprägt haben. Oft wird das Kind dann von seinen Spielkameraden ausgelacht.

Übungen

Am leichtesten lassen sich die Finger in folgender Reihenfolge lernen:

Wenn das Kind den Reifen überhaupt nicht berührt hat, muß man das folgende Mal ein bißchen mogeln, damit es doch passiert (Abb. 56).

Kleinfinger: „Er ist klein, er ist der kleinste."
Zeigefinger: „Mit ihm zeigst Du auf etwas."
Daumen: „Mit Daumen und Zeigefinger hebst Du etwas auf."
Mittelfinger: „Er ist der mittlere Finger von den fünf Fingern. Er ist auch der längste."
Ringfinger: „An ihm trägst Du einen Ring."

Wenn das Kind bei sich selbst alle Finger erkennen kann, kann es bei einer anderen Person versuchen, die Finger zu bezeichnen. Das ist etwas schwerer.

Wahrnehmung der Zehen

„Ziehe Deine Schuhe und Strümpfe aus. Du hast an jedem Fuß fünf Zehen. Zähle sie."
(Das setzt voraus, daß das Kind bis fünf zählen kann. Kann es das noch nicht, spreche man vorläufig nur vom großen und vom kleinen Zeh. Zu einem späteren Zeitpunkt, wenn das Kind die Ordnungszahlen kennt, kann man die Zehen bezeichnen als: erster Zeh (= großer Zeh), zweiter Zeh, dritter Zeh, vierter Zeh, fünfter Zeh (= kleiner Zeh).

Weitere Übungen

Um dem Kind einen Eindruck von den Größenverhältnissen des Körpers zu geben, stellen sich zwei Kinder unterschiedlicher Körpergröße vor einen Spiegel.
Zwei Kinder legen sich jeweils auf ein großes Stück Papier. Es kommen zwei andere Kinder, die mit einem Bleistift den Umriß der liegenden Kinder aufzeichnen. Die Zeichnungen werden verglichen, nachdem die liegenden Kinder aufgestanden sind.
Auf eine Zeichnung, die den Umriß eines Kopfes darstellt, lege das Kind aus Papier ausgeschnittene Augen, Nase, Mund und Ohren auf die entsprechenden Stellen.
Ein Hula-Hopp-Reifen wird gerade so hoch über den Boden gehalten, daß das Kind hindurch kriechen, gehen oder hüpfen kann. „Wo hat der Reifen Dich berührt?" (Am Haar, an der Schulter, am Fuß?).

Abb. 56: Wo berührt der Hula-Hopp-Reifen dich? (Die Abbildung zeigt ein normal entwickeltes Kind).

2.8 Handdominanz. Lateralität, Rechts-Links-Unterscheidung

Die Vorstellung von zwei Seiten entsteht durch die innere Wahrnehmung, daß der Körper aus zwei Körperhälften besteht und diese beiden Hälften nicht ganz gleich sind. Als dominante Hand bezeichnet man die Hand, die am besten entwickelt ist und am meisten gebraucht wird. Rechts-Links-Konfusion ist die Unklarheit und Verwirrung bei der Rechts- Links-Unterscheidung.

Das normale Kind

Weil die vom Gehirn kommenden motorischen Nervenfasern zur Hand der Gegenseite kreuzen, entspricht eine rechtsseitige Handdominanz einer linksseitigen Dominanz des Gehirns und umgekehrt.

Manche Forscher nehmen an, daß für eine bestimmte Dominanz eine angeborene geerbte Disposition die Ursache ist. Andere behaupten, daß die meisten Menschen Rechtshänder sind, weil wir in einer rechtshändigen Welt leben.

Auch die Imitation der Eltern spielt möglicherweise eine Rolle; so daß in der dominanten Großhirnhälfte eher eine Folge als eine Ursache der Handdominanz gesehen werden kann. Die Frage läßt sich heute noch nicht eindeutig beantworten.

Das Neugeborene hat noch keine Handdominanz. Beide Hände werden bis zum 12. Lebensmonat gleichermaßen benutzt, in manchen Fällen auch noch länger, es wird also die *näherliegende* Hand gebraucht. *Später kann die dominante Hand die Körpermitte kreuzen und einen Gegenstand auf der Gegenseite greifen.*

Daß die beiden Körperhälften nicht ganz gleich sind, daß eine Hand geschickter ist als die andere und leichter gebraucht werden kann, kann man als Beginn der Differenzierung von rechts und links betrachten.

Erst im Alter von sechs bis sieben Jahren ist das Kind in der Lage, die Bezeichnung für rechts und links zu kennen und die beiden Seiten zu unterscheiden. Kinder, die in einem Kinderheim aufwachsen, lernen die Rechts-Links-Unterscheidung in der Regel später, weil sie weniger als andere Kinder auf den Unterschied der beiden Seiten aufmerksam gemacht werden.

Einige Beispiele mögen die Bedeutung der Unterscheidungsfähigkeit von rechts und links genauer beleuchten: Das Kind muß wissen, welche z. B. die zweite Straße von rechts ist, um sich im Straßenverkehr orientieren zu können. Das Kind muß einen Satz wie „die Schere liegt links in der Schublade" verstehen können.

Linkshändigkeit

Linkshändern (unter normalbegabten Kindern findet man 7% Linkshänder) fällt es im allgemeinen schwerer als Rechtshändern, rechts von links zu unterscheiden. Linkshänder müssen mehr Schwierigkeiten überwinden, u.a. ist es für ein linkshändiges Kind verwirrend, daß es mit der nichtdominanten Hand „Guten Tag" sagen soll.

Beim Schreiben ist es für einen Linkshänder widersinnig, in der oberen linken Ecke des Papieres zu beginnen und der Richtung von links nach rechts zu folgen. (s."Schreiben", S. 190). Ganz allgemein verlangt das linkshändige Kind vom Erwachsenen mehr Geduld und Verständnis.

Koordination mit Motorik und verschiedenen Sinnesbereichen

Das Kind muß Körperwahrnehmung erworben haben, bevor Handdominanz und Lateralität sich entwickeln können. Die Lateralität wird hauptsächlich mit der kinästhetischen Perzeption – unterstützt von der visuellen – wahrgenommen. Hieraus entsteht die Rechts-Links-Unterscheidung bezogen auf die eigene Person. Mit der Zeit verstärkt sich dieses Unterscheidungsvermögen und die Wahrnehmung von Richtung und Körperwahrnehmung im Raum wird möglich.

Das retardierte Kind

Das retardierte Kind lernt später als das normalbegabte die Rechts-Links-Unterscheidung, besonders dann, wenn der günstigste Zeitpunkt für das Erlernen verpaßt worden ist. Dieser Zeitpunkt ist bei jedem Kind individuell verschieden. Er ist abhängig vom Intelligenzgrad und beeinfußt von einem eventuell vorhandenen Hirnschaden. Viele Imbezile erreichen nie eine ausgeprägte Seitendominanz.

Fast alle Debilen (Der Anteil der Linkshänder bei Debilen beträgt 13 %.) und ein Teil der Imbezilen werden, auch wenn der günstigste Zeitpunkt für das Erlernen der Rechts-Links-Unterscheidung nicht genutzt wurde, trotzdem in der Lage sein, sich bezogen auf den eigenen Körper mithilfe von Eselsbrücken ein Unterscheidungsvermögen anzueignen. Z. B.:

– Du sagst mit der rechten Hand „Guten Tag".
– Du schreibst mit der rechten Hand.
– Du hast deine Armbanduhr am linken Handgelenk. usw.

Auf diese Weise lernt das Kind die unterschiedliche Bedeutung der beiden Körperhälften rein intellektuell, aber es bekommt keine Empfindung von Lateralität. Fehlende Handdominanz und mangelhaft entwickelte Lateralität erschweren dem Kind, sich vor allem im Straßenverkehr angemessen zu verhalten. Es wird Schwerigkeiten beim Schreiben bekommen und seine Richtungs- und Raumwahrnehmung wird unvollständig bleiben.

Wortschatz

Im Zusammenhang mit der Entwicklung von Handdominanz und Lateralität sollte das Kind u.a. folgende Wörter lernen: Hälfte, Seite, zwei, die eine, die andere, rechts, links, beide, und Worte für die Richtungs- und Raumwahrnehmung.

Einüben der Lateralität und Rechts-Links-Unterscheidung an der eigenen Person

Es gibt verschiedene Methoden, das retardierte Kind auf den Schreibunterricht vorzubereiten. Erfahrungsgemäß bekommt man mit folgenden Übungen gute Resultate.
1. Das Kind hat weder Dominanz noch Lateralitätsempfindung.

Übungen (Beidseitige Bewegungen)

a) Das Kind liegt in Rückenlage mit einem kleinen Kissen unter dem Kopf auf dem Boden. Es kann sehen, was um es herum passiert. Die Arme sind seinen Körperseiten entlang ausgestreckt.

„Ich zeichne jetzt einen Strich mitten durch dich hindurch: durch die Nase, durch den Nabel, zwischen beiden Beinen entlang (ein Springseil wird dem Kind auf den Körper gelegt, um die Mitte zu markieren). Aus wieviel Teilen bestehst du jetzt?" – „Glaubst du, daß die Teile gleich groß sind?"

Nach dieser Übung kann man „Hampelmann" folgen lassen: Das Kind streckt seine beiden Arme schnell zur Seite aus und zieht so sofort wieder an den Körper heran in ständiger Wiederholung. – Ebenso spreizt es die Beine gleichzeitig – und schließt sie wieder. – Dann werden Arme und Beine gleichzeitig zu den Seiten geführt – und wieder an den Körper genommen.

Wenn es dem Kind anfänglich schwer fallen sollte, die beschriebenen Bewegungen auszuführen, muß ein Erwachsener vorübergehend helfend eingreifen, indem er Arme und Beine des Kindes berührt (taktile Perzeption). Beim nächsten Schwierigkeitsgrad würde der helfende Erwachsene nur auf den entsprechenden Arm oder das entsprechende Bein zeigen (visuelle Perzeption). Am allerschwersten läßt sich für das Kind die Bewegung mit geschlossenen Augen ausführen. Hierbei nimmt das Kind die Bewegungen stärker wahr (kinästhetische Perzeption).

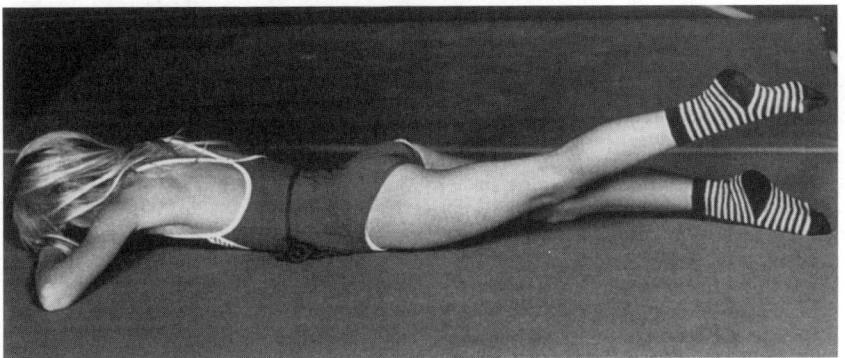

Abb. 57: Das Bein wird weit nach hinten geführt. Dabei darf die Hüfte nicht angehoben werden. Die Abbildung zeigt ein normal entwickeltes Kind.

Übungen (mit einer Körperhälfte)

b) Es wird im folgenden nur mit Arm oder Bein einer Körperseite „Hampelmann" gespielt. Dabei soll man das Kind die Körperseiten abwechselnd üben lassen. Die Übung wird erschwert, wenn das Kind nur Arm und Bein einer Seite bewegt.

Zu Beginn wird oft die Gegenseite mitbewegt, aber nach einigem Üben, wenn das Kind motorisch gereift und bewußter geworden ist, werden die Mitbewegungen der Gegenseite verschwinden. Der sich ungewollt mitbewegende Körperteil darf nicht fixiert werden. Das Gehirn des Kindes soll später gerade das Bewegen und Nichtbewegen der einzelnen Körperglieder steuern können.

Solange das Kind die Bezeichnungen rechts/links noch selbst benutzt, kann der Erwachsene seine Anweisungen so formulieren, daß er von „dem Arm auf dieser Seite" spricht. Es ist besser, sich in dieser Weise auszudrücken, als die Seitenangabe mit Fenstern und Türen in Verbindung zu setzen.

Die Übungen lassen sich ändern, indem man das Kind auffordert, Arm und Bein einzeln hoch zur Decke statt weit zur Seite zu bewegen.

2. Das Kind hat Handdominanz entwickelt. Sobald das Kind von allein begonnen hat, eine Hand der anderen vorzuziehen, ist zu empfehlen, daß die Sache genauer untersucht wird. Es gibt zahlreiche Tests zur Untersuchung der Handdominanz. Z. B.:
- sich kämmen;
- einen Nagel mit einem Hammer in ein Brett schlagen;
- Zähne putzen;
- einen Ball werfen.

Ob sich die rechte oder linke Hand zur dominanten Hand entwickeln wird, läßt sich bei der Entwicklung des Greifens beobachten (Abb. 46). Bei täglicher Beobachtung des Kindes wird sich schnell zeigen, ob das Kind z. B. rechtshändig ist. Es gilt, die Dominanz des Kindes zu festigen, so schnell, wie es die Entwicklung des Zentralnervensystems zuläßt. Und zwar bevor das Kind schreiben und lesen lernen soll.

Beim retardierten Kind kann es Monate dauern, bis die Dominanz ganz sicher festliegt. Die Entwicklung der Handdominanz wird unterstützt, indem man dem Kind Spielzeug immer in die Nähe der dominanten Hand legt oder indem man das Kind mit der dominanten Hand ballspielen läßt.

Übungen

In dieser Zeit lasse man das Kind „Hampelmann" in einer schwierigeren Form spielen: Ein Springseil wird wieder so gelegt, daß es das Kind scheinbar in zwei Hälften teilt: „Alles von dir, was auf dieser Seite des Seiles liegt, ist deine rechte Seite." Dann erst wird der Begriff „rechts" eingeführt:

„Bewege den rechten Arm zur Seite – und zurück an den Körper."

„Bewege das rechte Bein zur Seite – und zurück zur Mitte."

„Bewege den rechten Arm und das rechte Bein zur Seite – und wieder zurück."

„Bewege den rechten Arm zur Seite und das rechte Bein nach oben."

„Wiederhole (die Übungen) mit geschlossenen Augen . . ."

Hiernach setzt sich das Kind aufrecht hin, so daß es seinen ganzen Körper überblicken kann: „Zeige mir deine rechte Schulter, zeige mir dein rechtes Knie!" usw.

„Links" wird bei den Übungen überhaupt nicht genannt. Die Übungen sollten sehr langsam aufeinander aufgebaut werden, dabei täglich nur wenige Minuten beanspruchen und möglichst spielerisch durchgeführt werden, wenn das Kind hierzu auch Lust hat. Erst wenn die Handdominanz sicher mit Hilfe der oben beschriebenen Übungen und anderer Tricks, die in den alltäglichen Tagesablauf eingeflochten wurden, ausgebildet ist, kann mit beiden Seiten gearbeitet werden. Zu diesem Zeitpunkt wird auch das Wort „links" eingeführt.

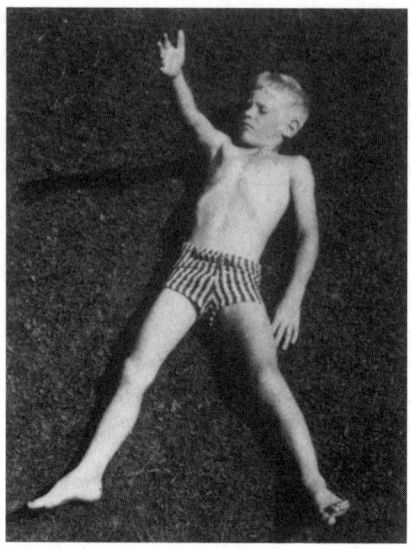

Abb. 58: Ein normal entwickelter Junge mit schneller Reaktionsfähigkeit. „Hampelmann", also die Lateralität wird geübt.

Übungen

Hampelmann: rechten Arm nach oben und linkes Bein zur Seite. (Abb. 58)

„Was ist das?" (–Die linke Schulter, die rechte Ferse usw.)

„Zeige mit dem rechten Zeigefinger auf die linke Wange."

„Setz' dein linkes Bein zur Seite und dreh' deinen Kopf nach rechts."

Die linke Seite wird bei Rechtshändern nicht so ausgiebig geübt wie die rechte. Das Kind soll einen Unterschied spüren zwischen seiner rechten und seiner linken Hand. Hat es erst seine rechte Seite genügend kennengelernt, wird mit dem gleichzeitigem und abwechselnden Training beider Körperhälften begonnen. Schließlich, vielleicht erst nach Ablauf vieler Monate, sollte das Kind folgende Übungen ausführen können:

Fragt man ein Kind nach diesen Übungen, welches sein rechter Arm ist, wird es ohne zu zögern die richtige Seite angeben können. Fragt man dann das Kind, woher es weiß, daß es die rechte Seite ist, wird es ungefähr folgende Antwort geben: „Das weiß ich nicht, aber das ist rechts." Das Kind hat eine Lateralitätsempfindung, durch sie eine festgelegte Dominanz und eine auf die eigene Person bezogene Rechts-Links-Unterscheidung. Allerdings erreichen, wie schon gesagt, viele Imbezile diese Entwicklungsstufe nie.

Rechts-Links-Unterscheidung außerhalb der eigenen Person

Wenn das Kind ganz sicher bezogen auf die eigene Person rechts und links unterscheidet, dann ist es auch reif genug dafür, daß folgende Aufforderungen in die täglichen Verrichtungen des Kindes eingeflochten werden.

Übungen

„Hänge deinen Mantel in den linken Schrank."

„Hole den Hammer. Er liegt oben rechts."

usw.

Dabei muß dem Kind klargemacht werden, daß rechts und links immer in bezug auf die eigene Person zu sehen ist. Ein Beispiel: Wenn es mit dem Gesicht zum Schrank steht, fragt man es: Wo ist dein rechter Arm? Auf derselben Seite ist die rechte Seite des Schrankes.

Das Kind kann z. B. nicht herausfinden, ob die Tassen links von den Tellern stehen, wenn es sich auf der gegenüberliegenden Seite des Tisches befindet. Das ist viel schwieriger.

Rechts-Links-Unterscheidungen an einer anderen Person

Die letzte und schwierigste Stufe, die auch Debile (dagegen nur wenige Imbezile) nach dieser Methode erlernen können, bezieht sich auf die Angabe rechts/links an einer anderen Person. Das Kind muß erkennen, daß diese Angabe immer im Verhältnis zu einer anderen Person und nicht bezogen auf sich selbst gemacht wird.

Übungen

Der Erwachsene stellt sich vor das Kind, ihm den Rücken zugewandt.

„Streck' deinen rechten Arm weit zur Seite."

„Nimm' meinen rechten Arm und streck' ihn weit zur Seite."

„Halte jetzt meine rechte Hand mit deiner rechten Hand fest, während ich mich mit dem Gesicht zu dir drehe. Wo ist jetzt meine rechte Hand?"

Es ist wichtig, daß das Kind genügend Zeit zum Nachdenken bekommen hat. Damit das Erlernte auch behalten wird, müssen Gymnastiklehrer und alle anderen, die mit dem Kind arbeiten, schon einmal Erlerntes auch täglich wieder neu anwenden und nicht etwa „der Arm am Fenster" oder ähnliches sagen.

Weitere Übungen

Ein Hula-Hoop-Reifen wird senkrecht etwas über dem Boden gehalten. Das Kind steigt hindurch und sagt, sobald es den Reifen berührt, mit welchem Körperteil es an den Reifen gestoßen ist. (Mit der rechten Ferse, dem linken Ohr, mit dem rechten Knie usw. s. Abb. 56).

Verkehrspolizeispielen macht dem Kind besonders viel Spaß. Das Kind versucht, die Armstellungen nachzuahmen, die ein Erwachsener ihm vormacht, der vor ihm steht. Die „Verkehrssignale" sollen so schnell wie möglich wechseln. Bevor das Kind eine entwickelte Handdominanz hat, wird es die angegebenen Signale spiegelverkehrt nachahmen, wenn der Lehrer frontal vor ihm steht.

Später in der Entwicklung wird es auch den rechten Arm heben, wenn der Lehrer den rechten Arm hebt.

Untersuchung: Rechts-Links-
Unsicherheit bei debilen Kindern

Während des Schuljahres 1965/66 ergab eine Untersuchung
folgende Zahlen:

Konnten rechts/links nicht unterscheiden	an sich selbst		an fremder Person	
	1965	1966	1965	1966
20 Kinder von 9-12 J.	14	2	20	17
84 Kinder von 12-18 J.	28	5	50	20
104	42	7	70	37

Im Verlauf von neun Monaten haben 35
der Kinder rechts und links voneinander unterscheiden gelernt. 33 Kinder lernten die
Rechts-Links-Unterscheidung auch bezogen auf die eigene Person. Es wurde nicht
versucht, den 20 jüngsten Kindern diese Unterscheidung beizubringen, trotzdem wurde
3 „angesteckt". 20 der älteren Kinder haben
die Unterscheidung nicht gelernt. Sicher war
bei ihnen der adäquate Zeitpunkt für das Erlernen der Rechts-Links-Unterscheidung
verpaßt worden. (Holle 1972, 1973)

2.9 Richtungswahrnehmung

Das normale Kind

Schon in der Wiege bekommt der Säugling
richtungsbezogene Stimuli: Das Licht
scheint von der einen Seite her durch das
Fenster, während die Mutter aus einer anderen Richtung zur Tür herein kommt. Das Telefon klingelt aus einer Richtung, das Radio
ertönt aus einer anderen.

Später dreht das Kind den Kopf in alle
Richtungen zum Geräusch hin. Wenn es auf
dem Boden sitzen kann, ohne umzufallen,
greift es in alle Richtungen nach Spielzeug.
Im Krabbelalter entwickelt sich die Richtungswahrnehmung des Kindes bewußter,

stimuliert durch den Drang des Kindes, alles
in seiner Umgebung zu erforschen. Danach
wird der Gang allmählich richtungsbestimmt
und motiviert, weil das Kind an einen bestimmten Ort gelangen will.

Zunächst nimmt es Richtungen nur in bezug auf sich selbst wahr, später kann es auch
die Richtung zwischen zwei Gegenständen
wahrnehmen, z. B.:
- Das Spielzeugauto fährt vom Kind zur
  Mutter.
- Das Spielzeugauto fährt von der Mutter
  zum Kind.
- Das Spielzeugauto fährt von der Puppe
  zur Garage.

Richtungsbestimmte Bewegungen werden
allmählich feiner koordiniert. Soll das Kind
mit dem Löffel essen lernen, läuft der Löffe-
linhalt an der Seite herunter bis es den Löffel
richtig drehen kann.

Die ersten Kritzeleien des Kindes entwik-
keln sich erst langsam zu geordneten Strichen und Zeichnungen.

Das Kind muß die Leserichtung kennen,
bevor es lesen und schreiben lernen kann. Eine gewisse Richtungsvorstellung ist erforderlich, um „b", „d" und „p" voneinander unterscheiden zu können, d.h. das Kind muß erkennen, ob der Strich im Buchstaben nach
oben oder unten geht und ob der Bogen nach
rechts oder links verläuft.

Außerdem sollen geschriebene Buchstaben möglichst alle in eine Richtung zeigen
und einer Linie folgen. Richtungswahrnehmung ist erforderlich, um sich im Straßenverkehr zurechtzufinden, sich auf Spazier-
gängen zu orientieren, um Himmelsrichtun-
gen beurteilen zu können und um Geographie zu lernen.

Koordination mit Motorik und anderen
Sinnesbereichen

Alle Bereiche der Perzeption und die Motorik sind an der Richtungswahrnehmung beteiligt:

Hören: Das Kind hört eine Uhr schlagen.
Sehen: Es wendet den Blick zur Uhr.
Stellungs- und Muskelsinn: Es bewegt sich zur Uhr hin und streckt seinen Arm nach ihr aus.
Tastsinn: Das Kind berührt die Uhr.
Geruchssinn: Mutter kocht Kohl in der Küche.
Formwahrnehmung basiert auf Richtungs- und Raumwahrnehmung. Ein Dreieck besteht aus drei Strichen in je einer Richtung, die eine Fläche umschließen.

Das retardierte Kind

Das retardierte Kind soll ermuntert werden, krabbelnd auf dem Boden zu spielen; das gilt auch für das größere retardierte Kind. Dazu wird Spielzeug absichtlich in alle Richtungen verstreut. Richtungsbestimmter Gang wird stimuliert, indem man das Kind auffordert, z. B. etwas aus dem Schrank zu holen oder ins Badezimmer zu bringen.

Bei diesem Training legt man den Schwerpunkt zuerst auf die zentrale Figur – auf das Kind selbst –, indem man seine Körperwahrnehmung, Dominanz und Lateralität zu untermauern versucht. Erst dann kann die Richtungswahrnehmung auch außerhalb des Kindes bewußt gemacht werden.

Wortschatz

Ganz wichtig im Zusammenhang mit den beschriebenen Übungen ist die aktive und passive Erweiterung des Wortschatzes. Das Kind lernt jetzt Worte, die mit der Richtungswahrnehmung zu tun haben. Der Stellungs- und Muskelsinn ist hierbei ein bedeutender Faktor, weil Worte, die über Bewegung eingeübt werden, meistens besser behalten werden als auf andere Weise gelernte Worte:

Übungen Wortschatz:

Hinauf-hinunter: „Gehe die Treppe hinauf – gehe sie wieder hinunter." „Lege das Buch auf das Regal hinauf – lege es vom Tisch hinunter auf den Boden."

Hinaus-hinein: „Ziehe die Schublade hinaus – schiebe sie wieder hinein. Strecke die Zunge hinaus – nimm sie wieder hinein."

Zur Seite: „Strecke die Arme zur Seite. Strecke die Zunge zur Seite heraus."

Seitwärts: „Geh seitwärts auf dem Schwebebalken."

Gerade – schräg: „Lege das Lineal gerade auf den Tisch – lege das Lineal schräg auf den Tisch. Krabbel das schräge Brett hinauf. Geh' schräg durch das Zimmer."

Vor-zurück: „Geh einen Schritt vor – geh zurück."

Weitere Übungen

Spielzeug wird aus verschiedenen Richtungen dem Kind zugereicht.

Wenn das Kind allein auf dem Boden sitzen kann, wird das Spielzeug in alle Richtungen verstreut.

Mutter und Kind rollen einander einen Ball zu. Das Kind verfolgt den Ball mit den Augen. Das Tempo dieser Übung wird gesteigert.

Wenn das Kind krabbeln kann, soll es hierzu reichlich Gelegenheit erhalten.

Später in der Entwicklung

Viele kleine Papierfähnchen werden auf dem Tisch verstreut. Das Kind legt alle Fähnchen so hin, daß sie in die gleiche Richtung zeigen.

Der Lehrer zeichnet einige Hufeisen mit unterschiedlicher Richtung an die Tafel. Das Kind beschreibt die Richtung der Öffnung.

Der Lehrer legt dem Kind ein Buch vor die Füße: „Hüpf' mit geschlossenen Füßen auf das Buch, seitlich davon, davor und dahinter."

„Geh' einen Schritt nach vorn, zurück, nach rechts, zurück, nach links." (Die Kommandos werden so schnell wie möglich gegeben.)

„Schließe die Augen und zeige auf das Fenster, die Tür, den Tisch."

„Zeichne an die Tafel: einen geraden Strich nach unten (10-15 cm), weiter nach links, nach unten, nach rechts, nach oben, schräg nach unten rechts, usw."

„Geh' um die Ecke, zum Bäcker, zurück zur Schule."

„Zeichne einen waagerechten Strich" (eine große Glasschale gefüllt mit Wasser wird benutzt, um zu demonstrieren, daß die Oberfläche des Wassers immer die gleiche Richtung hat, egal, ob die Schale gerade oder schief gehalten wird).

„Halte den Stock waagerecht."

„Lege dich waagerecht auf den Boden."

„Zeichne einen senkrechten Strich an die Tafel."

„Halte den Stock senkrecht" (ein Lot an einer Schnur gibt die Richtung an).

2.10 Raumwahrnehmung

Das normale Kind

Unter Raumwahrnehmung versteht man die Wahrnehmung der Stellung und Ausdehnung eines Gegenstandes im Raum. Es handelt sich also um: *Entfernungsschätzen und um Größenverhältnis (Dimension)*, d.h. die kindliche Wahrnehmung des dreidimensionalen Raumes, in dem sich das Kind selbst bewegt – vom Zimmer in die Welt hinaus. (vgl. auch das Kapitel über visuelles Entfernungsschätzen auf S. 87). Beim Entfernungsschätzen weit weg liegender Gegenstände spielt Erfahrung eine große Rolle. Die Entfernung wird u.a. danach beurteilt, wie groß ein bekannter Gegenstand zu sein scheint. Hier beeinflussen sowohl Beleuchtung wie auch Atmosphäre.

Im übrigen können alle Perzeptionsbereiche sowie die Motorik bei der Raumwahrnehmung mitwirken.

Einige Beispiele für Raumwahrnehmung

Der Säugling lernt die Größenverhältnisse seines eigenen Körpers u.a. dadurch kennen, daß er seine Gliedmaßen betrachtet (visuell) oder/und Finger und Zehen in den Mund steckt (taktil). Später nimmt er die Erwachsenen größer als sich selbst wahr. Wenn das Kind sicher sitzen und sich zu allen Seiten drehen und wenden kann, macht es innerhalb der nächsten Umgebung mehr Erfahrungen mit den Gegenständen, die es erreichen kann.

Bald beginnt das Kind auf dem Boden unter Stühlen und Tischen umherzukrabbeln. Es bekommt ein Gefühl dafür, wieviel Raum sein eigener Körper beansprucht. Gleichzeitig entwickelt sich das Einschätzungsvermögen für Entfernungen, z. B. dafür, daß es zum Ball weiter als bis zur Puppe ist. Später in der Entwicklung wird der Abstand zwischen zwei Gegenständen wahrgenommen.

Die etwas weitere Umgebung erfährt das Kind durch Krabbeln und Umhergehen im ganzen Haus. Das Kind geht auf Entdeckungsreise, untersucht alle Gegenstände und macht auf diese Weise Erfahrungen über deren Größenverhältnisse und Stellung im Raum.

Mit zwölf Monaten kann das Kind nachvollziehen, wo sich ein Gegenstand befunden hat und wohin er verschwunden ist, wenn er aus dem Blickfeld gekommen ist (Beispiel: Ein Ball rollt unter das Sofa).

Worte, die in Beziehung zur Raumwahrnehmung stehen (z. B. auf, unter, über), kann das Kind erst mit drei Jahren richtig verstehen und anwenden. Das Kind hat solange noch Schwierigkeiten, mehr als eine Dimension zu erfassen, z. B. Länge und Breite. Es kann nicht beides gleichzeitig begreifen, kann das Ganze nicht sehen.

Zeigt man einem dreijährigen Kind zwei Gegenstände unterschiedlicher Größe, wird es den einen als groß, den anderen als klein bezeichnen, weil es Steigerungsformen noch nicht beherrscht. Erst nach dem vierten Lebensjahr, abhängig von der Sprachentwicklung, können Adjektive gesteigert werden, und das Kind kann einen Gegenstand als den größten bezeichnen.

Raumwahrnehmung ist eine Voraussetzung für die Orientierung des Kindes zuhause, auf der Straße, in der Turnhalle, bei Ausflügen ins Grüne, kurz gesagt: um in allen Lebenssituationen zurechtzukommen, z. B.: Wie weit muß ich den Arm ausstrecken, um die Tasse mit der Milch zu erreichen? Wie weit muß ich das Knie und den Rücken beugen, um unter dem elektrischen Weidezaun durchkriechen zu können? Kann ich noch über die Straße gehen, ohne daß das Auto mich erwischt?

Raumwahrnehmung ist schließlich eine Voraussetzung, um z. B. Geographie und Geometrie lernen zu können. Außerdem ist Raumwahrnehmung erforderlich, um das Metersystem anwenden und Rauminhalte beurteilen zu können, z. B.:
Es ist noch ein halber Liter Milch übrig.
Das Band ist ungefähr 70 cm lang.
Beim Schreiben sollen alle Buchstaben derselben Sorte gleich hoch und gleich breit sein.

Koordination mit Motorik und den Sinnesbereichen

Körperwahrnehmung und ein gewisses Lateralitätsgefühl sind u.a. notwendig, um etwas als außerhalb der eigenen Person befindlich wahrzunehmen. Sie sind somit Voraussetzung für die Raumwahrnehmung. Außerdem wird die Raumwahrnehmung durch folgende Sinnesbereiche bedingt:
Sehen: Das Kind sieht einen Gegenstand, nimmt seine Größe wahr und schätzt, in welcher Entfernung sich der Gegenstand wohl befinden mag.

Hören: Geräusche werden als nah oder fern empfunden. Berührungssinn: Geht das Licht aus, muß man sich im dunklen Raum zurechtfinden. Die Größe eines Gegenstandes kann dabei durch Betasten erfaßt werden.
Stellungs- und Muskelsinn: Entfernungen werden auch durch Bewegungen wahrgenommen: Unterschiedliche Entfernungen müssen zurückgelegt werden, um einen Gegenstand zu erreichen.
Geruchssinn: Es riecht verbrannt. Kommt das von unserem Kamin oder vom Schornstein des Nachbarn?
Zeitbegriff: Es dauert länger, eine weite Strecke zurückzulegen als eine kurze, vorausgesetzt, die Geschwindigkeit ist die gleiche.

Das retardierte Kind

Auch bei der Raumwahrnehmung muß das retardierte Kind zum gleichen Entwicklungsablauf stimuliert werden wie das normal begabte Kind.

Wortschatz

Um Sprache verstehen zu können, muß das Kind auch die Wörter kennen, die zum Bereich der Raumwahrnehmung gehören, z. B.:
– Dick – dünn: Ein dicker und ein dünner Bleistift werden gleichzeitig gezeigt. Mehrere Paare von Gegenständen werden dem Kind gezeigt, um ihm verständlich zu machen, daß die Worte dick – dünn sich nicht nur auf Bleistifte beziehen. Später verwendet man zwei verschiedenen Gegenstände.
– Groß – klein: Spiel erst mit dem großen, dann mit dem kleinen Ball.
– Lang – kurz: Dein Bett ist lang. Das Puppenbett ist kurz.
– Schmal – breit: Der Tisch ist breit. Die Bank ist schmal. Krabbel über beide hinüber.

- Hoch – niedrig: Der Tisch ist hoch. Der Hocker ist niedrig. Setz dich mal darauf.
- Mitten in: Lege den Hula – Hopp – Reifen auf den Boden, stelle dich mitten in ihn hinein. Stelle dich mitten ins Zimmer.
- Mitten auf: Zeichne ein Kreuz mitten auf die Tafel. Lege dich mitten auf die Matratze.
- Draußen: Geh' zum Spielen nach draußen.
- Unter – über: Krabbel über den Tisch. Krabbel unter die Bank.
- In: du bist in der Stube. Lege die Klötzchen in die Schachtel.
- Nah bei: Die Puppe liegt nah bei dir, nimm sie.
- Weit weg: Der Baum ist weit weg von hier. Geh hinüber zu dem Baum.

Die Steigerungsformen der Wörter werden im Tempo der Sprachentwicklung geübt:

- Groß – größer – am größten: Drei Gegenstände verschiedener Größen (zunächst gleicher Form und Farbe) illustrieren die Größenverhältnisse, z. B. drei Stühle, drei Autos, drei Klötzchen, drei Kinder.
- Danach: Das Klötzchen ist groß, das Auto ist größer, der Stuhl ist am größten.

Anfangs werden Gegenstände verwendet, die einen deutlichen Größenunterschied aufweisen, später übt man die feineren Unterschiede.

- Am nächsten: „Welches Haus liegt am nächsten?"

Übungen

Das Kleinkind

„Wie groß bist du?" (Das Kind schaut nach den emporgestreckten Armen.)

Im Krabbelalter muß das Kind die Möglichkeit haben, sich im ganzen Haus umherzubewe-gen und mit in die Küche zu kommen, damit es dort eine Vorstellung von der Größe und Anordung der verschiedenen Gegenstände bekommt.

Das größere Kind

Die Körperlänge des Kindes wird an der Wand markiert. Die Länge zweier Kinder wird verglichen.

Zwei Kinder liegen auf dem Boden. Zwei andere Kinder zeichnen den Umriß der liegenden Kinder nach, die liegenden Kinder stehen hiernach wieder auf. „Seht euch die Zeichnungen an. Wer ist am größten? Wer am dicksten?"

„Setze dich auf den Boden und zeichne einen Kreis um dich selbst herum, ohne dich zu bewegen. Wie weit bist du gekommen? Wie groß ist der Kreis geworden?"

Die Größe aller zur Hand befindlichen Gegenstände wird erläutert.

Größenverhältnisse von Gegenständen

Hier kann fast alles verwendet werden: Hausgerät, Puppen, Autos, Steine, Blätter von Bäumen, Münzen, Nägel usw.

1) Die Gegenstände werden sortiert. Gleiche Größen werden zusammengestellt:
„Nimm alle Autos gleicher Größe."
„Suche alle gleich großen Nägel heraus."

2) Verschiedene Größen. Zwei Gegenstände oder Personen: „Welches Auto ist groß?"
„Wer ist der größte, Peter oder Jan?"

3) Verschiedene Größen. Drei oder mehr Gegenstände: „Welcher Klotz ist am größten?"
(Hier werden die Steigerungsformen des Adjektivs gebraucht.)

Dezimalstäbe, wie Maria Montessori sie für Kinder entwickelt hat, liegen auf dem Boden:
„Welcher Stab ist am längsten, welcher ist kürzer?"

Entfernungen. Das Kind als Zentrum

Das Kleinkind

Spielzeug wird in unterschiedlicher Entfernung zum Kind auf dem Boden ausgebreitet.

Das Kind wird auf nahe und entfernte Geräusche aufmerksam gemacht.

Das Kind langt nach einem Gegenstand und ergreift ihn.

Der Ball liegt neben dem Kind, aber plötzlich rollt er unter das Bett.

Das größere Kind

"Welcher Tür stehst du am nächsten?"

„Welches der anderen Kinder steht am weitesten von dir weg?"

„Ist der Bäcker oder der Gemüsehändler weiter weg?"

Entfernungen zwischen zwei Gegenständen

„Steht Peter näher zur Puppe oder zum Ball?"

„Welcher Baum steht am nächsten zur Bank?"

Ein Graben wird auf den Boden gezeichnet: „Kannst du darüber hinwegspringen?"

Der Abstand zwischen den beiden Strichen wird vergrößert: „Kannst du jetzt auch noch über den Graben springen?"

„Schau dich im Zimmer gut um, verbinde dir die Augen und taste dich zum Fenster (Schrank, Tisch usw.) vor."

„Spring über ein gespanntes Seil!" Das Seil befindet sich nur 5 cm und später etwas mehr über dem Boden. Es geht hierbei darum, daß das Kind nicht höher als notwendig springt.

Ein Besenstiel wird in Höhe der Schulter des Kindes gehalten: „Geh unter dem Besenstiel hindurch, ohne ihn zu berühren." Danach wird der Besenstiel in Hüfthöhe und schließlich in Kniehöhe gehalten. Das Kind soll verstehen, daß es sich nur genau soweit beugen muß, daß es den Besenstiel gerade nicht berührt. Dafür muß das Kind die Ausmaße seines eigenen Körpers beurteilen können.

2.11 Zeitbegriff

Das normale Kind

Das Kind lernt allmählich, daß eine Handlung einem zeitlichen Verlauf folgt und daß unterschiedliche Ereignisse nicht gleichzeitig geschehen, z. B.:

Das Kind weint für eine kürzere oder längere Zeit, bis die Mutter es auf den Arm nimmt. Das Kind krabbelt mal langsamer, mal schneller, je nachdem, wie groß seine Motivation zur Bewegung ist. Erst bekommt das Kind etwas zu essen, dann wird es in sein Bett gelegt.

Alle Perzeptionsbereiche und die Motorik sind bei der Bildung des Zeitbegriffes beteiligt.

Koordination mit Motorik und verschiedenen Sinnes- und Wahrnehmungsbereichen

Zeit wird wahrgenommen durch:
Stellungs- und Muskelsinn: „Du mußt noch länger gehen, bis du am Bahnhof bist."
Raumwahrnehmung: Es dauert länger, zum Bäcker zu gehen als zum Kaufmann. (Verhältnis Entfernung zur Zeit.)
„Geh' um das Haus herum!" (Verhältnis Raum zu Zeit.)
Der Berührungssinn kann von gewisser Bedeutung sein: Die Berührung des Fußes mit der Unterlage wiederholt sich über längere Zeit und umso öfter, je länger der Weg ist.
Sehen: Die Bäume scheinen vorbeizusausen, wenn das Auto schnell fährt.
Hören: Das Auto nähert sich schnell.
Geschmackssinn: Ich kann den Kohl immer noch schmecken.
Geruchssinn: Hier riecht es immer noch nach frischer Farbe.

Das retardierte Kind

Für das retardierte Kind ist es oft schwer, Zeiträume zu erfassen.

Wortschatz

Bevor das retardierte Kind lernt, Zeitabstände zu erfassen, muß es Wörter beherrschen, die Zeitabstände, - verläufe und -beziehungen bezeichnen:
Jetzt: Jetzt stehst du, jetzt sitzt du und jetzt gehst du.
Vor: Vor dem Mittagessen. Der Tag vor deinem Geburtstag.
Nach: Nach dem Essen. Nach der Schule.
Ein Tag: Vom Aufstehen bis zum Zubettgehen.
Eine Nacht: Vom Zubettgehen bis zum Aufstehen. Vom Dämmern am Abend bis zum Hellwerden am Morgen.
Heute: Heute haben wir Braten zu Mittag gegessen.
Gestern: Gestern waren wir im Kino.
Morgen: Morgen fahren wir an den Strand.
Eine Woche: Letzten Sonntag warst du zuhause, jetzt ist wieder Sonntag. Genau eine Woche ist vergangen, seitdem du zuhause warst.
Ein Jahr: Heute hast du Geburtstag. Kannst du dich daran erinnern, was du zu deinem letzten Geburtstag geschenkt bekommen hast? Das ist ein Jahr her.
Schnell - langsam: Laufe schnell zu mir herüber, gehe langsam zurück. Klatsche schnell in die Hände - klatsche langsam. Geh in den Raum nach dem Takt der Trommelschläge umher; jetzt langsam, jetzt schnell und jetzt noch schneller.

Übungen

„Lege dich auf den Boden auf die Seite und rolle dich ganz klein zusammen. Jetzt strecke dich ganz langsam aus, so daß du richtig groß wirst."

„Rolle dich ganz langsam wieder zusammen."

„Streck dich ganz schnell. Und jetzt roll dich ganz schnell wieder zusammen."

„Geh im Raum umher und bestimme selbst das Tempo, aber ich muß sehen können, ob du schnell oder langsam gehst!"

Das Kind kann die Zeit besser erfassen, wenn es an einer Stoppuhr verfolgen kann, wie oft sich der Zeiger dreht, während es eine Aufgabe ausführt. Kann das Kind die Uhr noch nicht lesen, kann man stattdessen eine Stoppuhr verwenden. Pädagogisch günstiger ist aber eine normale Uhr mit besonders großem Sekundenzeiger.

Vorübungen zum Erlernen der Uhr

„Zeichne einen Kreis an die Tafel. Teile ihn durch die Mitte in zwei gleich große Teile."

„Teile eine Torte in vier Teile."

„Zeichne einen Kreis auf den Boden und teile ihn in vier gleich große Teile. Stell dich mitten in den Kreis und strecke den einen Arm als Zeiger aus. Dreh' dich einmal ganz um dich selbst herum, dann eine halbe und eine viertel Runde."

2.12 Mengen- und Zahlbegriff

Das normale Kind

Bevor von einem Kind erwartet werden kann, daß es rechnen lernt, muß der Mengen- und Zahlbegriff entwickelt sein. Mit ungefähr 24 Monaten kann das Kind in der Regel die Bedeutung der Wörter „viele", „ein einzelner", „keine" verstehen. Ein paar Monate später kann das Kind Bauklötzchen aufeinanderstapeln. Damit beginnt es, die Mengenzahlen 1,2,3, usw. zu begreifen. Noch etwas später lernt es, Klötzchen und andere Gegenstände nach Größe, Form und Farbe zu sortieren.

Mit ca. drei Jahren beherrscht das Kind oft schon die ersten drei Zahlen, mit vier Jahren umfaßt der Zahlbegriff die Zahlen bis vier. Hier handelt es sich noch nicht um Rechnen, sondern lediglich um die Bedeutung jeder einzelnen Zahl.

Selbst wenn das Kind bereits bis 10 zählen kann, muß das nicht heißen, daß es die Bedeutung der Zahl 10 versteht und auch den Zahlbegriff bis 10 beherrscht.

Das Kind muß eine Bewegung in bestimmter Anzahl ausführen können, z.B. klatschen, seilspringen, hüpfen, Ball gegen die Wand spielen. Gleichermaßen muß es motiviert werden, alles in seiner Umgebung, z.B. Hunde, Autos, Bäume, zählen zu wollen.

Mit ungefähr fünf Jahren kennt das Kind die Zahlensymbole 1-10, mit sechs bis sieben Jahren kann es die Zahlen 1-10 schreiben und beginnt, die Bedeutung der Ordnungszahlen zu verstehen.

Koordination mit Motorik und verschiedenen Sinnesbereichen

Um Mengen und Zahlen zu erfassen, können verschiedenen Sinnesbereiche einbezogen werden. Einige Beispiele folgen:

Sehen: Das Kind sieht drei Autos.

Hören: Es läutet zweimal an der Haustür.

Berührungssinn: Das Kind berührt den großen und den kleinen Ball, es berührt zwei Bälle.

Stellungs- und Muskelsinn: Das Kind hüpft viermal.

Das retardierte Kind

Hat das Kind kein Zahlenverständnis, muß es sich zuerst den Mengenbegriff und danach den Zahlbegriff aneignen. Das sollte so wirklichkeitsnah und anschaulich wie möglich geschehen. Man sollte die Arbeit mit dem Kind auch auf einem niedrigen Niveau beginnen. Zunächst werden bekannte Gegenstände – wie sein Spielzeug –, danach erst abstraktere Materialien verwendet.

Wortschatz

Bei den Übungsbeispielen werden im folgenden ein paar Wörter genannt, die für das Üben des Zahlbegriffes notwendig sind. Außerdem sollte der kindliche Wortschatz in diesem Zusammenhang die Wörter wenig, viel, einige, mehr, weniger, zuerst, zuletzt, nach, nächste, wenige, alle usw. enthalten.

Übungen

Zum Mengenbegriff:

Groß – klein: Ein großer Haufen Sand und ein kleiner Haufen Sand.
„Befühle sie beide und klopfe sie fest."

Gleich groß – genau gleich: Es wird nun so viel Sand auf den kleinen Haufen getan, daß beide Sandhaufen gleich groß werden, genau gleich groß.

Viele – einer – keiner: Es sind viele Bonbons in der Tüte. Jedes Kind bekommt ein Bonbon. Jetzt ist keins mehr übrig.

Gleich – unterschiedlich: Die beiden kleinen Bälle sind gleich (Größe, Form, Farbe). Der kleine rote Ball und der große blaue Ball sind nicht gleich groß. Sie sind unterschiedlich groß.

Einige – alle: „Du darfst einige der Kugeln haben, aber nicht alle."

Wenig – viel: „Du darfst ein wenig von dem Kuchen haben, aber nimm nicht soviel davon."

Zum Zahlbegriff:

Das retardierte Kind muß die Zahlen verstehen lernen, immer eine zur Zeit. Die Zahl, die das Kind gerade lernt, darf nicht an bestimmte Gegenstände oder an eine bestimmte Form gebunden sein, z.B.:

Einüben der Zahl 1: 1 Teller, 1 Tasse, 1 Unter-
tasse, 1 Löffel und 1 Glas.

Die Zahl sollte auch nicht an eine bestimmte
Farbe oder Größe gebunden sein: „Nimm 1
kleines rotes Auto, 1 großen blauen Ball und 1
grünes Bauklötzchen." „Nimm 1 langen
schwarzen Stab und 1 weißen kurzen Stab."

Von der Position des Gegenstandes und seinem räumlichen Bezug zum Kind muß das
Kind ebenfalls abstrahieren können: 1 Puppe
sitzt mit dem Gesicht zum Kind, 1 Puppe mit
dem Gesicht vom Kind abgewandt.

Die Zahl 1 (als eins, ein, eine) kann außerdem
taktil oder kinästhetisch erfahren werden,
z. B.: „Schneide verschiedenen Figuren aus
und klebe sie auf ein Stück Papier!" (1
Dreieck, 1 Kreis, 1 Ei usw.) „Zeichne 1 großen
roten Kreis an die Tafel und 1 kleines blaues
Viereck."

Zahlensymbole

Das Symbol für die Zahl 1 kann auf verschiedene Arten gelehrt werden. Zum Beispiel, indem man obengenannte Übungen wiederholt und jeweils eine 1 neben jeden einzelnen
Gegenstand legt oder schreibt.

Übung

Das Kind nimmt einen Gegenstand und legt
eine 1 daneben. Das Kind malt eine Figur und
schreibt eine 1 daneben.

Zahl 2:
1 rotes Auto und 1 blaues Auto, das macht 2
Autos.
„Ziehe deine Schuhe aus. Du hast 2 Schuhe."
„Ziehe deine Strümpfe aus. Du hast 2
Strümpfe und 2 Füße."

Im übrigen wird auch hier von Form, Farbe,
Größe und Plazierung des Gegenstandes
abstrahiert, wie für das Erlernen der Zahl 1
beschrieben. Das Kind soll auch von der
Anordnung und Bewegung zweier Gegenstände zueinander abstrahieren können,
z. B.:

2 Autos werden nebeneinander gestellt und
die Zahl 2 danebengelegt.

2 Autos werden hintereinander gestellt und
die Zahl 2 danebengelegt.

2 Autos werden übereinander gestellt und
die Zahl 2 danebengelegt.

2 Autos fahren in unterschiedliche Richtungen.

Auf ähnliche Weise werden die Zahlen 3,4,5,
usw. eingeübt.

Zählen

Fällt es dem Kind schwer zu zählen, übe man
das Zählen in mehreren Schritten. Die Aufgabe kann z. B. darin bestehen, vier Bauklötzchen zu zählen, die auf dem Tisch liegen. Zuerst sollen die Klötzchen in einer Reihe liegen, weil eine zufällige Anordnung die
Aufgabe erschweren würde.

Übung

Das Kind greift jedes Klötzchen und zählt
dabei.

Das Kind berührt das jeweilige Klötzchen
leicht.

Das Kind zeigt darauf.

Das Kind schaut nur hin.

Mengenzahlen

Die Mengenzahlen 1,2,3,4,5,6... werden zuerst gelernt. Alles wird beim Üben gezählt:
Puppen, Klötzchen, Autos, Blumen usw.

Ordnungzahlen

Bevor mit dem Rechenunterricht begonnen
werden kann, müssen auch die Ordnungszahlen beherrscht werden.

Dazu wird Spielzeug in Gruppen geteilt
z. B.: Auf den ersten Haufen werden alle run-

den Bauklötzchen gelegt, auf den zweiten Haufen alle rechteckigen und auf den dritten Haufen alle dreieckigen.

Das Kind muß auf irgendeine Weise die Bedeutung der Zahlen, Mengenzahlen und Ordnungszahlen erfahren. Versteht das Kind, daß die Zahl 1 einem Gegenstand entspricht, ergibt sich mit ungefähr fünf Jahren allmählich ein Übergang in die ersten Rechenversuche: Das Kind hat 5 Groschen und kauft für jeden Groschen genau einen Bonbon, also 5 Bonbons.

Übungen

Jedes Kind holt 1 Ball.

„Hole 3 Bälle."

„Zähle, wie oft ich in die Hände klatsche. Klatsche selbst genauso oft."

2 Kinder gehen an den Schwebebalken, 3 an die Sprossenwand.

„Krabbel auf allen vieren."

„Steh auf 3 Beinen" (2 Beine und 1 Arm).

„Steh auf 2 Beinen."

„Klettere die Sprossenwand hinauf, so daß die Füße auf der 5. Sprosse stehen."

„Prelle den Ball 6 mal gegen die Wand."

„Geh' 2 Schritte vor und dann noch 2 Schritte, das ergibt 4."

„Geh' 3 Schritte vor und 2 Schritte zurück (Subtraktion)."

„Springe 30 mal über das Seil."

Würfelspiele.

2.13 Konzentration

Konzentration bedeutet u.a.: die Aufmerksamkeit für eine bestimmte Zeit auf etwas richten zu können; eine Sache abzuschliessen, bevor die Aufmerksamkeit auf etwas anderes abschweift; sich nicht durch wechselnde Stimuli aus der Umgebung ablenken zu lassen.

Dazu müssen folgende Bereiche entwickelt sein:

- Der Sinnesapparat muß intakt sein (insbesondere für Sehen und Hören.)
- Die Perzeption muß einen gewissen Grad der Entwicklung erreicht haben.
- Die Psyche muß mit der übrigen Entwicklung des Kindes in einem natürlichen Gleichgewicht stehen, d.h. das Kind muß sich wohlfühlen.
- Das Kind muß für seine Aufgabe motiviert sein.
- Für das Kind darf das, worauf es seine Aufmerksamkeit richten soll, nicht langweilig sein.

Die dem Kind gestellte Aufgabe darf also nicht zu einfach sein. Andererseits darf es aber auch nicht überfordert werden. Die Aufgabe darf nicht so schwer sein, daß das Kind sie nicht mehr lösen kann.

Das größte Konzentrationshindernis kann die kindliche Psyche selbst sein. Daher muß ein Kinderpsychiater oder ein Psychologe hinzugezogen werden, wenn das betroffene Kind ernste Verhaltensauffälligkeiten zeigt.

Für ein hyperaktives Kind kann es kurzzeitig sinnvoll sein, wenn man ihm ein kleines „Büro" einrichtet. Es braucht nicht aus einem abgeschlossenem Raum zu bestehen. Eventuell reicht es schon, dem Kind einen Tisch einfach zur Wand zu stellen, sodaß ablenkende Stimuli weniger störend wirken. Diese Maßnahme muß nicht als Strafe empfunden werden, sondern als eine Hilfe, dem Kind zu mehr innerer Ruhe zu verhelfen.

Diese Methode wurde stark diskutiert, doch mein Eindruck ist, daß die Einstellung des Lehrers über Erfolg oder Mißerfolg entscheidet. Ein solches Kind in einem Klassenraum zu unterrichten, dessen eine Wand aus Fenstern besteht, wodurch die Aufmerksamkeit des Kindes auf jeden, der draußen vorbeigeht, gerichtet wird, ist für den Lehrer ebenso problematisch wie für das Kind. Viele Fälle mangelhafter Konzentration sind primär durch ungenügende sensomotorische Entwicklung bedingt, die psychischen Schwierigkeiten sind meist sekundär. Über diese Fälle sollen im folgenden einige Betrachtungen angestellt werden.

2.13.1 Ursachen für mangelhafte Konzentration

Das normale und das retardierte Kind

Einige Kinder sind hyperaktiv, rastlos und leicht ablenkbar. Ihnen fehlt in ausgeprägtem Maße Konzentration und Ausdauer im Verhältnis zu ihrer sonstigen Entwicklung. Es ist sehr schwer, die Aufmerksamkeit dieser Kinder über den Moment hinaus zu fesseln. Dafür muß zunächst die Ursache herausgefunden werden. Möglichkeiten gibt es viele. Abgesehen von den psychischen Ursachen, die in diesem Buch nicht behandelt werden, müssen folgende Störungen in Betracht gezogen werden:

Blickfixation. Wenn sich die Augen unruhig hin- und herbewegen, wird in hohem Maße die visuelle Perzeption erschwert. Bevor ein Gegenstand gründlich perzipiert wurde, wandern die Augen schon zum nächsten Gegenstand weiter und die Wahrnehmung des ersten Gegenstandes wurde unterbrochen. (Es ist an dieser Stelle nicht ein Nystag-

mus gemeint, sondern gröbere, unkoordinierte Bewegungen der Augen.)

Akkomodation. Bei den Schularbeiten und allen anderen Arbeiten im Nahbereich sieht das Kind nicht gut genug, wenn der Akkomodationsreflex unvollständig ausgebildet ist (siehe „Sehen", S. 78). Das Kind mag sich nicht länger auf die gestellte Aufgabe konzentrieren und wird seine Arbeit unterbrechen.

Sehschärfe, binokulares Sehen. Sieht das Kind nicht scharf, wird es von Anfang an das Interesse an einer Aufgabe verlieren. Sprechen Sie mit einem Augenarzt, wenn ein solcher Verdacht besteht! (siehe unter „Sehen" S. 79)

Form- und Farbwahrnehmung. Kann das Kind Farbe und Form nicht hinreichend unterscheiden, werden Bilderbücher und vieles andere für das Kind unverständlich und nur auf wenig Interesse stoßen.

Figur – Grund – Unterscheidung. Eine mangelhafte Figur – Grund – Unterscheidung kann bewirken, daß das Kind aus den vielen, ständig einwirkenden Stimuli nicht die für den Augenblick wesentlichen auswählen kann. (s. S. 90)

Auditive Perzeption. Die auditive Perzeption kann ungenügend oder spät entwickelt sein.

Wortschatz. Der Wortschatz spielt eine große Rolle. Versteht das Kind die mit der Aufgabe verbundenen Wörter nicht, wird es die Ausführung der Aufgabe abbrechen.

Auge – Hand – Koordination. Geht die Motorik mit in die Lösung einer Aufgabe ein, muß die motorische Entwicklungsstufe des Kindes Berücksichtigung finden. Ist die Aufgabe zu schwierig, wird das Kind aufgeben.

2.13.2 Konzentrationstraining

Das Konzentrationstraining oder genauer die Behandlung, die im folgenden beschrieben wird, hat das ganze vorliegende Buch zur Voraussetzung. Vorgehensweise und Ablauf machen das Besondere des Konzentrationstrainings aus. Es ist eine effektive Hilfe für das Kind und befähigt es, entsprechend seinem Intelligenzniveau zu arbeiten.

Die Behandlung sollte nur auf ärztliche Empfehlung durchgeführt werden, eventuell in Zusammenarbeit mit einem Psychologen. Ausgeführt wird die Behandlung von einem spezialisierten Psychologen, Physiotherapeuten oder Pädagogen. Die Methode erfordert außerdem ein gewisses Entwicklungsniveau des Kindes und kommt daher am besten bei normal begabten Kindern, z. B. mit Lernschwierigkeiten in der Schule, oder bei retardierten (einschließlich debilen) Kindern zur Anwendung. Das Training läßt sich auch für Imbezile modifizieren.

Zusammenarbeit mit dem Klassenlehrer des Kindes wirkt fördernd auf die Behandlung, die nur selten längere Zeit in Anspruch nehmen wird. Vier bis fünf Behandlungen pro Woche werden schon nach einigen Monaten guten Erfolg zeigen, auch in Fällen leichter neurotischer Überlagerung der motorischen und/oder perzeptuellen Schwierigkeiten.

Es ist am besten, wenn mit der individuellen Behandlung des Kindes begonnen wird, damit der Therapeut das Kind und seine Reaktion eingehend kennenlernt. Später ist es vorteilhaft, kleine Gruppen zusammenzustellen. Es kann dem Kind schwerfallen, seine Aufmerksamkeit auf die Übungen zu richten und gleichzeitig Rücksicht auf die anderen Kinder in der Gruppe zu nehmen, andererseits ist das jedoch gerade für die soziale Entwicklung des Kindes wichtig.

Die Aufgabe des Therapeuten besteht zunächst darin, das Kind zu untersuchen und sein Entwicklungsniveau zu ermitteln (s. S.

200), um auf diesem Wege die Ursache für die mangelhafte Konzentration zu finden. Bei der Behandlung werden Aufmerksamkeit und Konzentration geübt.

1. Aufmerksamkeit

Das Kind muß daran gewöhnt werden zu „hören" und zu „sehen", d.h. auditiv und visuell zu perzipieren. Das Kind nimmt nur wahr, worauf es seine Aufmerksamkeit richtet; z.B. hört es nicht, wenn es nicht genau hinhört. Auf der anderen Seite kann man nicht erwarten, daß sich ein Kind für Dinge interessiert, die es nicht versteht. Stimuli sollen nur dann gegeben werden, wenn das Kind für sie auch empfänglich ist, sonst stumpft es insgesamt gegen Stimuli ab. Das Kind muß erst in einen Zustand der Erwartung gebracht werden, wo es gespannt darauf ist, was es zu „hören" und „sehen" bekommt.

Jede Lektion beginnt also mit etwas, das die Aufmerksamkeit des Kindes fesselt. Zu diesem Zweck sollte man sich jedes mal etwas Neues einfallen lassen und unter Berücksichtigung des individuellen Kindes zwischen verschiedenen Sinnesbereichen wechseln, z.B.:

Nimm das Kind auf den Schoß.
Nimm das Kind liebevoll an die Hand.
„Guck mal, ich habe einen schwarzen Fleck auf der Nase, willst du ihn wegwischen?"
„Was, glaubst du, ist in diesem schönen Paket drin?"
„Schließe die Augen und höre gut zu. Konntest du hören, was ich auf den Boden fallen ließ?"
Oder:
Das Material für die erste Übung befindet sich auf dem Tisch, ist aber von einem Tuch verdeckt, so daß das Kind neugierig wird.

2. Konzentration

Hat das Kind gelernt, seine Aufmerksamkeit auf das, was geschehen soll, zu richten, ist der nächste Schritt, daß es lernt, diese Aufmerksamkeit während der gesamten Aufgabe aufrechtzuerhalten. Die Übungen zielen darauf, daß:

das Gehirn unaufhörlich in schneller Funktion damit beschäftigt ist, Stimuli zu empfangen, zu perzipieren und anschließend in Handlung umzusetzen.

Danach wird das Kind stimuliert, länger bei den einzelnen Handlungsabläufen zu verweilen. Es geht um die kleinen Handlungen und Aufgaben, die ein Kind beherrschen muß, um in Kindergarten oder Schule mitzukommen.

Dauer jeder einzelnen Übung
– keine Pausen

Sobald der Therapeut merkt, daß das Kind nicht in der Lage ist, seine Aufmerksamkeit auf die Übung zu richten, geht er ohne Pause auf die nächste Übung über und verhindert so, daß das Kind von anderen unerwarteten Stimuli abgelenkt wird.

Die Übungen müßen in ihrer Dauer und in ihrem Schwierigkeitsgrad dem Entwicklungsniveau des einzelnen Kindes angepaßt werden. Jede Übung oder Aufgabe wird allmählich „gestreckt", so daß das Kind immer noch seine volle Aufmerksamkeit dieser Übung zu widmen vermag. Es muß jedoch davor gewarnt werden, das Kind auf seinem Steckenpferde herum reiten zu lassen, ohne es rechtzeitig zu unterbrechen.

Die Übungen müssen abwechslungsreich gestaltet werden, damit das Kind nicht sein Interesse an der Mitarbeit verliert. Also sollten die Übungen nicht in jeder Behandlungsstunde einfach wiederholt angeboten werden, zumindest nicht in derselben Reihenfolge. Das Kind muß trainiert werden, aufzupassen, was im nächsten Moment passiert, nachzudenken und auf neue, unerwartete Impulse zu reagieren.

Mit der Zeit wird sich das Kind mit einer Aufgabe auch länger beschäftigen können, gleichzeitig werden schwierigere Aufgaben gestellt, um schließlich den Grad an Konzentration zu erreichen, der von einem schulreifen Kind erwartet wird.

Dauer der Lektionen –
Psychische Ermüdung

Zu keinem Zeitpunkt darf sich das Kind gestreßt fühlen. Das Arbeitstempo muß individuell angepaßt werden. Die Behandlung muß in einer heiteren Atmosphäre ablaufen, so daß das Lösen der Aufgaben für das Kind zu einer Art Sport wird und es daran Spaß hat. Die Dauer der Lektionen hängt von der Leistungsfähigkeit des einzelnen Kindes ab. Es empfiehlt sich, zunächst nur für eine kurze Zeit von etwa 15 Minuten mit dem Kind zu üben und langsam die Zeit auszudehnen. Beabsichtigt ist, bis zu seiner Ermüdung zu gelangen. Macht das Kind 30 bis 40 Minuten gut mit, wird es psychisch ermüden – das ist beabsichtigt.

Das Kind muß lernen, sich länger konzentrieren zu können, als es ihm auf einer niedrigeren Entwicklungsstufe möglich war bzw. noch Spaß bereitet hat.

Sollte das Kind unverhältnismäßig früh ermüden, können Ballübungen, Seilspringen und anderes eingeschoben werden, damit das Kind seinem Bewegungdrang nachkommen kann. Der Kreislauf wird angeregt und die Durchblutung des Gehirns verbessert. Die physisch anstrengenden Übungen eignen sich besonders für die ersten Minuten jeder Lektion und können wiederholt werden, wenn 2/3 der Lektion vorbei sind.

Konzentration kann geübt werden durch:

a) Einfache Stimuli für jeden Sinn einzeln; danach durch

b) Stimuli für mehrere Sinne gleichzeitig; in einem späteren Stadium durch

c) komplexe und stärker intellektuell geprägte Aufgaben wie Schreiben, Rechnen usw.

Die in diesem Buch besprochenen Übungen können auf die jeweilige Entwicklungsstufe des Kindes abgestimmt werden. Rhythmische Übungen wechsle man mit nichtrhythmischen, Perzeptionsübungen mit motorischen Übungen, Schreibübungen mit kleinen Rechenübungen. Gleichgewichtsübungen und vieles mehr können eingeflochten werden. Alle Übungen bietet man in schneller Folge, aber ohne Hast an.

Rhythmische Übungen

Ein wichtiges Element dieser Behandlung ist das genaue Hinhören und die gleichzeitige Bewegung zu gegebenen Rhythmen. Das Kind muß seine ganze Aufmerksamkeit auf die wechselnden Rhythmen richten und zugleich nach wechselnden Kommandos sehen und hören. Prinzipiell soll der Rhythmus stets so leise angegeben werden, daß das Kind gezwungen ist, sich beim Hören leicht anzustrengen. Dementsprechend dürfen keine scharfen, hohen Geräusche (durch eine Flöte oder eine durchdringenden Stimme) verwendet werden. Das Kind soll genau hinhören.

Die Behandlung stellt an beide, Kind und Therapeut, hohe Anforderungen. Der Therapeut muß sich ständig neue Aufgaben überlegen, zugleich aber auch das Kind beobachten und sich in dessen Gedankenwelt einfühlen. Von vornherein ist eine genaue Auswahl verschiedenartiger Übungen, ausgehend von den einleitenden Untersuchungsergebnissen (s. Untersuchungsschema S. 200), zu treffen.

3. Motorische Fertigkeiten und Perzeption

3.1 An- und Auskleiden, persönliche Körperhygiene

Das retardierte Kind

Eine der wichtigsten Voraussetzungen für das Selbständigwerden eines Kindes ist die ausreichende Beherrschung der Handmotorik. Sie muß soweit entwickelt sein, daß das Kind allein z. B. ein Stück Seife festhalten kann, in der Lage ist, sich mit einem Handtuch abzutrocknen oder sich die Strümpfe selbst an- und ausziehen kann.

Außerdem muß das Kind einige Körperteile kennen: Hände, Füße, Gesäß („Po") etc. (s. S. 117), und zwar visuell, taktil und kinästhetisch (s. S. 106). Das Kind muß sprachlich die einzelnen Körperteile und die Worte, die sich speziell auf Körperhygiene und Bekleidung beziehen, beherrschen z. B:

Temperatur: kalt, warm, lauwarm.

Geruch: Seife, Urin, Schweiß, Parfum.

Richtungswahrnehmung: hinaus-hinein, oben-unten;
später auch: richtigherum, falschherum, Vorderseite-Rückseite, rechts, links.

Raumwahrnehmung: vorn, hinten, durch.

Bezeichnungen einzelner Kleidungsstücke: Hemd, Hose, Rock, Jacke, etc. Andere Wörter in diesem Zusammenhang: Schleife, Knoten, Tuch, Handtuch, Schwamm, Bürste, ziehen, schieben, binden.

Zu Anfang sollte man das Kind so hinsetzen, daß es zusehen kann, wenn es von einem Erwachsenen angezogen wird. Dann sollte das Kind selbst versuchen, sich anzuziehen. Auch wenn ein Kind viel Zeit zum Aus- und Ankleiden benötigt, muß ihm die Zeit gewährt werden. Sich allein an- und auskleiden zu können, unterstützt beim Kind das Gefühl „kann allein". Sein Selbstwertgefühl wird gestärkt. Allerdings müssen Handmotorik, Richtungswahrnehmung und Körperwahrnehmung des Kindes einen gewissen Entwicklungsstand erreicht haben, bevor sich Selbstständigkeit entwickeln kann. Unzureichende Entwicklung muß als Vorraussetzung erst in der entsprechenden Reihenfolge stimuliert werden.

Erst später, wenn die taktile und kinästhetische Perzeption genügend entwickelt ist, wird das Sehen beim An- und Auskleiden weniger wichtig. Günstig für das Kind ist sicher auch, wenn es sich am Schluß in einem Spiegel betrachten kann. Das Lernen fällt dem Kind leichter, wenn ihm die verschiedenen Tätigkeiten genau gezeigt werden, z. B.:
wie man die Hände bewegt, wenn man sich die Hände wäscht und sie abtrocknet;
wie man sich die Haare kämmt und bürstet;
wie man eine Zahnbürste hält und bewegt;
wie man ein Hemd an- und auszieht.

Solange das Kind noch Schwierigkeiten beim An- und Auskleiden hat, sollte man Kleidungsstücke wählen, mit denen das Kind leicht umgehen kann. Knöpfe und Reißverschlüsse sollten sich möglichst nicht auf dem Rücken befinden. Auch eine Schleife ist anfänglich schwierig für das Kind, genauso wie kleine Knöpfe. Enge Bekleidung läßt sich schwer allein an- und ausziehen.

Im Spiel mit Puppen lernt das Kind, diese Zusammenhänge zu verstehen, und übt die notwendigen Fertigkeiten. Die Aufgaben werden bei größeren Kindern umfassender gestellt, der Wortschatz wird entsprechend den erlernten Fertigkeiten erweitert.

Dazu gehört
Selbst die richtige Wassertemperatur des Badewassers mischen;
Fingernägel und später auch Zehennägel selbständig säubern;
Waschen, bügeln, flicken;
Flecken aus eigenen Kleidungsstücken entfernen;
Schuhe putzen, Gummistiefel säubern;
Sich schminken bzw. rasieren;
Finger- und Fußnägel schneiden und feilen;
Die Nägel mit Nagellack anmalen und ihn wieder entfernen;
Koffer mit dem Nötigsten packen;
Unterwäsche und Strümpfe regelmäßig wechseln;
Deodorant benutzen;
Selbständig neue Kleidung kaufen und Größe für Jeans, Pullover, Schuhe etc. wissen;
Die angemessene Kleidung für jeweilige Temperatur und Wetterverhältnisse auswählen;
Waschbecken und Badewanne scheuern;
Ohne Hilfe mit den Pubertätsveränderungen und der Menses klarkommen;
u.a.m.

3.2 Gleichgewicht (Vestibularsinn)

> ### Das normale Kind

Die Fähigkeit, das Gleichgewicht zu halten, ist neben einer Vielzahl anderer Faktoren hauptsächlich vom Vestibularsinn und vom Kleinhirn abhängig.

Vestibularsinn. Das Sinnesorgan für den Gleichgewichtssinn liegt im Innenohr und wird auch Vestibularorgan genannt. Von hier gehen eine Vielzahl von Reflexen aus, die Muskeltonus und Haltungsreaktionen im ganzen Körper beeinflußen (s. S. 15), aber auch über Kopfbewegungen orientieren und dadurch über Richtungs- und Geschwindigkeitsänderung informieren. Das Vestibularorgan oder Labyrinth steht mit einzelnen Augenmuskeln in Verbindung. Daraus ergibt sich ein Zusammenspiel von Gleichgewicht und Augenbewegung, das für die Stimulation des Kindes ausgenutzt werden kann.

Kleinhirn. Das Kleinhirn hat große Bedeutung für das Gleichgewicht, weil es unter anderem alle Bewegungen koordiniert.

Psyche. Gleichgewichtstraining ist wichtig für die psychische Befindlichkeit des Kindes. Das Kind muß bei den Übungen mit Geräten wie Schwebebalken, Bank usw. und mit dem betreuenden Erwachsenen vertraut sein. Die Übungsgeräte müssen feststehen. Als erstes wird das Gleichgewicht im Gehen entlang eines fußbreiten Striches (8 cm breiter Klebestreifen) geübt. Die Beine eines Schwebebalkens sollten so konstruiert sein, daß je nach Bedarf die schmale oder breite Seite des Balkens benutzt werden kann.

Dem Kind wird an beiden Händen Hilfestellung angeboten, d.h. der Erwachsene geht rückwärts, denn das Kind soll mindestens am Anfang sehen, daß ihm Unterstützung gegeben wird. Bekommt das Kind die Hilfestellung nur an einer Hand, kann es zu einer schiefen Gleichgewichtsentwicklung kommen.

Sehen. Sehen unterstützt, wie gesagt, die Orientierung des Körpers im Raum. Durch Sehen wird kontrolliert, wo die Füße aufgesetzt werden, während der Körper im Gleichgewicht bleibt.

Stellungs- und Muskelsinn. Die kinästhetische Perzeption registriert die genaue Stellung der einzelnen Körperteile über den Anspannungsgrad der Muskeln. Alle Bewegungen werden über die kinästhetische Perzeption ausbalanciert.

Berührungssinn und Stellungs- und Muskelsinn. Die Berührung der Füße mit der Unterlage löst über Haltungsreaktionen (Reflexe) die aufrechte Haltung des menschlichen Körpers aus. Deshalb sollten alle Gleichgewichtsübungen möglichst barfuß gemacht werden. Im Sommer wird das Gleichgewicht einfach durch Barfußgehen am Strand geübt. Das Gleichgewicht wird zusätzlich durch rein physische Faktoren beeinflußt.

Größe der Stützfläche. Die Stützfläche des Körpers ist im Liegen am größten, im Sitzen kleiner und am kleinsten im Stand auf einem Bein. In breitbasiger Stellung oder Schrittstellung ergibt sich eine weit größere Stützfläche als beim Stehen mit geschlossenen Beinen. Deshalb sollte breitbasiges Stehen oder Stehen in Schrittstellung beim Arbeiten oder Heben schwerer Lasten vorgezogen werden.

Anzahl der Belastungspunkte. Je mehr Belastungspunkte desto größer ist die Stützfläche und damit die Stabilität.

Höhe des Schwerpunktes über der Stützfläche. Mit zunehmender Körpergröße des Kindes wird sein Schwerpunkt nach oben verlagert, und entfernt sich weiter von der Stützfläche. Damit wird es für das Kind schwerer, sein Gleichgewicht zu halten.

Bau der Füße. Ein kräftiger, großer und breiter Fuß, dessen Zehen sich beim Gehen in natürlicher Weise leicht spreizen, gewährleistet eine gute Stützfläche und einen sicheren Gang. Eine schiefe Großzehe (Hallux valgus) oder ein hervorspringender Knochen unter dem Zehengrundgelenk kann das Halten des Gleichgewichtes erschweren.

Der Bau des Fußes kann sich nicht verändern, aber man kann den Fuß kräftigen, seine Beweglichkeit trainieren und auf diese Weise auch das Gleichgewicht verbessern.

Stufenweise Entwicklung
des Gleichgewichtes

Augenkontrolle
Kopfkontrolle im Liegen, im Sitzen.
Gleichgewicht des Körpers im Sitzen.
Entwicklung der Abstützreaktionen.
Kriechen. Kopfhaltung in Mittelstellung, d.h. der tonische Nackenreflex ist unter Kontrolle.
Krabbeln.
Krabbelnd auf dem Boden spielen. Vierfüßlerstand. Stand auf beiden Knien und einer Hand, Stand auf den Knien.
Bärengang auf Händen und Füßen.
Sich mit Stütze zum Stehen hochziehen.
Ohne Stütze stehen.
Mit Stütze gehen.
Ohne Stütze gehen = „laufen", danach langsames Gehen.
Hüpfen mit Hilfestellung an beiden Händen.
Einen Ball mit dem Fuß kicken, ohne das Gleichgewicht zu verlieren.
Mit geschlossenen Beinen ohne Hilfe hüpfen (auf flachen Fußsohlen).
Sich um sich selbst drehen.
Gehen, stehenbleiben, die Richtung ändern, die Geschwindigkeit ändern.
Auf einem 8 cm breiten Strich gehen.
Auf einem 10 cm breiten Schwebebalken von niedriger Höhe balancieren.
Purzelbäume schlagen.
Federnd hüpfen.
Über einen „Graben" springen.
Auf einem 6 cm breiten Schwebebalken niedriger Höhe balancieren.
Hüpfen, über ein Seil springen, tanzen.
Auf einem Bein stehen, auf dem dominanten Bein, auf dem nichtdominanten Bein. Die Beine dürfen sich nicht berühren.
Mit dem nichtdominanten Bein hüpfen.

Das retardierte Kind

Dieselben Verhältnisse gelten auch für das retardierte Kind. Das Übungsprogramm wird genau auf die Bedürfnisse des einzelnen Kindes zugeschnitten. Dabei darf keine Phase der kindlichen Entwicklung übersprungen werden. Jede Stufe kann Monate oder vielleicht sogar auch Jahre dauern, doch *erfahrungsgemäß ist dieser Weg der einzige, der zum Erfolg führt.* Bevor das Kind nicht eine Stufe wirklich beherrscht, hat es keinen Zweck, zur nächsten überzugehen, denn dadurch würde nur das Endergebnis schlecht.

Übungen

Verkleinerung der Stützfläche,
Verlagerung des Körperschwerpunktes nach oben,
Verringerung der Anzahl an Belastungspunkten.

In Bauchlage den Kopf anheben, sich mit den Unterarmen aufstützen.

In Bauchlage den Kopf anheben, sich auf die gestreckten Arme stützen.

In Rückenlage den Kopf anheben, auf den Bauch rollen und zum Sitzen kommen.

Fallübungen: Das Kind wird aus sitzender oder kniender Stellung umgeschubst, damit es lernt, sich mit ausgestreckten Armen und Händen abzustützen (Abstützreaktionen).

Auf dem Bauch unter einem Stuhl hindurch zur Wand kriechen. Auf allen Vieren krabbeln.

Auf vier, drei, zwei Stützpunkten stehen. Kniestand. Auf den Knien „gehen".

Normal gehen mit wechselnden Tempoangaben.

Auf den Fersen gehen. Mit kleinen Schritten.

Auf den Zehen gehen. Mit kleinen Trippelschritten.

Auf einem Bein hüpfen (= hinken).

Gleichgewichtsübungen

Auf einem Bein mit/ohne Hilfe stehen (Die Beine dürfen sich nicht berühren).

Auf einem 8 cm breiten Streifen gehen.

Auf einem Brett gehen, das auf dem Boden liegt. (Das Brett muß so breit sein, daß der Fuß nicht schräg darauf stehen kann..)

Von einem Kasten oder Mauerstein zum nächsten gehen.

Auf einem 8 cm breiten Schwebebalken 5 cm über dem Boden balancieren.

Auf einem 6 cm breiten Schwebebalken 10 cm über dem Boden balancieren.

Seitliches Gehen auf einem Schwebebalken.

Rückwärts Gehen auf einem Schwebebalken.

Die beschriebenen Übungen durch gleichzeitiges Ballspielen oder andere Übungen ergänzen!

Augenbewegungen und Fixation

Die Augenbewegungen müssen beherrscht werden und der Fixationsreflex muß entwickelt sein, sonst ist es unmöglich das Gleichgewicht zu halten. Zwischen beiden besteht eine gewisse Wechselbeziehung.

Bei schlechtentwickeltem Gleichgewicht kann eine sichere Fixation helfend wirken, wenn der Blick unwillkürlich auf den Schwebebalken oder den Strich auf dem Boden gerichtet wird. Andererseits kann sich das Gleichgewicht verschlechtern, wenn die Augenbewegungen unruhig sind. Dann sollte die Blickfixation trainiert werden. Das Kind muß darauf aufmerksam gemacht werden, daß das Gleichgewicht leichter zu halten ist, wenn der Blick z. B. auf den Schwebebalken oder einen bestimmten Punkt an der Wand geheftet wird (s. S. 84). Man kann erst von einem Kind erwarten, auf einem Schwebebalken zu balancieren, wenn es sicher auf einem Bein stehen kann. Unruhigen Augenbewegungen kann man entgegenwirken, indem man das Kind gleichzeitig auf eine vertikale Linie (z. B. an der Wand) sehen läßt. Besonders die horizontal ausgerichteten Augenbewegungen stören das Gleichgewicht.

Übungen

Gleichgewichtsübungen (mit steigendem Schwierigkeitsgrad) unter Beteiligung des Sehens:

(Zuerst führe man die Übungen mittels eines auf den Boden gezeichneten Striches durch, später kann ein Schwebebalken verwendet werden.)

Gewöhnliches Gehen im Raum mit Fixation eines Punktes an der Wand.

Rückwärtsgehen unter ständiger Fixation des Punktes.

Gehen entlang eines 8 cm breiten Streifens mit Blickfixation des Streifens.

Gehen entlang eines 8 cm breiten Streifens mit Blickfixation eines Kreuzes an der Wand in 0,5 m Höhe.

Gehen entlang eines 8 cm breiten Streifens, während der Blick im Raum umherschweift.

Alle Übungen werden anschließend an einem niedrigen Schwebebalken von 8 cm Breite wiederholt.

Das Kind sollte zunächst die Arme „wie die Flügel eines Flugzeuges" halten. Später wird es mit locker hängenden Armen auf dem Schwebebalken balancieren können. Wenn der Erwachsene ein Stück Kreide in seiner Tasche hat, kann er für die Kinder einen Strich, Kreis oder Kästchenhüpfen auf den Fußweg oder Hof zeichnen. Man wird nicht einmal nach den Kindern rufen müssen. Sie kommen sofort angelaufen und machen nach, was der Erwachsene vormacht, der auf seinem Weg über einen Kinderspielplatz eine aufgemalte Schnecke entlanggeht oder Kästchen hüpft.

Richtungs- und Geschwindigkeitsänderung (Vestibularsinn)

Nach einem angegebenen Rhythmus geht und läuft das Kind im Raum umher. Je nach der Tempoangabe wechselt es von schnellem Laufen auf langsames Gehen oder bleibt stehen, sobald kein Rhythmus mehr angegeben wird.

Gehen-stehen-gehen in wechselnder Richtung; nach vorn, nach hinten, nach links, nach rechts, usw. je nach Angabe.

Das Kind dreht sich um sich selbst.

Purzelbäume schlagen, ohne daß dem Kind schwindelig wird.

3.3 Spielen

Das normale Kind

Ein normal entwickeltes Kind lernt im Laufe des ersten Lebensjahres Krabbeln, Gehen und Laufen. Diese Fähigkeiten bilden die Grundlage für die weitere Entwicklung der Bewegung und einer Anzahl anderer Fertigkeiten. Sie sind Voraussetzung dafür, daß das Kind am Spiel mit anderen Kindern teilnehmen kann und den Forderungen des Alltags gewachsen ist. Es sei betont, daß das Kind jede neue Bewegung, jede neue Fertigkeit bis zur vollkommenen Beherrschung übt.

Während der ersten zwei Lebensjahre besteht „Spielen" hauptsächlich aus dem Training der Sinne und des Bewegungsapparates. Ob die Bezeichnung „Spielen" hierfür der treffende Begriff ist, läßt sich diskutieren. Für die Erwachsenen mag es vielleicht wie Spiel aussehen, für das Kind ist es ernste Arbeit, in die es all seine Energie steckt.

Jede einzelne Fertigkeit übt es immer wieder bis zur sicheren Beherrschung. Erst dann kann das Kind eine neue Fertigkeit erlernen. Im Alter von zwei und drei Jahren spielt jedes Kind noch für sich allein. In dieser Zeit können mehrere Kinder trotzdem ausgezeichnet nebeneinander spielen und die Anwesenheit der anderen Kinder genießen. Gelegentlich kann man auch beobachten, daß sich z. B. Kinder einer Krippengruppe bereits in diesem Alter zumindest für kurze Zeit miteinander beschäftigen und kommunizieren.

Das Spiel mit dem Erwachsenen hat jetzt noch die größte Bedeutung für die kindliche Entwicklung, nicht zuletzt wegen der Sprachentwicklung. Nach dem dritten Lebensjahr beginnt das Kind mit Rollenspielen, die mit fortschreitendem Alter immer konstruktiver werden. Ab dem vierten Lebensjahr bezieht das Kind zunehmend auch andere Kinder in sein Spiel mit ein. Um das fünfte Lebensjahr herum hat es großes Interesse an Gruppenspielen entwickelt, doch erst im Alter von knapp sieben Jahren ist das Kind in der Lage, selbst die sozialen Probleme zu lösen, die im Spiel mit anderen Kindern entstehen. Spielen ist ein wichtiger Beitrag zur sozialen Entwicklung des Kindes.

Spielen enthält Stimuli für alle Sinne und ist an der Entwicklung von Motorik, Kognition und Psyche beteiligt. Auf ihm gemäße Weise kann das Kind seinem Aktivitätsdrang nachkommen, Gedanken und Gefühle ausleben. Die normale kindliche Entwicklung kann nicht ohne Beteiligung der Umgebung ablaufen. Das Kind beobachtet, wie andere Kinder sich in den verschiedensten Situationen verhalten und wird motiviert, eventuell mit Unterstützung der Eltern und Geschwister, etwas Unbekanntes auszuprobieren oder zu wagen. Dazu sind Stimuli, aber auch eine gewisse Entwicklung von Perzeption und Motorik sowie Hilfe und Übung erforderlich. Kinder können unglaublich ausdauernd sein. Ein 9 bis 10-jähriger Junge übt z. B. geduldig immer wieder den selben Kick mit dem Fußball, durch den sein großer Bruder auf dem Sportplatz geglänzt hat. Alle Fertigkeiten übt das Kind solange, bis es sie vollkommen beherrscht, auch wenn das Üben anstrengend ist. Dabei werden Eigenschaften, die Bedeutung für das gesamte Leben

haben, aufgebaut. Spielen ist natürliche Vorbereitung auf Leben und Arbeit des Erwachsenen.

Das retardierte Kind

Spielen lernen

Für das retardierte Kind besteht oft nicht genügend Möglichkeit zu natürlicher Lebensentfaltung. Ein Kind ist von vielen Spielen ausgeschlossen, denn wenn es z. B. nicht richtig hüpfen kann, wird es auch nicht richtig rennen oder über Hindernisse springen, Kästchenhüpfen oder seilspringen können. Es wird von anderen Kindern isoliert und kann sich nicht durch Spielen entsprechend seinen Fähigkeiten physisch und psychisch entwickeln. Doch das Problem läßt sich nicht allein dadurch lösen, daß dem retardierten Kind Gelegenheit zum Zusammensein mit anderen Kindern geboten wird. Gerade dadurch ergibt sich häufig geradezu die gegenteilige Wirkung, weil das Kind nämlich motiviert wird, an etwas teilzunehmen, das für seine Entwicklungsstufe zu fortgeschritten ist. Man wird dem Kind so nicht gerecht. Es erlebt eine Niederlage und verliert möglicherweise völlig den Mut, dieses Spiel jemals wieder zu versuchen.

Der Erwachsene muß wohldurchdacht dem retardierten Kind helfen, denn sonst würde es bloß inaktiv herumsitzen und sich in seine eigene enge Welt zurückziehen. Es erfordert viel Phantasie und Einfühlungsvermögen von dem helfenden Erwachsenen, das Kind zu motivieren und aktivieren. Umsichtigkeit und Intuition sind wichtig, wenn es gilt, sich das Entwicklungsniveau des Kindes vorzustellen, von dem aus es stimuliert werden soll. Daher ist es notwendig, die einzelnen Bestandteile eines Spieles zu analysieren, bevor das Kind ermuntert wird, an dem

Spiel teilzunehmen. Geht es z.B. um das Murmelspiel, wird von dem Kind folgendes erwartet:

daß es die Aufgabenstellung versteht;

daß es in verschiedenen Stellungen auf dem Boden umherkrabbeln kann (Motorik);

daß es die Kugel und das Loch vom Untergrund unterscheiden kann (Sehen, Figur-Grund-Unterscheidung);

daß es den Blick auf das Loch und auf die rollende Kugel fixieren kann;

daß Richtungs- und Entfernungseinschätzen einigermaßen entwickelt ist;

daß die Handmotorik gut entwickelt ist;

daß die Auge-Hand-Koordination sich bis zu einem gewissen Grad entwickelt hat;

daß die Farbwahrnehmung entwickelt ist (deine Murmeln sind blau);

daß das Kind den Krafteinsatz einschätzen kann (kinästhetisch), den es beim Kullern von Murmeln benötigt.

Wie man sieht, fordert Spielen eine Menge vom Kind. Aufgabe des Erwachsenen ist, im voraus zu erkennen, an welchen Punkten das Kind Schwierigkeiten in einer Spielsituation haben wird, bzw. ob es diesem Kind überhaupt möglich ist, die gestellte Aufgabe zu meistern. Das Kind sollte durch Vorübungen auf die Aufgabenstellung vorbereitet werden. Erst dann wird das Kind Freude haben, an dem Spiel teilzunehmen und all die Fertigkeiten üben, die das Spiel enthält.

Mit der angebotenen Hilfe lernt das Kind spielen, es lernt die Grundelemente, aus denen sich das Spiel zusammensetzt. Dem Kind wird so eine Chance zur Selbstentfaltung gegeben, es erlangt Selbstvertrauen und Selbstachtung. In bezug auf diese Punkte ist der Erwachsene an der Gestaltung des weiteren Lebens des Kindes beteiligt.

Auf den folgenden Seiten finden sich Beschreibungen der häufigsten Fertigkeiten mit Vorschlägen zu Vorübungen. Sind keine Ergänzungen im Text, beziehen sich die Beschreibungen sowohl auf normale und als auch auf retardierte Kinder.

3.3.1 Lernen verschiedener Spielfertigkeiten

Das normale und retardierte Kind

Kästchen hüpfen
(„Himmel- und Hölle-Spiel")

Ein Kind muß folgendes beherrschen, um auf einem Bein hüpfen zu können:

Federndes Hüpfen auf beiden Füßen;

auf einem Bein vorwärts hüpfen;

auf einem Bein hüpfen, stehenbleiben, hüpfen, stehenbleiben;

auf einem Bein mit Richtungswechsel hüpfen;

Striche voneinander unterscheiden können (Sehen);

sich beim Kästchenhüpfen orientieren können (Richtungs- und Raumwahrnehmung);

mit einem Stein hüpfen;

Spielregeln lernen.

Das ist eine komplizierte Aufgabe, die nicht nur retardierten, sondern auch normalentwickelten Kindern schwerfallen kann. Mädchen erreichen beim Hüpfen meist schnell eine erstaunliche Fertigkeit, während Jungen häufig denken, daß z.B. Kästchenhüpfen überhaupt nichts für sie sei und deshalb nicht so viel hüpfen üben wie Mädchen. Zum Teil fällt es ihnen auch wegen der verzögerten motorischen Entwicklung schwerer. Dieses Spiel ist aber pädagogisch so wertvoll, daß sich auf alle Fälle die Mühe lohnt, ein retardiertes Kind zu unterstützen, damit es daran teilnehmen kann. Außer dem Gleichgewicht werden die Bein- und Fußmuskulatur sowie eine sichere Auge-Fuß-Koordination geübt – alles Fertigkeiten, die dem Kind täglich nützlich sein werden. Der Erwachsene muß das Kind anfangs sicherlich an der Hand halten, während es – ohne aufgezeichnete Kästchen und ohne Stein – im Zimmer um-

herhüpft. Auch ein Stock kann als Stütze dienen. Am Ende versucht das Kind, ohne Stütze und mit einem Stein auf einem Bein zu
hüpfen.

Seilspringen

Besonders Mädchen macht das Seilspringen
viel Spaß. In der entsprechenden Jahreszeit
sieht man sie oft von morgens bis abends
draußen seilspringen. Leider empfinden Jungen das als „Mädchensache". Seit einigen
Jahren ist Seilspringen auch bei Sportlern als
Aufwärmübung modern geworden. Seilspringen erfordert eine gute Koordination
der Arm- und Beinbewegungen und eine gewisse Kondition. Für alle Kinder ist es eine
gute Übung. Weil Seilspringen nicht so viel
Platz beansprucht wie viele Laufspiele, ist es
besonders gut zum Hallentraining geeignet.

Seilspringen im Laufschritt ist einfacher
als auf der Stelle zu springen. Kleineren Kindern fällt es oft leichter, einen Hula-Hopp-
Reifen statt eines Seils zu nehmen.

Gewöhnlich muß dem Kind gezeigt werden, wie man den Reifen mit den Händen
dreht. Beim Seilspringen dreht das Kind das
Seil oft so, daß sich beide Hände über seinem
Kopf treffen und der Bogen, den das Seil beschreibt, zu wenig Platz für das Kind läßt.
Manchmal wird das Seil auch ineinander verdreht. Ein großer Spiegel kann benutzt werden, damit sich das Kind beim Seilspringen
beobachtet. Zuerst wird das Kind in dem Moment hüpfen, wenn sich das Seil über seinem
Kopf in der Luft befindet. Diese anfängliche
Schwierigkeit bewältigt das Kind schnell,
wenn es aufgefordert wird, das Seil nach vorn
bis auf den Fußboden zu schwingen und
dann hinüber zu springen.

Vorübungen

Eventuell soll man das Kind vor einem großen
Spiegel üben, im Laufschritt nach vorn und
auf der Stelle ohne Seil.

Schlußsprung auf der Stelle.

Durch einen Hula-Hopp-Reifen im Laufschritt
springen.

Durch einen Hula-Hopp-Reifen auf der Stelle
springen.

Dem Kind wird die Armbewegung beim Seilspringen gezeigt und es ahmt sie ohne Seil
nach (Ellenbogen gebeugt, kleine leichte Bewegungen in den Handgelenken, symmetrische Bewegungen beider Arme).

Mit der ganzen Klasse wird täglich seilge-
sprungen. Einige können einen Hula-Hopp-
Reifen verwenden, während die motorisch
weiter entwickelten Kinder ein Seil nehmen.
Jungen und Mädchen machen mit.

Sobald die ganze Klasse die Grundsprünge
gelernt hat, können Variationen angeboten
werden, die zur stimulierenden Abwechslung in die Turnstunde eingeflochten werden. Es sei erwähnt, daß zu große Armbewegungen die Atmung etwas hemmen können.

Klettern

Auf einen Baum, an einem Tau oder über einen hohen Zaun zu klettern bzw. an einem
Ast zu hängen setzt voraus, daß das Kind sein
Körpergewicht mit Armen und Händen halten kann. Abgesehen von der notwendigen
Muskelkraft sind Gleichgewicht und Ausdauer erforderlich. Das Kind muß lernen,
sich lange Zeit festzuhalten. Erst wenn es einen schwereren Gegenstand einige Male mit
gebeugten Fingern heben und eine Zeitlang
angehoben halten kann, ist zu erwarten, daß
es auch sein eigenes Gewicht heben kann (s.
Abb. 45)

Viele Kinder bekommen Angst, wenn sie
aufgefordert werden, eine Sprossenwand
hinaufzuklettern. Das Kind sollte zu solchen
Tätigkeiten nie gezwungen werden. Wenn
sich schließlich zu einem Versuch durchzu-
ringen wagt, sollte es sich auf die Hilfestellung des Erwachsenen völlig verlassen können. Ein festes und ruhiges Halten des Kin-

des an den Hüften wirkt auf das Kind, während es klettert, beruhigend. Das Kind muß sicher sein, daß der Erwachsene erst dann losläßt, wenn das Kind „alleine" sagt.

Zuerst läßt man das Kind am besten mit dem Rücken zur Sprossenwand hinaufklettern. Es kann um sich sehen, während es so hoch wie möglich nach der nächsten Sprosse zu fassen versucht: „Hebe nun ein Knie an – und setze den Fuß wieder auf. Hebe nun das andere Knie an – und setze den Fuß wieder auf. Versuche jetzt einmal, beide Knie gleichzeitig anzuheben. Ich halte bestimmt deine beiden Hände fest."

Ein einmaliges kurzes Halten des eigenen Körpergewichts ist am ersten Tag genug. Am nächsten Tag wird die Übung schon leichter gehen, und im allgemeinen dauert es nicht lange bis das Kind ohne zu zögern mit dem Gesicht zur Sprossenwand an ihr hochzuklettern wagt. Dann wird das Kind auch das Klettergerüst auf dem Spielplatz oder in der Sporthalle interessant finden. Ein inaktives Kind wird durch diese Erfahrung aktiv.

Vorübungen

Das Kind hebt ein mit Sand gefülltes Stoffsäckchen bis an sein Kinn mit beiden Händen hoch.

Das Gewicht des Säckchens wird erhöht. Man läßt das Kind mehrere Male das Sandsäckchen anheben (s. Abb. 45).

Zwei Kinder halten je ein Ende eines Besenstiels fest und versuchen, ihn sich gegenseitig zu entreissen.

Hänge dich für eine halbe Minute an die Sprossenwand, ohne dich mit den Füßen abzustützen. (Das Kind darf nicht übergewichtig sein.) Beginne die Übung zunächst mit 10 Sekunden.

Liegestütze. Strecke und beuge abwechselnd die Arme

Zieh dich mit gebeugten Armen an einer Sprosse (oder einem Reck) hoch.

Das retardierte Kind

Weitere Fertigkeiten

Radfahren

Für alle ist das Fahrrad ein gutes Transportmittel. Es eignet sich auch für retardierte Kinder. Hat das Kind Schwierigkeiten, sein Gleichgewicht zu halten, sollten einige Übungen vorausgeschickt werden (s. S. 43).

Mit einem Dreirad lernt das Kind Beinbewegung und Steuern schnell. Findet sich kein Dreirad, lassen sich die Beinbewegungen auch an einem feststehenden Rad üben. Auch das Auf- und Absteigen sollte vorher so geübt werden. Bei einem ängstlichen Kind läuft der Erwachsene zu Beginn neben dem Fahrrad her. Die Höhe des Sattels muß so eingestellt sein, daß das Kind mühelos die Füße auf dem Boden aufsetzen kann.

Schwimmen

Der Begeisterung des Kindes, in der Badewanne im Wasser zu planschen, folgt ganz natürlich die Freude, in der Sandkiste oder besser noch am Strand mit Wasser und Sand zu bauen und Schiffe fahren zu lassen. Langsam wird das Kind so mit dem Wasser vertraut.

Das retardierte Kind muß von Grund auf schwimmen lernen, weil für retardierte Kinder Schwimmbewegungen wegen der Koordination recht schwierig sind. In manchen Fällen reicht es durchaus, wenn das Kind „Hundekraulen" kann. Doch wenn die Möglichkeit dazu besteht, sollte auch das retardierte Kind richtig schwimmen lernen.

Hierbei sollte beachtet werden, daß die Landau-Reaktion ursprünglich vorhanden gewesen sein muß, damit das Kind überhaupt in Bauchlage Kopf, Arme und Beine anheben konnte. Bei vielen Kindern sinken die Beine nach unten. Zuerst muß daher die „Flugzeug"- Stellung geübt werden. Das Kind liegt dafür mit dem Bauch auf einem

kleinen Schemel oder Sitzkissen. Vor dem eigentlichen Schwimmunterricht kommen einige Vorübungen: Arm- und Beinbewegungen werden jeweils für sich geübt. Die Armbewegungen können auch stehend vor einem
großen Spiegel und dann auf dem Boden in
Bauchlage geübt werden. Später werden die
Beinübungen ergänzt. Einige Kinder üben
besser erst im Trockenen „schwimmen".

Sport

Hier sei auf Literatur über verschiedene
Sportarten verwiesen. Doch soll an dieser
Stelle hervorgehoben werden, wie wichtig es
für einen jungen retardierten Menschen ist,
am allgemeinen Sport teilzunehmen, einmal
aus sozialen Gründen, dann als Ausgleich
zur täglichen Arbeit. Schließlich kann die
Mitgliedschaft in einem Sportverein viele
Freizeitprobleme lösen. Das retardierte Kind
allerdings sollte jedoch motorisch dem siebten Lebensjahr entsprechend entwickelt
sein, bevor es mit irgendeiner Art von Sport
beginnt. Sonst könnte es möglicherweise
eine Niederlage erleben.

Reiten

Viele retardierte Kinder reiten gern, auch in
der Halle. Das Kind faßt zum Pferd schnell
Vertrauen. Reiten verbessert das Gleichgewicht und trainiert die Beinmuskulatur. Am
wichtigsten ist wohl, daß das Kind durch Reiten Selbstvertrauen bekommt.

3.3.2 Der Spielplatz

Auf dem Spielplatz sollte der betreuende Erwachsene mit jedem Kind, das zum ersten
Mal dorthin kommt, alle Geräte und Spielmöglichkeiten der Reihe nach besprechen.
Häufig kann man beobachten, daß retardierte Kinder ihre eigenen Fähigkeiten entweder
überschätzen oder aber garnicht wagen, einmal etwas neues auszuprobieren.

Für ein Kind ist die Natur die beste Spielplatz: Wiesen, Wald und Strand. Stadtkinder
müssen sich leider mit künstlich angelegten
Spielplätzen begnügen, die in den letzten
Jahren aber meist erheblich verbessert worden sind und dem Kind reichhaltige Spielmöglichkeiten bieten – jedenfalls bezogen auf
skandinavische Spielplätze.

Aktivitäten auf einem Spielplatz

Auf einem Spielplatz sollte das Kind ab-
wechslungsreiche Spielmöglichkeiten fin-
den. Spielgeräte und Gelände sollten auf alle
Fertigkeiten des Kindes abgestimmt sein. Je-
de Fertigkeit muß auf unterschiedliche Art
geübt und weiterentwickelt werden können.
Dazu muß das Kind folgendes auf einem
Spielplatz üben können:
Rollen, kriechen, krabbeln.
Mit Sand und Wasser spielen.
Hüpfen, gehen, laufen – auf ebenem und un-
ebenem Gelände.
Balancieren: entlang einem Strich, auf Bret-
tern etc.
Klettern, hängen.
Ballspielen auf festem Untergrund und ge-
gen eine Wand.
Auf einem Bein hüpfen, Seilspringen.
Gleichgewicht: Schaukel, Wippe, Rollschuh-
laufen.
Fahrradfahren: Dreirad und Zweirad.
Reaktionsvermögen durch Ballspiele ver-
schiedener Art.
Respiration und Herz-Kreislauffunktion:
Platz für Laufspiele und Fahrradfahren.
Hindernislauf.
Außer einem Sandkasten und den übli-
chen Geräten kann die Ausstattung eines
Spielplatzes durch folgendes ergänzt wer-
den:
Gelände. Es wäre vorteilhaft, wenn der
Spielplatz nicht völlig eben ist, weil dem
Kind das Laufen auf einem unebenem Un-
tergrund guttut, z. B. auf Sand oder leicht hü-
geligem Gelände. Hinter kleinen Erhebun-
gen können sich die Kinder verstecken; sie

können bergab rennen und rollen. Im Winter ist Rodeln möglich. Sandiges Gelände läßt sich für wenig Geld von Zeit zu Zeit erneuern.

Klettergerüste, Kletterbäume. Klettergeräte unterschiedlichen Schwierigkeitsgrades sollten auf einem Spielplatz vorhanden sein. Unter den Geräten muß der Boden weich sein.

Kästchenhüpfen. Ein Teil des Spielplatzes sollte asphaltiert oder zementiert sein, damit die Kinder dort Kästchen aufzeichnen können. Wenn auch retardierte Kinder den Spielplatz besuchen, ist es günstig, wenn sie schon vorgezeichnete Kästchen vorfinden.

Schaukel, Wippe. Schaukeln macht viel Spaß. Das Kind freut sich, über den Köpfen der Spielkameraden zu schweben. Es kann je nach Wagemut im Sitzen, Stehen oder Knien schaukeln. Das Erlebnis beim Wippen ist ähnlich. Hierbei lernt es, zu hartes Aufkommen auf den Boden mit den Beinen abzufangen. Aber Wippen ist auch nicht ganz ungefährlich. Beim Wippen lernt das Kind etwas über die Funktionsweise von Hebel und Gleichgewicht.

Beide Spielgeräte betreffen den Gleichgewichtssinn (s. S. 142) und trainieren die Blickfixation während der Körperbewegung. Als Untergrund sollte immer Sand oder weiche Erde gewählt werden.

Karussell, Schwungrad. Beide Geräte stimulieren das Vestibularsystem (s. S. 142), allerdings sind sie auf Spielplätzen ohne Aufsichtsperson auch nicht ungefährlich.

Lärmapparate. Kinder mögen Krach. Auf einem Spielplatz kann eine Metalltonne waagerecht aufgehängt werden, die mit Kies oder ähnlichem Material gefüllt ist und gedreht werden kann.

Farbige Glasscheiben. Durch verschiedenfarbige Plexiglasscheiben können die Kinder ihre Umgebung betrachten. Hierfür wird aus unterschiedlichen Segmenten eine farbige Scheibe aus Plexiglas oder ähnlichem Material zusammengesetzt und in einer Halterung drehbar angebracht.

Autoreifen. Alte Autoreifen können hochkant in einer Reihe im Abstand einer Schrittlänge voneinander in Zement eingelassen werden. Damit sich die Kinder festhalten können, wenn sie von einem Autoreifen zum nächsten gehen, sollte neben der Reihe ein Holzzaun aufgestellt werden. Ein Autoreifen kann, an einem Seil aufgehängt, als Schaukel benutzt werden. Er läßt sich auch einen Abhang hinunterrollen.

Rutsche. Kindern macht Rutschen Spaß. Es gibt ihnen mehr Selbstvertrauen.

Wand für Ballspiel. Für Mädchen und Jungen ist Ballspielen gegen eine Wand gleichermaßen wichtig. Die Auge-Hand-Koordination wird hierbei ganz hervorragend geübt. Auf jedem Spielplatz sollten genügend glatte Wandflächen oder eine hohe Holzwand zur Verfügung sehen.

Unterschiedliche Möglichkeiten zum Balancieren

Platz zum Rollschuhlaufen und Seilspringen

Überdachtes Gelände zum Spielen bei Regenwetter. Eine große Tafel zum Zeichnen und Malen wäre wünschenswert.

Materialien

Stabiler Puppenwagen. Beim Laufenlernen kann man das Kind unterstützen, indem man ihm einen stabilen Puppenwagen oder ein anderes Wägelchen zum Schieben gibt. Die Größe des Wägelchens sollte der Körpergröße des Kindes angepaßt sein.

Laufrad, Dreirad, Go-car. Alle drei Geräte sind gut geeignet, um das Kind auf das Radfahren vorzubereiten. Ist der Spielplatz groß genug, kann man Straßen aufzeichnen und mit den Kindern Verkehrsspiele veranstalten.

Weitere Spielmaterialien. Rollschuhe; große und kleine Bälle; Hula-Hopp-Reifen; Kreide für Kästchenhüpfen; Stelzen (ausgezeichnet zur Übung des Gleichgewichtes); Kegel; Federball; Kugeln, Murmeln; etc.

3.3.3 Ballspiel

Das normale Kind

Ballspielen setzt voraus, daß das Kind als Säugling seinen Arm und seine Hand nach einem Gegenstand ausstrecken konnte. Der Gegenstand wurde mit der Hand gefaßt, für kurze Zeit festgehalten und wieder losgelassen. Hiernach folgte am Ende des ersten Lebensjahres eine Periode, in der das Kind nicht mehr alles auf den Boden geworfen oder fallengelassen hat. Es hatte Spaß, Geben und Nehmen als „Bitte-Danke" im Spiel zu wiederholen. Die Entwicklung des Greifens und der Auge-Hand-Koordination zeigt sich in der Freude des Kindes, einen Ball über den Boden kullern zu lassen.

Der Übersichtlichkeit halber möchte ich das Ballspiel in Fangen und Werfen unterteilen.

Fangen

Anfänglich besteht das Fangen eines Balles aus einer abwartenden Haltung des Kindes, die Hände und Unterarme sind nach vorn gestreckt. Es wartet darauf, daß der Erwachsene ihm den Ball zuwirft. Sobald der Ball die Arme des Kindes berührt, beugt es sie und drückt den Ball fest an den Oberkörper (siehe Abb. 59). Später kann ein großer Ball mit gespreizten Fingern und beiden Händen gefangen werden (siehe Abb. 61).

Beim Fangen eines kleineren Balles, z. B. eines Tennisballes, formen die Hände eine Schale, in die der Ball hineinfallen soll. Berührt der Ball die Handflächen, werden die Hände zum Greifen stimuliert. Die Reaktion muß schnell geschehen, damit der Ball nicht zwischen den Fingern herunterfällt. Einige Kinder halten die Hände beim Fangen wie einen Schnabel, der zusammenklappt und zwischen seinen beiden Hälften den Ball festzu-

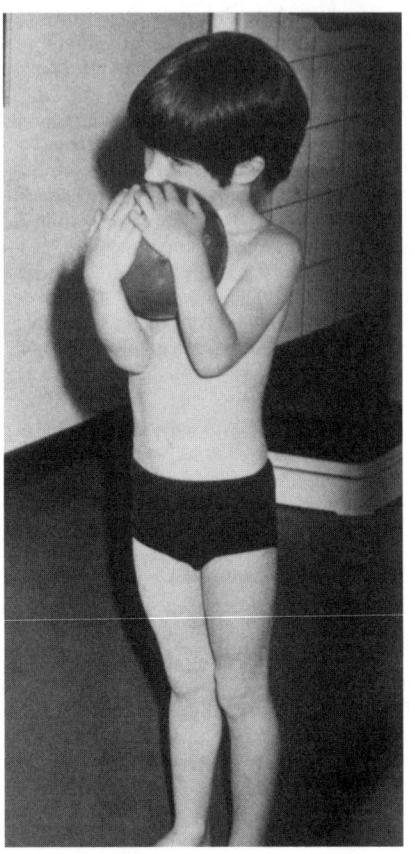

Abb. 59: Der Ball wird auf noch unentwickelte Art gefangen.

halten versucht. Meistens gelingt es dem Kind nicht, den Ball so zu halten, weil die seitlichen Lücken zwischen den Händen so groß sind, daß der Ball entgleitet. Zum Fangen ist die natürliche Stellung der Hände am besten geeignet, als stelle man einen Schneeball her (siehe Abb. 61). Wenn der Ball über längere Zeit mit den Händen festgehalten werden soll, darf sich der Griff um den Ball

Abb. 60: Der Ball kann bei geschlossenen Fingern nicht beherrscht werden.

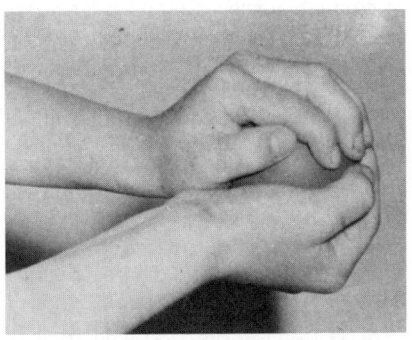

Abb. 62: Die Art, wie ein kleiner Ball gehalten wird, läßt sich mit der Herstellung eines Schneeballs vergleichen.

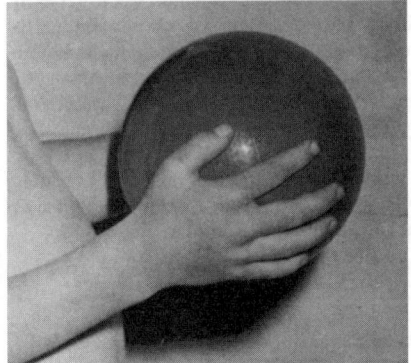

Abb. 61: Mit gespreizten Fingern kann der Ball sicher geführt werden.

nicht vorzeitig lösen. Dafür ist wiederum eine kontinuierliche isometrische Muskelanspannung nötig, die einer fortgeschritteneren Entwicklungsstufe als die dynamische Muskelanspannung entspricht.

Werfen

Werfen ist schwerer als Fangen, weil Richtungsbestimmung und in der Regel auch Entfernungseinschätzung mit in den Vorgang eingehen müssen. Die Koordination ist kompliziert, weil der zunächst festgehaltene Ball zu einem ganz bestimmten Zeitpunkt während der Bewegung des Armes losgelassen wird. Erschwert wird der gesamte Ablauf durch die Mitbewegung des ganzen Körpers. Doch dadurch wird der Wurf weit kraftvoller. Werfen mit Griff von unten, d.h. mit supinierter Hand, fällt dem Kind zunächst leichter.

Das zweijährige Kind ist noch nicht in der Lage, in eine bestimmte Richtung zu werfen. Es steht breitbasig, mit dem Körper frontal zur Wurfrichtung. Das Kind nimmt etwas Anlauf, bleibt stehen, wirft und läuft noch einmal ein kleines Stück. Der Anlauf geht nicht mit seinem Schwung in die Wurfbewegung ein. Weder Beine, Rumpf, noch Arme und Schultern werden beim Werfen mitbewegt. Ein Jahr später kann das Kind den Ball einigermaßen in die von ihm gewünschte Richtung werfen. Es führt den Wurfarm etwas nach hinten, der übrige Körper wird aber in die Bewegung noch nicht miteinbezogen.

Im Alter von vier bis fünf Jahren vermag das Kind den ganzen Körper an der Wurfbewegung mitwirken zu lassen. Die Bewegung erscheint koordinierter. Doch erst gegen Ende des fünften Lebensjahres kann man von dem Kind sicheres, richtungsbestimmtes und kräftiges Werfen mit Körpergewichtsverlagerung und Rumpfrotation erwarten.

Das „erwachsene" Werfen mit Griff von oben der rechten Hand wird in Schrittstellung begonnen. Das Körpergewicht ruht zunächst auf dem nach hinten gestellten Standbein, der Körper ist nach rechts rotiert, der rechte Arm gehoben und nach hinten geführt. Beim Werfen wird das Körpergewicht nach vorn auf den vorderen Fuß verlagert, gleichzeitig wird der Rumpf plötzlich und kräftig in die Wurfrichtung gedreht. Wurfarm und -hand folgen der angestrebten Richtung. Die Muskulatur von Arm und Hand gibt dem Ball zusätzliche Beschleunigung. Das entlastete hintere Bein wird während der Körperdrehung angehoben und mit einem Schritt nach vorn aufgesetzt und belastet, während Wurfarm und -hand scheinbar dem Ball auf seinem Weg folgen.

Fast alle Sinnesbereiche sind beim Ballspiel beteiligt

Sehen: Blickfixation – der Blick folgt der Bewegung des Balles. Auge-Hand-Koordination.

Hören: Das Geräusch beim Aufprall des Balles auf den Boden oder an die Wand informiert das Kind über den Zeitpunkt, an dem der Ball mit den Händen entgegengenommen werden kann.

Berührungssinn: Die Berührung des Balles an den Handinnenflächen stimuliert die Finger, den Ball zu fassen.

Stellungs- und Muskelsinn: Die Kraft des Wurfes wird vorher eingeschätzt. Die Körperstellung beim Werfen und Fangen des Balles wird für diesen Zweck ausgerichtet.

Richtungsbeurteilung: Die Richtung, in die der Ball geworfen werden soll, muß wahrgenommen werden.

Gleichgewicht: Laufen und Springen beim Werfen und Fangen des Balles; Schnelligkeit und Reaktionsvermögen.

Zeitbegriff: z.B. muß das Kind beim Schlagball einschätzen können, wie lange es dauern wird, bis der Ball wieder das Mal erreicht.

Überall auf der Welt spielen Kinder Ball. Es macht ihnen Spaß. Das Kind kann seinem Aktivitätsdrang nachkommen und – wie gesagt – Ballspielen wirkt auf verschiedene Weise entwicklungsfördernd. Wieviele Stunden verbringt das Kind während seines Heranwachsens mit irgendeiner Form von Ballspiel! Wieviel Training bekommt das Kind gleichzeitig mit der Freude am Spiel! Mädchen erlangen durch ihre Vorliebe für Ballspiele an einer Wand rasch Sicherheit und Schnelligkeit. Jungen dagegen – wenn sie überhaupt mit den Händen ballspielen – finden es lustiger, den Ball über das Hausdach des Nachbarn zu werfen, also ihre Kräfte durch einen einzelnen Wurf zu demonstrieren. Jungen gelingt es daher oft nicht, die Auge-Hand-Koordination soweit zu üben, wie es als Voraussetzung des Lesen- und Schreibenlernens notwendig wäre. Ihre Auge-Hand-Koordination muß mit anderen Mitteln geübt werden, doch leider gibt es nicht viele Spiele, die so effektiv sind wie Ballspiele (siehe auch unter „Greifen", S. 47/58).

Das retardierte Kind

Richtiges Ballspielen erfordert ein recht weit entwickeltes Zentralnervensystem. Ballspielen ist schwer, weil es beim Kind eine feinentwickelte Perzeption in den verschiedensten Bereichen und eine avancierte Motorik voraussetzt.

Eine Bemerkung wie „Du bist dumm, du kannst den Ball ja nicht fangen und auch nicht bei uns mitspielen," kann ein retardiertes Kind dazu bringen, sich ganz in sich zurückzuziehen und nie mehr einen Ball anfassen zu wollen. Hilfe und Stimulation zum richtigen Zeitpunkt können in vielen Fällen ein Kind vor einer Niederlage bewahren.

Beginnt man mit ganz leichten Vorübungen, wird sich schnell zeigen, ob das Kind sich ohne Leistungsdruck von außen entwickeln kann, bzw. bis zu welchem Entwicklungsstand das Zentralnervensystem kommt. Einzelnen Kindern fällt es leichter, den Ball mit einer statt mit beiden Händen zu fangen. Die Koordination beider Hände fällt ihnen schwer. Wenn dem Kind Ballspielen Freude machen soll, muß es mit beiden Händen zu spielen lernen. Im allgemeinen ist das Fangen eines Balles leichter, wenn gegen die Wand gespielt wird, vorausgesetzt, der Abstand zwischen Spieler und Wand ist nicht allzu groß, d.h. kürzer als einen Meter.

Kinder mit Koordinationsschwierigkeiten, mit herabgesetztem Sehvermögen oder langsamer Reaktionsfähigkeit spielen hingegen oft besser mit dem Ball, wenn sie durch einen größeren Abstand zur Spielwand mehr Zeit für die Perzeption und Reaktion haben.

Debile lernen im allgemeinen Ballspielen sehr gut und können an Spielen in der Gruppe teilnehmen, wenn sie den Umgang mit einem Ball frühzeitig gelernt haben. Imbezile dagegen werden sich aus den genannten Gründen schwer tun und entwicklungsmäßig kaum soweit kommen, daß Ballspiele – abgesehen von Kullerübungen und leichteren Spielen mit einem größeren Ball – versucht werden sollten. Andere Kinder werden durch geduldiges mehrjähriges Training jedoch gute Übung im Ballspiel erreichen können.

Im folgenden werden verschiedene elementare Übungen zur Handhabung eines großen und kleinen Balles beschrieben. Die Reihenfolge der Übungen ist vom Entwicklungsgrad der einzelnen Perzeptionsbereiche, von der Greiffunktion der Hände und vom Gehvermögen des Kindes abhängig.

Ballspiel mit einem großen Ball

Grundübungen

Mit beiden Händen und steigendem Schwierigkeitsgrad

Jede der genannten Übungen sollte 20 mal hintereinander ausgeführt werden können, bevor mit dem Kind die nächste Übung gelernt wird.

Kind und Erwachsener sitzen auf dem Boden: Der Ball wird zum Kind gerollt. Das Kind rollt den Ball wieder zurück, indem es den Ball mit beiden Handflächen berührt.

Im Stehen: Das Kind lernt, den Ball mit beiden Händen und gespreizten Fingern zu halten. Können die Finger noch nicht genügend gespreizt werden, müssen zunächst einige Fingerübungen gemacht werden.

Kind und Erwachsener stehen mit geringem Abstand einander gegenüber. Der Ball wird zum Kind geworfen, es versucht ihn mit gespreizten Fingern zu fangen. Der Abstand zwischen Erwachsenem und Kind wird vergrößert. Das Kind wirft den Ball dem Erwachsenen zu.

Das Kind prellt den Ball gegen den Boden und fängt ihn wieder auf (dabei folgt der Ball auf gleichem Weg zurück).

Das Kind steht mit geringem Abstand vor einer Wand: Es wirft den Ball gegen die Wand und fängt ihn wieder auf. Die Schwierigkeit liegt darin, die Bahn des Balles und den Winkel zu berücksichtigen, mit dem der Ball die Wand trifft. (Auch die Beschaffenheit des Balles spielt eine Rolle, weil seine Elastizität bestimmt, mit welcher Kraft der Ball von der Wand abprallt. Anfangs sollte man das Kind mit einem wenig springenden Ball spielen lassen. Auch die Kraft beim Werfen ist von Bedeutung. Zunächst sollte das Kind den Ball immer von unten gegen die Wand spielen, denn so wird die Bahn des Balles steiler als beim Werfen mit Griff von oben. Bei letztgenannter Wurfart wird der Wurf kräftiger, aber die Wurfrichtung ist schwerer vorauszusehen.

Sicheres Werfen üben. Der Ball wird zehn bis zwanzig mal hintereinander gefangen.

Schnelligkeit üben. „Wie lange dauert es, bis Du zehn oder zwanzig mal bei einem bestimmten Abstand den Ball gegen die Wand gespielt hast?"

Zwei Kinder üben gemeinsam verschiedene Wurfarten.

Der Ball wird einmal auf den Boden aufgeprellt, bevor das zweite Kind ihn wieder auffängt.

Der Ball wird von oben mit beiden Händen gleichzeitig geworfen. Dabei wird er hoch über dem Kopf gehalten.

Wurf aus Brusthöhe mit beiden Händen.

Beide Hände werfen den Ball zu einer Seite.

Kugelstoßen: Der Ball wird mit einer Hand gestoßen.

Das Kind sollte während des Werfens nicht auf der Stelle stehen bleiben, sondern sich zu den Bewegungen des Balles frei bewegen. Wenn erforderlich, korrigiere man Bein- und Körperstellung, so daß der ganze Körper am Werfen beteiligt wird. Das linke Bein steht vorn, wenn mit dem rechten Arm geworfen wird. Erst wenn sich das Kind bei diesen Ballübungen sicher fühlt, wird es Spaß haben, an den Ballspielen anderer Kinder teilzunehmen.

Erst übe man mit einem großen, dann mit einem kleinen Ball.

„Zeichne einen Kreis auf den Boden oder lege einen Hula-Hopp-Reifen hin. Wirf ein mit Erbsen gefülltes Säckchen in den Kreis." (Der Abstand des Kreises zum Kind wird nach und nach vergrößert.)

„Wirf ein gefülltes Stoffsäckchen oder einen Ball in einen Papierkorb. Vergrößere den Abstand zum Papierkorb."

Mehrere Kegel werden an verschiedenen Stellen aufgestellt und mit einem Ball zum Umfallen gebracht.

Ballspielen mit einem kleinen Ball

Grundübungen

Mit einem gewöhnlichen kleinen Ball mit möglichst griffiger Oberfläche, z.B. einem Tennisball, läßt man das Kind genauso wie mit einem großen Ball üben. Zuerst übt es den „Schneeballgriff". Die dominante Hand faßt den Ball meistens von unten, bereit zum Wurf und mit gebeugtem Ellenbogengelenk.

Beim Ballspiel gegen den Fußboden lernt das Kind, den Ball mit einer Hand zu fangen. Erst mit der dominanten, dann mit der nichtdominanten Hand. Erst mit supinierter, dann mit pronierter Handstellung. Auch beim Ballspiel gegen die Wand sollte das Kind mit einer Hand fangen können. Zunächst wird mit Wurf von unten geworfen. Mit der Zeit wird der Abstand zur Wand vergrößert, der Wurf wird kräftiger und schließlich wird mit Griff von oben geworfen.

Ballspiele gegen den Boden. Großer Ball:

Der Ball wird gegen den Boden geprellt und wieder aufgefangen.

Der Ball wird mit einer Hand gedribbelt ohne mit den Händen wieder aufgefangen zu werden.

Im Stehen, Gehen und Laufen wird der Ball gedribbelt.

Der Ball wird 20 bis 30 mal ohne Wiederauffangen gegen den Boden gedribbelt. Zunächst übe man mit der dominanten Hand, dann abwechselnd mit der rechten und linken Hand, schließlich mit der nichtdominanten Hand.

Balldribbeln im Laufen

Der Ball wird möglichst schnell unter gleichzeitigem Kniebeugen ohne Unterbrechung gedribbelt.

Der Ball wird nach Musik gedribbelt.

Der Ball wird hochgeworfen und wieder aufgefangen; im Stehen, Gehen und Laufen.

Der Ball wird einmal aufgeprellt, der Spieler dreht sich im Kreis, fängt den Ball wieder auf und dribbelt ihn.

Der Ball wird gedribbelt, während der Spieler die Körperstellung wechselt: vom Sitzen zum Knien, zum Stehen und zum Gehen.

Mit einem kleinen Ball gegen die Wand

Zeichne mit Kreide verschieden große Kreise unterschiedlicher Farbe an eine Wand und versuche den Ball mitten in den Kreis zu werfen. Vergrößere nach einer Weile den Abstand zur Wand.

Wirf den Ball gegen die Wand, klatsche in die Hände und fange ihn wieder auf.

Wirf den Ball gegen die Wand und fange ihn mit beiden Händen (nur mit der rechten Hand, nur mit der linken Hand) wieder auf.

Wirf den Ball mit Griff von oben und von unten gegen die Wand, wechsle die Wurfart und wechsle die Hand.

Wirf den Ball gegen die Wand, dreh dich einmal um dich selbst und fange den Ball wieder auf.

Wechsle die Drehrichtung.

Zwei Kinder spielen zusammen mit einem großen Gymnastikball

Wenn zwei Kinder zusammen ballspielen, können Probleme entstehen, weil sie aufeinander Rücksicht nehmen und auf die Reaktionen des Partners eingehen müssen.

Die beiden Kinder sitzen einander in breitbasiger Stellung gegenüber. Der Ball wird zum Partner gerollt.

Im breitbasigen Stand wird der Ball einmal auf dem Boden aufgeprellt und vom Partner aufgefangen.

Der Ball wird auf verschiedene Weise zwischen den Kindern hin-und hergeworfen.

Die Kinder stehen mit einem Abstand von ca. 1 m einander gegenüber. Es wird nur mit einem Ball gespielt. Die Kinder dribbeln den

Ball, solange sie können und wechseln sich dabei ab.

Beide Kinder haben je einen Ball, prellen ihn einmal auf und versuchen, den Ball des Partners zu fangen.

Verschiedene Ballspiele werden im Stehen und Gehen geübt.

Es wird zur Musik mit einem Ball gespielt.

Bei allen Übungen läßt sich gleichzeitig der Zahlbegriff üben. Das Kind zählt, wie oft es den Ball gefangen oder gedribbelt hat.

Ballspiel in der Gruppe

Beim Ballspiel in der Gruppe kann es leicht passieren, daß sich die inaktiven Kinder zurückziehen. Erst wenn das einzelne Kind die grundlegenden Fertigkeiten beherrscht, wird sich die ganze Gruppe schnell für gemeinsame Ballspiele begeistern lassen.

Vom Kind wird verlangt, daß es Einzelfertigkeiten des Ballspieles beherrscht, wenn es an Handball, Schlagball, Fußball, Völkerball oder Basketball teilnimmt. Zwar scheint das eine Selbstverständlichkeit zu sein, doch in der Praxis ist es oft schwer durchführbar, ausreichend Gelegenheit für Vorübungen anzubieten. Auch Kinder wollen wie jeder Sportler schnell mit dem eigentlichen Spiel beginnen, wenn sie nicht von Anfang an daran gewöhnt wurden, daß jedem Sport und Spiel Grundübungen vorausgehen. Gerade das retardierte Kind hat wenig Spaß am Spiel, wenn es vorher nicht genügend die erforderlichen Einzelfertigkeiten geübt hat und beherrscht – besonders wenn das Spiel schnell geht.

Schlagball zum Beispiel kann ein Kind leicht zur Passivität verführen, wenn es sich der Spielsituation nicht gewachsen fühlt. Entweder hat es dann überhaupt keine Lust mehr, mitzuspielen oder die anderen Kinder weigern sich, es mitspielen zu lassen. Unter diesem Gesichtspunkt folgt die Beschreibung einiger Vorübungen zu Schlag- und Fußball. Die meisten Vorübungen lassen sich gut in einem Gymnastiksaal oder einer Turnhalle durchführen, auch im Winter. Mit Phantasie können sie auch in kleine Spiele eingebaut werden.

Hier sollen nur die Prinzipien der Vorübungen und die Steigerung ihres Schwierigkeitsgrades besprochen werden. Für weitere Information schlage man in der Sportliteratur nach.

Übungen

Schlagball

Als Vorübung wird das Fangen und Werfen eines kleinen Balles geübt, z.B.:

Jedes Kind übt für sich, einen kleinen Ball mit Griff von oben hoch gegen eine Wand zu werfen.

Das Kind wirft mit Griff von unten den Ball hoch in die Luft, es läuft dahin, wo der Ball wieder herunterkommt und fängt ihn auf.

Zwei Kinder werfen sich gegenseitig einen Ball zu. Der Abstand zwischen den Kindern wird mit der Zeit vergrößert.

Zwei Kinder werfen sich, während sie laufen, einen Ball zu.

Schlagen des Balles mit einem Schlagholz

Zuerst wird das Schlagen des Balles mit einem „gedachten" Schlagholz geübt. Die Bewegung soll vollständig ausgeführt werden, so daß das Kind sich beim Schlagen fast ganz um sich selbst dreht.

Es üben jeweils zwei Kinder zusammen. Ein Kind stellt sich mit nach vorn gestreckter rechter Hand auf, das andere schlägt mit seiner rechten Handfläche (dem gedachten Schlagholz) gegen die Hand des Spielpartners. Jedes Kind bekommt einen Ball und ein Schlagholz. Jedes übt für sich gegen eine Mauer oder einen Zaun. Der Abstand des Kindes zur Mauer wird nach einiger Übung

vergrößert. Wenn das Kind Angst vor dem zurückschießenden Ball hat, kann es auch gegen ein Netz spielen.

Dann üben zwei Kinder zusammen: Das eine wirft den Ball hoch, das andere schlägt ihn mit dem Schlagholz. Beim Angeben des Balles darf der Ball nicht mit der ganzen Hand, sondern nur mit den Fingerspitzen gehalten werden.

Beachte: Eine Wand oder eine Mauer sind beim Balltraining unbedingt notwendig. Es würde einfach zuviel Zeit vergehen, wenn das Kind nach jedem Schlag hinter dem Ball herlaufen müßte. Die Lust am Spiel würde ihm dann schnell vergehen.

Schnelles Laufen und Starten wird geübt.

Schließlich lernt das Kind die Spielregeln.

Jetzt ist es für das Schlagballspiel gut vorbereitet. Es ist zu empfehlen, auch in der folgenden Zeit vor jedem Spiel die Vorübungen zu wiederholen. Erst im Spiel lernt das Kind durch die Beobachtung des Balles, wieviel Zeit ihm für die Laufstrecke zur Verfügung steht.

Fußball

Vorübungen ohne Ball:

Lauftraining.

Verschiedene Sprungübungen.

Breitbasiger Stand mit leicht gebeugten Knien und Hüften. Positionsänderung in oben beschriebener Stellung.

Vorübungen mit einem großen weichen Ball

Einige Kinder haben anfangs Angst, mit einem harten Fußball zu spielen. Ganz abgesehen davon ist es viel leichter, mit einem weichen Ball zu üben, z.B.:

Kicke den Ball mit der Innenseite des Vorfußes der dominanten Seite, dann auch mit der anderen.

Kicke den Ball mit der Außenseite des Vorfußes der dominanten Seite, dann auch mit der anderen Seite.

Jedes Kind übt einzeln gegen einen Zaun.

Fünf bis sechs Kinder bilden zusammen mit dem Lehrer einen Kreis und kicken den Ball im Kreis von einem Kind zum nächsten.

Den Ball stoppen.

Kicke den Ball über eine Bank.

Kicke den Ball im Slalom um einige Pfähle herum.

Übe, ins Tor zu treffen.

Vorübungen mit dem Fußball

Dieselben Übungen werden mit einem gewöhnlichen Fußball wiederholt. Zwei Kinder kicken sich, während sie laufen, den Fußball zu.

Kopfball wird erst mit einem weichen Ball geübt:

Verschiedene Kopfbälle werden geübt. Dabei soll der Ball den Kopf an der Haargrenze berühren.

Fünf bis sechs Kinder stehen in einer Reihe nebeneinander und dem Lehrer gegenüber: Der Lehrer wirft ihnen den Ball zu und sie schießen ihn mit einem Kopfball zurück oder zum Nachbarn.

Die Spielregeln werden besprochen

Wenn alle Vorübungen beherrscht werden, kann das eigentliche Spiel beginnen. Es ist ratsam, am Anfang jeder Unterrichtsstunde die Vorübungen zu wiederholen. Dabei lernt das Kind, wie sehr ihm die einzelnen Fertigkeiten während des Spielens zugute kommen. Das Kind bekommt die Chance, ein guter Fußballspieler und vielleicht Mitglied in einem Verein zu werden.

Andere Ballspiele

Eine Reihe häufiger Ballspiele wie Volleyball, Basketball, Handball, Badminton, Tischtennis und andere werden ebenso in einzelne Vorübungen zerlegt.

3.4. Gymnastik

> ## Das normale Kind

Die Begriffe Gymnastik, Turnen oder Leibesübungen umfassen nicht das, was das Fach in Vorschule und Schule enthalten sollte. Es läßt sich gemäß seines Inhalts in drei Hauptgebiete unterteilen. Ich möchte sie
- pädagogische Gymnastik,
- physisches Training und
- Sport

nennen.

Pädagogische Gymnastik

Das fünf- bis siebenjährige Kind bewegt sich nicht mehr um der Bewegung selbst willen. Es hat zu krabbeln, zu gehen, zu rennen gelernt. Es bewegt sich, um eine Handlung auszuführen. Seine Bewegungen sind motiviert.

Deshalb sollte auch der Inhalt der Gymnastik- oder Turnstunde, soweit es geht, handlungsbestimmt sein und das Kind intellektuell ansprechen. Die Bezeichnung „Pädagogische Gymnastik" ist treffend, denn Gymnastik für Vorschulkinder ist gleichzeitig Stimulation der psychomotorischen Entwicklung. Diese Stimulation wird in den ersten Schuljahren fortgeführt. Der Lehrer sollte deshalb gut über Säuglingsreflexe und primitive Bewegungsmuster orientiert sein, damit er nicht gegen die natürliche Entwicklung der Reflexe arbeitet. Der Lehrer würde sonst unter Umständen sogar daran mitwirken, daß sich das Kind ungünstige Bewegungen angewöhnt. (s.Kapitel „motorische Entwicklung" Seite 11)

Physisches Training

Hierunter sei die Form von Gymnastik und Turnen verstanden, die im englischen als physical education bezeichnet wird. Physi-

sche Erziehung wäre die genaue Überset-
zung, wenn das Wort Erziehung nicht einen
unangenehmen Beigeschmack hätte.
   Dabei wird der Körper des Kindes insgesamt trainiert, eventuelle Schwächen sollen
korrigiert und Fertigkeiten durch Geräteturn-
nen eingeübt werden. Die Kinder lernen kör-
pergerechte Hebe- und Tragetechniken.

Sport und Leichtathletik

Für ältere Kinder sieht der Unterricht anders
aus. Bei ihnen stehen Körpertraining und
freier Sport im Vordergrund. Ihnen werden
die Grundlagen von Krafttraining, Zirkel-
und Intervalltraining usw. nahegebracht.
Außerdem bildet praktisches Einüben korrekter Arbeitshaltung und -bewegung sowie
Hebetechnik einen wichtigen Teil des Unter-
richtes.

Spiel, Rhythmik, Rollenspiel

Alle Übungen in der Unterrichtsstunde werden je nach Alter der Kinder durch Spiel,
rhythmische Übungen, Rollenspiel und Jazzgymnastik aufgelockert angeboten. Dadurch
werden die Unterrichtsinhalte vielseitig und
abwechslungsreich. Die meisten Kinder werden von irgendeiner Übung begeistert sein.

*Gymnastik sollte
ein intellektuelles Fach sein!*

Im Unterricht aller Altersklassen soll Gymnastik als möglichst intellektuelles Fach, zugeschnitten auf den Entwicklungsstand der
Kinder, angeboten werden. Gymnastik ist für
die Kinder interessanter, wenn ihnen der
Lehrer Wirkung und Zweck einer Übung erklärt und Aufgaben zur selbständigen Lösung stellt. Gerade auch Kinder, die sich von
allein wenig bewegen, werden auf diese Weise stärker angesprochen. Z. B.:
   Ein Junge kann selbständig herausfinden,
aus welchen Bestandteilen Fußballspielen
besteht, welche Fertigkeiten dafür eingehend

geübt werden müssen oder welche Muskelgruppen trainiert werden sollten, damit die
Spielsicherheit verbessert wird. Der Trainingseffekt auf Herz, Kreislauf und Atmung
wird erklärt und von den Kindern selbst mit
der Beobachtung von Puls und Atmung, z. B.
auch an einem Fahrradergometer, überprüft.
(s. S. 180).
   Gymnastikunterricht zu erteilen ist eine
anspruchsvolle und inhaltsreiche Aufgabe.
Der Lehrer muß so viele Kenntnisse in Ana-
tomie, Physiologie und Bewegungslehre haben, daß er einschätzen kann, was eine gym-
nastische Übung beinhaltet. Er muß über die
motorische und perzeptuelle Entwicklung
des normalen Kindes Bescheid wissen und
im Unterricht die Reihenfolge der einzelnen
Entwicklungsphasen berücksichtigen. Innerhalb des Faches Gymnastik muß der Lehrer
verschiedene Richtungen und Formen kennen, die nicht in seiner Ausbildung vorge-
kommen sind. Zahlreiche Variationsmög-
lichkeiten sind von Vorteil, weil einzelne
Klassen auch innerhalb einer Altersstufe und
mit gleichem sozialen Hintergrund ganz verschiedene Interessen, Fähigkeiten und Wün-
sche haben können.
   Schließlich sei bemerkt, daß jede neue
Richtung in der Gymnastik gerade – wie sich
leicht vorstellen läßt – das herausstreicht,
was in den anderen seit Jahren bestehenden
Techniken weniger Berücksichtigung gefunden hatte. Das bedeutet natürlich nicht, daß
alte Ideen überholt sind – ganz im Gegenteil.

3.4.1 Pädagogische Gymnastik in der
Vorschule

Das normale und das retardierte Kind

Alle Übungsbeispiele in diesem Buch und
ähnliche Übungen können Sinne und Moto-

rik des Kindes stimulieren und damit als pädagogische Gymnastik für normalbegabte und retardierte Kinder angeboten werden. Als Anregung für den Leser, der bisher die pädagogische Gymnastik noch nicht kennengelernt hat, sei sie kurz beschrieben:

Rudolf von Laban

Seit vielen Jahren wird das Fach Pädagogische Gymnastik in England in der Vorschule und den ersten Grundschulklassen unterrichtet. Ihre Prinzipien wurden von Rudolf von Laban entwickelt und durch englische Gymnastiklehrer für Kleinkinder ausgearbeitet. Norwegische Gymnastiklehrer arbeiten nach derselben Methode, doch hat sie auf ihrem Weg von London nach Oslo etwas von der Unterstützung der perzeptuellen Entwicklung verloren. In den letzten Jahren ist in Dänemark das Interesse für diese Arbeitsweise gestiegen.

Im Alter von fünf Jahren lernen die Kinder in den ersten Monaten der Vorschule Körperwahrnehmung und den Gebrauch der Gymnastik- und Turngeräte. Es kann von Übungen im eigentlichen Sinn nicht gesprochen werden, denn den Kindern werden einfache Bewegungsaufgaben gestellt, die sie selbständig zu lösen versuchen.

Während der Bewegung, die eine Lösung der gestellten Aufgabe sein kann, versucht der Lehrer, dem Kind die Bewegung bewußt werden zu lassen:

1.) *Was* bewegst du?
2.) *Wo* findet die Bewegung statt?
3.) *Wie* bewegst du dich?

1.) Was bewegst du?

Welches Körperteil? Das ganze Körperteil oder nur ein Teil davon? Wo ruht das Körpergewicht? Auf dem Rücken, den Füßen, dem Gesäß? Wie wird das Körpergewicht auf ein anderes Körperteil verlagert?

Übungen

Gewichtsverlagerung

Stehe auf den Fußsohlen, auf den Zehen, auf den Fersen.

Sitze mit gestreckten Beinen (im Langsitz auf dem Boden). Bewege dich auf dem Gesäß vorwärts.

Setze im Sitz beide Hände auf den Boden auf, hebe das Gesäß an und bewege dich auf Händen und Füßen vorwärts.

Sitze im Seitsitz (wie die Kleine Meerjungfrau) mit den Beinen erst zur einen Seite und dann zur anderen Seite.

Rückenlage. Hebe beide Knie hoch und rolle bis auf den Nacken.

Rolle zurück in den Sitz.

Breitbasiger Stand oder Stand in Schrittstellung: Verlagerung des Körpergewichtes von einem auf das andere Bein.

Stand mit geschlossenen Beinen: Verlagerung des Körpergewichtes nach vorn. Unwillkürlich wirst du, kurz bevor du zu fallen drohst, ein Bein nach vorn setzen und hierauf das Körpergewicht verlagern.

2.) Wo findet die Bewegung statt?

Das Kind steht auf der Stelle. Es soll mit einem Fuß stehen, während es den Körper und den anderen Fuß bewegen darf. Oder es bewegt sich frei im Saal umher.

Eine Bewegung kann in verschiedenen Höhen ausgeführt werden. Z. B. können die Arme bis zum Boden hinab, hoch über dem Kopf oder in Höhe der Hüften bewegt werden. Die Bewegungsrichtung kann wechseln: nach vorn, nach hinten, zur Seite, nach oben, nach unten.

Übungen

Das Kind steht breitbasig. „Wie weit reichen deine Arme nach oben, nach unten, zur Seite, nach vorn, nach hinten?" Bei dieser

> Übung darf das Kind nur ein Bein belasten
> oder bewegen.
>
> Bewegt euch im Saal umher wie ihr wollt.
> Macht euch dabei ganz groß oder ganz klein
> (auf dem Bauch kriechen oder im Zehen-
> gang).

3.) Wie bewegst du dich?

Ist der Muskel kräftig oder schwach angespannt? Ist die Bewegung kraftvoll oder
leicht? Eine Bewegung kann auch gleichzeitig beides sein. Eine der Bewegung angemessene Muskelanspannung deutet auf eine gute
Koordination hin. Das muß trainiert werden.
Sind einige Körperteile angespannt, während
andere entspannt sind? Welche Körperteile
sind angespannt?

Übungen

„Mache mit der einen Hand eine Faust und
hebe den Arm kräftig gegen die Decke. Laß
den Arm wieder sinken und mach ihn ganz
locker." (Die Kinder denken sich andere
kraftvolle Bewegungen aus.)

„Zeichne mit der Hand eine große, liegende 8
in die Luft, so als werde sie mit einem großen
Pinsel mit weichen Bewegungen gemalt."

„Denke dir andere weiche und lockere Bewegungen mit Armen, Beinen oder mit dem ganzen Körper aus."

„Geh stampfend." „Geh mit schleichendem
Schritt."

„Wirf einen Ball mit aller Kraft." „Wirf ihn ganz
vorsichtig."

Anspannungs- und Entspannungsübungen:
„Lege dich so hin, als wolltest du schlafen.
Mach dich ganz schlapp – mach dich ganz
steif wie ein Stock und entspanne dich dann
wieder."

Beachte: Eine Bewegung kann schnell oder
langsam ausgeführt werden. Sie
kann plötzlich oder zögernd einsetzen, ihre Geschwindigkeit kann
zu- oder abnehmen.

> „Hebe deinen Arm ganz langsam bis zur
> Decke. Ziehe ihn dann wieder schnell und
> plötzlich an den Körper heran. Denke dir
> selbst andere Bewegungen ähnlicher Art
> aus."
>
> „Geh langsam bis zu Wand und laufe schnell
> zurück."
>
> „Geh im angegebenen Takt. Erst langsam,
> dann mit steigender Geschwindigkeit – dann
> wieder langsamer – bleibe stehen, wenn die
> Musik zu spielen aufhört."

Das Kind erlebt durch diese Übungen, daß
Bewegungen ganz verschiedener Art ausgeführt werden können. Das Instrument ist der
Körper, doch um ihn mit Virtuosität gebrauchen zu können, muß das Kind erst einmal
die Ausdrucksmöglichkeiten seines Körpers
erlebt haben.

Beurteilungsvermögen, Selbständigkeit
und Selbstvertrauen des Kindes wachsen mit
der eigenständigen und umsichtigen Lösung
der gestellten Aufgaben.

Übungen

„Auf wieviele unterschiedliche Arten kannst
du stehen?"

„Auf wieviele unterschiedliche Arten kannst
du krabbeln?"

„Laufe zusammen mit anderen Kindern im
Raum herum ohne ein anderes Kind anzu-
stoßen."

„Laufe in verschiedene Richtungen, wechsel
dabei die Geschwindigkeit, bleibe zwischendurch einmal plötzlich stehen." (Zu anfang
muß der Lehrer die verschiedenen Kommandos geben, doch später sollen die Kinder
selbst deutlich und bewußt zwischen den
verschiedenen Möglichkeiten wechseln.)

Eine Bank wird schräg in eine Sprossenwand
eingehängt. Auf welche Weisen kann man die
Bank hinaufklettern? (Jedes Kind erklimmt
die Bank bis zur Sprossenwand anders.)

Welches ist die leichteste, welches die schnellste und welches die gefährlichste Weise?

„Wie könnt ihr hüpfen? – Auf zwei Beinen, auf einem Bein, über einen Graben, von einer Stufe herunter, von einem Kasten, nach vorn, rückwärts, von einem Tau schwingend auf eine Matratze?"

Mit der beschriebenen Methode erreicht man schnell, daß sich die Kinder freie Bewegung zutrauen oder individuell nach Musik tanzen können und es auch zu tun wagen. Das Kind ist nicht mit schönen harmonischen Bewegungen auf die Welt gekommen – es muß sie erst lernen. Einige Kinder lernen offensichtlich spontan, während sie heranwachsen, sich anmutig zu bewegen. Bezogen auf ihre Entwicklungsstufe sind ihre Bewegungen wohlkoordiniert. Doch nicht alle Kinder sind in dieser glücklichen Lage, besonders nicht retardierte Kinder.

Das retardierte Kind

Einige Hinweise für Erzieher und Lehrer

Über das bereits Beschriebene hinaus sollen im folgenden einige Verhältnisse erläutert werden, die von Interesse für den kombinierten sensomotorischen Unterricht des retardierten Kindes sind. Man darf sich nie mit dem begnügen, was das Kind bereits beherrscht. Das Kind muß motiviert werden, das auszuprobieren und zu versuchen, was er bisher noch nicht konnte – sofern natürlich zum gegebenen Zeitpunkt die Lernbedingungen für die neue Fertigkeit von der Entwicklung her erfüllt sind. Die Aufgaben müssen genau in Übereinstimmung mit dem Entwicklungsniveau des Kindes gestellt werden. Auch die verbalen Erklärungen und Äußerungen müssen der Entwicklungsstufe des Kindes entsprechen. Mit dem Kind zusammen wird jede Aufgabe diskutiert, beurteilt und die verschiedenen Lösungsmöglichkeiten werden ausprobiert. Gymnastik wird durch diese Arbeitsweise zu einem intellektuellen Fach, zu *pädagogischer Gymnastik* Es kann nicht oft genug betont werden, daß auch dem retardierten Kind erklärt werden muß, warum es diese oder jene Aufgabe zu lösen versuchen soll. Unterläßt man die Erklärungen, wird die Hirnfunktion des Kindes nicht ausreichend stimuliert. Das Kind würde die Motivation an der Mitarbeit verlieren. Vom Lehrer verlangt das viel Phantasie und Einfühlungsvermögen. Das Kind darf im Gymnastikunterricht genausowenig wie im anderen Unterricht nicht unterfordert werden.

Andererseits muß jede Überforderung vermieden werden. Das Kind darf sich nicht machtlos fühlen oder gar vergessen, zum Unterricht zu kommen. Eine gute Unterrichtsvorbereitung gibt dem Kind das Gefühl, Fortschritte zu machen und durch geduldiges Üben die geforderten Aufgaben lösen zu können.

Das Kind muß lernen, seinen Körper situationsgerecht zu gebrauchen. Es muß sich auf ihn verlassen können. Durch das reifende Beurteilungsvermögen einer Situation und durch wachsendes Selbstvertrauen verschwindet die Angst, die bestanden haben mag und das Vertrauen zum eigenen körperlichen Ausdruck wächst.

Alle Übungen, die der Lehrer durch Kommandos angibt, sollten bei der nächsten Wiederholung in anderer Reihenfolge angekündigt werden, damit sich beim Kind nicht bedingte Reflexe ausbilden. Gerade diese Methode wird häufig bei der Frühgymnastik für gesunde Menschen benutzt, damit bestimmte Bewegungen sicherer durchgeführt und automatisiert werden. Gerade beim retardierten Kind sollten soviele Hirnfunktionen wie möglich angesprochen werden. Außer Zuschauen und Nachahmen soll das Kind *Zuhören und Denken lernen, um das Perzipier-*

te in Bewegung umzusetzen. Das sind Hirnfunktionen, die auch das retardierte Kind entwickeln muß.

Der Lehrer soll bei weitem nicht alle Übungen mitmachen. Er würde sich physisch überanstrengen und würde abgesehen davon den Überblick über die Kinder verlieren. Außerdem kann er dann nicht mehr richtig helfen und korrigieren. Noch schlimmer ist aber, daß er den Kindern die Lösung der Aufgaben vielleicht vorwegnimmt. (Allerdings kann eine selbständige Lösung nicht erwartet werden, wenn es sich um Kinder mit sehr niedrigem IQ handelt.)

Jeder Unterricht wird vorbereitet, die Inhalte müssen jedoch so flexibel gehalten werden, daß der Unterricht jederzeit entsprechend den Bedürfnissen der Kinder angepaßt werden kann. Durch den Unterricht kann sich ein „roter Faden" ziehen, ein Ziel, das der Lehrer mit den Kindern zusammen erreichen will, z. B. mit den Kindern auf alle erdenklichen Weisen Geschwindigkeitsänderung zu üben.

Ein vorbereiteter Unterricht läßt wenig Pausen und wenig disziplinäre Schwierigkeiten aufkommen. Übungen aller Muskelgruppen im Wechsel ermüden die Kinder nicht, auch wenn der Unterricht eine Zeitstunde überdauert. Anstrengende und leichtere Übungen, pädagogische Gymnastikaufgaben, freie Bewegung in Spiel und Tanz zu Musik sollten angeboten werden.

Eine praktische Schwierigkeit kann entstehen, wenn Kinder einer Gruppe sehr unterschiedlich sind. Hier bietet sich an, pädagogische Gymnastik zum Teil mit der ganzen Gruppe, zum Teil mit einzelnen Kindern individuell zu üben.

Das retardierte Vorschulkind

Die pädagogische Gymnastik für das retardierte Vorschulkind verfolgt mehrere Ziele:
- daß das Kind Spaß an der Bewegung und Aufgabenlösung hat;

- daß das Bedürfnis des Kindes nach Bewegung befriedigt wird (das aktive Kind);
- daß das Kind zu Bewegungen motiviert wird (das inaktive Kind);
- daß das Kind Abwechslung zur stillen Schularbeit bekommt und Kreislauf und Hirnfunktion angeregt werden und man der Müdigkeit während der folgenden Schulstunde entgegengewirkt;
- daß die perzeptuelle und motorische Entwicklung des Kindes und ihr natürliches Verhältnis zueinander stimuliert werden;
- daß die eigentlichen Schulfächer vorbereitet werden;
- daß dem Kind verschiedene Spiele beigebracht werden:
  Ballspiele, hüpfen auf einem Bein, Seilspringen usw.;
- daß der soziale Kontakt des Kindes gefördert wird;
- daß das Selbstvertrauen des Kindes stimuliert wird.

Pädagogische Gymnastik – ein Hauptfach

Pädagogische Gymnastik sollte für jedes Vorschulkind ein Hauptfach sein, denn hier sind alle Grundelemente des späteren Schulunterrichts enthalten. Das Kind lernt u.a. Körperwahrnehmung, Richtungs- und Raumwahrnehmung, Formwahrnehmung, Entfernungsschätzung, Farbwahrnehmung, Zeitbegriff und Zahlbegriff. Die Dominanz wird festgelegt und der Wortschatz innerhalb aller genannten Bereiche erweitert. Durch Bewegung wird Gelerntes anschaulich, so daß das Kind besser versteht und behält. Natürlich muß parallel koordiniert mit dem Gymnastikunterricht die Perzeption im übrigen Unterricht trainiert werden.

Eine gute Zusammenarbeit zwischen Gymnastiklehrer und allen anderen, die mit dem Kind arbeiten und zusammenleben, ist von größter Bedeutung. Die Arbeit jedes der Beteiligten mit dem Kind wirkt sich bei guter

Absprache untereinander positiv und stimulierend auf die Arbeit der anderen aus.

Täglich pädagogische Gymnastik

Ob die wenigen Gymnastik- und Turnstunden, die ein Kind in der Schule wöchentlich hat, seine Bedürfnisse decken, läßt sich auch bei normalentwickelten Kindern diskutieren. Aber um ein retardiertes Kind bis zur Schulreife zu fördern, ist auf jeden Fall täglicher pädagogischer Unterricht erforderlich.

Es ist kaum zu glauben, daß bisher nur in sehr wenigen Ländern eine Konsequenz aus diesem Wissen gezogen worden ist. Samuel Kirk schrieb schon 1964: „Seit der Zeit von Seguin (1846) hat sich in bezug auf die physische Erziehung des retardierten Kindes überhaupt nichts geändert."

Das trifft heutzutage glücklicherweise nicht mehr ganz zu, denn wie u.a. dieses Buch zeigt, ist seitdem eine Menge geschehen, nur wird immer noch allzuwenig Gebrauch vom vorhandenen Wissen gemacht. Auch wenn ein Kind niemals lesen oder abstrakt denken lernt, eignet es sich durch die pädagogische Gymnastik viel für seine spätere allgemeine und soziale Entwicklung an.

Soziale Entwicklung

Die Übungen und Aufgaben des Vorschulkindes werden zunächst so gestaltet, daß jedes Kind für sich allein arbeitet. Allmählich sollen die Aufgaben voraussetzen, daß sich zwei Kinder gemeinsam mit ihnen befassen, bis schließlich versucht wird, in einer Gruppe zusammenzuarbeiten.

Physisches Training größerer Kinder

In den ersten Schuljahren werden Sinne und Motorik regelmäßig stimuliert, später kommen zunehmend Übungen zur Körperbeherrschung, Gelenkigkeit, zum Krafttraining, Kreislauf- und Atmungstraining, zur Gleichgewichtsschulung sowie Übungen zur Auge-Hand-Koordination und zu korrekter Hebetechnik hinzu.

Physisches Training
retardierter junger Frauen und Männer

Zum Schluß möchte ich noch einiges zu den Problemen retardierter junger Frauen und Männer ergänzen, deren Arbeitsmöglichkeiten in manueller Tätigkeit, häufig sogar körperlich schwerer Arbeit bestehen.

Es ist unbedingt notwendig, daß von Anfang an die Muskelkraft retardierter Jugendlicher trainiert wird, weil sie im Vergleich zu normal begabten Jugendlichen weniger stark ausgebildet ist. Auch die Muskelkraft der retardierten Mädchen muß geübt werden, weil gerade Hausarbeit sehr viel physische Kraft erfordert. Für die älteren Altersgruppen muß in der Schule Krafttraining in den Unterricht eingebaut werden. Außerdem sind Schnelligkeit und Reaktionsfähigkeit wichtig, die z. B. durch *Übungen* trainiert werden können wie:

Auf den Bauch legen, auf den Rücken rollen, bis zur obersten Sprosse an der Sprossenwand hinaufklettern, wieder herunter, bis zur Wand laufen, einmal um sich selbst drehen.

Alle Übungen sollten mit wechselnden Bewegungen und nach unvorhersehbaren, sich ändernden Kommandos ausgeführt werden.

Immer muß in die Übungen auch die Handmotorik miteinbezogen werden.

Arbeitsbewegungen und Hebetechnik

Bewegung am Arbeitsplatz ist ein so umfassendes Thema, daß hier auf weiterführende Literatur verwiesen sei.

Retardierte Jugendliche müssen während des Heranwachsens im Hinblick auf ihre spätere Tätigkeit natürliche Arbeitsbewegungen und Hebetechniken trainieren. Sie können bei einem Rückenschaden nicht in körperlich leichterer Bürotätigkeit eingesetzt werden. Daher müssen vorbeugende, schonende Techniken rechtzeitig beherrscht werden.

Während der ganzen Schulzeit muß darauf geachtet werden, daß die Schüler die Turngeräte korrekt heben und tragen. In den älteren Klassen ist praktischer Unterricht zum Einüben von Arbeitsbewegungen und Hebetechniken wichtig: z. B. werden das Heben von Koffern, Kisten, Kindern, Möbeln und Arbeitsbewegungen wie Schneeschippen, Graben, Schubkarrefahren, usw. geübt. (s. Abb. 63, 64)

3.4.2 Der Gymnastikraum

In aller Kürze soll hier aufgezählt werden, was in einem Gymnastikraum für retardierte Kinder und Kleinkinder vorhanden sein sollte.

Sprossenwand. Praktischerweise streiche man jede Sprosse mit einer anderen Farbe an. Dann ist es für Lehrer und Kinder leichter, Aufgaben zu stellen und zu erfüllen: wie z. B. den Fuß auf die gelbe Sprosse aufzusetzen. Weil die Farbe sich schnell abnützen würde, empfiehlt es sich, nur die äußeren 10-15 cm einer Sprosse anzustreichen.

Niedrige lange Bank. Die Bank kann zum Herunterspringen verwendet werden, oder die Kinder können von einer Seite auf die andere springen, indem sie sich gleichzeitig mit beiden Händen auf der Bank abstützen. Das eine Ende der Bank kann in eine Sprossenwand eingehängt werden, so daß sich vielfältige Möglichkeiten ergeben, die Schräge hinaufzukommen.

Strich auf dem Boden. Ein auf den Boden

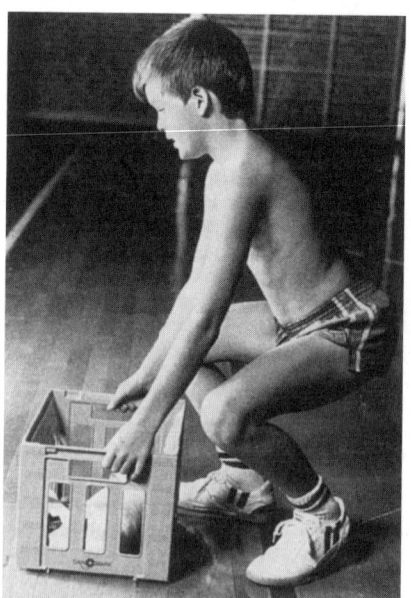

Abb. 63: Richtige Hebetechnik für eine schwere Last, die vom Boden hochgehoben wird.

Abb. 64: Falsche Hebetechnik.

gezeichneter Strich kann zum Balancieren verwendet werden, mehrere Striche ermöglichen das „über einen Graben springen" oder Verkehrsspiele.

Schwebebalken. Der Schwebebalken muß fest stehen, er darf auf keinen Fall wackeln und die Kinder dadurch ängstigen. Als niedrigste Möglichkeit kann man auch einfach eine Holzlatte direkt auf den Boden legen. Die nächstschwerere Höhe wäre dann ungefähr 10 cm über dem Boden. Der Schwebebalken sollte die Breite eines Fußes, also ca. 8 cm, haben.

Wand für Ballspiele. In den meisten Gymnastikräumen fehlt solch eine Wand.

Spiegel. Ein oder mehrere große Spiegel geben den Kindern Möglichkeit zur besseren Körperwahrnehmungsschulung. Spiegel können auch beim Einüben z. B. von Seilspringen oder Hebetechniken benutzt werden. Gerade bei der Schulung von Hebe- und Tragetechnik ist die eigene Beobachtung der Bewegung und Körperstellung vorteilhaft.

Aufgezeichnete „Fußspuren". Für Kinder, die mit ungleich großen Schritten oder mit stark nach außen gedrehten Füßen gehen, kann eine lange Reihe aufgezeichneter „Fußspuren" helfen. Sie sollten gerade nach vorn weisen und in zwei bis drei unterschiedlichen Schrittlängen angeboten werden.

Liegende Leitern. Eine Leiter wird auf den Boden gelegt. Die Kinder, die einen schlurfendem Gang haben, gehen zwischen den Sprossen und lernen dadurch, die Füße beim Gehen etwas mehr anzuheben.

Trampolin und Matte. Ein Trampolin trainiert Kraft und Gleichgewicht und macht viel Spaß. Auch dicke Schaumgummimatten können denselben Zweck erfüllen. Eine lange Matte für Roll- und Krabbelübungen sollte verfügbar sein.

Kletternetz. Ein Kletternetz wird an der Decke aufgehängt. Es fördert die Greifent-

wicklung und das Selbstvertrauen des Kindes.

Reck. Wenn das Kind in der Lage ist, eine halbe Minute lang an einer Sprossenwand zu hängen, die Beine an den Körper anziehen und den Rumpf etwas zwischen den Armen hochheben kann, dann lasse man das Kind sich mit den Händen am Reck entlanghangeln. Niemals übe man am Reck, ohne das Kind darauf vorbereitet zu haben!

Tau. Durch Turnen am Tau wird die Muskelkraft der Hände und Arme besonders geübt, wenn nicht das Kind schon einigermaßen kräftige Muskeln hat. Etwas ängstlichen Kindern macht es besonders Spaß, am Tau zu schwingen.

Bock, Pferd, Kasten. Diese allgemeingebräuchlichen Turngeräte können für unsere Zwecke zum Hinüberklettern oder Unterdurchkriechen benutzt werden. Wenn das Kind kräftig entwickelte Füße hat, motorisch weit genug entwickelt ist und den Hopserlauf beherrscht, kann man es auch über den Bock, das Pferd oder den Kasten springen lassen – doch nicht ohne diese Voraussetzungen. Bei retardierten Kinder finden die genannten Turngeräte keine Anwendung.

Gewichtheben. Stangen zum Gewichtheben mit einer Last an jedem Ende sind unpädagogisch, weil Gewichtheben vom retardierten Kind und Jugendlichen verlangt, die Last mit überstreckter Lende (mit Hohlrücken) zu heben. Die erste Phase beim Gewichtheben erfolgt mit rundem Rücken. Voraussetzung für das Gewichtheben ist ein über längere Zeit trainierter Rücken. Außerdem müssen jedesmal Aufwärmübungen vorrausgehen. Die Rückenmuskulatur muß insgesamt kräftig sein.

Kleine Handgewichte lassen sich verwenden, wenn die Kinder hieran Spaß haben und ihr Temperament es erlaubt.

Sandsäcke und leere Bierkästen, in die Sandsäcke gelegt werden, sind für das Krafttraining absolut vorzuziehen und werden zum Üben korrekter Hebetechnik verwendet. Auch bei diesen Geräten muß erst die Beweglichkeit und Kraft des Rückens trainiert werden.

Fahrradergometer. Unter einem Fahrradergometer versteht man ein stillstehendes Rad, das die gegen verschiedene Widerstände geleistete Arbeit in Watt mißt. Während der Tretarbeit wird der Puls kontrolliert. Die Herzfrequenz darf nicht über 160-170 bei größeren Kindern ansteigen. Am günstigsten mißt man den Puls am Hals des Kindes oder Probanden, weil der Arm sich während der Tretarbeit bewegt. Schon kurze Zeit nach der Arbeit soll der Ruhepuls wieder erreicht werden. Wie schnell das geschieht, hängt von der Größe der geleisteten Arbeit und der Kondition der Person ab. Ein Fahrradergometer läßt sich zum Krafttraining der Beinmuskulatur und zum Konditionstraining (s. S. 180) benutzen. Kindern macht es meistens sehr viel Spaß, auf diese Weise „radzufahren". Doch bei retardierten Kindern sollte man mit dem Einsatz des Fahrradergometers vorsichtig sein und wissen, ob das Kind einen Herzfehler hat. In diesem Fall muß vorher der Arzt gefragt werden.

Das Training muß langsam gesteigert werden, weil retardierte Kinder oft eine unterentwickelte Herz-Kreislauf-Funktion und Atmung haben (s. S. 180).

Der Puls muß sorgfältig kontrolliert werden, besonders zu Beginn des Trainings.

Materalien

Springseil. Es kann außer zum Seilspringen auch für verschiedene andere Bewegungsspiele verwendet werden, z. B. beim Hochsprung, denn viele Kinder haben Angst, über eine Stange zu springen. Aus zwei Seilen läßt sich ein „Graben" herstellen, über den Weitsprung geübt werden kann.

Bälle. Große und kleine Bälle in verschiedenen Farben, damit auch die Farbwahrnehmung geübt werden kann.

Musikinstrumente. Ein Lehrer oder Erzieher gestaltet den Unterricht lustig und lehrreich, wenn er auf einem Instrument die Bewegung der Kinder begleiten kann. Dabei sollte die Entwicklungsstufe des einzelnen Kindes berücksichtigt werden, denn wenn das Kind nur dasitzt und zur Musik etwas wippt, ist die Stunde nicht besonders gelungen (s. S. 169).

Gefüllte Stoffsäckchen. Erbsensäckchen sind für kleine Kinder anstelle eines Balles gut geeignet, ganz besonders auch für Übungen mit den Füßen. Mit den bloßen Zehen kann das Kind versuchen, das Erbsensäckchen aufzuheben. Außerdem läßt sich Weitwurf gut mit ihnen üben.

Hula-Hopp-Reifen. Es gibt Hula-Hopp-Reifen in verschiedenen Farben aus Plastik. Sie lassen sich für Vorübungen zum Seilspringen verwenden, für Hula-Hopp und zum Körperwahrnehmungs- und Dominanztraining. (s. S. 120) Viele Worte und Begriffe lassen sich mithilfe des Hula-Hopp-Reifens erarbeiten (s. z. B. S. 130).

Sandsäcke. Sie lassen sich mit unterschiedlichem Gewicht – 1kg bis 10kg – vielseitig verwenden. Die Säckchen sollten nicht zu sehr gefüllt sein, da sie sonst herunterrutschen, wenn sie z. B. auf einem Bein liegen und zur Muskelkräftigung angehoben werden sollen. Sandsäcke werden für Greifübungen, zur Muskelkräftigung und zum Ausdauertraining eingesetzt. Auch beim Erlernen und Üben der Hebetechnik verwendet man am besten Sandsäcke. (s. Abb. 63 und 64).

Medizinball. Das ist ein großer schwerer Ball (2 kg). Er ist vorzüglich geeignet, um Arm- und Schultermuskeln zu trainieren.

Hopsball. Gleichgewicht und Beinmuskulatur lassen sich mit diesen luftgefüllten Bällen üben, die einem Tier mit zwei Ohren ähneln.

3.4.3 Rhythmus und Rhythmik

Das normale Kind

Rhythmus und Bewegungsfreude

Das griechische Wort „rhythmós" bedeutet taktmäßige Bewegung, Zeitmaß.

Unter Rhythmus versteht man den regelmäßigen Wechsel der Geschwindigkeit, Stärke und Dauer von Bewegungen, Licht oder Schall. Rhythmus in der Bewegung bedeutet Abwechseln von Spannung und Entspannung, kräftig oder weniger kräftig, schnell oder langsam, beschleunigend oder verlangsamend, plötzlich oder verhalten und von verschiedener Dauer. Der Bewegungsrhythmus ist etwas Lebendiges, ist natürlicher Ausdruck des Gemütszustandes und der Gefühle jedes Einzelnen, auf Dauer oder für einen Augenblick. Der Bewegungsrhythmus darf nicht mit Takt oder Metrik verwechselt werden; er kann nicht gezählt, sondern nur erfahren, perzipiert werden.

Das Erlebnis des Bewegungsrhythmus, verbunden mit der durch Bewegung gesteigerten Blutzirkulation, erzeugt Bewegungsfreude, eines der Hauptziele jeder Gymnastikform.

Rhythmische Bewegung

Bewegungsrhythmen erfährt das Kind schon als Säugling, z. B. wenn es in einem bestimmten Rhythmus saugt. Später krabbelt, geht oder läuft es rhythmisch. Auch die Schreibbewegungen sind rhythmisch. Diese Bewegungsrhythmen sind allerdings individuell ein wenig unterschiedlich und durch viele Faktoren beeinflußbar: Perzeption, Reaktion, Längenverhältnisse der Gliedmaßen, Temperament und augenblicklicher Gemütszustand. Intelligenz, Psyche und psychische Gegebenheiten sind für den individuellen Bewegungsrhythmus des Kindes mitbestimmend. Dauerhaft ist der Bewegungsrhythmus nur schwer – es sei denn auf psychischem Wege – zu beeinflussen. Für kurze Zeit vermag das Kind einem schnelleren oder langsameren Rhythmus eines Musikinstrumentes zu folgen, danach wird es aber wieder in seinen gewohnten Bewegungsrhythmus zurückfallen.

Mitarbeit verschiedener Sinne

Hören: Der auditive Rhythmus wird wahrgenommen in der Musik, in der Sprache, im Wellenschlag an der Küste usw.

Der kinästhetische Rhythmus kann beim Atmen, Gehen, Laufen, Tanzen wahrgenommen werden.

Berührungssinn: Rhythmus kann taktil wahrgenommen werden, z. B. im Gehörlosenunterricht, wo sich z. B. der Rhythmus des Klavierspiels über den Boden zum Kind fortpflanzt (die kinästhetische Perzeption ist hier jedoch ebenfalls wichtig).

Sehen: Der visuelle Rhythmus wird wahrgenommen beim Anblick der Bewegungen von Mensch und Tier, des Wiegens der Bäume im Winde, des Kräuselns der Welle auf der Meeresoberfläche. Auch im Verlauf und Verhältnis von Farben, Linien und Formen in Landschaften, Malerei, Skulptur und Architektur kann Rhythmus wahrgenommen werden.

Zeitbegriff: Die Tonlänge und das Zeitintervall zwischen den Tönen können wahrgenommen werden.

Rhythmik

In der Umgangssprache wird das Wort Rhythmik für viele Formen rhythmischer Äußerung und Bewegung verwendet. Nachahmen einfacher Rhythmusmuster: Eigentlich handelt es sich hierbei um metrische Motive (Metrik = Verslehre), deren betonte und unbetonte Bestandteile auf Schlaginstrumenten oder durch Klatschen bzw. Fußstampfen nachgeahmt werden. Hierbei sitzen die Kinder häufig im Kreis um den Lehrer herum. Zu einer Gesamtbewegung des Körpers wird keine Gelegenheit gegeben. Als Hör-und Konzentrationsübung kann diese Form der Rhythmik gut als Vorübung auf das Wahrnehmen von Sprachrhythmen dienen und auf andere Formen der Bewegung zu Musik vorbereiten. Der Lehrer kann z. B. einfache Rhythmusmuster vorgeben, zu denen sich die Schüler im Raum zu bewegen versuchen. Der Lehrer kann auch eine Schallplatte oder ein Tonband abspielen, zu deren Musik die Kinder mehr oder weniger eigeninspirierte Bewegungen ausführen.

Schließlich entstehen rhythmische, harmonische Gesamtbewegungen, wenn z. B. das lebendige Klavierspiel des Lehrers Impulse und Anregungen zu einer ebenso lebendigen Bewegung gibt. Kurz gesagt besteht eine Wechselbeziehung zwischen Musizierendem und Schülern, zwischen Musik und Bewegung.

Da Einzelunterricht in der Praxis nicht durchführbar ist, kann eventuellen Nachteilen des Gruppenunterrichtes dadurch begegnet werden, daß die Gruppen hinsichtlich des Rhythmusgefühls und der körperlichen Größenverhältnisse der Schüler möglichst einheitlich zusammengestellt werden. Fällt es den Schülern leicht, Takt und Rhythmus der Musik zu erfassen, passen sie selbst ihre Bewegungen natürlich und rhythmisch den Zeitintervallen an – dies ist jedoch bei weitem nicht immer der Fall. Es ist darum von Vorteil, wenn der Lehrer selbst die Gruppen zusammenstellen kann.

Gymnastiklehrer auf der ganzen Welt haben sich mit Bewegung zu Musik – oder Musik zu Bewegung – in verschiedener Form beschäftigt. So wurde Skandinavien u. a. aus Deutschland durch die Rhythmik nach Jaques Delacroze inspiriert. In Dänemark hat Helle Gotved mit Musik und Bewegung für Erwachsene gearbeitet, basierend auf Medau's Gymnastik. Prinzip dieser Gymnastik ist, daß die Musik den Bewegungen der Schüler folgt. Hier schuf Helle Gotved eine Gym-

nastikform für jedermann, die weder bewegungsmäßig noch musikalisch besondere Voraussetzungen erfordert.

Astrid Gøssel entwickelte eine Form von Rhythmik, die über primitive Bewegungsmuster zu natürlichen, entspannten Bewegungen hinführt. Diese Rhythmik hat sich in der Arbeit mit Kindern gut bewährt. Deshalb wird Rhythmik in dieser Form auch mit gutem Erfolg in den meisten dänischen Kindergärten für retardierte Kinder eingesetzt.

Auch Jazzgymnastik kann zur Auflockerung im Gymnastikunterricht eingesetzt werden.

Rollenspiele und Pantomime

Verschiedene Formen von Rollenspielen, mit oder ohne Musik, sind in den letzten Jahren modern geworden. Sie machen den Kindern Spaß und stimulieren ihre Entwicklung. Es ist jedoch darauf zu achten, daß das Kind das Stück inhaltlich versteht und die dargestellte Geschichte innerhalb der Vorstellungswelt des einzelnen Kindes liegt.

Das retardierte Kind

Die meisten Formen der Rhythmik lassen sich in der Arbeit mit dem retardierten Kind anwenden – eventuell in leicht modifizierter Form. Der Lehrer muß sich darüber bewußt sein,

- daß es dem Kind Spaß macht;
- daß das Kind zu freieren, natürlicheren Bewegungen und damit zum Erleben der Bewegungsfreude angeregt wird;
- daß die Konzentration gefördert wird (Hörübungen);
- daß der Sing- und Musikunterricht vorbereitet und der Sprachunterricht stimuliert wird.

Der Rhythmikpädagoge muß die neurologische Entwicklung des normalen Kindes genau überblicken, damit er dem retardierten Kind auf dem Niveau begegnen kann, auf dem es sich befindet. Er muß unterscheiden können, ob die Bewegungen des Kindes für die entsprechende Altersstufe normal sind. Fördert man ein Kind in seiner motorischen Entwicklung, bedeutet dies u.a., ihm über seine primitiven oder anomalen Bewegungsmuster hinwegzuhelfen. Solche Bewegungsmuster wie z.B. unaufhörliches Vor- und Zurückwippen des Körpers dürfen in der Regel nicht stimuliert werden, selbst wenn das Kind in der Lage wäre, die Bewegungen in unterschiedlichem Takt der Musik auszuführen. In solchen Fällen ist das Kind für Rhythmik einfach noch nicht reif. Diese stereotypen Bewegungsmuster können zur Beruhigung ausnahmsweise zugelassen werden, wenn man dem Kind keinen entsprechenden Ersatz bieten kann. Gibt sich das Kind ständig diesen Bewegungen hin, wird so das Aufnehmen anderer Stimuli verhindert.

An dieser Stelle soll daran erinnert werden, daß auch normal begabte Kinder vor Vollendung des ersten Lebensjahres vor- und zurückwippende Bewegungen zu Musik ausführen. Die oft so gelobte „Musikalität" des älteren retardierten Kindes entspricht in vielen Fällen einer sehr niedrigen Entwicklungsstufe, z.B.: Ein zwölfjähriger, imbeziler Junge führt Armbewegungen entsprechend den Armmustern eines dreimonatigen Säuglings aus (nicht zu verwechseln mit den Armbewegungen des psychotischen Kindes). Beide Arme werden gleichzeitig in allen Gelenken gebeugt und danach wieder in allen Gelenken gestreckt. Die Körpermittellinie wird nie überschritten.

Beim normalen Gang und zu allen Formen von Musik werden diese Muster in unterschiedlicher Geschwindigkeit ausgeführt. Hierzu sind drei Hypothesen als mögliche Erklärungen denkbar:

1) Das Zentralnervensystem des Jungen ist für die Armbewegungen nur bis zum Niveau von drei Monaten entwickelt.

2) Die Bewegung ist eine Angewohnheit, die keiner abzustellen versucht hat, obwohl das Entwicklungsniveau des Kindes dies vermutlich zugelassen hätte.

3) Aufgrund verzögerter Reifung des Hirngewebes ist der Junge erst jetzt in der Lage, in seiner Bewegungsentwicklung weiterzukommen.

In den Fällen 2) und 3) muß das Kind vom Drei-Monats-Stadium aus trainiert werden. Es muß lernen, zunächst jeweils nur eine Hand zu gebrauchen und später auch die Mittellinie zu überschreiten. Dann werden die Abstützreaktionen stimuliert. Schließlich werden Bewegungen wie Kriechen und Krabbeln in gekreuztem Muster, danach Gehen und Laufen trainiert. Jetzt erst ist der Junge in der Lage, am Rhythmikunterricht teilzunehmen.

Es ist notwendig, den individuellen Bewegungsrhythmus des Kindes und seine Auffassungsgabe für Rhythmen zu beobachten, um beurteilen zu können, ob das Kind für die Teilnahme an Gruppenübungen, bei denen die Musik Geschwindigkeit und Rhythmus bestimmt, hinreichend weit entwickelt ist.

Rhythmik kann sensomotorisches Training ebensowenig wie pädagogische Gymnastik nicht ersetzen (s. z.B. S. 160). Der versierte Lehrer kann jedoch Rhythmik als einen lustigen, abwechslungsreichen Bestandteil des Trainings anbieten.

Rollenspiele und Pantomime

Rollenspiele und Pantomime, die Darstellung alltäglicher Geschehnisse und Begebenheiten, können auch dem retardierten Kind Spaß machen, vorausgesetzt, es versteht, worum es geht und überblickt die Situation, die es wiedergeben soll. Das Entwicklungsniveau des Kindes kann hierfür zu niedrig liegen, sein Wortschatz und sein Denken zu eingeschränkt sein. Das retardierte Kind muß die Situation in Wirklichkeit gesehen und erlebt haben und die zugehörigen Wörter kennen, die Gedanken durchdacht haben, bevor von ihm ein Agieren und Ausgestalten der gewünschten Situation erwartet werden kann.

Man sollte berücksichtigen, daß ein retardiertes Kind schon zu viele Niederlagen einstecken mußte. Es traut sich daher oft nicht zu fragen, wenn es ein Wort oder einen Satz nicht versteht.

3.4.4 Entspannungsmethoden

Alle diejenigen, die sich besonders für das Thema Entspannung interessieren, seien auf die Progressive Relaxation nach Edmund Jacobsen verwiesen, bei der die kinästhetische Perzeption entwickelt wird, indem der Patient ein bewußtes Gefühl der Anspannung und Entspannung lernt.

Diese Entspannungsübungen sind psychisch nicht tiefgehend und erfordern vom Therapeuten keine Spezialausbildung. Einige der Übungen sind kurz in den Kapiteln Sprache, Kinästhetische Perzeption und Schreiben beschrieben.

Eine die Psyche tiefer beeinflussende Entspannungsmethode liegt außerhalb des Rahmens dieses Buches und muß nach ärztlicher Verordnung einem spezialisierten Physiotherapeuten in sorgfältiger Zusammenarbeit mit Arzt oder Psychologe überlassen bleiben. Durch eine solche Entspannungsbehandlung werden psychische Mechanismen inganggesetzt, die nur mit viel Einblick und Erfahrung beherrscht werden können.

Das Autogene Training von I.H. Schultz ist eine tiefenpsychologische Methode. Außer der Muskelanspannung können hierdurch auch Kapillargefäße, Atmung und Herzfunktion beeinflußt werden.

Im allgemeinen bin ich nicht der Ansicht, daß man mit Kindern Entspannung üben sollte. Ist ein Kind angespannt, geschieht dies als Antwort auf die Anforderungen der Umwelt, denen sich das Kind nicht gewachsen fühlt – es ist unsicher und unglücklich. In vielen Fällen sollte, wenn man dem Kind wirklich helfen will, eine Familientherapie angestrebt werden. Außerdem muß besonders in der Schule dafür gesorgt werden, daß das Kind mit seinen Mitschülern in Unterricht, Spiel und Sport mithalten kann – ganz im Sinne der Prinzipien dieses Buches.

Fühlt sich das Kind seinen Mitschülern gewachsen, wird es mehr Selbstvertrauen bekommen und sein Ich-Bewußtsein entwickeln. So kann das Kind sich in den Stunden, die es in der Schule verbringt, unbelastet fühlen; es wird gestärkt, auch für die häusliche Situation. Die Verspannungen können so trotz eines eventuell recht schlechten häuslichen Milieus verschwinden und die Bewegungen und Fertigkeiten sich wesentlich bessern. Muskelverspannungen und Psyche hängen eng miteinander zusammen.

3.5 Beweglichkeit

Hyperflexibilität = Überbeweglichkeit der Gelenke
Hypotonie = verminderter Muskeltonus

Alle Gelenke müssen normal beweglich sein, damit das Kind sich frei und ungehemmt bewegen kann. Beim retardierten Kind bestehen mehr Möglichkeiten für Abweichungen der Gelenkbeweglichkeit als beim normalen Kind. Dabei kann es sich um angeborene Defizite oder um Bewegungseinschränkungen, die durch einen Mangel an Bewegung oder die verzögerte Entwicklung bedingt sind, handeln.

Im Gegensatz hierzu kann bei einigen Kindern, meist aufgrund eines zu niedrigen Muskeltonus, eine Überbeweglichkeit der Gelenke bestehen. (Die Beschreibung spezieller pathologischer Zustände verläßt den Rahmen dieses Buches).

In allen Fällen bilden die Verordnung des Arztes und die Untersuchung der Physiotherapeuten die Grundlage für eine eventuelle

Behandlung bzw. ein Training. Häufig kann das Training unter der Anleitung derer durchgeführt werden, die täglich mit dem Kind zusammen sind.

Auch wenn z. B. gewöhnliches Gehen keine maximale Beweglichkeit im Hüftgelenk erfordert, muß das Hüftgelenk trotzdem bis an seine Grenzen beweglich sein, um den Gang harmonisch und frei werden zu lassen. Die täglichen Bewegungen erfolgen immer in der Mittelstellung der Gelenke, weil das Einnehmen der Extremstellung anstrengend und etwas unangenehm ist.

3.5.1 Eingeschränkte Beweglichkeit

Eingeschränkte Beweglichkeit kann viele Ursachen haben, von denen hier nur die häufigsten genannt seien:

Psychische Ursachen. Psychisch bedingte Muskelanspannungen können nur auf psychischem Wege beeinflußt werden. Die Impulse vom Zentralnervensystem zum Muskel müssen verändert werden, denn hier geht es um den Spannungszustand der Muskelfasern.

In einzelnen Fällen sind gute Erfolge mit Entspannungsbehandlung zu erzielen, vorausgesetzt, es erfolgen auch Veränderungen im kindlichen Milieu sowie eine Psychotherapie (siehe S. 172)

Bewegungseinschränkung im Gelenk selbst. Das Gelenk kann so gebaut sein, daß Bewegungen nicht in vollem Umfang möglich sind. Außerdem können Gelenkkapsel oder Bandapparat zu stramm sein. Am knöchernen Gelenk kann höchstens operativ etwas verändert werden, aber Gelenkkapsel und Bandapparat können durch längere Behandlung in einigen Fällen gedehnt werden.

„Schrumpfung" des Muskelbindegewebes. Ein Muskel besteht aus Muskelfasern und Bindegewebe. Bindegewebe ist unelastisch, aber trotzdem durch Zug über längere Zeit beeinflußbar, wie schon oben erwähnt. An-

dererseits kann es sich verkürzen, wenn es nicht gedehnt wird, weil ein Gelenk nicht in vollem Umfange bewegt wird.

Einfluß steifer Gelenke auf die täglichen Bewegungen

Einige Beispiele:

Steife Wirbelsäulengelenke können in einigen Fällen mit Hohlkrümmung der Lendenwirbelsäule und Rundrücken im Bereich der Brustwirbelsäule verbunden sein. In anderen Fällen sieht man eine fast gerade Wirbelsäule, in diesem Fall mit zu geringer Krümmung. Sind die Wirbelsäulengelenke steif, werden auch die Bewegungen des gesamten Körpers steif wirken, gleich, in welcher Höhe die Bewegungshemmung sitzt.

Ein steifes Hüftgelenk verhindert freie Gehbewegungen. Ein steifes Sprunggelenk behindert das ganze Körpergleichgewicht im Stehen und hemmt Gehen und Laufen.

Kann die Großzehe nicht ausreichend nach oben gebeugt werden, wird der Fuß beim Gehen nicht richtig abgerollt, und das Kind stapft folglich auf flachen Füßen.

Ein steifes Handgelenk, besonders bei eingeschränkter Streckung (= Rückwärtsbeugung) behindert das freie Greifen eines Werkzeuges. Können die Finger nicht frei gespreizt werden, bleibt die Hand ein schlechtes Greifwerkzeug.

Die Oppositionsbewegung des Daumens (Einwärtsbewegung mit Rotation) ist für jede feinmotorische Arbeit erforderlich (Abb. 37, 38).

Behandlung steifer Gelenke

Die Behandlung steifer Gelenke hängt von der Beurteilung des Arztes ab und ist von Fall zu Fall unterschiedlich. Liegt z. B. eine Neigung zu Kontrakturen (Muskelverkürzungen) vor, muß die Behandlung so früh wie möglich (2.–3. Lebensmonat) einsetzen und von einem Physiotherapeuten, in leichten Fällen unter Anleitung eines solchen, durchgeführt werden.

Abb. 65: Vorsicht bei dieser oder ähnlichen Übungen, wenn eine plötzliche Beugung des Oberkörpers nach vorn mit einer Seitdrehung verbunden ist.

Passive Bewegungen, d.h. der Versuch, durch eine Hilfsperson die steifen Gelenfke zu beeinflussen, ist nur in Ausnahmefällen zulässig. Die Übungen dürfen niemals weh tun und auch hinterher keine Schmerzen verursachen. Da das retardierte Kind nicht immer genügend auf Schmerzen achtet (siehe S. 110), sind passive Bewegungen besonders bei diesen Kindern nicht ratsam. Bei aktiven Bewegungen, die das Kind selbst ausführt, besteht eine geringeres Risiko.

Zu warnen ist vor einer kräftigen Beugung der steifen Wirbelsäule nach vorn, besonders bei gleichzeitiger Drehung des Rumpfes, weil diese Bewegung bei disponierten Personen einen Diskusprolaps (Bandscheibenvorfall) provozieren kann. Bei wem eine solche Gefahr besteht, kann im Einzelfall nicht vorausgesagt werden. Die Übung in Abb. 65 sollte demnach nicht benutzt werden, da sie aus der Streckstellung in eine Rumpfbeuge

mit plötzlicher Rumpfrotation übergeht. Selbst wenn diese Bewegung Schmerzen verursacht, kann sie nicht mehr zu bremsen sein bevor es zu spät ist. Entsprechende Übungen im Langsitz oder Grätschsitz sind ebensowenig zu empfehlen. Stattdessen können folgende Übungen gemacht werden:

Übungen

Für das Hüftgelenk

Das Hüftgelenk wird durch Bewegungen in alle Richtungen gelenkig. Hier schaden Bewegungen bis in die Extremstellung nicht, z.B.:

Rückenlage: Einseitiges Beinheben mit gestrecktem Knie, beide Knie gestreckt.

Bauchlage: Einseitiges Beinheben mit gestrecktem Knie (Abb. 57).

Seitlage: Einseitiges Beinheben, Hüfte und Knie gestreckt.

Grätschsitz: Ein- und Auswärtsrotation beider Beine gleichzeitig.

Grätschsitz: Beine maximal spreizen.

Schneidersitz.

Für die Wirbelsäule

Die steife Wirbelsäule soll vorsichtig mit kleinen Bewegungen in alle Richtungen ohne größere Belastung beweglich gemacht werden, z.B.:

Rückenlage: Rollen mit Rotation in der Wirbelsäule (Abb. 17).

Bauchlage: Kriechen (Abb. 18).

Rückenlage: Hüften abwechselnd hochziehen und das Bein der Gegenseite dabei langsam langmachen.

Vierfüßlerstand: Abwechselnd ins Hohlkreuz gehen und einen Katzenbuckel machen.

Im Reitersitz auf einem Stuhl oder einer Bank sitzen. Hände im Nacken falten und den Rücken strecken. Seitbeugen in alle Richtungen, d.h. genau zur Seite und mit einer Rotation verbunden. Ruhige Bewegungen, die so weit wie möglich nach unten reichen sollten.

Auf einem Stuhl sitzend: Becken mit Hohl- und Rundkrümmung der Lendenpartie abwechselnd vor und zurück kippen, während oberer Rücken und Schultern still gehalten werden.

Hocklage mit ausgebreiteten Armen: Beine geschlossen mit gebeugten Knien von einer Seite zur anderen führen. Schultern und Arme bleiben am Boden (Abb. 66).

Im Langsitz auf dem Gesäß vorwärtsrutschen.

Bauchlage: Füße unter einer Sprosse fixieren. Rumpfbeugen mit am Körper anliegenden Armen (um die Wirbelsäule möglichst weit zu beugen).

Bauchlage: Handflächen genau unter den Schultern auf den Boden stützen. Beide Ellenbogen strecken, damit der Rücken passiv nach hinten gebeugt wird. Hüftpartie nicht anheben.

Rückenlage: Füße unter einer Sprosse fixieren. Rollend zum Sitzen aufrichten, so daß zuerst Kopf, dann die Schultern und zuletzt die Lendenpartie angehoben werden. Die Arme sollen am Körper anliegen.

In umgekehrter Reihenfolge wieder zum Liegen kommen (kann bei steifer Lendenwirbelsäule nicht ausgeführt werden).

Für das Fußgelenk

Fersensitz mit ausgestreckten Fußgelenken: Fuß nicht zur Seite drehen, sondern in Verlängerung des Unterschenkels halten.

Mit dem Vorfuß auf einem Buch stehen, Füße in Parallelstellung: Fersenheben und - senken, ohne das Gesäß nach hinten auszustrecken. Die Übung macht die Sprunggelenke gelenkig und kräftigt die Wadenmuskulatur (siehe Abb. 26/27).

Skiübung: Stehen mit parallel gestellten, leicht gespreizten Beinen, die Fersen bleiben am Boden. Tiefe Kniebeugen, so daß das Gesäß die Waden möglichst erreicht. Um nicht nach hinten zu fallen, Arme nach vorn ausstrecken, eventuell auch an einer Sprossenwand festhalten. Zwischen Füßen und Knien gleichen Abstand beibehalten und darauf achten, daß das Gewicht nicht auf die Fußinnenseite verlagert wird, weil das Kind sonst plattfüßig steht.

Für das Handgelenk

Hand-Knie-Stand: Finger weisen geradeaus und sind leicht gespreizt. Rumpf nach vorn über die Arme lehnen, so daß die Arme in eine schräge Stellung kommen. Hierbei wird das Handgelenk kräftig nach rückwärts gebeugt.

Seitbewegungen im Handgelenk zur Daumenseite, Hand und Unterarm ruhen auf einem Tisch.

3.5.2 Überbeweglichkeit

Das hyperflexible Kind

Eine Überstreckbarkeit der Gelenke ist in der Regel auf einen zu niedrigen Muskeltonus oder zu schlaffe Gelenkkapseln zurückzuführen.

Nach meinem Wissen gibt es für diese Kinder bisher keine Behandlungsmethode, abgesehen davon, daß man ihre Muskelkraft zu stärken versucht und so die Gelenke etwas stabilisiert.

Ganz ungünstig ist es z. B., ein Kind mit überbeweglichen Hüftgelenken jede Nacht acht Stunden lang in „Froschhaltung" liegen zu lassen. Genauso schlecht ist es für dieses Kind, tagsüber die meiste Zeit in extremem Schneidersitz zu verbringen. Legt man das Kind schon als Neugeborenes zum Schlafen auf die Seite oder dreht es auf die Seite, sobald man es in Froschhaltung liegen sieht, kann sich das Kind schon frühzeitig an diese Schlafhaltung gewöhnen. Vielleicht läßt sich auf diese Weise auch der typische Gang – breitbasig mit auswärtsgedrehten Beinen – etwas bessern. Verminderter Muskeltonus in den Schultergelenken (z. B. bei Kindern mit Down-Syndrom) kann das Kind bei der Entwicklung der Kopfkontrolle in Bauchlage behindern. Das Kind kann den Kopf nicht heben und die Arme nicht aufstützen, weil die Schultern zu kraftlos und flexibel sind und

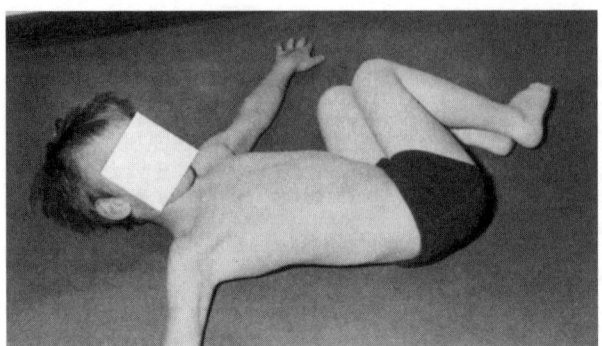

Abb. 66: Rotation der Wirbelsäule wird geübt

die Arme zu den Seiten hin nachgeben.
Stützt man die Arme, kann das Kind sofort
den Kopf heben, vorausgesetzt, daß es diese
Entwicklungsphase bereits erreicht hat.

Ob das Einüben anderer Schlaf- und Ge-
wohnheitshaltungen einen bessernden Effekt hat, wäre ein interessantes Thema für
eine Untersuchung. Erfahrungsgemäß lassen sich auf diesem Wege gute Erfolge erzielen.

3.6 Muskelkraft

Das normale Kind

Muskelkontraktion = Anspannung eines
Muskels;
Muskeldehnung = Ein Muskel wird ge-
streckt, wird länger.

Dynamische Muskelarbeit

Durch dynamische Muskelarbeit wird die
Muskulatur am wenigsten ermüdet. Die
Muskeln werden im Wechsel angespannt und

entspannt; dadurch wird die Durchblutung
(Zirkulation) gefördert. Beispiel: Ein Arm
wird abwechselnd gehoben und gesenkt (isotonische Kontraktion). Diese Bewegung
kann ohne Ermüdung über längere Zeit ausgeführt werden.

Statische Muskelarbeit

Bei statischer Muskelarbeit steht der Muskel
angespannt und hält das Gelenk in gleicher
Stellung (isometrische Kontraktion). Der
Muskel bekommt keine Gelegenheit zum
Ausruhen, seine Durchblutung (Zirkulation)
wird gehemmt. Beispiel: Der Arm wird gestreckt in Schulterhöhe ca. 1 Minute lang gehalten. Die Schultermuskulatur arbeitet sta-
tisch und ermüdet schnell.

Die Fähigkeit zu statischer Muskelarbeit
wird durch isometrische (statische) Übungen, die Fähigkeit zu dynamischer Muskelarbeit durch isotonische (dynamische) Übungen trainiert. Selbst wenn es sich um die gleichen Muskelgruppen handelt, können sie ein
unterschiedliches Innervationsmuster für
beide Arten der Muskelarbeit haben (siehe
unter Krafttraining).

Die Fähigkeit zu bewußter statischer Muskelarbeit entwickelt sich erfahrungsgemäß
später als die Fähigkeit, dynamische Arbeit
zu leisten.

Krafttraining

Beim Training der Muskulatur wird folgendes bewirkt:

Training der Innervation. Innervation = Impuls aus dem Zentralnervensystem über die Nervenbahn zur Muskulatur. Die Innervation soll stimuliert werden, auf adäquate Reize Impulse über das Zentralnervensystem zur angesprochenen Muskulatur zu senden und damit eine gewünschte Bewegung auszulösen, z. B.:
Das Kind sieht auf dem Tisch einen Apfel liegen, streckt den Arm aus und greift. Hierbei ist die Stärke der Innervation von Bedeutung, d.h. wie kräftig der Muskel innerviert werden soll, um den Apfel zu greifen und zum Mund zu führen. Soll ein schwerer Gegenstand angehoben werden, muß die Innervation stärker sein und mehr Nervenzellen einbeziehen.

Auch die angemessene Dauer der Innervation wird geübt. Damit der Apfel nicht zu früh losgelassen wird, müssen die Muskeln solange, wie der Apfel gehalten werden soll, Impulse empfangen.

Bildung neuer Blutgefäße. Die Neubildung von Blutgefäßen im Muskel ist Folge des Trainings und verbessert die Versorgung des Muskels mit Nährstoffen.

Kraftsteigerung. Kann eine bestimmte Übung 8-10 mal hintereinander in ruhigem Tempo ausgeführt werden, erhält sie die bestehende Muskelkraft, verbessert sie aber nicht. Die Muskelkraft kann nur erhöht werden, wenn die Kontraktion gegen einen grösseren Widerstand ausgeführt wird, so daß der Muskel fast seine maximale Leistung aufbringen muß. Das wird erreicht durch: Verlängerung des Gewichtshebels oder durch Erhöhung des Widerstandes durch Gewichte (Sandsäcke, Hanteln, Flaschenzug mit Gewichten u.s.w.)

Damit dynamische und statische Muskelkraft trainiert werden, müssen alle Übungen beide Kraftqualitäten berücksichtigen. So können z. B. bei einer dynamischen Übung

statische Halteübungen über 10 Sekunden „eingestreut" werden.

Training ohne Schmerzen

Muskeltraining darf weder während der Übung noch am nächsten Tag Schmerzen verursachen, sonst war das Training zu hart. Schmerz ist die Antwort der Muskulatur auf Überanstrengung und ist nicht gesund. Das Training muß langsam aufgebaut werden. Beim Gruppentraining läßt sich dieser Grundsatz nicht immer einhalten. Hier kann man sich jedoch helfen, indem man die Übungen entsprechend der individuellen Leistungsfähigkeit sooft ausführen läßt, wie es dem einzelnen gefällt.

Es kann von Vorteil sein, daß sich die Kinder beim Krafttraining paarweise helfen, z. B. durch Fixieren der Füße beim Rücken- und Bauchtraining (erforderlich, wenn keine Sprossen vorhanden sind.) Zusammenarbeit wird so gefördert, und die Kinder finden mehr Interesse an den Übungen.

Das retardierte Kind

Die Muskulatur kann bei den meisten retardierten Kindern trainiert werden, selbst wenn ihr IQ niedrig ist. Hier handelt es sich jedoch meist um eine ausschließliche Verbesserung der Muskelkraft und nicht der Motorik. In erster Linie geht es aber um die motorische Entwicklung, die Übung der Muskelkraft kommt, außer bei Kindern mit Paresen (Lähmungen), erst an zweiter Stelle. (Siehe im übrigen die ersten Kapitel des Buches zur motorischen Entwicklung.)

Das retardierte Kind sollte im Hinblick auf seine Muskelkraft von einem Physiotherapeuten gründlich untersucht werden, damit es in kurzer Zeit individuell und gezielt die schwachen Muskelgruppen trainieren kann. Schon ein tägliches Training von fünf bis

bis zehn Minuten kann in vielen Fällen bewirken, daß ein bisher inaktiver Muskel zu arbeiten beginnt und schnell kräftiger wird. Der Therapeut muß bestrebt sein, den Muskel natürlich an den täglichen Bewegungen zu beteiligen, sonst verschwindet die Kraft nach einigen Wochen wieder.

Geht ein Kind immer mit leicht gebeugten Hüftgelenken, sind die Hüftstrecker (an der Rückseite der Oberschenkel und am Becken) zu schwach und müssen durch Widerstandsübungen gekräftigt werden. Dafür muß das Kind die Rückseite seiner Hüften und der Beine kennen (kinästhetische Perzeption und Körperwahrnehmung). Gleichzeitig wird die Streckung der Hüfte beim Gehen, Laufen oder Weitsprung so geübt, daß sie in die täglichen Bewegungen des Kindes mit eingeht. Vorher wird es zu keiner anhaltenden Besserung der Muskelkraft kommen.

Je besser die Zusammenarbeit mit dem Sportlehrer des Kindes ist, desto weniger muß der Therapeut mit dem Kind arbeiten.

Für normale und retardierte Kinder

Kräftigungsübungen

Kräftigungsübungen können nach Schweregraden aufgebaut werden, so daß Lehrer und Schüler den Trainingseffekt verfolgen können. Jede Übung sollte 8-10 Male ohne Schwierigkeiten ausgeführt werden können, bevor mit der nächsten Schwierigkeitsstufe begonnen wird. Bei allen Übungen darf der Atem nicht angehalten werden.

Körperrückseite

Bauchlage: Rumpfbeugen nach hinten; Vorderseite der Oberschenkel in Höhe der Hüftgelenke auf einer *schmalen* Bank aufliegend, die Füße zwischen 2. und 3. Sprosse fixiert. Die Übungen beginnen mit der Stirn zum Boden (siehe Abb. 67).

a) Arme am Rumpf anliegend.

b) Arme zur Seite ausgestreckt.

c) Hände vor der Stirn gefaltet, Handflächen nach unten.

d) Arme nach vorn gestreckt.

e) Arme mit Sandsäckchen in den Händen nach vorn gestreckt.

Körpervorderseite
Rückenlage: Rumpfbeugen nach vorn.

a) Füße zwischen 3. und 4. Sprosse fixiert, Hüften und Knie auf 90° gebeugt, Arme gestreckt. Die Arme ziehen den Körper mit, wenn sie nach vorn geschwungen werden.

b) wie a), aber die Arme sind vor der Brust verschränkt (Abb.68).

c) wie a), aber die Hände sind im Nacken gefaltet.

d) Mit dem Rücken an der Sprossenwand hängen. Hohe Kniebeugen, bis die Hohlkrümmung (Lordose) der Lendenwirbelsäule aufgehoben ist.

e) wie d), aber hier mit waagerecht ausgestreckten Beinen.

Kniestrecker (nur für Schulkinder und Erwachsene)

Tiefe Kniebeugen und -streckungen:

a) Auf- und Absteigen an einer Bank. Zuerst an einer niedrigen Bank, dann an einer kniehohen Bank üben. Die Knie sollen jedesmal vollständig gestreckt werden.

b) Mit einer Hand in Hüfthöhe an der Sprossenwand abstützen. Breitbasig in Schrittstellung Kniebeugen, bis das vordere Knie auf 90° gebeugt ist (also nicht vollständig beugen. Das ist eine Vorübung zur Hebetechnik. Es ist fast unmöglich, aus einer tiefen Kniebeuge wieder in den Stand zu kommen, wenn etwas Schweres gehoben wird). Die Füße weisen nach vorn, die Ferse des vorderen Fußes darf nicht vom Boden gelöst werden (Abb. 63).

c) wie b), aber ohne Abstützen an der Sprossenwand.

d) wie c), aber mit einem Sandsäckchen auf dem Rücken.

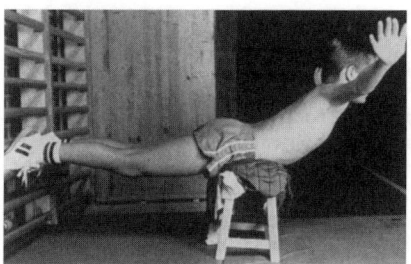

Abb. 67: Training des Rückens

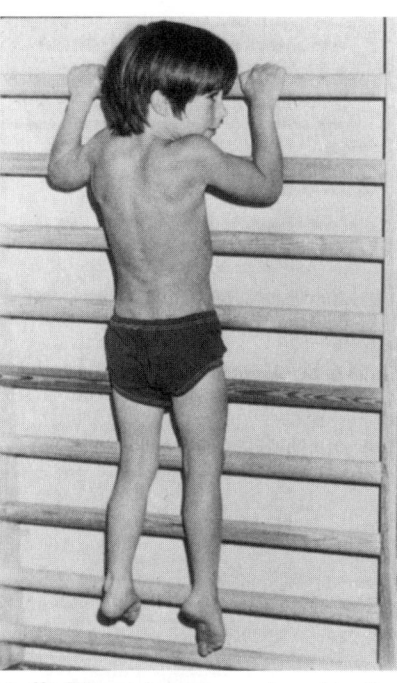

Abb. 68: Training der Bauchmuskulatur

Abb. 69: Körper langsam senken, bis die Füße den Boden berühren.

e) Kann d) sicher mit 10–20 kg auf dem Rükken* ausgeführt werden, beginnt man mit Kniebeugen auf einem Bein mit Stütze an der Sprossenwand ohne zusätzliche Gewichte. Das Spielbein wird nach vorn gestreckt gehalten. Das Kind steht auf einem Hocker, damit Platz für das Bein vorhanden ist. Das Kind soll nicht plötzlich bis zur maximalen Kniebeugung herunterplumpsen. Geschieht das trotzdem, ist das Kind für diese Übung noch nicht reif genug. Schüler mit Neigung zu Gelenkergüssen im Knie dürfen diese Übung nicht ausführen.

*Kinder dürfen vor Abschluß des Knochenwachstums bis ungefähr zum 20. Lebensjahr nicht schwer heben!

Armbeuger

a) Stehend: Sandsäckchen 20 Male hintereinander hochheben (Abb. 45). Das Gewicht der Säckchen langsam steigern.

b) An der Sprossenwand ein Stückchen hochklettern und dort mit dem Gesicht zur Wand stehen. Zuerst die Arme beugen, dann die Füße von der Sprosse nehmen und den Körper langsam senken (Abb. 69). An der Sprossenwand nur so hoch klettern, daß die Füße am Ende der Übung den Boden erreichen können. Wieder hochklettern. Das Kind darf nicht plötzlich nachgeben, weil sonst die Schultern Schaden nehmen könnten.

c) wie b), aber bei einer Armbeugung von 90° kurz anhalten und bis 3 zählen (statische Übung).

d) wie b), aber die Arme nur bis 90° beugen und dann den Körper wieder hochziehen.

e) Mit gestreckten Armen beginnen, den Körper dann bis zur Beugung der Arme hochziehen und langsam wieder senken.

Armstrecker

a) Hand-Kniestand: Ellenbogen langsam beugen und strecken, das Gewicht dabei auf die Hände verlagern.

b) Bauchlage: Strecken und Beugen der Arme; Hüften und Beine liegen auf dem Boden auf.

c) wie b), aber nur Knie und Unterschenkel bleiben am Boden, Hüften sind gestreckt angehoben.

e) wie b) mit Sandsäckchen im Nacken.

3.7 Konditionstraining

Das normale Kind

Für die Kondition sind viele Faktoren von Bedeutung. Die wichtigsten sind:
- psychische Ausgeglichenheit;
- Atmung (Respiration);
- Herz- und Kreislauffunktion (Zirkulation);
- Muskelkraft und neuromuskuläre Koordination

Atmung (Respiration)

Die Atmung erfolgt reflektorisch und ist beim Neugeborenen schneller und unregelmäßiger als im späteren Leben. Flache Atmung und einzelne tiefe Atemzüge wechseln sich beim Neugeborenen ab. Die Atemfrequenz (Anzahl der Ein- und Ausatmungen pro Minute) kann im ersten Lebensmonat

sehr variieren und liegt durchschnittlich bei 60 pro Minute. Die Atemfrequenz sinkt in der Kindheit und ist beim trainierten Erwachsenen am niedrigsten. Bei einem fünfjährigen Kind liegt sie bei ungefähr 20-30, beim Erwachsenen bei ca. 18 und kann bei einem gut trainierten Erwachsenen sogar bei 12 liegen. Diese Werte beziehen sich auf Atemfrequenzen in Ruhe, unter körperlicher Belastung kann sie auf 30-40 ansteigen.

Die Atmung entwickelt sich durch alle Bewegungen des Kindes wie Strampeln des Säuglings in der Wiege oder spätere fortgeschrittenere Bewegungen (siehe S. 24).

Beim Konditionstraining wird in erster Linie die Fähigkeit trainiert, Sauerstoff aus der Atemluft zur arbeitenden Muskulatur zu transportieren. Beim physischen Training wird die Atemmuskulatur geübt, weil der Körper in Bewegung mehr Sauerstoff benötigt. Die Atmung wird automatisch tiefer (mehr Sauerstoff pro Einatmung) – und schneller. Bei einer gut trainierten Person bleibt die Atmung auch in Ruhe tiefer, so daß nicht mehr so schnell geatmet werden muß – die Atemfrequenz liegt niedriger als vor dem Training. Die Atmung wird auch vom psychischen Befinden beeinflußt.

Herz- und Kreislauffunktion (Zirkulation)

Die Pulsfrequenz des Neugeborenen liegt bei ungefähr 125 Schlägen pro Minute, steigt während des ersten Lebensmonats etwas an und fällt dann während der Kindheit gleichmäßig ab. Die durchschnittlichen Pulsfrequenzen betragen im Alter von:

1 - 3 Jahren	ca. 120/Minute
4 - 5 Jahren	ca. 100/Minute
9 - 12 Jahren	ca. 88/Minute
16 Jahren	ca. 80/Minute

und beim Erwachsenen schließlich 60-80/Minuten

Diese Werte geben die Pulsfrequenz in Ruhe an. Bei Arbeit und Bewegung beschleunigt sich der Puls wegen des erhöhten Nährstoffbedarfs der arbeitenden Muskulatur. Die Blutversorgung wird verbessert. Ruhe-und Trainingspuls lassen sich durch Training beeinflussen.

Unabhängig von der Kondition ist dagegen die maximale Pulsfrequenz, d.h. die Frequenz bei stärkster Belastung. Sie ist vom Alter abhängig. Bei Jugendlichen kann die Maximalfrequenz bis 200 erreichen, während sie bei Personen mittleren Alters ungefähr bei 160 liegt (Faustregel: maximaler Puls = 200 – Alter). Das muß beim Training verschiedener Altersklassen berücksichtigt werden.

Auch die Pulsfrequenz hängt vom psychischen Befinden ab.

Krafttraining

Die Ausdauer eines Arbeiters hängt von dem Überschuß an Kraft ab, den seine Muskulatur gegenüber einer bestimmten Arbeit aufbringt, sonst ermüdet die Person schnell.

Für ein effektives Konditionstraining müssen große Anforderungen an die Muskulatur gestellt werden, die nur wenig unter der maximalen Leistungsfähigkeit liegen. Sandsäckchen und Hanteln können verwendet werden.

Neuromuskuläre Koordination

Das Kind muß zuerst die Übungen des Konditionstrainings erlernen und sie – in immer schnellerem Tempo – ständig wiederholen, bis sie automatisch ablaufen.

Trainingsform

Beim Konditionstraining ist u.a. das Tempo wichtig; das bedeutet, daß die Übungen schnell und ohne lange Pausen ausgeführt werden sollten. Gute Formen des Konditionstrainings sind Laufen, Radfahren, Schwimmen, Rudern und Skilaufen, schnell und über mittlere Distanzen ausgeführt.

Genauso können verschiedene Gymnastikformen, wie z.B. das Zirkeltraining verwendet werden. Auch hier ist das Tempo wichtig, da die Muskulatur bis knapp unter ihre maximale Leistungsfähigkeit belastet werden soll. Die Übungen sollen solange andauern, bis sie den Schüler anstrengen. Das Training erfolgt jeden zweiten Tag. (Siehe auch unter „Übungen" auf S. 183).

Konditionstest

Zur Kontrolle des Trainingseffektes kann die Kondition vor und nach dem Training auf verschiedene Weise gemessen werden. Viel verwendet wird das Fahrrad-Ergometer, ein feststehendes Fahrrad, bei dem der Tretwiderstand verändert werden kann. Die Arbeit wird aus der Größe des Widerstandes und der Anzahl der Umdrehungen errechnet. Puls und Dauer der Arbeit werden kontrolliert. Die Methode basiert u.a. auf der Tatsache, daß eine schlecht trainierte Person bei gleicher Arbeit eine höhere Pulsfrequenz als eine gut trainierte Person hat.

Ohne Apparatur können verschiedene Formen des „Step-Test" durchgeführt werden. Wichtig ist nur, daß der Test jedesmal völlig gleich durchgeführt wird und seine Anwendung im Alltag einfach ist.

Harvard Step-Test

Für Erwachsene sieht der Test folgendermaßen aus:

Der Proband steigt 5 Minuten lang einen 47–50 cm hohen Hocker oder Holzklotz auf- und wieder ab. Die Geschwindigkeit soll bei ca. 30 mal (auf-ab) pro Minute liegen, wenn er in der Lage ist, dieses Tempo zu halten. Danach zählt der Schüler im Sitzen seinen Puls dreimal: 1–1½, 2–2½, und 4–4½ Minuten nach Beendigung der Übung.

Die 3 Pulsfrequenzen werden addiert und die Punktzahl wird nach folgender Formel errechnet:

$$Punkte = \frac{\text{Arbeitszeit in Sek. x 100}}{\text{Puls x 2}}$$

Beurteilung: 90 Punkte = sehr gut
                    über 75 Punkte = gut
                    unter 50 Punkte = schlecht

Um 90 Punkte zu erreichen, muß sich der Schüler in Höchstform befinden.

Das retardierte Kind

Selbst das größere retardierte Kind kann eine Atmung wie ein Säugling beibehalten, so daß es schnell, flach und unregelmäßig atmet. Das kann zum einen an der verzögerten Entwicklung, zum anderen aber auch an fehlendem Training und Bewegungsmangel liegen. Außerdem haben diese Kinder im Verhältnis zu normalen Kindern einen zu schnellen Puls, der in Einzelfällen auch etwas unregelmäßig sein kann, ohne daß ein Herzfehler vorliegt. Herzfunktion und damit der Puls folgen der übrigen verzögerten Entwicklung des Kindes.

Ist ein Kind schon nach kurzem Laufen sehr außer Atem, hält es an und verbessert seine Kondition nicht. Ist das Kind gewohnt, bei physischer Arbeit schnell aufzugeben, überträgt sich dieses Verhalten möglicherweise auch auf andere Bereiche, wie z.B. Schularbeiten. Das Kind hat nicht gelernt, eine Tätigkeit fortzusetzen, wenn sie keinen Spaß mehr bereitet. Darum fällt es ihm schwer, eine Aufgabe zu beenden.

Die Kondition des retardierten Kindes läßt sich mit gutem Resultat bessern. Die unentwickelte Atmung und die hohe Pulsfrequenz können günstig beeinflußt werden. Auch ein unregelmäßiger Puls kann sich mitunter normalisieren. Es ist wichtig, daß dieses Training die Schulzeit des Kindes begleitet. Kräftige Bewegungsübungen für z.B. 2 mal 15 Minu-

ten täglich erhöhen die Sauerstoffzufuhr zum Gehirn und erleichtern das Lernen. Diesen physiologischen Effekt, der im allgemeinen zu wenig berücksichtigt wird, nutzt man an Rudolf-Steiner-Schulen (Waldorfschulen) aus.

Praktikable Konditionsprüfung

Der Harvard-Test ist mit retardierten Kindern schwer durchführbar. Deshalb sollte ein weniger aufwendiger Test angewendet werden. Diese Tests sind zwar nicht so exakt, aber für die tägliche Arbeit mit Kindern gut geeignet. Im folgenden werden zwei Tests beschrieben, die sich für debile Schulkinder als Mindestanforderung an die Kondition eignen.

1) Das Kind ruht liegend für 3 Minuten. Danach steigt es 50-100 Male so schnell wie möglich auf einen Hocker (in Kniehöhe des Kindes) auf und ab.
Die Anzahl der Male wird vorher auf die Leistungsfähigkeit der zu testenden Gruppe abgestimmt. Die Zeiten werden mit einer Stoppuhr kontrolliert.
Das Kind ruht jetzt wieder 3 Minuten lang, diesmal mit leicht angehobenen Beinen (siehe nächste Spalte).
Der Puls soll sich danach auf den Wert vor Testbeginn normalisiert haben. Ist der Puls noch sehr hoch oder zumindest höher als vor Übungsbeginn, muß das Kind trainiert werden. Die benötigte Zeit muß ebenfalls berücksichtigt werden, gleichzeitig wird die Atemfrequenz kontrolliert.

2) Für ein Kind, das Seilspringen kann, macht der Test mehr Spaß, wenn es 100 Male seilspringt und der Puls im übrigen wie unter 1) in Ruhe kontrolliert wird. Dieser Test ist jedoch ein ungenaueres Maß der Ausdauer.
Hierzu sei angemerkt, daß das Kind bei besserer Technik weniger Kraft beim Seilspringen benötigt. Die Dauer der Übung macht dieses Verhältnis deutlich.

Nach einem Training von einigen Monaten wird der Test wiederholt. Ruhepuls und Atemfrequenz in Ruhe sollten dann unter dem Ausgangswert liegen.

Anmerkungen zum Konditionstraining

Bei Kindern mit Herzfehlern muß für das Training die Erlaubnis des Arztes vorliegen. Das Training muß gegebenenfalls vorsichtig und unter genauer Beobachtung des Kindes ablaufen. Das Kind darf nicht zu sehr außer Atem geraten, keine blauen Lippen bekommen oder die Gesichtsfarbe wechseln. Andererseits soll es lernen, mit seiner Behinderung zu leben und sich bis zur Grenze seiner Leistungsfähigkeit zu belasten, sofern der Arzt es empfiehlt.

Hat das Kind keinen Herzfehler und liegt auch keine andere Erkrankung vor, die eine Kontraindikation (Gegenanzeige) für das Training bedeutet, sollte das Training täglich stattfinden und so belastend sein, daß das Kind kräftig außer Atem kommt. Während des Trainings sollte der Puls nicht über 160-170 ansteigen, was sich ohne spezielle Apparatur jedoch nur schwer kontrollieren läßt. Retardierte Kinder muten sich selbst selten zuviel zu. Diejenigen unter ihnen, die dazu neigen, sind genau zu beobachten und gegebenenfalls in ihrer Aktivität etwas zu bremsen. Die Dauer der Übungen hängt von der Zeit des Lehrers und den Platzverhältnissen ab. 10-15 Minuten täglich sind besser als nichts, sofern das Kind ausreichend belastet wird.

Ist das Kind müde und außer Atem, muß es lernen, nach der Anstrengung nicht einfach auf der Stelle zu stehen, sondern sich bei langsamem Gehen zu erholen. Es kann auch im Liegen die Beine leicht hochlegen. Sonst kann dem Kind schwindelig werden, im Extremfall kann es kollabieren.

Alle Blutgefäße sind nach dem Training weitgestellt, so daß im Stehen das Blut in den Beinen versackt und die Blutversorgung des Gehirns nicht mehr ausreichen würde. Im allgemeinen empfiehlt es sich nicht, das Kind auf seine Atmung aufmerksam zu machen. Spezielle Atemübungen verwirren das Kind oft nur. Durch die langsam steigenden Anforderungen beim körperlichen Training wird auch die Atmung indirekt positiv beeinflußt.

Übungen

(Siehe Trainingsform auf der Seite 181) Training aller größeren Muskelgruppen gegen submaximalen Widerstand in schnellem Tempo und ohne lange Pausen. (Die Übungen auf Seite 178 können verwendet werden).

10 Male von einer Wand zur anderen laufen. Anzahl erhöhen.

Treppe auf und ab laufen, Anzahl steigern.

Laufen nach Musik.

Laufen mit Hüpfen über kleinere Hindernisse, Taue u.s.w.

Die Treppe hinunter, um das Haus herum und wieder nach oben laufen.

Laufend seilspringen oder durch einen Hula-Hopp-Reifen springen.

Alle Laufspiele, bei denen es auf das Tempo ankommt und bei denen die Pausen kurz sind.

Auf der Stelle treten, Füße übertrieben abrollen, die Zehen dürfen dabei den Boden nicht verlassen.

Mit kleinen Schritten auf der Stelle laufen, die Knie dabei hoch anziehen und die Füße übertrieben abrollen.

Hopserlauf (schwierige Koordination).

Das Kind soll lernen, über längere Strecken im halben Tempo zu laufen, d.h. in gleichmäßigem Tempo nach eigener Einschätzung.

Laufen und Gehen im Wechsel, Zurücklegen größerer Distanzen, am besten im freien Gelände.

Wie oft kann das Kind in einer Minute Seilspringen?

Lange Spaziergänge oder Radtouren in raschem Tempo.

Schnellauf – Sprint

Das Laufen mit maximaler Geschwindigkeit darf Kindern nur über kurze Distanzen unter 30 Metern erlaubt werden.

Intervalltraining

Das Lauftraining kann in Form eines Intervalltrainings durchgeführt werden, d.h. mit anstrengenden und leichteren Arbeitsperioden von 2-5 Minuten Dauer im Wechsel. Begonnen wird mit mittlerer Arbeit in gemäßigtem Tempo, später werden die Anforderungen gesteigert, z.B.:

Häufiges Wechseln zwischen: Laufen in halbem Tempo für 1 Minute, dann Laufen in ¾ Tempo für 1 Minute und schließlich 1 Minute lang Gehen. Die Pausen dürfen im Verhältnis zu den Arbeitsperioden nicht zu lang werden.

Zirkeltraining (Circuit-Training)

Zur speziellen Technik und Testung des Zirkeltrainings wird auf die Sportliteratur verwiesen.

Ergebnisse des Konditionstraining bei debilen Kindern

27 besonders schlecht trainierte Kinder im Alter zwischen 12 und 16 Jahren wurden über den Zeitraum von 2 Monaten dreimal pro Woche 15 Minuten lang trainiert.
Das Training bestand aus Laufen (zweimal pro Woche) und Radfahren (einmal pro Woche).

Ergebnis:
Bei gleicher Belastung fielen die Pulsfrequenzen nach der Trainingsperiode bei den Jungen durchschnittlich um 15%, bei den Mädchen um 13%.

4. Das lese- und schreibreife Kind

Mindestens 10-15 % der normal begabten Kinder in den ersten Klassen der Grundschule haben mehr oder minder starke Lernschwierigkeiten. Der Druck, mit den Mitschülern nicht mithalten zu können, hätte in vielen Fällen durch vorheriges zielgerichtetes perzeptuelles und motorisches Training vermieden werden können. Auch in den Vorschulklassen sollte etwas gegen diesen Mißstand unternommen werden, besonders in den Fällen, wo eine zu wenig stimulierende Umgebung die Hauptursache darstellt. Hier kann die Schulreife nicht immer abgewartet werden – man muß sie schaffen. Die im vorliegenden Buch beschriebenen Prinzipien der Stimulation können mit gutem Erfolg besonders bei diesen Kindern Anwendung finden.

Gerade auf den Schreibunterricht, bei dem eine ausreichend entwickelte Motorik von großer Bedeutung ist, sind viele Kinder bei Schulbeginn nicht genügend vorbereitet. Die breite Streuung hinsichtlich Entwicklungsstand und Intelligenz der Schüler bedingt, daß die Kinder die Schreibreife individuell zu sehr unterschiedlichen Zeitpunkten erreichen. Durch die Vorbereitung in Kindergärten und Vorschulklassen gelangen die Kinder in Zukunft hoffentlich eher in ihrer Entwicklung zur Schreibreife. Der Schulunterricht würde damit vielen Kindern leichter fallen und mehr Freude bereiten.

Die im Vergleich zu Mädchen verspätete neurophysiologische Entwicklung der Jungen (deren Ursache bisher nicht sicher bekannt ist), zeigt sich auch beim Schreiben. Außer einer verspäteten Entwicklung der Jungen generell wäre als Ursache denkbar, daß die vorschulischen Aktivitäten der Mädchen die zum Schreiben erforderliche Auge-Hand-Koordination verbessern – sie nähen, fädeln Nadeln ein und spielen stundenlang mit einem Ball gegen die Wand u.s.w.

Ein normal begabtes Kind lernt unabhängig vom Lehrer und den verwendeten Unterrichtsmethoden Lesen und Schreiben. Im wesentlichen hängt es von seiner Intelligenz ab, wie schwer ihm diese Aufgabe fällt. Genauso wichtig ist aber auch, wie gut das Kind entwickelt und vorbereitet ist.

Für das retardierte Kind ist eine sorgfältige Vorbereitung unerläßlich, damit diese Aufgabe überhaupt gelingen kann. Alle Perzeptionsbereiche müssen so gebraucht, alle Methoden so eingesetzt werden, wie es das einzelne Kind benötigt. Die möglichen Schwierigkeiten gilt es von vornherein auszuräumen, damit Lesen und Schreiben nicht zu unüberwindlichen Hürden werden. Im folgenden soll beschrieben werden, welchen Entwicklungsstand das Kind in den verschiedenen Perzeptionsbereichen und der Motorik erreicht haben muß, damit sinnvoller Lese- und Schreibunterricht möglich wird.

Psyche

Die Motivation, also der Wunsch, Lesen und Schreiben zu lernen, muß beim Kind vorhanden sein und darf nicht durch zu hohe Anforderungen gemindert werden. Macht es Fortschritte und erlebt Erfolge, ist dies genügend Motivation zum Weitermachen.

Psychische Schwierigkeiten sollen hier nicht näher behandelt werden. Bemerkt sei lediglich, daß sie durch motorische oder perzeptuelle Schwierigkeiten bedingt sein können und sich mit der Entwicklung von Motorik und Perzeption häufig zurückbilden.

Handdominanz

Bevor mit dem Schreiben begonnen werden kann, muß die Handdominanz festgelegt sein (siehe S. 120). Das Kind muß außerdem rechts und links an der eigenen Person, an der Tafel und im Buch unterscheiden können. Genauso muß die eine Hand sich bewegen (schreiben) können, während die andere völlig entspannt ist; z. B. sollte das Kind mit der einen Hand Ball spielen können, während die andere entspannt herunterhängt.

Motorik

Zunächst muß die Entwicklung des Greifens beurteilt werden (siehe S. 47), um hiernach die geeignete Handhaltung beim Umfassen des Schreibwerkzeuges auszuwählen. Die Fingermotorik muß, wenn erforderlich, geübt werden. Selbst wenn der adäquate Zeitpunkt hierfür in vielen Fällen verpaßt ist, kann in der Regel eine Besserung erreicht werden. Um dem Kind unnötige motorische Schwierigkeiten zu ersparen, muß bereits im Kindergarten mit der Stimulation der Handmotorik begonnen werden.

Ein Beispiel hierzu aus dem Gebrauch der Montessori-Materalien: Die kleinen Knöpfe zum Anfassen der Einsatzzylinder (der echten, nicht einer schlechten Nachahmung) sind so dick und so hoch, daß sie am praktischten mit den drei Schreibfingern gehalten werden, um den Zylinder in die richtige Aussparung zu stecken. Die Knöpfe sind nur so lang, daß die drei Finger in gleicher Höhe ansetzen müssen, so wie es auch beim „erwachsenen" Schreibgriff der Fall ist (siehe S. 48).

Wenn das Kind später zweidimensionale geometrische Figuren in Vertiefungen balan-cieren soll, ist eine feinere Handmotorik und Fingerkoordination erforderlich (noch immer werden die gleichen drei Finger benutzt). Fünfjährige, normal begabte Kinder, die auf ähnliche Weise trainierten, konnten ohne Schwierigkeit das Schreibgerät wie ein Erwachsener halten. Die Hand- und Fingerbewegungen gelingen hierbei ohne unnötige Verkrampfung, so daß sich das Kind – ohne besondere motorische Schwierigkeiten – auf das Formen der Buchstaben und Zahlen konzentrieren kann.

Auge-Hand-Koordination

Die Ausbildung der Auge-Hand-Koordination ist eine Frage der Entwicklung und des Trainings (siehe S. 93).

Sehen

Die Blickfixation muß schnell und sicher sein, ohne daß Wörter oder Zeilen übersprungen werden. Sie kann durch zeilenweises Lesen von Bildern geübt werden.

Beim Lesenlernen ist es natürlich erlaubt, daß das Kind dem Text mit dem Finger folgt. So wird die Leserichtung visuell und motorische eingeübt und die noch unsichere Blickfixationen des Kindes unterstützt. In einigen schwierigen Fällen kann man sich mit einer Pappschablone helfen, so daß nur ein Wort zur Zeit sichtbar ist (siehe „Augenübungen", S. 84).

Richtungs-, Raum- und Formwahrnehmung

Richtungs-, Raum- und Formwahrnehmung sind von Bedeutung für:
- Beurteilung der Tafel- oder Papiergröße im Verhältnis zum Gemalten oder Geschriebenen.
- Wiedererkennen und Formen der Buchstaben. So bestehen z. B. „b", „d" und „p" aus den gleichen Elementen, wobei es entscheidend ist, ob der Strich nach oben oder unten verläuft, der Bogen nach rechts oder links.

- Lese- und Schreibrichtung.
- Höhe und Breite der Buchstaben.
- Größe der Zwischenräume.
- Neigung der Schrift (gerade, schräg).
- Anordnung der Buchstaben auf der Linie.
- Reversionen (siehe Seiten 126, 196).

Hören

Die auditive Perzeption muß gut entwickelt sein. Das Kind muß zuhören und Laute und Wörter erfassen, unterscheiden und schließlich erinnern können.

Stellungs- und Muskelsinn

Die Buchstabenformen werden zuerst durch grobmotorisches „Schreiben" im Großformat über die kinästhetische Perzeption eingeübt – eine große Hilfe für das Gedächtnis. Viele kleine abstrakte Begriffe können für das Kind erst mit Sinn gefüllt werden, wenn sie über Bewegungen eingeübt wurden (siehe S. 127).

Tastsinn

Ein gut entwickelter Tastsinn kann ebenfalls beim Erlernen der Buchstaben hilfreich sein, z.B. durch Verwendung von Sandpapierbuchstaben, Ton, Knetwachs u.s.w.

Sprache

Das Kind muß deutlich sprechen können. Eine saubere Aussprache, bei der die Endungen nicht verschluckt werden, ist von großem Vorteil, während eine undeutliche Aussprache zu schlechten Ergebnissen bei Lesen und Rechtschreiben führt. Der Wortschatz sollte so groß wie möglich sein und die Worte sicher verstanden werden. Dabei müssen nicht nur konkrete Gegenstände (Haus, Mann, Hund, usw.) beherrscht werden, sondern auch abstrakte Begriffe aus anderen Wortgruppen, die schwieriger als Substantive sind. Obwohl im Deutschen Aussprache und Geschriebenes recht gut übereinstimmen, gibt es viele besondere Probleme, die dem re-tardierten Kind die Rechtschreibung erschweren. Der Lehrer muß besonders deutlich und nicht zu schnell sprechen, wenn das Kind die Rechtschreibung sicher erlernen soll.

Zahlbegriff

Auch der Zahlbegriff ist zum Lesen- und Schreibenlernen erforderlich, wenn es z.B. darum geht, wieviele Bögen ein „m" besitzt oder aus wievielen Buchstaben oder Silben sich ein Wort zusammensetzt.

Das Kind soll lese- und schreibreif sein.

Will man nicht Gefahr laufen, das Kind in der Schulsituation zu frustrieren, müssen alle obengenannten Voraussetzungen erfüllt sein. In der Regel hat das Kind in mehreren Bereichen Schwierigkeiten. Sie alle gilt es zu verbessern und zu koordinieren, um das gesamte Entwicklungsniveau zu heben und das Kind zur Lese- und Schreibreife zu führen.

4.1 Schreiben aus motorischer Sicht

Das normale Kind

Bevor mit dem eigentlichen Schreibunterricht begonnen werden kann, sind viele Dinge zu berücksichtigen:

Augenabstand zum Papier. Der normale Augenabstand zum Buch beträgt ca. 30–40 cm. Hält sich das Kind das Buch direkt vor die Nase, hat es möglicherweise einen Augenfehler, genauso kann es sich aber um eine schlechte Angewohnheit handeln. Manchmal ist der Akkomodationsreflex noch nicht voll entwickelt (siehe S. 78).

Wandtafel. Das grosse Format der Wandtafel hat den Vorteil, daß die grobmotorischen Bewegungen in Schulter, Ellenbogen und

Körper dem Kind über die kinästhetische Perzeption helfen, die Form des Geschriebenen oder Gemalten besser wahrzunehmen und damit auch besser zu behalten und zu beherrschen.

Es ist darum praktisch, an großen, übersichtlichen Wandtafeln zu arbeiten, die auf das Kind zugeschnitten sind, d.h. Tafeln, die von der oberen Reichweite des Kindes fast bis zum Boden reichen. Viele Kinder, deren Gleichgewicht schlecht entwickelt ist, hokken zum Malen oder Schreiben lieber auf den Knien (siehe Abb. 52). Da nach und nach alle Kinder Zugang zur Tafel haben sollen, muß diese einige Meter lang sein und sich eventuell über mehrere Wände erstrekken. Dann können die Kinder sich frei an der Tafel bewegen und mit Schablonen zeichnen, frei zeichnen oder auf andere Weise ihr Gesichtsfeld und die Auge-Hand-Koordination verbessern.

Das Kind muß lernen, mit in Schulterbreite gespreizten Beinen in stabilem Gleichgewicht vor der Tafel zu stehen. Es darf auch nicht zu nah vor der Tafel stehen, damit Platz für freie Armbewegungen bleibt und das Kind den Überblick über das Geschriebene behält.

Schreibplatz am Tisch. Die Größe des Schreibplatzes muß so gewählt sein, daß das Kind genügend Platz für seine Arme hat. Die Höhe muß ein Auflegen der Arme auf die Tischplatte ohne ein Hochziehen der Schultern ermöglichen. Die Höhe des Stuhles muß so bemessen sein, daß das Kind die Füße am Boden abstützen kann, sonst verschränkt es beide Beine um die Stuhlbeine, um das Körpergleichgewicht zu halten. Die Beleuchtung muß gut sein und darf das Kind nicht blenden oder Schatten bilden (besonders bei Linkshändern).

Der Stuhl muß im unteren Lendenbereich eine Lehne besitzen, außerdem muß den Kindern erlaubt werden, sich mit den Armen auf der Tischplatte abzustützen. Auf diese Weise wird die Rückenmuskulatur entlastet,

die sich nicht immer proportional zum Längenwachstum der Knochen entwickelt. Ein feststehendes Pult ist weniger geeignet, weil es das Kind bei Haltungsveränderungen behindert. Für die Blutversorgung (Zirkulation) ist dies nicht vorteilhaft.

Lage und Größe des Papiers. Zu Anfang sollte das Papier so groß sein, daß das Kind noch seine Grobmotorik einsetzen kann. Zum Malen sind Zeitungen gut geeignet, selbst wenn es beim Gebrauch zu schwacher Farben Schwierigkeiten bei der Figur-Grund-Unterscheidung geben kann. Am Tisch lernt das Kind von selbst, beim Malen und Schreiben das Papier so hinzulegen, daß die Bewegungen aus der Körpermitte heraus erfolgen.

Wenn mit dem Buchstaben- und Zahlenschreiben begonnen wird, muß die Lage des Papiers erneut kontrolliert werden. Bei einer aufrechten (senkrechten) Schrift sollte das Papier mit der Unterkante parallel zur Tischkante liegen. Bei einer geneigten Schreibschrift wird es leicht schräg gelegt, um eine zu starke Rückwärtsbeugung der Hand zu vermeiden.

Eine regelmäßige Schrift wird am leichtesten erreicht, wenn das Papier immer im gleichen Winkel zur Tischkante liegt.

Lage des Papiers bei Linkshändern. Bei linkshändigen Kindern sollte das Papier schräg zur gegenüberliegenden Seite liegen. Um zu verhindern, daß das gerade Geschriebene verwischt wird und um der Hand eine bequeme Stellung zu möglichen, sollte das Papier folgendermaßen liegen: Eine Gerade von der oberen, linken Ecke zur unteren, rechten Ecke steht in Höhe der Mitte des Kindes senkrecht zur Tischkante (Abb. 70). Beim Schreiben wird die Hand dann schräg nach unten gezogen. Das ist motorisch leichter, als den Bleistift von links nach rechts zu schieben. Die Handhaltung ist spiegelverkehrt zu der des Rechtshänders, die Hand wird *unterhalb* der Linie gehalten.

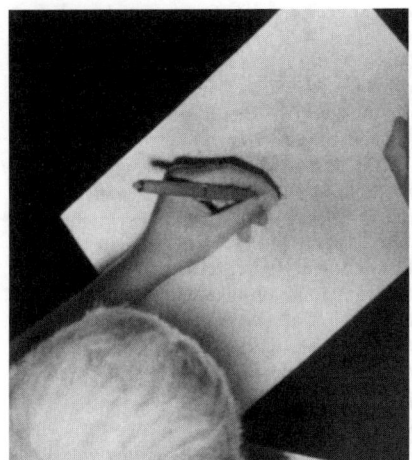

Abb. 70: Schreibhaltung und Lage des Papiers beim Linkshänder.

4.1.1 Schreibwerkzeug, Handstellung und Bewegung

Kreide

Das Schreibwerkzeug wird nach der Entwicklung des Greifens ausgewählt. Dicke Kreide paßt zum Quergriff. Wenn später der Fingergriff gebraucht wird, kann auf Kreide normaler Dicke übergegangen werden. Der erwachsene (supinierte) Griff, der später auch zum Schreiben mit Bleistift oder Füllfederhalter verwendet wird, ist in der Regel zum Schreiben an der Tafel ungeeignet. Hier wird häufig der Fingergriff (Pinselgriff) beibehalten.

Die Kreide muß zum Zeichnen ganz natürlich gebraucht werden können, bevor mit dem Zahlen- und Buchstabenschreiben begonnen wird. Große Tafeln stimulieren zu Zeichenübungen.

Pinsel

Um die Handmotorik zu üben und den Schreibgriff zu erleichtern, sollte das Kind viel mit Wasserfarben malen. Dazu ist es notwendig, daß das Kind die Technik der Pinselführung lernt: dicke Striche mit dem ganzen Pinsel und leichte, feine Striche, bei denen die Pinselspitze zusammengedreht wird, um gebogene Linien in verschiedene Richtungen ziehen zu können.

Bleistift (sechseckig)

Freie Finger- und Handbewegungen beim Schreiben werden durch eine Unterarmhaltung begünstigt, bei der der Unterarm einen Winkel von 45° mit der Tischplatte bildet, d.h. der Unterarm darf nicht zu stark einwärtsrotiert sein (Supination von 45°).

Manche Kinder stützen das Kinn auf der nicht schreibenden Hand ab. Das kann zum einen durch Müdigkeit der Rückenmuskulatur nach langem Stillsitzen, zum anderen durch mangelhafte Kontrolle der Kopf- und Augenbewegungen bedingt sein. Die Hand unterstützt dann indirekt die Blickfixation.

Kinder halten den Bleistift gewöhnlich ganz unten an der Spitze fest, besonders wenn sie zu früh mit dem erwachsenen Griff begonnen haben. Das führt dazu, daß das Kind mit seinen Fingern das Geschriebene verdeckt und darum die Nase dicht neben der Bleistiftspitze über dem Papier hat. Die Finger sollten daher ca. 1 cm über dem angespitzten Teil des Bleistiftes gehalten werden.

Hat das Kind, unterstützt durch zweckmäßiges pädagogisches Spielzeug, die Entwicklung des Greifens natürlich durchlaufen, hält es den Bleistift auch im „erwachsenen" Schreibgriff locker und ungezwungen. Das Schreibwerkzeug darf nur so fest gehalten werden, daß der Lehrer es beim Schreiben ohne Schwierigkeiten aus dem Griff des Kindes herausziehen kann. Es sollte daher auch ein weicher Bleistift verwendet werden, bei dem das Kind nicht so kräftig aufdrücken muß.

Der Bleistift ruht auf dem Mittelfinger und wird beim Abstrich von der Zeigefinger-, beim Aufstrich von der Daumenspitze geführt. Ring- und Kleinfinger liegen entspannt auf dem Tisch und tragen die Hand. Mindestens 2/3 des Unterarmes sollten auf der Tischfläche aufliegen, um den Handbewegungen einen festen Ausgangspunkt zu bieten. Wenn mit der Schreibbewegung begonnen wird, ist das Handgelenk leicht nach vorn gebeugt, im Laufe der Bewegung entlang der Hilfslinie kippt es leicht nach hinten. Der Ellenbogen wird dabei allmählich zur Seite geschoben.

Diese Bewegungen können nur dann frei ausgeführt werden, wenn das Kind sich nicht auf den Schreibarm lehnt und ihn als Stütze für den Körper benutzt. Dies ist Aufgabe des anderen Armes, der gleichzeitig das Papier halten und manchmal leicht nach links ziehen soll. Sonst schreibt das Kind nicht immer vor der Körpermitte.

Kommt ein neues Kind in die Klasse, das noch keine natürliche Schreibtechnik entwickelt hat und den Bleistift sehr verkrampft hält (v.a. wenn es so aussieht, als breche der Zeigefinger), kann ein dicker, dreieckiger Bleistift oft hilfreich sein. Die Spannung wird sich dadurch lösen, und das Kind begreift, daß die drei Schreibfinger ihren Platz auf je einer Seite des Bleistifts einnehmen können. Alle drei Finger halten den Bleistift in ungefähr gleicher Höhe fest, d.h. der Daumen wird nicht so stark wie die anderen beiden Finger gebeugt (was Schwierigkeiten bei der Koordination verursacht).

Bei der Handstellung des retardierten Kindes sollte man nicht kategorisch auf einer bestimmten Haltung bestehen, vorausgesetzt das Greifen wirkt natürlich und das Schreiben verursacht keine Schmerzen oder ermüdet die Hand nicht. Das bisher Beschriebene ist aus motorischer Sicht für das Kind angemessen und wird ihm die Schreibbewegungen erleichtern.

Kugelschreiber

Hat das Kind eine Zeitlang mit einem sechseckigen Bleistift geschrieben, ist es reif für das Schreiben mit einem weichen Kugelschreiber. Aus motorischer Sicht gilt bei der Auswahl der Dicke eines Schreibwerkzeuges die Regel, daß eine Hand mit langen Fingern ein dickeres Werkzeug benötigt als eine kurze, gedrungene Hand.

Die Anwendbarkeit des Kugelschreibers im Schreibunterricht wird, soweit mir bekannt, in der Literatur nicht beschrieben. Mit dem Kugelschreiber läßt sich in mancher Hinsicht leichter schreiben als mit dem Füllfederhalter. Mit ihm kann man – wie mit dem Bleistift – in alle Richtungen schreiben, ohne daß er dabei in der Hand gedreht werden muß. Erschwerend ist, daß die meisten Kugelschreiber – aus nicht einsehbaren Gründen – glatt und dünn und damit ermüdender für die Hand sind. Außerdem müssen sie senkrechter als andere Schreibwerkzeuge gehalten werden und erfordern ein kräftigeres Aufdrücken beim Schreiben.

Schreiben mit der linken Hand

Über die Handstellung beim Schreiben mit der linken Hand sind viele Theorien veröffentlicht worden. Aber nur wenige haben sich mit der rein motorischen Seite des Problems beschäftigt. Ein rechtshändiges Kind zeichnet einen waagerechten Strich mit einer ziehenden Bewegung von links nach rechts, ein Kind mit linker Handdominanz zeichnet den Strich in entgegengesetzter Richtung – in allen Fällen, bei denen die Schreibrichtung noch nicht festgelegt ist –, weil es leichter fällt, das Schreibwerkzeug zu ziehen als zu scheiben. Für Linkshänder ist die in der westlichen Welt übliche Schreibrichtung also schwieriger.

Linkshänder neigen automatisch zu einer ziehenden Bewegung von rechts nach links und verfallen leicht darauf, in Spiegelschrift zu schreiben. Neben anderen Faktoren spielt somit die Motorik eine wesentliche Rolle beim Schreiben. Das linkshändige Kind löst seine Schreibprobleme oft durch ein Schreiben mit stark gebeugtem Handgelenk, was physiologisch jedoch eine anstrengende und ungünstige Stellung ist. Das retardierte Kind schreibt in der Regel nicht so lange, als daß sich dadurch Schwierigkeiten ergeben würden.

Zum Schreiben*lernen* ist diese Handstellung durch die ständige statische Arbeit der Handbeuger sehr nachteilig. Motorisch gesehen wäre es empfehlenswert, in Spiegelschrift zu schreiben. Da das jedoch nicht praktikabel ist, wird das Schreiben in normaler Handstellung wie beim Rechtshänder vorgezogen. Übt das Kind diese Handstellung von Anfang an ein, hat es nur mit den Schwierigkeiten zu kämpfen, die durch die für den Linkshänder schwierigere Schreibrichtung entstehen (siehe Abb. 70). Das Papier sollte nach rechts gedreht werden, so daß es einen Winkel von 45° mit der Tischkante bildet. Dadurch wird vermieden, daß das Kind das Geschriebene mit der Hand, die immer unterhalb der Linie gehalten wird, verwischt.

Für Menschen mit linker Handdominanz wäre es interessant (und von Vorteil), die Schreibversuche linkshändiger Kinder, die von Anfang an mit stark gebeugtem Handgelenk schrieben, mit denen von Kindern zu vergleichen, die den Griff eines Rechtshänders, nur spiegelbildlich, benutzen (Abb. 70).

Die Schreibversuche der Vergangenheit haben an Bedeutung verloren, die Stahlfeder ließ sich nicht schieben, und der Füllfederhalter reagiert anders als der Kugelschreiber.

4.1.2 Vorbereitung zum Schreiben

| Das retardierte Kind |

Freies Zeichnen übt das Greifen und die Auge-Hand-Koordination und bekommt nicht zuletzt durch das psychische Erlebnis einer angefertigten Zeichnung besondere Bedeutung. Beim Schreiben wird das Kind dagegen in eine bestimmte vorgegebene Form gezwungen. Daher ist ausschließlich freies Zeichnen keine ausreichende Form der Vorbereitung, besonders was retardierte Kinder betrifft. Im folgenden sind einige Beispiele beschrieben, wie retardierte Kinder langsam zum Ziel der motorischen Schreibreife geführt werden können. Alle Übungen werden zuerst mit Kreide an der Tafel, dann mit dem Pinsel auf großen Papierbögen und schließlich mit einem Bleistift ausgeführt.

Fläche

Das Kind muß zuerst mit der Fläche vertraut werden und die jeweilige Größe und Form kennenlernen, sowohl an der Tafel wie auf dem Papier.

Es ist schwierig, sich von der Entwicklungsstufe, auf der nur das Detail erfaßt wird (hier: die entsprechende Zeichnung), auf die Stufe zuzubewegen, auf der die Größe der Zeichnung und ihre Anordnung auf dem Blatt beurteilt werden können. Das Beherrschen dieser Fähigkeit ist eine der Voraussetzungen der Schreibreife des Kindes. Beim retardierten Kind ist es daher von großer Hilfe, wenn es darauf aufmerksam gemacht wird.

Zuerst wird rein motorisch mit dem Kind geübt, Form und Größe des Zimmers wahrzunehmen, indem es entlang der Wände krabbelt bzw. später geht und im Zimmer umherkrabbelt u.s.w. (als Vorübung auf das Beurteilen der Tafel- oder Papierfläche). Hiermit sollte begonnen werden, sobald sich das Kind im Raum umherbewegen kann. Danach wird an der Tafel geübt.

Ist die Formwahrnehmung entwickelt worden (siehe S. 87), kann z. B. mit Zeichnungen wie in Abb. 71, 72 und 73 fortgefahren werden. Leserichtung und schnelle visuelle Perzeption werden geübt (siehe S. 98).

Übungen

Zeichne einen Strich entlang der Kante um die ganze Tafel herum.

Zeichne ein Kreuz in die obere, rechte Ecke.

Zeichne ein Kreuz in die Mitte. Teile die Tafel durch einen senkrechten Strich in zwei gleichgroße Hälften; und in vier gleichgroße Teile durch einen waagerechten Strich.

Zeichne die Diagonalen ein.

Die gleiche Übung wird später auf dem Papier in verschiedenen Größen wiederholt.

Die einengende Form der Schrift erfordert viel motorische Übung, bevor die Buchstaben auf der Linie in derselben Richtung und mit gleicher Höhe und Breite gelingen. Um wirklich am Anfang anzusetzen, kann man bei den ersten Kritzeleien des Kindes beginnen: Kringel werden zu Kreisen oder Ovalen geschlossen (Grundform der Schreibschrift). Vorübungen zum Schreiben können auf ganz verschiedene Weise durchgeführt werden. Wesentlich ist nur, daß das retardierte Kind lernt, die kleinen Details in der Form der Buchstaben und Zahlen zu „sehen". Der Un-

Abb. 71: Striche und geometrische Figuren können vielfältig zusammengesetzt werden.

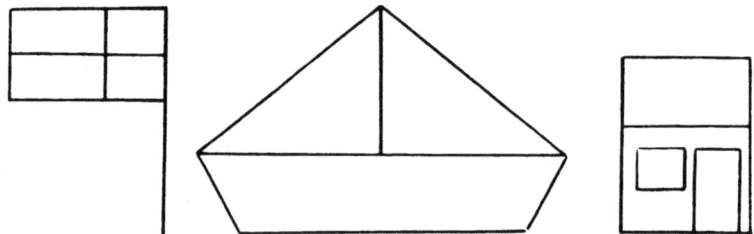

Abb. 72: Einfache Zeichnungen werden so genau wie möglich abgezeichnet.

Abb. 73: Unvollständige Zeichnungen werden ergänzt.

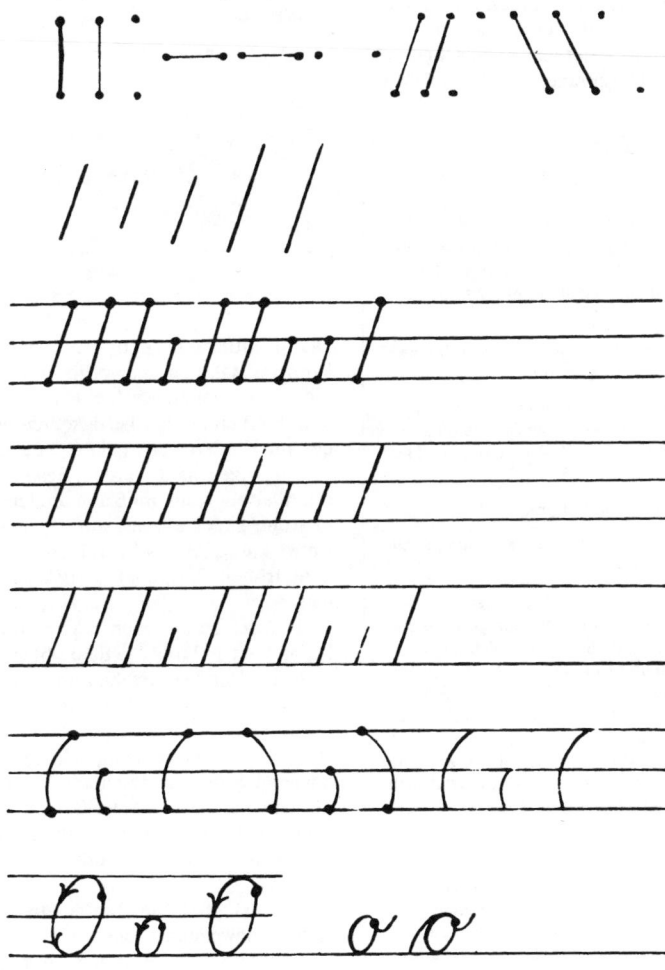

Abb. 74: Vorübungen zur Schreibschrift (siehe Übungen S. 194)

terricht kann also nicht detailliert genug sein. Vorübungen zur *Schreibschrift* (lateinische Ausgangsschrift) können z. B. wie die Beispiele auf Abb. 74 aussehen.

Andere Schriftarten werden auf ähnliche Weise vorbereitet, bei der dänischen Grundskrift z. B. mit senkrechten Strichen und Kreisen statt der schrägen Striche und Ovale.

lich Deutlichkeit und Anordnung verbessert, wird mit Pinsel und Wasserfarbe weitergeübt. Immer noch wird auf großformatigem, liniertem Papier gearbeitet und erst zum Schluß mit Bleistift auf Papier mit großer, breiter Lineatur geübt.

Übungen

1) Durch das Verbinden von Punkten werden Striche in alle Richtungen gezeichnet. Reihenfolge: senkrecht, waagerecht, schräg.

2) Striche werden parallel zu einem vorgegebenen Strich gezeichnet.

3) Auf Doppellinien werden von Punkt zu Punkt halbe und ganze Striche gezeichnet. Das Verhältnis 1 : 2 kann vom Kind am leichtesten behalten werden.

4) Wie 3), aber ohne Punkte.

5) wiederholen der bisherigen Übungen auf einer Hilfslinie.

6) Wie 1) bis 4), nur mit gebogenen Linien wiederholen. Beide Richtungen werden geübt. Der Unterschied zwischen einer geraden und einer gebogenen Linie kann folgendermaßen geübt werden: Zeichne eine kurzen, senkrechten Strich und markiere zwei Punkte auf ihm. Die beiden Punkte werden mit einer gebogenen Linie verbunden. Wiederholung spiegelbildlich zur Gegenseite (wie im späteren „b" und „d").

7) Null oder oval nach dem gleichen System aufbauen. Das Schreiben der Buchstaben „a", „o", „d" usw. wird sehr erleichtert, wenn das Kind von anfang an lernt, an der markierten Stelle (bei „2 Uhr") zu beginnen und den Strich danach im Uhrzeigersinn oder entgegengesetzt fortzusetzen.

Beherrscht das Kind all das ausreichend und hat gleichzeitig seine Zeichnungen hinsicht-

---

4.2 Zahlenschreiben

Das retardierte Kind

Der eigentliche Lese- und Schreibunterricht kann im Rahmen des vorliegenden Buches nicht beschrieben werden. Da aber das Zahlenschreiben zu den Fertigkeiten eines Kindes im Kindergarten gehört, soll hier kurz darauf eingegangen werden. Besonders beim retardierten Kind muß die Bedeutung der neurophysiologischen und perzeptuellen Entwicklung für das Schreiben schon zu einem frühen Zeitpunkt berücksichtigt werden.

Nach den beschriebenen Vorübungen sollte das Vorschulkind die Schreibbewegungen einigermaßen beherrschen und die Größenverhältnisse in einfacher und doppelter Lineatur verstanden haben. Außerdem muß es zwischen einem geraden, schrägen und gebogenen Strich unterscheiden können. Als nächstes ist die Form der Zahlen zu lernen (siehe auch unter „Zahlbegriff", S. 32), wobei wieder begonnen wird mit Kreide an der Tafel.

Das „Zeichnen" der Zahlen mit grobmotorischen Bewegungen des ganzen Armes unterscheidet sich wesentlich vom späteren Schreiben mit kleinen, feinkoordinierten Fingerbewegungen, die Formwahrnehmung wird jedoch durch Mitwirken der kinästhetischen Perzeption betont.

Die Formen der Zahlen gilt es zu vereinfachen. Das Kind sollte darauf aufmerksam gemacht werden, daß Zahlen aus Strichen, ganzen oder halben Kreisen oder aus Ovalen bestehen. Die Zahlen können nach ihrem Schwierigkeitsgrad in drei Gruppen eingeteilt werden. Jede der Gruppen enthält Zahlen, die sich ähneln:
a) 1, 7, 4 bestehen aus Strichen.
b) 0, 6, 8, 9 bestehen aus Kreisteilen.
c) 3, 5, 2 sind am schwierigsten, besonders 5 und 2, da sie sowohl aus Halbkreisen wie aus Strichen zusammengesetzt sind.

Beim Einüben der Zahlen in der unten beschriebenen Reihenfolge kommt es zu weniger Problemen im Hinblick auf das Schreiben spiegelverdrehter Formen (Reversionen):

Übung

Eine ca. 30 cm große Modellzahl, die an die Wandtafel oder auf ein großes Stück Papier geschrieben wurde, soll mit den drei Schreibfingern nachgefahren werden, wobei der Name der Zahl laut gesagt wird (Stimulation des Tastsinns).

8-10 cm große Zahlen aus feinem Sandpapier werden mit den Fingern nachgefahren und gleichzeitig benannt.

Die Zahlen werden in großem Format in die Luft geschrieben. Dies wird mit geschlossenen Augen wiederholt, die Zahlen werden weiterhin laut benannt. Die Kinder üben paarweise, „Luftzahlen" zu schreiben, die das andere Kind zu lesen versucht.

Die Zahl wird ca. 8 cm groß (auf einer Linie) *ohne* Vorlage in den Sand geschrieben. Die Zahl wird auf doppelten Hilfslinien an die Tafel geschrieben.

Dieselbe Zahl wird 5-6 Male *ohne* Vorlage geschrieben.

Das Kind geht einige Schritte zurück, um das Geschriebene zu überblicken und kritisiert *selbst* Richtung, Höhe, Breite u.s.w.

Das Kind wischt die schlechtesten Zahlen aus und ersetzt sie durch bessere. Anschließend werden noch drei „gelungene" Zahlen hinzugefügt.

Das Kind lernt mehr und fühlt sich zugleich weniger zurechtgewiesen, wenn es seine Fehler selbst bemerkt und nicht vom Lehrer kritisiert wird. Auf diese Weise bekommt das Schreiben etwas Spielerisches, und das Kind lernt, das Ganze zu überschauen, was besonders zu Anfang schwerfällt.

Das Schreiben nach Vorlage wird beendet, sobald das Kind die Form sicher beherrscht. Das Schreiben soll ein bewußtes Formen aus der Erinnerung sein, verbunden mit dem Laut der Zahl (oder des Buchstaben). Das Kind soll lernen, mit dem geistigen Auge zu sehen und die Handbewegungen allmählich zu automatisieren. Abschreibübungen sind im übrigen langweilig – weil das retardierte Kind sich nur schlecht konzentrieren kann, werden sie zu einem unnötigen Zwang, der den Schreibunterricht weder interessant noch aus der Sicht des Kindes sinnvoll macht.

Stattdessen sollte das Kind, sobald es die ersten Zahlen schreiben kann, diese auch gebrauchen, z. B. Tische, Stühle, Bücher u.s.w. in der Klasse zählen und die Zahlen aufschreiben. Im ersten Rechenbuch des Kindes muß viel Platz vorgesehen sein, damit die Zahlen, die das Kind selbst einsetzen soll, mindestens 2 cm hoch sein können. Es genügt, wenn sich das Kind auf die Rechenaufgabe konzentrieren muß, das Zahlenschreiben sollte daher nicht noch durch Platzmangel erschwert werden.

Bereitet man das Kind sorgfältig vor und geht nie zur nächsten Stufe weiter, bevor die vorhergehende nicht gründlich aufgebaut worden ist, wird dem Kind das Schreibenlernen der Zahlen nicht schwerfallen.

4.3 Buchstabenschreiben

Das retardierte Kind

Ziel des Schreibunterrichts mit dem retardierten Kind ist, daß es eine gut lesbare Schrift entwickelt, die sich nicht wesentlich von der Schrift anderer Kinder unterscheidet.

Beim Schreiben im Großformat verfolgt das Kind ständig die Bewegungen der Hand mit den Augen. Bei schnellem, fliessendem Schreiben spielt das Sehen eher eine untergeordnete Rolle. Diese schnelle Art der Perzeption kann das retardierte Kind meist nicht leisten.

Ungeachtet der pädagogischen Methode soll das Kind früher oder später auch das Schreiben von Buchstaben erlernen. Einige motorische und perzeptuelle Details für den Unterricht sollen im folgenden aufgeführt werden.

Lineatur

Schreibenlernen mit vier Hilfslinien ist motorisch, psychologisch und praktisch eine Hilfe für das retardierte Kind. Auf diese Weise weiß es, wie hoch die Buchstaben sein sollen und wo es mit dem Schreiben anfangen kann. Das Größenverhältnis zwischen hohen und niedrigen Buchstaben sollte 1:2 betragen.

Sind überhaupt keine Linien vorgegeben, ist es für das Kind schwer, mit dem Schreiben zu beginnen. Die Möglichkeit, überall auf dem Papier schreiben zu können, verwirrt es. Auch das Einhalten der Größenverhältnisse unter den Buchstaben bereitet ihm ohne Hilfslinien größere Schwierigkeiten.

Das Problem läßt sich auch dadurch vereinfachen, daß überhaupt nur zwei verschiedene Buchstabenhöhen unterschieden werden, d.h. (im Gegensatz zu früher) werden „t" und „l" genauso groß wie Großbuchstaben geschrieben.

Details

Es hilft dem retardierten Kind, es beim Erlernen der Buchstabenform auf verschiedene Details aufmerksam zu machen. Einige Beispiele zur Schreibschrift (Lateinische Ausgangsschrift):

Das Oval wird in „a", „o", „d" u.s.w. gebraucht, „i" und „u" sind oben spitz, während „m" und „n" oben rund sind. „e" ist halb so groß wie „l".

Die beiden letztgenannten Buchstaben erinnern etwas an die ersten Kritzeleien des Kindes und sollten daher an den Anfang gestellt werden. „k", „s", und „y" sind schwer zu merken und zu formen, sie sollten daher erst am Schluss gelernt werden.

Der Anstrich in der Schreibschrift, z.B. beim „a", hat für das retardierte Kind besondere Bedeutung. Zum einen ist er als Verbindung zum vorhergehenden Buchstaben wichtig, zum anderen ist er eine Hilfe dabei, daß alle Buchstaben auf der Linie beginnen.

Reversionen

Reversionen (Buchstabenverstellungen oder -verdrehungen) sind bis zu einer bestimmten Entwicklungsstufe normal. Sie sind typische Anfängerschwierigkeiten und können in allen Schriftformen beim Lesen und Schreiben vorkommen, bis Form- und Richtungswahrnehmung sicher beherrscht werden. Die Buchstaben können um die horizontale Achse (n-u, M-W) oder die vertikale Achse (b-d, p-q) verdreht sein. Ebenso können die Buchstaben in ihrer Reihenfolge umgestellt sein (ein-nie), hierbei ist das Wortbild unklar.

Ähnlichkeiten zwischen Buchstaben

Für das Kind ist es von großem Vorteil, wenn die Buchstaben nach Ähnlichkeit und Schriftart in Gruppen gelehrt werden. Diese Gruppen dürfen sich ruhig überlappen, so daß ein Buchstabe in mehreren Gruppen vorkommen kann. Für die Lateinische Ausgangsschrift (LA) gilt z.B.:

1) e, l, b
2) i, u, t, ü
3) a, ä, o, ö, d
4) n, m, v, w, r
5) a, g, j, p
6) l, h, k
7) s
8) g, j, y, f
und schließlich die selteneren Buchstaben:
c, q, x, z, und ß.

Wenn die ersten Buchstaben unterrichtet worden sind, können nach und nach kurze Silben und Wörter zusammengesetzt werden, z. B. „le", „ei", „tut" u.s.w. Von Anfang an wird auf diese Weise das Bilden von Wörtern geübt. Die Zwischenräume werden so für das Kind sinnvoll.

Es ist wichtig, daß das Kind das Geschriebene auch mit Abstand betrachtet, um es als Ganzes zu erfassen. Sonst sieht das Kind nur den einen Buchstaben, den es gerade formt, und die Schrift wird als Folge unregelmäßig. Das Kind kritisiert und berichtigt seine Fehler selbst, schreibt abschließend noch einige gelungene Silben oder Buchstaben und ist damit für die nächste Unterrichtsstunde motiviert.

Der Schreibunterricht muß das Kind während seiner ganzen Schulzeit begleiten, nur so kann das Gelernte verfügbar bleiben. Ausserdem kann zu einem späteren Zeitpunkt die volle Leistungsfähigkeit des Zentralnervensystems ausgenutzt werden, die beim retardierten Kind häufig erst sehr viel später als beim normal begabten Kind heranreift.

4.4 Schrifttypen – aus motorischer Sicht betrachtet

Das normale Kind

Im Laufe der letzten Jahre wurden in den Grundschulen zahlreiche Versuche durchgeführt, die untersuchten, welche Schriftform am leichtesten zu erlernen ist. Soweit mir bekannt ist, sind mit verschiedenen Ausgangsschriften etwa gleich gute Ergebnisse wie mit der Lateinischen Ausgangsschrift (LA) erzielt worden. Das könnte darauf hinweisen, daß die Buchstabenform ohne Bedeutung für das Schreibenlernen ist.

Wie auch schon zuvor erwähnt, kommt es im wesentlichen darauf an, daß das Kind *schreibreif* ist. Die Eignung einer Schriftform wurde bisher nach den Kriterien Lesbarkeit und Flüssigkeit (und damit Schnelligkeit) beurteilt; soweit bekannt, fanden anatomische und motorische Gegebenheiten, die sich aus dem Aufbau der Hand und ihren kinästhetischen Möglichkeiten ergeben, keine Berücksichtigung. Für eine lange Hand mit schlanken Fingern erscheint eine schräge Schriftform gut geeignet, während sich für eine kräftige, kurze Hand eher eine Schriftform mit aufrechten Buchstaben anbietet. Es wäre interessant, die Ergebnisse von Schreibversuchen aus diesem Blickwinkel zu betrachten.

Das Kind lernt in der Grundschule nach und nach 4 Alphabete, möglicherweise sogar 6 Alphabete zu lesen:
- große und kleine lateinische Druckbuchstaben,
- große und kleine Buchstaben der Lateinischen Ausgangsschrift (z.Z. gebräuchlichste Schreibschrift) und eventuell
- große und kleine Buchstaben der Vereinfachten Ausgangsschrift (VA), die in den letzten Jahren versuchsweise eingeführt wurde.

In Dänemark ist die sog. Grundskrift sehr gebräuchlich, eine anfangs unverbundene Ausgangsschrift, die mit aufrechten, vereinfachten, runden Buchstaben eine Mittelstellung zwischen LA und Druckschrift einnimmt. In der 4.–5. Klasse werden die Buchstaben dann verbunden, die flüssige Schrift wird etwas schräger.

Von diesen Schriften lernt das Kind meist zwei Alphabete zu schreiben, d.h. Groß- und Kleinbuchstaben der LA oder VA. Wechselt das Kind die Schule, kann es theoretisch passieren, daß es von einer Schriftform auf eine andere umlernen muß. Das bereitet einem normal begabten Kind jedoch keine größeren Schwierigkeiten.

Wechselt ein Kind die Schriftform im Laufe der ersten vier bis fünf Jahre jedoch bis zu dreimal, muß das Kind auch dreimal neue Hirnstrukturen (Auge-Hand-Koordination) entwickeln.

Das dauert meist einige Monate, bevor das Nervensystem eine leichte, flüssige Schrift meistern kann. Jedesmal wenn neue Buchstaben und Bewegungen eingeübt werden müssen, wird es für das Kind langweilig, Seite für Seite so zu schreiben. Diese Zeit könnte für das Kind unterhaltsamer und lehrreicher ausgefüllt werden. Für die meisten Kinder ist es einfacher, beim Schulstart als Erstschrift eine verbundene Schrift einzuüben, da es rein motorisch gesehen schwierig ist, immer wieder neue Striche an- und abzusetzen, wie es bei den Druckbuchstaben der Fall ist. Durch eine verbundene Schrift werden außerdem die Wortzwischenräume verständlicher. Das Kind kann deshalb die Druckschrift rein visuell trotzdem genauso gut *lesen* lernen. *Schreiben* erfordert andere Hirnfunktionen.

Das Lesen von Schreibschrift, z. B. bei einem handgeschriebenen Brief, kommt in der Leseentwicklung des Kindes etwas später. Dies wird aber dadurch erleichtert, daß das Kind selbst eine verbundene Schrift schreibt.

Das Kind sollte zu Anfang nie mehr als eine Schriftform lernen. Es soll die Druckbuchstaben *nicht schreiben,* sondern sie nur lesen können.

Das retardierte Kind

Das retardierte Kind kann nur mit großen Schwierigkeiten umlernen, nachdem es mühevoll ein Alphabet eingeübt hat. Als mögliche Folge wird das Kind schließlich vielleicht mehrere Alphabete durcheinanderwerfen und am Ende so verwirrt sein, daß es nach mehreren Schriftform- und Lehrerwechseln – mehr oder minder bewußt – das Schreiben verweigert und vorgibt, nicht schreiben zu können.

Schreiben erfordert gute Motorik, präzisere Formwahrnehmung und ein besseres Gedächtnis als das Lesen. All das ist schwer für das retardierte Kind. Zuerst lernt es zu sprechen, lernt die Wörter, die Lautsymbole und danach soll es die Symbole für die Symbole lernen, die Schriftzeichen – von denen jedes in 6 verschiedenen Ausführungen existiert.

Wahl der Ausgangsschrift

Als erste Buchstaben vor Beginn der Schule schreibt das Kind in der Regel die lateinischen Großbuchstaben. Es ist nur eine Notlösung, das Kind mit diesen Buchstaben weiterschreiben zu lassen. Abgesehen davon fällt es besonders dem leseretardierten Kind schwer, lange Wörter in Druckschrift wie z. B. DAMPFSCHIFFAHRTSGESELLSCHAFT zu lesen.

Unabhängig von der Schriftform, die das normale Kind später in der Schule lernt, bekommt es im Laufe der Jahre soviel Übung im Schreiben, daß seine Schrift flüssig wird.

Das retardierte Kind entwickelt nicht soviel Schreibfertigkeit und wird seine Schrift nach Beendigung der Schule auch nicht mehr viel ändern. Viele jüngere debile Erwachsene klagen darüber, daß sie nicht gelernt haben, wie andere Erwachsene zu schreiben, womit sie ihre nähere Familie, meist die Eltern meinen. Für den Einsatz der LA bei retardierten Kindern spricht, daß sie selbst in ungeübter Form „flüssiger", zusammenhängender und erwachsener wird. Sollte sich die VA in der Grundschule durchsetzen, wäre die Situation anders. Hier muß man die Entwicklung genau verfolgen und eventuell neuen Modeströmungen leicht voraus sein, um zu entscheiden, welche modifizierte Ausgangsschrift bei retardierten Kindern am besten unterrichtet wird.

Wesentlich ist, daß retardierte Kinder nur eine Schriftform zu schreiben lernen. Dagegen kann es erforderlich sein, mehrere Schriften lesen zu können.

Bei der Wahl der Ausgangsschrift muß bedacht werden, daß die primitiven Kritzeleien des Kindes verbunden sind, da es schwierig ist, den Stift abzusetzen und neu anzusetzen. Das retardierte Kind hat mit den gleichen Schwierigkeiten zu kämpfen, weshalb eine verbundene Schrift vorzuziehen wäre.

Die Großbuchstaben der LA sind für retardierte Kinder schwer voneinander zu unterscheiden. Selbst in der Handschrift älterer Menschen werden sie vereinfacht und Schnörkel und Schlaufen wie in der VA weggelassen. Sowohl die lateinischen Großbuchstaben (H, B, K, u.s.w.) als auch die kleingeschriebenen Schreibschriftbuchstaben (a, g, u.s.w.) können in der Handschrift als große Anfangsbuchstaben gebraucht werden.

Bei einer verbundenen Schrift fällt es dem Retardierten leichter, die Zwischenräume zwischen den Wörtern zu entdecken. Der Unterschied, ob nur ein Buchstabe oder ein Wort endet, wird deutlicher.

Die Schriftform einheitlich für eine ganze Schule festzulegen, ist ein großer Vorteil für die retardierten Kinder in Vorschulklassen, die später auch dieselbe Schule besuchen

sollen. Man kann so schon früh die ersten Kritzeleien und Schreibversuche des Kindes auf eher aufrechte oder leicht geneigte Striche, Ovale oder Kreise hinfördern.

Diese Beispiele wurden gewählt, um zu verdeutlichen, wieviele kleine – und für das Kind große – Probleme beim Schreibunterricht entstehen können. Indem man schon von vornherein Stellung zu den Problemen bezieht und Schwierigkeiten durch eine gute Vorbereitung des Kindes begegnen kann, wird das Lernen beträchtlich vereinfacht.

Wir dürfen nicht vergessen, daß ein Großteil der Kinder, die früher Sonderschulen besuchten, nun in Grundschulklassen integriert sind. Diese Kinder können in der Regel die Lese-/Schreibreife erreichen, auch wenn das oft erst mit neun bis zehn Jahren gelingt. Nur dann darf man mit Ihnen den Lese- und Schreibunterricht beginnen. Wie weit das Kind danach diese Fertigkeiten entwickelt, ist individuell verschieden.

5. MPE-Test
Motorische-perzeptuelle Entwicklung
Eine fachübergreifende
Behandlungs-, Stimulations-
und Unterrichtsgrundlage.

Es gibt eine unüberschaubare Anzahl von Entwicklungstests, die meisten von ihnen sind jedoch bei weitem nicht detailliert genug, um als Grundlage für die Stimulation des Kindes dienen zu können. Effektive Stimulation setzt voraus, daß der Behandelnde genau weiß, wie weit das Kind in den verschiedenen motorischen und perzeptuellen Bereichen entwickelt ist. Stimuliert man das Kind auf einem zu niedrigen Niveau, wird es sich langweilen, auf einem zu fortgeschrittenen erlebt es Frustrationen.

Der MPE-Test besteht aus einem Begleitbuch, Verlaufsbögen für Jungen und Mädchen, einer Materialienliste, einem Beutel Holzklötzen und geometrischen Figuren.

Der MPE-Test basiert auf dem Wissen und den Erfahrungen zur motorisch-perzeptuellen Entwicklung des normal entwickelten Kindes, u.a. auf den Theorien Piagets.

Der MPE-Test vermittelt ein genaues Bild der Verhältnisse der kindlichen Entwicklung in 14 Bereichen, jeweils auf das chronologische Alter bezogen (Abb. 75). Hierbei wird kein Quotient angegeben und auch nicht das Entwicklungsalter als Zahl oder Prozentwert, sondern auf dem Verlaufsbogen wird ein Profil der starken und schwachen Seiten des Kindes erstellt.

Der Test ist detailliert genug, um Säuglinge bis zum 12. Lebensmonat in Monatsabständen beurteilen zu können. Die Zeitintervalle vergrößern sich mit zunehmendem Alter des Kindes.

Der MPE-Test ist an 1206 Kindern dänischsprachiger Eltern standardisiert. Er umfaßt Kinder vom Zeitpunkt der Geburt bis zum 7. Lebensjahr. Die Kinder kamen aus der Stadt und ländlichen Gebieten. Ferner wurden Geschlecht, Sozialgruppe, Wohnverhältnisse und Geschwisterzahl bei der Standardisierung berücksichtigt.

Für Jungen und Mädchen wurden getrennte Verlaufsbögen entworfen, weil sich Mädchen in vielen Bereichen früher entwickeln als Jungen, z. B. auf dem Gebiet der Koordination. Nur hinsichtlich der Muskelkraft sind die Jungen den Mädchen in der Entwicklung voraus.

Der Test wurde als Instrument zur Beurteilung der Entwicklung des Kindes erarbeitet. Diese Beurteilung wiederum bildet die Grundlage für fächerübergreifende Stimulation/Behandlung/Unterricht. Schließlich erinnert der Verlaufsbogen den Beurteilenden, keine Bereiche der motorisch-perzeptuellen Entwicklung zu übergehen.

Personen, die das Kind am besten kennen (aber nicht die Eltern) sollen den Verlaufsbogen ausfüllen, damit eine „Test"-situation möglichst vermieden wird.

Zur Orientierung sei darauf hingewiesen, daß jede Zeile auf dem auf dem dem Vorlaufbogen den jeweiligen Bereich von der Geburt bis zum siebten Lebensjahr umfaßt. (In Abb. 75 sind die ersten 18 Monate nicht mit abgebildet.) Die kleingedruckten Zahlen in den Quadraten entsprechen verschiedenen Fertigkeiten, die im Begleitbuch beschrieben sind.

Als Beispiel ist hier der Verlaufsbogen eines 6 1/2-jährigen Jungen angeführt, der seit August die erste Klasse besucht. Die Zahlen, die mit einem Kreuz markiert sind, entsprechen den Fertigkeiten, die der Junge beherrscht, die eingekreisten Zahlen geben die Fertigkeiten an, die noch nicht gemeistert wurden. Es handelt sich hier um einen normalbegabten, aber nicht ausreichend stimulierten Jungen, den es überfordern würde, lesen und schreiben zu lernen, weil er die Lese-und Schreibreife noch nicht erreicht hat. Im Dezember, also als Siebenjähriger, war er dann soweit - ein zufriedenstellendes Ergebnis.

Hier sei angemerkt, daß von einem 6 1/2-jährigen Jungen nicht erwartet werden kann, die gesamte Entwicklungsstufe 6 - 7 Jahre zu beherrschen, er war jedoch bei Schulbeginn in der Entwicklung um ca. ein Jahr verzögert. Ein engagierter Lehrer förderte ihn, ohne daß Sonderunterricht notwendig wurde, indem hauptsächlich mit der ganzen Klasse geübt wurde.

© Munksgaard. 2. udgave, 3. oplag 1986 ISBN 87-16-07600-1

15 Mon. 18–21	16 Mon. 21–24	17 Mon 24–30	18 Mon 30–36	19 Jhr 3–4	20 Jhr 4–5	21 Jhr 5–6	22 Jhr. 6–7	♂	
1 4 2 5 3	1 4 2 3	1 4 2 3	1	1 4 2 3	1 4 2 3	1 4 2 5 3	1 4 2 (5) 3	Grobmotorik	1
1	1 2 3	1 2 3	1 2	1 2 3	1 4 2 3	1 4 7 2 5 3 6	1 4 2 5 8 3 6 (9)	Handmotorik (Auge-Hand-Koordination)	2
1	1 2	1 3	1 2 3	1	1	1	1	Speise- und Sprechorgene	3
1 2	1 2 3	1 4 2 5 3 6	1 4 2 5 3	1 4 2 5 3 6	1 4 2 5 3 6	1 2 3	1 4 2 5 3	Stellungs- und Muskelsinn (Kinästhetische Pereption)	4
1	1	1	1	1 2 3	1 2 3	1 2 3	1 2	Tastsinn (Taktile Perzeption)	5
1 2	1	1	1	1 2 3	1 4 7 2 5 8 3 6	1 2 5 3	1 4 2 5 3	Sehen (Visuelle Perzeption)	6
1 2	1	1 2	1	1 2	1 2	1 2	1 4 2 3	Hören (Auditive Perzeption)	7
1 2 3	1 2 3	1 4 2 5 3 6	1 4 7 2 5 3 6	1 2 3	1 4 2 5 3 6	1 4 2 3	1 2 3	Sprechen (Expressive Sprache)	8
1		1	1 2 3	1 •	1	1	1 2	Darmkontrolle	9
1		1	1 2 3	1	1	1 2		Blasenkontrolle	10
1	1	1 4 2 3	4 2 3	1 4 2 3	4 2 3	1 4 2 5 3	(1)	An- und Auskleiden	11
	1	1	1	1 2	1	1 2	1 4 2 3	Persönliche Körperhygiene	12
1	1 2	1 4 2 3	1 2 3	1 4 2 3	1 4 2	1 7 2 5 8 3	1 4 2 3	Vorstadium Lesen / Schreiben	13
	1 2 3	1 4 2 5 3 6	1 4 2 5 3	1 4 7 2 5 3	1 7 2 5 3 6	4 7 2 5 8 3 9	1 4 7 10 2 5 8 11 3 6 9	Mengen- und Zahlbegriff	14

Abb. 75: MPE-Test. Verlaufsbogen

Möchte man bei einem schwachen Kind gewisse Fertigkeiten besonders beobachten, ist es günstig, die gesamte Klasse diese Fertigkeiten ausführen zu lassen. Mitunter läßt sich so auch bei anderen, in der Entwicklung unauffällig wirkenden Kinder, ein Mangel aufdecken.

Um spezielle Fertigkeiten zu beobachten, ist schließlich noch eine Einzelsitzung erforderlich, z.B. für die Bereich Hören, Stellungs- und Muskelsinn, Vorstadium Lesen/ Schreiben.

*Anwendung des MPE-Tests
bei Kindern über sieben Jahren*

Der MPE-Test kann auch für ältere Kinder mit Lernschwierigkeiten bis zur fünften und sechsten Klasse verwendet werden. Es hat sich nämlich gezeigt, daß diese Kinder Lernschwierigkeiten haben, weil sie in einigen Bereichen noch nicht den Entwicklungsstand eines siebenjährigen Kindes erreicht haben.

*Motorisch-perzeptuelle Entwicklung, 0-7 Jahre
Eine fächerübergreifende Behandlungs-, Stimulations- und Unterrichtsgrundlage von Britta Holle, Kirsten Bønnelycke, Ellen Kemp und Lis Thrane Mortensen. Munksgaard, Copenhagen 4. Aufl. 1984 (ISBN 87-16-09625-8) Nørre Søgade 35, DK-1370 Kopenhagen, Dänemark

6. Literaturverzeichnis

Ajuriaguerra, J. de: Psychomotricité. Editions medicine et hygiene 1970.

Ayres, J.: Bausteine der kindlichen Entwicklung. Heidelberg: Springer 1984.

Ayres, J.: Lernstörungen. Sensorisch-integrative Dysfunktionen. Heidelberg: Springer 1979.

Bobath, B.: Abnorme Haltungsreflexe bei Gehirnschäden. Stuttgart: Thieme 1976.

Brack, U. B.: Frühdiagnostik und Frühtherapie, Psychologische Behandlung von entwicklungs- und verhaltensgestörten Kindern. München-Weinheim. Psychologie Verlags Union 1986.

Brinkworth, R. & Collins, J.: Improving mongol babies. Belfast: National Society for Mentally Handicapped Children 1969.

Bucher, H.: Troubles psychomoteur chez l'enfant. Paris: Masson 1970.

Brügelmann, H.: Kinder auf dem Weg zur Schrift. Konstanz: Faude 1983.

Chomsky, N.: Sprache und Geist. Frankfurt/M.: Suhrkamp 1970.

Christensen, A.-L.: Luria's neurological investigation. Kopenhagen: Munksgaard 1975.

Clark, A. & Clark, A.D.B.: Mental retardation and behavioural research. Baltimore: Williams & Wilkins 1973.

Comparetti-Milani, A. & Gidoni, E.A.: Routine development examination in normal and retarded children. Developmental medicine and child neurology 9 (1967), 5.

Cowie, V.: Early development of mongols. London: Pergamon Press 1966.

Dalcroze, E.: Rhythmus, Musik und Erziehung, Schwabe & Co, Basel 1921 (vergriffen)

Dupont Annalise: Mental retardering. laegelige, sociale ob poedagogiske aspekter red åndsvaghed. Muuchsgaard Kopenhagen 1979

Ebersole, M., Kephart, N. & Ebersole, J.B.: Lernen Schritt für Schritt. München: Reinhardt 1976.

Eklund, M.: Achte auf deinen Rücken. München: Pflaum 1979.

Elkind, D.: Child development and education. New York: Oxford University Press 1976.

Erikson, E.H.: Kindheit und Gesellschaft. Stuttgart: Klett, 2. Aufl. 1965.

Fay, T.: The origin of human movement. Amarican Journal of Psychiatrie 64 (1955).

Fiorentina, M.: Reflex testing methods for evaluating CNS development. Springfield, Illinois: Thomas 1963.

Flehmig, J.: Normale Entwicklung des Säuglings und ihre Abweichungen. Stuttgart: Thieme 1963.

Frankenburg, W.K. & Dodds, J.B.: Denver Developmental Screening Test. Colorado Springs, Col.: University of Colorado Medical Centre 1969.

Freud, A.: Das Ich und die Abwehrmechanismen. München: Kindler 1975.

Freud, A.: Wesen und Irrwege in der Kinderentwicklung. Stuttgart: Klett 1968.

Frostig, M.: The developmental program in visual perception: Pictures and patterns. Chicago: Follett 1972.

Gesell, A. & Armatruda, C.S.: Developmental diagnosis. London: Hoeber Medical Division 1967.

Gesell, A.: The first five years of life. Lonson: Harper 1954.

Gibson, J.J.: Die Sinne und der Prozeß der Wahrnehmung. Bern: Huber 1973.

Goodenough, F.: Measurement of intelligence by drawings. New York: Harcourt, Brace & World 1926.

Goodnow, J.: Childrens drawing. London: Fontana 1977.

Haeussermann, E.: Developmental potential of preschool children. New York: Grune & Stratton 1958.

Harris, A.: Harris' Test of lateral dominance. New York: o.V. 1955.

Hellbrügge, T.: Münchner Funktionelle Entwicklungsdiagnostik. München: Urban & Schwarzenberg 1967.

Herzka, H.S.: Die Sprache des Säuglings. Basel: Schwabe 1967.

Holle, B.: Læse/skrive parat. Munksgaard, Kopenhagen 1986.

Holle, B.: Lege/idræt parat. Munksgaard, Kopenhagen 1986.

Holt, J.: Wie Kinder lernen. Weinheim: Beltz 1979.

Holt, K.S. & Reynell, J.K.: Assessment of the cerebral palsy, Vol. 1/2. London: Lloyd-Luke 1967.

Illingworth, R.S.: The development of the infant and the young child. London: Livingstone 1980.

Jakobsen, E.: You must relax. New York: 1945.

Jakobsen, R.: Kindersprache, Aphasie und allgemeine Lautgesetze. Frankfurt: Suhrkamp 1969.

Janda, V.: Muskelfunktionsdiagnostik. Heidelberg: Verlag für Medizin 1979.

Koljtsova, M.: Barnet lærer at tale. o.O.: NNF Arnold Busk 1977.

Kramer, E.: Kunst als Therapie mit Kindern. München: Reinhardt 1975.

Laban, R.: Der moderne Ausdruckstanz. Wilhelmshaven: Heinrichshofen 1981.

Leboyer, F.: Sanfte Hände. Die traditionelle Kunst der indischen Babymassage. München: Kösel 1984.

Lewis, M.M.: Language and the child. National Foundation and Education, Research in England and Wales 1971.

Lowen, A.: Der Verrat am Körper. München: Scherz 1980.

Luria, A.R.: A man with a shattered world. New York: Basic Books 1972.

Luria, A.R.: The working brain. New York: Basic Books 1972.

McLean, J., Yoder, D. & Schiefelbusch, C.L.: Languages Intervention with the retarded, developing strategies. Baltimore: University Park Press 1972.

Michael, (Hg.): Grundlagen meiner Pädagogik (und weitere Aufsätze zur Anthropologie und Didaktik).: Quelle & Meyer, 5. Aufl., 1979.

Montagu, A.: Touching. New York: Harper & Row 1978.

Montessori, M.: The Montessori elementary material. Cambridge, Mass.: Robert Bentley 1965.

Montessori, M.: The Montessori method. Cambridge, Mass: Robert Bentley 1965.

Oerter, R., Montada, L. u.a.: Entwicklungspsychologie. München: Urban & Schwarzenberg 1982. 2. erw. Aufl. München – Weinheim: Psychologie Verlags Union 1987.

Ozeretsky, N.: Psychomotorik. Zeitschrift für angewandte Psychologie, Beiheft 57 (1936).

Piaget, J.: Das Erwachen der Intelligenz beim Kinde. Stuttgart: Klett 1969.

Piaget, J & Inhelder, B.: Die Entwicklung des räumlichen Denkens beim Kinde. Stuttgart: Klett 1971.

Prechtl, H & Beintema, D.: Die neurologische Untersuchung des reifen Neugeborenen. Stuttgart: Thieme 1976.

Schiefelbusch, R.L.: Language of the mentally retarded. Baltimore: University Park Press 1972.

Schmidt, R.F. & Tewes, G.: Physiologie des Menschen. Heidelberg: Springer, 22. Aufl., 1985.

Schultz, J.H.: Das autogene Training. Stuttgart: Thieme 1982.

Soubiran, G.B.: La réadaption scolaire des enfants intelligents par al reeducation psychomotrice. Paris: Edition Doin 1965.

Stambak, M.: Trois èpreuves de rhythme. Paris: Delachaux & Niestle 1964.

Stephens, B.: Training the developmental young. New York: John Day 1971.

Szagun, G.: Sprachentwicklung beim Kind. München: Urban & Schwarzenberg, 2. Auflage, 1983.

Woodward, M.: Developmental patterns of severely subnormal children. The British Journal of Educational Psychology 33 (1963).

Woodward, M.: The behavior of idiots interpreted by Piaget's theory of sensori-motor development. British Journal of Educational Psychology 29 (1959).

Zachau-Christiansen, B. & Ross, E.M.: Babies. London: Wiley 1975.

Zsanska-Brinken, M. & Wolanski, N.: A graphic method for the evaluation of motor development in infants. Developmental Medicine and Child Neurology 11 (1969).

7. Anhang
Überblick über die motorisch-perzeptuelle Entwicklung von der Geburt bis zum 6. Lebensjahr

Motorische – Perzeptuelle Entwicklung 0–6 Jahre

	1. Woche	2. Woche	2. – 6. Woche
Kopfkontrolle in Rückenlage	Vom Liegen zum Sitzen: Kopf fällt zurück		
in Bauchlage	Kopf zur Seite gedreht	Kurzes Heben = Reflex	
im Sitzen	Kopf fällt		
Armmuster in Rückenlage	Alle Gelenke gebeugt Hände gefaustet Reflexbewegungen		ATNR (unnormal?)
in Bauchlage	Alle Gelenke gebeugt		
Beinmuster in Rückenlage	Alle 3 Gelenke gebeugt Strampelbewegungen		
in Bauchlage	Alle 3 Gelenke kräftig gebeugt	Strampelt	
Rollen-Kriechen-Krabbeln	Bei passiver Kopfdrehung: ganzer Körper folgt		
Sitzen	Fällt vornüber		
Stehen-Gehen-Laufen	Stehbereitschaft: keine Gewichtsübernahme Schreitreaktion: keine Gewichtsübenahme Fußgreif-, Babinskireflex		
Gleichgewicht und Hüpfen			
Greifen	Hand gefäustet Handgreifreflex: kann nicht loslassen		
Sehen und Visuelle Perzeption	Unkoordinierte Bewegungen in alle Richtungen Blinzelreflex Keine Akkomodation	Reagiert auf diffuses Licht	Fixiert kurz die Augen der Mutter

Durchschnittliche Zeitangaben für normale Kinder
Es sind auch innerhalb des Normalbereichs recht große Abweichungen möglich
Siehe im übrigen unter dem entsprechenden Abschnitt im Buch

	1. Woche	2. Woche	2 – 6 Wochen
Auge – Hand – Koordination			
Taktus Berührungssinn Schmerzsinn Temperatursinn und **Taktile Perzeption**	Suchreflex Saugreflex Schluckreflex Fluchtreflex Die Mutter berührt das Kind, und das Kind berührt die Mutter	Nuckelt an den Fingern	
Sprechorgan und **Expressive Sprache**	Suchreflex Saugreflex Schluckreflex Weinen		Rachenlaute
Hören und **Auditive Perzeption**	Reagiert auf laute Geräusche		Reagiert auf leise, nahe Geräusche
Stellungs- und Muskelsinn Kinästhetische Perzeption	Die Mutter wickelt das Kind, berührt und benennt die Körperteile, und das Kind berührt die Mutter .... Fluchtreflex	Nuckelt an den Fingern	
Handdominanz und **Rechts-Linksunterscheidungen** keine entwicklungsbedingten Veränderungen			
Richtungswahrnehmung		Reagiert auf gewisse richtungsbestimmte Stimuli (Licht und Geräusche)	
Raumwahrnehmung			
Darmkontrolle	Analreflex Häufige Entleerungen = Reflex		3–4 Entleerungen täglich
Blasenkontrolle	Häufiges Wasserlassen Reflex		

	6–8 Wochen	2–3 Monate	3–3½ Monate
Kopfkontrolle in Rückenlage		Kann in der Mitte gehalten werden	Kurzes Heben
in Bauchlage		Heben 45°	Heben 90°
im Sitzen			
Armmuster in Rückenlage			
in Bauchlage			Unterarmstütz: Ellenbogen und Finger gebeugt
Beinmuster in Rückenlage			
in Bauchlage		Hüfte: oft fast gestreckt	
Rollen-Kriechen-Krabbeln			
Sitzen			
Stehen-Gehen-Laufen			
Gleichgewicht und Hüpfen			
Greifen		Greifreflex läßt sich passiv lösen. Hält mit 3., 4. und 5. Finger. Nimmt den Gegenstand nur, wenn er die Hand berührt	Gewöhnlich geöffnete Hand. Mitbewegung der anderen Hand. Spielt mit den Händen in Mittelstellung
Sehen und Visuelle Perzeption	Kurze Fixation Häufig Augenkontrolle	Verfolgt nahen Gegenstand 0–90°	Verfolgt nahen Gegenstand 0–180°

	6–8 Wochen	2–3 Monate	3 – 3½ Monate
Auge – Hand – **Koordination**			
Taktus Berührungssinn Schmerzsinn Temperatursinn und **Taktile Perzeption**		Nuckelt am Daumen Wird durch Berührung beruhigt	Sieht die Finger an, spielt und nuckelt an ihnen
Sprechorgan und **Expressive Sprache**	Soziales Lächeln Verschiedenes Weinen	Einzelne Laute Gesichtsmimik	Differenziertere Zungenbewegungen Lacht
Hören und **Auditive** **Perzeption**	Reagiert auf die Stimme der Mutter	Dreht den Kopf nach nahen Geräuschen	
Stellungs- und Muskel- **sinn** **Kinästhetische** **Perzeption**		Nuckelt am Daumen	Sieht seine Hände an und spielt mit ihnen
Handdominanz und **Rechts-Linksunterscheidungen** keine entwicklungsbedingten Veränderungen			
Richtungswahrnehmung		Verfolgt Gegenstand mit den Augen Dreht den Kopf nach Geräuschen	
Raumwahrnehmung			
Darmkontrolle		ca. 2 Mal täglich, meist nach Mahlzeiten	
Blasenkontrolle			

	3½–4 Monate	4–5 Monate	5–6 Monate
Kopfkontrolle in Rückenlage	Vom Liegen zum Sitzen: Kopf wird mitgenommen		Kopf und Schulterheben
in Bauchlage	Kopfhaltung stabil		
im Sitzen	Kopfhaltung stabil		
Armmuster in Rückenlage	ATNR abnehmend (wenn vorhanden)		
in Bauchlage			Stützt auf gestreckte Arme und gestreckte Finger
Beinmuster in Rückenlage		In Ruhe: Fußsohle erreicht die Unterlage	
in Bauchlage	Hüfte gestreckt		
Rollen-Kriechen-Krabbeln	Passive Kopfdrehung: Rotation in der Wirbelsäule		Rollt selbst, mit Rotation in der Wirbelsäule, vom Bauch auf den Rücken
Sitzen			
Stehen-Gehen-Laufen		Beginnende Gewichtsübernahme	„Hüpft", beginnende Gewichtsübernahme, oft Spitzfuß
Gleichgewicht und Hüpfen	Kopfkontrolle: in Bauchlage und im Sitzen mit Rückenstütze		Kopfkontrolle: in Rückenlage
Greifen	Hält Gegenstand mit der ganzen Hand	Führt einen Gegenstand zur Mittellinie, benutzt gleichzeitig beide Hände. Läßt Gegenstand motiviert, aber langsam los	Führt Gegenstand von einer Hand zur anderen: Radial-palmares Greifen
Sehen und Visuelle Perzeption	Gute Augenkontrolle Hält Gegenstand und betrachtet ihn genau. Verfolgt Gegenstand, der im Kreis bewegt wird	Schaut umher	Sieht und langt nach Gegenständen

	3½–4 Monate	4–5 Monate	5 – 6 Monate
Auge – Hand – Koordination	Motiviert: ausstrecken – greifen Greift oft daneben		
Taktus Berührungssinn Schmerzsinn Temperatursinn und **Taktile Perzeption**	Spielt in Mittelstellung mit den eigenen Händen	Steckt alles in den Mund	Hände berühren Füße und Körper
Sprechorgan und **Expressive Sprache**	Lacht laut	Wechselnde Stimmstärke	Trinkt aus Becher (mit Hilfe). Such- und Saug- reflexe abnehmend. Wie- derholt eigene Laute
Hören und **Auditive Perzeption**			Hört bei Gesprächen zu
Stellungs- und Muskel- sinn Kinästhetische Perzeption			Entdeckt Körperteile Spielt mit den eigenen Zehen
Handdominanz und **Rechts-Linksunterscheidungen** keine entwicklungsbedingten Veränderungen			
Richtungswahrnehmung			Sieht und langt nach Gegenständen
Raumwahrnehmung			Nimmt Abstand eines Gegenstandes von der eigenen Person wahr
Darmkontrolle	Regelmäßiger		
Blasenkontrolle			

	6–7 Monate	7–8 Monate	8–9 Monate
Kopfkontrolle in Rückenlage	Isoliertes Kopfheben		
in Bauchlage			
im Sitzen			
Armmuster in Rückenlage			
in Bauchlage			Fersensitz: Arme gestreckt – STNR verhindert Vierfüßlerstand
Beinmuster in Rückenlage			
in Bauchlage			Fersensitz: Stützt auf gestreckte Arme
Rollen-Kriechen-Krabbeln	Rollt selbst vom Rücken auf den Bauch		Kriechen Wippen im Fersensitz
Sitzen		Abstützreaktion nach vorn, zur Seite. Sitzt für kurze Zeit: Stützt auf den Händen	Sitzt lange: mit geradem Rücken, leht sich nach vorn und zu den Seiten
Stehen-Gehen-Laufen		Senkrecht gehalten: Beginn der Gehbewegung und Gewichtsübernahme	
Gleichgewicht und Hüpfen		Abstützreaktionen: nach vorn und zur Seite	Sitzt mit geradem Rücken
Greifen	Ausstrecken – greifen: alles. Schlägt mit Gegenstand auf den Tisch auf – ab (senkrecht)	Kann 2 Gegenstände halten Wirft alles auf den Boden	Greift mit angemessenem Krafteinsatz kleine Dinge mit den Fingern. Spielt Geben – Nehmen Pinzettengriff setzt ein
Sehen und Visuelle Perzeption	Schnell wechselnde Fixationen Blick verfolgt rollenden Ball	Sieht nach Gegenständen, die auf den Boden fallen	

	6–7 Monate	7–8 Monate	8 – 9 Monate
Auge – Hand – **Koordination**	Hält einen Gegenstand, der genau gedreht, gewendet und betrachtet wird.		Betrachtet Gegenstand genau vor dem bewußten Greifen
Taktus Berührungssinn Schmerzsinn Temperatursinn und **Taktile Perzeption**	Fühlt auch mit den Fingerspitzen		
Sprechorgan und **Expressive Sprache**	Plappern mit wechselnder Intensität, Dauer und Tonhöhe Kaut: auf – ab	Übt Laute. Erster Zahn Feste Nahrung wird aufgenommen Lange Lautketten	Ißt einen Keks allein
Hören und **Auditive Perzeption**			Versteht **ein** einfaches Wort
Stellungs- und Muskelsinn **Kinästhetische Perzeption**	Lächelt das eigene Spiegelbild an	Berührt das eigene Spiegelbild Steckt die Eigenen Zehen in den Mund	
Handdominanz und **Rechts-Linksunterscheidungen** keine entwicklungsbedingten Veränderungen			
Richtungswahrnehmung			Streckt Arme nach vorn, um auf den Arm genommen zu werden
Raumwahrnehmung	(siehe: Sehen)		Findet einen Gegenstand, der unter einer Serviette verborgen liegt
Darmkontrolle			
Blasenkontrolle			

	9–10 Monate	10–11 Monate	11–12 Monate
Kopfkontrolle in Rückenlage			
in Bauchlage			
im Sitzen			
Armmuster in Rückenlage			
in Bauchlage		Vierfüßlerstand	
Beinmuster in Rückenlage			
in Bauchlage		Vierfüßlerstand	
Rollen-Kriechen-Krabbeln	Fersensitz: „Häschenhüpf" oder Vorwärtsrutschen auf dem Gesäß sitzend	Krabbeln: gekreuztes Muster	Bärengang
Sitzen	Kommt vom Liegen zum Sitzen	Kommt von Sitzen zum Liegen	Abstützreaktion: nach hinten
Stehen-Gehen-Laufen		Zieht sich selbst hoch, plumpst aber wieder hin	Fußgreifreflex: abnehmend. Geht einige wenige Schritte, mit Stütze
Gleichgewicht und Hüpfen	Steht mit Stütze	Krabbelt	Abstützreaktion: nach hinten
Greifen	Fährt Gegenstände vor und zurück (horizontal)	Häufiger Gebrauch des Zeigefingers	Feiner Pinzettengriff
Sehen und Visuelle Perzeption	Erkennt einzelne Gegenstände wieder		

	9–10 Monate	10–11 Monate	11–12 Monate
Auge – Hand – **Koordination**		Kann eine Rosine mit zwei Fingern aufsammeln	
Taktus Berührungssinn Schmerzsinn Temperatursinn und **Taktile Perzeption**	Untersucht alles		Zeigt Zuneigung: erwidert Kuß und Umarmung
Sprechorgan und **Expressive Sprache**	Spricht einzelne Laute nach	Erstes Signalwort	Erstes Wort
Hören und **Auditive** **Perzeption**	Versteht einzelne Wörter		Befolgt einfache Auffor-derungen: „nein", „komm"
Stellungs- und Muskel- **sinn** **Kinästhetische** **Perzeption**			Streckt Arme beim An-kleiden nach vorn
Handdominanz und **Rechts-Linksunterscheidungen** keine entwicklungsbedingten Veränderungen			
Richtungswahrnehmung		Richtungsbestimmtes Krabbeln	Zeigt auf etwas
Raumwahrnehmung		Entfernungswahrnehmung beim Krabbeln Steckt die Finger in alles	
Darmkontrolle	Regelmäßig nach einer oder zwei der täglichen Mahlzeiten		
Blasenkontrolle			

	12–15 Monate	15–18 Monate	18–24 Monate
Kopfkontrolle in Rückenlage			
in Bauchlage			
im Sitzen			
Armmuster in Rückenlage			
in Bauchlage			
Beinmuster in Rückenlage			
in Bauchlage			
Rollen-Kriechen- Krabbeln		Krabbelt Treppe hinauf	Rückwärts Treppe hinunter
Sitzen			
Stehen-Gehen-Laufen	Steht allein. Vom Liegen zum Stehen. Geht einige Schritte allein: 3 Gelenke gebeugt, nicht richtungs- bestimmt	Richtungsbestimmtes Gehen Breitbasiges Gehen	„Läuft" auf flachen Fuß Geht Treppe hinauf: Nachstellschritt und Geländer Babinski abnehmend
Gleichgewicht und Hüpfen	Steht allein. Geht einige Schritte allein		Stütze an beiden Hän- den: „hüpft" auf flachen Füßen. Geht rückwärts – Geht seitwärts – Schießt einen Ball
Greifen	Freies Loslassen Einwärtsgedrehter Quer- griff Ißt allein mit Löffel, aber kleckert viel	Trinkt selbständig aus Becher	Ißt allein mit Löffel Wurf: nicht richtungsbe- stimmt
Sehen und Visuelle Perzeption	Formkonstanz		Stellt sich Dinge vor, die es nicht sieht Dreht Bild richtig herum

	12–15 Monate	15–18 Monate	18–24 Monate
Auge – Hand – Koordination	Baut einen Turm aus 2 Klötzchen (Würfel etwa 2,5 cm groß)		Baut einen Turm aus 3–4 Klötzchen (2,5 cm große Würfel) Hilft beim Auskleiden
Taktus Berührungssinn Schmerzsinn Temperatursinn und **Taktile Perzeption**	Steckt nur noch selten Dinge in den Mund		Faßt sich auf schmerzende Stelle
Sprechorgan und **Expressive Sprache**	Speichelt nicht mehr	Einwortäußerungen	Plappert im Tonfall und Rhythmus der Mutter Bildet Zweiwortsätze Echolalie
Hören und **Auditive Perzeption**	Reagiert auf eigenen Namen. Versteht, daß jedes Ding und jede Person einen Namen hat	Lokalisiert Geräusche schnell Versteht einfache, kleine Sätze	Versteht kleine Sätze Lokalisiert Geräusch in einem anderen Raum
Stellungs- und Muskelsinn Kinästhetische Perzeption	Streckt Beine beim Ankleiden nach vorn		Zeigt auf Körperteile
Handdominanz und **Rechts-Linksunterscheidungen**	Dominante Hand wird meistens gebraucht		
Richtungswahrnehmung			Dreht Bild richtig herum
Raumwahrnehmung		Versteht, wohin Ball rollt, außer Sicht	
Darmkontrolle			Assoziiert Topf – Entleerung
Blasenkontrolle			Assoziiert Topf – Entleerung

	2–3 Jahre	3–4 Jahre	4–5 Jahre
Kopfkontrolle in Rückenlage			
in Bauchlage			
im Sitzen			
Armmuster in Rückenlage			
in Bauchlage			
Beinmuster in Rückenlage			
in Bauchlage			
Rollen-Kriechen-Krabbeln			
Sitzen			
Stehen-Gehen-Laufen	Beginnt Treppen hinunter zu gehen (Fußabrollen) Treppe hinunter: Nachstellschritt und Geländer	Arme schwingen beim Gehen mit – Kein breitbasiges Gehen mehr Läuft frei – Geht Treppen selbständig	Rotation beim Gehen Steht aus Rückenlage "erwachsen" auf
Gleichgewicht und Hüpfen	Hüpft auf flachen Füßen. Hält prompt an. Wechselt Richtung Fährt Dreirad	Geht entlang eines 8 cm breiten Striches	Steht auf einem Bein Hüpft auf beiden Füßen vorwärts
Greifen	Quergriff mit gestrecktem Zeigefinger. Ißt mit Gabel. Fängt großen Ball mit beiden Armen. Richtungsbestimmendes Werfen	Pinselgriff = Fingergriff Fängt großen Ball mit beiden Händen – Fängt kleinen Ball: Hände zu einer Schale geformt	Fängt kleinen Ball mit beiden Händen
Sehen und Visuelle Perzeption	Benennt eine Farbe Geometrische Figuren werden in Löcher gesteckt	Fixiert sicher	Erfassen von Ganzheit entwickelt sich Kann alle Farben benennen

	2–3 Jahre	3–4 Jahre	4–5 Jahre
Auge – Hand – **Koordination**	Baut einen Turm aus 6–8 Klötzchen (2,5 cm große Würfel). Gießt etwas in eine Tasse. Zieht sich teilweise allein aus	Turm aus 9 Klötzchen (2,5 cm Würfel) Zieht sich fast alleine an, incl. große Knöpfe	Zeichnet einen „Mann"
Taktus Berührungssinn Schmerzsinn Temperatursinn und **Taktile Perzeption**	Unterscheidet bewußt „warm – kalt"	Erkennt Gegenstände ohne hinzusehen nur durch Betasten wieder	Benennt schmerzende Körperstelle
Sprechorgan und **Expressive Sprache**	Kombiniert 3–5 Wörter Verbalisiert Handlungen Mahlende Kaubewegungen. Alle Milchzähne, Plappersprache beendet	Hält lange Monologe	Bildet lange Sätze Stellt unaufhörlich Fragen
Hören und **Auditive Perzeption**	Kleine einfache Geschichten Reime und Lieder		Kann auf Vernunft angesprochen werden
Stellungs- und Muskelsinn **Kinästhetische Perzeption**	Benennt einzelne Körperteile Kennt sein Geschlecht	Versucht, einen „Mann" zu zeichnen Benennt viele Körperteile	Zeichnet einen „Mann" Unterscheidet: „leicht – schwer"
Handdominanz und **Rechts-Linksunterscheidungen** keine entwicklungsbedingten Veränderungen			
Richtungswahrnehmung	Zeichnet senkrechten Strich ab. Zeichnet waagerechten Strich ab. Richtungsbestimmendes Werfen	Zeichnet einen schrägen Strich nach Vorlage ab	Wörter: „vor – zurück"
Raumwahrnehmung	Richtungsangaben: „hinauf – hinunter – zur Seite" Raumangaben: „in – auf – über – unter"	Kann nur eine Dimension zur Zeit betrachten Wörter: „rund herum, umdrehen"	Wörter: „hinter – vor"
Darmkontrolle	Meldet sich, aber zu spät Meldet sich rechtzeitig, macht aber manchmal in die Hose	Geht allein zur Toilette, braucht aber noch Hilfe	
Blasenkontrolle	Meldet sich, macht aber manchmal in die Hose Ist tagsüber trocken, macht aber gelegentlich in die Hose	Geht allein zur Toilette, braucht aber noch Hilfe. Hat tagsüber nur noch selten eine nasse Hose, ist nachts zu 75 % trocken	Kann alles allein

5–6 Jahre		5–6 Jahre	
Kopfkontrolle in Rückenlage		**Auge – Hand – Koordination**	Zieht sich allein an (ohne Schleife)
			Malt vorgezeichnete Bilder mit Farbstift aus.
in Bauchlage		**Taktus** Berührungssinn	Reguliert selbst die Badewassertemperatur
im Sitzen		Schmerzsinn Temperatursinn	
Armmuster in Rückenlage		und **Taktile Perzeption**	
		Sprechorgan und **Expressive Sprache**	Fragt nach der Bedeutung von Wörtern
in Bauchlage			Spricht deutlich und richtig
Beinmuster in Rückenlage		**Hören** und **Auditive Perzeption**	Mündliche Aufforderungen werden prompt ausgeführt. Kann 3 einfache, gleichzeitig gegebene Aufforderungen befolgen
in Bauchlage			
Rollen-Kriechen-Krabbeln			
Sitzen		**Stellungs- und Muskelsinn** **Kinästhetische Perzeption**	Spannung – Entspannung
Stehen-Gehen-Laufen	Hopserlauf (6–7 Jahre) Kein Gehen auf Zehen mehr	**Handdominanz** und **Rechts-Linksunterscheidungen**	(6–7 Jahre: unterscheidet „rechts/links" an der eigenen Person)
		Richtungswahrnehmung	
Gleichgewicht und Hüpfen	Steht auf einem Bein: rechts und links. Federndes Hüpfen auf zwei Beinen. Tanzschritte – Seilspringen	**Raumwahrnehmung**	Wort: „mitten in"
Greifen	Ißt und zeichnet mit „erwachsenem" Griff. Fängt Tennisball korrekt Wirft mit vollständiger Mitbewegung des Körpers	**Darmkontrolle**	Kann beim Gang zur Toilette fast alles selbst (braucht noch etwas Hilfe beim Abputzen)
Sehen und Visuelle Perzeption	Verkehrszeichen Zahlsymbole		
		Blasenkontrolle	Nachts zu 90 % trocken.

Die Ansätze der Entwicklungspsychologie

R. Murray Thomas
Birgitt Feldmann

Die Entwicklung
des Kindes

P S Y C H O L O G I E

Ein Lehr- und Praxisbuch

BELTZ
Taschenbuch

Dieses Lehr- und Praxisbuch stellt die wichtigsten Ansätze vor, die sich mit der Entwicklung des Kindes befassen. Übersichtliche Tabellen ermöglichen vergleichende Gegenüberstellungen.

Stichworte aus dem Inhalt:
- Rousseaus moralisches und wissbegieriges Kind
- Sigmund Freuds Psychoanalyse
- Eriksons Variation zu Freuds Thema
- Piagets genetische Erkenntnisse und die kognitive Entwicklung
- Informationsverarbeitende Theorie
- Kohlbergs moralische Entwicklung des Kindes
- Skinners operatives Konditionieren
- Banduras sozial-kognitive Lerntheorie
- Maslows, Bühlers und Mahrers humanistische Perspektiven
- ökologische Psychologie
- Ethologie
- Soziobiologie

R. Murray Thomas • Birgitt Feldmann
Die Entwicklung des Kindes
Ein Lehr- und Praxisbuch
broschiert, 522 Seiten
ISBN 978-3-407-22114-8

BELTZ